Jacqueline Jacobsen, Olaf Jacobsen

Das trifft sich gut

Alles Liebe von

Jacqueline

& Olaf

Jacobsen

D1639930

Karlsruhe, den 21.11.2018

Jacqueline Jacobsen
Olaf Jacobsen

Das trifft
sich gut

Ein Schlaganfall,
seine dramatischen Folgen und
wie er zum wundervollen Geschenk wurde

Olaf Jacobsen Verlag

Die in diesem Buch beschriebenen Methoden sollen ärztlichen Rat und medizinische Behandlung nicht ersetzen.

Die Autoren und der Verlag übernehmen keinerlei Haftung für Schäden irgendeiner Art, die direkt oder indirekt aus der Anwendung oder Verwertung der Angaben in diesem Buch entstehen. Die Informationen in diesem Buch sind zur eigenen, persönlichen Weiterbildung gedacht.

Bibliografische Information der Deutschen Nationalbibliothek

Die Deutsche Nationalbibliothek verzeichnet diese Publikation in der Deutschen Nationalbibliografie; detaillierte bibliografische Daten sind im Internet über http://dnb.d-nb.de abrufbar

1. Auflage 11/2018

© 2018 Jacqueline und Olaf Jacobsen, Karlsruhe
www.olafjacobsen.com

Das Werk einschließlich all seiner Teile ist urheberrechtlich geschützt. Die Inhalte dürfen ohne Einverständnis von Jacqueline und Olaf Jacobsen nicht kopiert und nicht verteilt werden.
Alle Rechte sind vorbehalten.
Druck und Bindung: CPI buchbücher.de GmbH, Birkach

ISBN 978-3-936116-08-3

Sonntag, 19.3.2017

Eine SMS, die mein Leben radikal änderte:

„Ruf mich an. Jacqueline muss ins Krankenhaus."

Als mein Handy beim Eintreffen der SMS die üblichen Töne von sich gab, ließ ich es zunächst liegen und schaute mir die SMS nicht an. Aber eine meiner Teilnehmerinnen sagte: „Dieser Klingelton erinnert mich irgendwie an ‚Krankenhaus'".

Ich bildete gerade in unserer Empathie-Schule einige InteressentInnen zum Organisator für Freie Systemische Aufstellungen aus. Zuerst nahm ich die Bemerkung der Teilnehmerin nicht ernst. Doch eine Minute später kam mir plötzlich der Gedanke, dass Jacqueline vielleicht etwas zugestoßen sein könnte, dass es ihr nicht gut ging – und so las ich die SMS. Anschließend teilte ich der Gruppe mit, dass ich unbedingt einmal telefonieren müsse, bat um Verständnis und ging aus dem Seminarraum in den Flur.

Martina teilte mir am Telefon aufgewühlt mit, was mit Jacqueline los ist. Und sie werde gleich mit dem Krankenwagen ins nahegelegene Krankenhaus gebracht. Martina gab mir die Adresse des Krankenhauses.

Ich ging zur Gruppe zurück: „Ich muss die Ausbildung abbrechen. Jacqueline hat höchstwahrscheinlich einen Schlaganfall."

„O je… Wir können den Raum für dich aufräumen und hinter uns schließen. Du kannst gern losfahren."

„Nein, mir wäre es lieber, wenn ihr alle jetzt schon geht. Ich muss sowieso noch ein paar Dinge zusammenpacken."

Während ich angespannt aber auch merkwürdig ruhig überlegte, was ich in den nächsten Stunden alles brauchen könnte, packten die Gruppenmitglieder ihre Sachen und verabschiedeten sich – mit allen guten Wünschen für Jacqueline. Als der Letzte gegangen war, war auch ich fertig und hatte alles Wichtige in meinem Rucksack verstaut – inklusive einer Packung Schokoladenkekse und einer vollen Flasche Wasser. Jetzt musste ich nur noch im Internet nachschauen, wo genau dieses Krankenhaus lag. Ziemlich schnell hatte ich einen Überblick, setze mich ins Auto und fuhr los – in mein neues Leben.

Zwei Tage vorher, am Freitagabend, war Jacqueline aus irgendeinem Grund traurig gewesen. Wir haben zu zweit versucht, mit Hilfe einer Systemischen Aufstellung die Ursache für diese Traurigkeit herauszubekommen oder die Traurigkeit in ein anderes Gefühl zu verwandeln. Es gelang aber nicht. Und so akzeptierten wir schließlich ihr Gefühl. Hatte sie es vielleicht vorausgefühlt, was zwei Tage später mit ihr passieren sollte?

Am Sonntagvormittag verabschiedete sie sich ausnahmsweise von unserer Ausbildungsgruppe. Denn sie wollte unbedingt an der Probe für das Musical teilnehmen, an dem wir beide mitwirkten. Ich hatte eine der Hauptrollen und hätte ebenso an der Probe teilnehmen sollen. Doch den Termin für die Ausbildung hatte ich schon lange festgelegt – und so hatte die Ausbildung an diesem Wochenende Vorrang. Also führte ich sie allein weiter. Eine Stunde vor Schluss demonstrierte ich der Gruppe, wie man mit sich allein - ohne fremde Hilfe - eine Systemische Aufstellung durchführen kann. Um dies gut zeigen zu können, machte ich selbst eine Allein-Aufstellung. Dazu wählte ich ein Thema aus, das ich für unverfänglich hielt: Ich wollte erforschen, ob mir aus meiner Intuition noch wichtige Informationen über meine Teilnahme an dem Musical kommen. Gab es noch etwas, was ich organisieren sollte? War irgendetwas Wichtiges zu bedenken? Sollte ich vielleicht meine Rolle auf andere Weise einstudieren, wie ich es zurzeit tat?

Ich nahm Fühlfelder (wir nehmen dafür große flache Schaumstoff-puzzleteile) und gab ihnen verschiedene Bedeutungen, die zu meiner Fragestellung passten. Dann legte ich sie intuitiv auf den Boden an verschiedene Plätze. Anschließend fühlte ich mich in die unterschiedlichen Positionen ein, indem ich mich auf jedes Fühlfeld einzeln draufstellte. Ich beschrieb der Gruppe, was für Gedanken und Gefühle mir auf dem jeweiligen Platz kamen. Auf diese Weise zeigte ich den Teilnehmern, wie ich für mich eine Aufstellung durchführe, wenn ich allein bin.

Während dieser Aufstellung erfühlte ich auf einmal etwas Seltsames: Es schien gar nicht so klar zu sein, dass ich an der Musicalaufführung wirklich teilnehmen würde. Zwei Elemente – „Mitmachen" und „Nicht-Mitmachen" – spielten nach meinem Gefühl in dieser Aufstellung eine große Rolle und widersprachen sich gegenseitig. Ich teilte der Gruppe mit, dass ich gerade irritiert sei, was ich hier fühle. Erklären konnte ich es mir nicht, denn es war eigentlich klar, dass ich beim Musical mitmache. Wir hatten schon fleißig dafür geübt. Dieses „Nicht-Mitmachen" passte einfach nicht in mein aktuelles Bild. Und doch war es in der Aufstellung äußerst präsent.

Dann stellte ich mich auf ein Element mit der Bezeichnung „Alles gehört dazu". Auf dieser Position konnte ich auf einmal wahrnehmen, dass der Konflikt zwischen „Mitmachen" und „Nicht-Mitmachen" irgendwie dazugehört. Und das fühlte sich gut an. Nein, nicht nur gut, sondern *sehr* gut. Ich konnte diesen scheinbaren Zwiespalt von dort aus integrieren und so stehen lassen, auch wenn ich ihn nicht verstand. So beendete ich die Aufstellung und damit die Demonstration der Gruppe gegenüber.

In dem Moment rief jemand auf meinem Handy an – ich ging aber nicht ran, weil ich ja mitten in der Ausbildung steckte. Als ich draufschaute, von wem der Anruf kam, stand dort „Martina". Ich sagte der Gruppe: „Witzig! Es ruft gerade die Leiterin dieses Musicals an. Passt! Aber da gehe ich jetzt nicht ran. Wir wollen ja noch zum Schluss eine Aufstellung für Gaby machen."

Kurz darauf kam die SMS.

In den folgenden Wochen ging es immer wieder um die Frage, ob ich nun beim Musical mitmache oder nicht. Denn die Aufführung sollte erst in zwei Monaten sein – und bis dahin könnte sich Jacqueline vielleicht erholt haben. In meinem Gefühl dominierte also tatsächlich der Konflikt „Mitmachen – Nicht-Mitmachen" und gehörte über längere Zeit zu allem dazu.

Erst vier Wochen später war die Entscheidung reif ...

Weil ich mir gut eingeprägt hatte, wo das Krankenhaus lag, fand ich es problemlos. Ich stellte mein Auto auf dem einzigen freien Parkplatz ab, der mir auf diesem komplett zugeparkten Krankenhausgebiet „von oben" geschenkt worden war. Den Rest ging ich zu Fuß, wobei ich noch nicht wusste, wo der Eingang war. Ich folgte einfach den Schildern und vertraute. Mir blieb momentan sowieso nichts anderes übrig.

Plötzlich sah ich den Freund von Martina, Rainer, der aus dem Parkhaus kam und auch in Richtung Krankenhaus ging. Er erzählte mir, dass er von Martina informiert worden war und so schnell wie möglich hergefahren sei. Er kannte das Krankenhaus und konnte mich zur Notaufnahme führen. Dort wartete Martina auf uns. Sie hatte Jacquelines Korb mit ihren Schuhen, ihrer kleinen bunten Tasche und weiterer Sachen auf einen Stuhl des Warteraums gestellt. Ein seltsamer Anblick: die mir tief vertrauten Sachen von Jacqueline inmitten einer völlig fremden Umgebung. Und Jacqueline war nicht da. Ich fühlte mich einsam.

Zu dieser Zeit wurde gerade ihr Gehirn geröntgt, doch das wusste ich nicht. Ich wollte so schnell wie möglich zu ihr, musste aber mit Martina und Rainer an der Anmeldung warten, weil einige Leute vor mir dran waren. Es fühlte sich für mich wie eine Ewigkeit und eine Zeitverschwendung an, bis wir zu dem Raum geführt wurden, in dem Jacqueline lag. Sie war gerade von der Computertomographie (CT) in diesen Raum geschoben worden. Es passte zeitlich also genau. Zufällig.

Eine Ärztin fragte mich, ob Jacqueline Allergien oder Vorerkrankungen hätte, was ich verneinen konnte. Dann erzählte sie mir ohne Umschweife, was los ist:

„Ihre Frau hat eine Blutung in der linken Hirnhälfte. Sie wird operiert und dazu verlegen wir sie in die Neurochirurgie eines anderen Krankenhauses. Für die Fahrt dorthin muss sie noch vorsichtshalber intubiert werden, damit sie weiterhin Luft bekommt, falls ihr Atemzentrum irgendwann nicht mehr funktionieren sollte. Wir haben ihr schon eine Betäubungsspritze gegeben, aber Sie dürfen Ihre Frau trotzdem kurz sehen."

Jacqueline sollte also einen Schlauch in die Luftröhre gesteckt bekommen und dadurch beatmet werden. Was die Ärztin mir nicht sagte, war, dass sich Jacquelines Zustand in den letzten 50 Minuten seit dem Vorfall in der Tanzschule verschlechtert hatte. Später konnte ich aus der Patientenakte entnehmen: Die GCS sank von 10 auf 8 Punkte (die Glasgow Coma Scale ist eine Skala zur Abschätzung einer Bewusstseinsstörung, wobei volles Bewusstsein 15 Punkte erhält).

Jacqueline lag mitten im Raum (dem Schockraum) auf einer Art Metalltisch. Was ich nie vergessen werde: die Reaktion ihrer Augen. Die Betäubung begann offensichtlich schon zu wirken, denn die Augen waren halb geschlossen, wie kurz vor dem Einschlafen. Oder lag es an ihrem verringerten Bewusstsein? Als sie meine Stimme hörte und mich sah, wurden ihre Augen noch einmal größer und sie schaute mich direkt an – und ich sah, dass das eine Auge sich mehr öffnete als das andere. Es war deutlich, dass sie mich erkannte und dass sie mir etwas sagen wollte, doch es war auch deutlich, dass irgendetwas mit ihr nicht stimmte. Denn ihre Lippen bewegten sich nur wenig.

Ich streichelte ihre Stirn und sagte zu ihr:

„Ich bin da – es ist alles gut."

Kaum hatte ich das ausgesprochen, fühlte ich tief in mir schon den Schrei:

„Es ist gar nichts gut!!"

Mit diesem heftigen Widerspruch hätte möglicherweise Jacqueline reagiert, wenn sie noch dazu in der Lage gewesen wäre. Ja – natürlich war gar nichts gut! Aber ich war da – und das war schon mal gut.

Ich war froh, endlich in ihrer Nähe zu sein. Vier Personen (Ärzte, Assistenzärzte?) standen um uns herum. Ziemlich schnell aber einfühlsam wurde ich gebeten, wieder raus auf den Flur zu gehen, weil man sie nun intubieren wolle. Ich hatte den kurzen Gedanken, warum man mich nicht bei ihr bleiben ließ. Warum durfte ich den Prozess nicht beobachten? Warum musste ich wieder rausgehen? Aber ich stellte diese Frage nicht. Es schien selbstverständlich zu sein, dass ich wieder gehen musste. Ich akzeptierte die Anweisung. Es hatte bestimmt irgendeinen Grund. In meinem Schockzustand war es für mich leichter, einfach zu „gehorchen".

Als ich nach draußen ging, sah ich durch eine große Ausgangstür draußen den Krankenwagen warten, mit dem Jacqueline transportiert werden sollte. Vorher hatte ich ihn auch schon gesehen, hatte ihm aber keine Bedeutung beigemessen. Jetzt war mir klar, dass er für Jacqueline dort stand.

Über längere Zeit wartete ich total nervös auf diesem Flur und ging immer hin und her. Es fühlte sich an, als ob ich Lampenfieber hatte. Martinas Anwesenheit tat gut – einfach ihr da sein. Ein gutes Zureden oder Körperkontakt hätte ich in dem Moment nicht gebrauchen können. Rainer war im Warteraum geblieben.

Plötzlich wurde ein Gedanke in mir ganz deutlich und ich sagte: „Ich kann absolut nichts machen. Es liegt allein in der Hand des Universums – und in der Entscheidung von Jacquelines Seele, was passiert und wie es nun weitergeht. Ich selbst bin machtlos – und hilflos. Vollkommen."

Als ich das aussprach, fühlte sich diese Machtlosigkeit nicht mehr machtlos an – sondern „von oben geführt". Ich hatte gleichzeitig neben meiner Unruhe eine Art tiefes Vertrauen, dass alles dazugehört.

Die Ärztin kam wieder heraus und sprach noch einmal mit mir. Sie teilte mir mit, dass man nicht wisse, wie es weitergehe. Sie wusste nicht, ob Jacqueline überlebt oder welche Schäden bleiben oder wie sonst die Zukunft aussieht. Auch wenn der Inhalt ihrer Worte mich auf das Schlimmste vorbereitete, fühlte sich diese Offenheit gut an. Und ich spürte, dass diese unsichere Aussicht in mir keine Panik auslöste. Ich merkte, wie ich jedes Schicksal annehmen würde, und wenn es noch so schmerzvoll ist. Gleichzeitig wartete eine Seite in mir sehr unruhig die nächsten Schritte ab.

Plötzlich ging ein Sanitäter in den Raum, in dem Jacqueline behandelt wurde. Ich war neugierig und schaute durch die offene Tür. Sie lag immer noch auf diesem Tisch, jetzt mit einem großen Schlauch im Mund – zur Beatmung. Ein Arzt blickte auf die Uhr (15.45 Uhr) und sagte zu den anderen: „Zwanzig Minuten – das ist noch recht gut." Offensichtlich bewertete er die Arbeit der übrigen, wie lange sie für die Vorbereitung von Jacqueline benötigt hatten.

In diesen zwanzig Minuten wurde aber nicht nur an Jacqueline gearbeitet. Es wurde auch eine Blutprobe im Labor analysiert, ein Arztbrief für das andere Krankenhaus geschrieben und beides der überführenden Notärztin zusammen mit einer CD-ROM mit den CT-Bildern von Jacquelines Gehirn mitgegeben.

Gleich danach ging es los. Jacqueline wurde von drei Personen auf einer Rolltrage aus dem Raum geschoben und hatte die Augen zu. Ihr Körper wackelte leblos beim Ruckeln der rollenden Liege. Keine Spannung mehr.

Nebenbei bemerkte ich, dass hier alle ÄrztInnen und SanitäterInnen jünger waren als ich – ein interessantes Gefühl. Denn bisher kannte ich es immer nur, dass ÄrztInnen älter und strenger waren. Eine Prägung aus meiner Kindheit, die bisher in meinem Gehirn nicht korrigiert worden war, weil ich lange keine Erlebnisse in Krankenhäusern hatte. Dieser Eindruck war nur ein kurzer Gedanke, der sofort vorbeihuschte.

Ich sollte vorne im Krankenwagen auf dem Beifahrersitz Platz nehmen. Am liebsten wäre ich hinten bei ihr gewesen und hätte sie die Fahrt über direkt begleitet und ihre Hand gehalten. Doch das wurde mir ohne Begründung verwehrt. Ich wunderte mich kurz, weil ich davon ausgegangen war, dass man als Angehöriger möglichst in der Nähe seines geliebten Menschen bleiben und ihn direkt begleiten darf. Aber auch diese „Trennung" akzeptierte ich schnell, gehorchte und setzte mich vorne auf den Beifahrersitz. Ich fühlte mich in dieser Situation und im Krankenhaus als Neuling und hatte das Gefühl, keine Wahl zu haben, sondern den Anweisungen folgen zu müssen. Ich kannte keine Regeln. Ich wusste nicht, wann und warum etwas erlaubt und etwas verboten war. So musste ich erst einmal davon ausgehen, dass alle jungen Fachkräfte um mich herum die Regeln kennen und mich entsprechend an- und einweisen.

Dann stieg die Fahrerin ein und startete den Motor. Nach einer Rückfrage durch das Fenster in der Trennwand, ob hinten alles in Ordnung sei, fuhr sie los. Das Radio lief. Ich bat sie, es auszustellen. Ja – kein Problem.

Irgendwie begann ich, innerlich mit Jacqueline zu kommunizieren. Und sie reagierte in meinem Gefühl. Es war eine ganz liebevolle und fürsorgliche Jacqueline, die mir da innerlich antwortete. Und dieses Mal war es umgekehrt: Sie sagte nun zu mir, dass alles gut sei und ich mir keine Sorgen zu machen brauche.

Das war der Moment, in dem ich endlich das erste Mal in Tränen ausbrach und es einfach fließen ließ – geborgen innerhalb dieser liebevollen Stimme in mir. Fast die gesamten zehn Minuten dieser Fahrt weinte ich und verarbeitete in den ersten Schritten diesen Schock und diese große Veränderung in meinem Leben – und im Leben von Jacqueline.

Dass ich das erste Mal in einem Krankenwagen mit Blaulicht saß, dem alle anderen Autos ausweichen mussten, war Nebensache. Trotzdem beobachtete ich gleichzeitig neben meinen Gefühlen die Autos vor uns. Auf der Autobahn innerhalb eines dreispurigen Baustellenabschnitts machten sie zuverlässig ab einer bestimmten Entfernung zum Krankenwagen die Mittelspur frei, so dass wir ein gleichmäßiges Tempo fahren konnten.

Die Musicalprobe am Sonntagvormittag war dieses Mal mehr oder weniger eine Textprobe. Allerdings waren nicht alle Musicaldarsteller anwesend. Und so ist Jacqueline immer spontan eingesprungen, wenn ein Text von jemandem gesprochen werden sollte, der gerade nicht da war. Alle waren ganz aufgeregt, weil das erste Mal die Dialoge geprobt wurden – und sie hatten viel Spaß dabei. Auch Jacqueline war sehr gut drauf und hat viel gelacht.

Nach einiger Zeit teilte sich die Gruppe auf, weil eine Tanztrainerin kam und mit einigen Leuten einen bestimmten Stepp-Tanz üben wollte. Jacqueline, Katinka, Martin und Maria spielten dabei keine Rolle und Martina ging mit den Vieren aus dem Tanzsaal ins Bistro, um dort weiter an einigen Dialogen zu proben.

Als die Probenzeit fast vorbei war, fragte Martina Jacqueline:

„Möchtest du zum Abschluss noch irgendetwas ausprobieren oder üben?" Denn Jacqueline wollte demnächst wieder zu mir und zur Ausbildungsgruppe zurückfahren und vielleicht noch die letzte Stunde bei der Ausbildung mitwirken.

Jacqueline dachte kurz nach: „Wir könnten noch die Szene mit dem Teppich probieren." In der Musicalgeschichte begegnet Aladin in einer Höhle dem fliegenden Teppich. Diese Szene folgt, nachdem Aladin die Wunderlampe in der Höhle gefunden hat. Leider übertritt er dabei aber ein Verbot und berührt noch einen anderen Schatz, woraufhin sich die Höhle verschließt und Aladin nun in der Höhle gefangen ist – mutterseelenallein.

Martin, der die Hauptrolle des Aladin spielte, fragte: „Fein, aber wer spielt eigentlich den Teppich?"

„Ich! - Ich spiele zwar die Wahrsagerin, aber auch den Teppich", erklärte Jacqueline.

„Toll! Das wusste ich gar nicht – und ich wusste auch noch gar nicht, dass wir diese Szene tatsächlich umsetzen. Genial!" Martin freute sich.

Also wurde nun die Szene in der Höhle ab dem Moment geprobt, wo sich die Höhle schließt. Martin sprach seinen Text und ließ in den Pausen genügend Zeit, so dass Jacqueline als nicht-sprechender Teppich eifrig zwischendrin gestikulieren konnte. Als dann der Moment kam, an dem der Teppich einen Song singen sollte, fragte Jacqueline kurz verunsichert: „Soll ich den Song jetzt singen oder was?"

Martina nickte: „Ja, wie wär´s? Die anderen haben ja vorhin auch gesungen."

Damit Martin einen Eindruck bekommen kann, entschied sie, den Song zu singen – solo – ohne musikalische Begleitung, leicht nervös und aufgeregt. Dabei hatte sie den Anspruch an sich, es so gut wie nur möglich zu machen.

Und es war tatsächlich unglaublich. Martina, Katinka, Martin und Maria waren mucksmäuschenstill und hörten gebannt zu. Jacqueline sang sehr klar, wach und emotional eindringlich.

Rückblickend ist es richtig unheimlich, denn der Text, den sie sang, beschreibt im Grunde genau das, was in der folgenden Zeit auf Jacqueline und mich (Olaf) zukam. Es ist ein Song, den der lebendige Teppich in der Höhle direkt zu Aladin singen sollte. Den Text hatte ich für dieses Musical einige Monate zuvor selbst gedichtet (gesungen auf die Musik vom Song „Fly fly away" aus dem Film „Catch me, if you can"):

Vor Zehntausend Jahren war ich noch frei,
nicht in der Höhle.
Ich flog frei durch Berg und Tal, war überall.
Ich diente vielen Menschen, hab sie getragen.
Ich war glücklich, nützlich und beliebt, war für sie da.
Doch dann kamen böse Menschen und wollten mich für sich allein.
Sie nahmen mich und sperrten mich in diese dunkle Höhle ein.
Nun sitz ich hier seit vielen Jahren einsam und allein.

Die Schätze können mir nicht helfen, ich hab´s versucht.
Ich wäre gerne wieder frei – frei, mein ganzes Potenzial zu leben.
Frei – frei überall.
Ich will zur Höhle sagen: Bye! Goodbye! Die dunklen Jahre sind vorüber.
Vielleicht wird es eines Tages ja mal möglich sein.

Du bist nun mit mir hier,
jetzt sind wir beide gefangen.
Dich hat hergebracht die Gier,
doch so wirst du nicht weit gelangen.
Ich geb dir den Rat, viel mehr dem Herzen zu folgen.
Leb dein Potenzial ganz aus – mit Gefühl.
Andere Menschen sind oft kühl und hab´n kein Zugang zu ihr´m Gefühl.
Hast du Kontakt zu ihnen, bremst es dich!
Ich sag dir: Nimm dir Flügel und nutz deine eigene Kraft!
Bist du Meister deines Lebens, dann hast du die Macht!
Nimm Flügel und dann flieg ganz frei – frei, dein ganzes Potenzial zu leben.
Frei – frei überall.
Du kannst zum Käfig sagen: Bye! Goodbye! Die dunklen Jahre sind vorüber.
Vielleicht wird es eines Tages ja mal möglich sein.

Keine Schätze dieser Welt können dich öffnen.
Nur dein eigner Schatz in dir, der macht dich frei, ganz frei!
Eignes Potenzial macht frei! Niemand kann dich dazu bringen.
Frei – frei überall.
Nur so kommst du hier raus. Goodbye! Goodbye! Dein Potenzial ist endlich frei!
Vielleicht findest du dein Potenzial in dir nur hier.
Vielleicht findest du dein ehrlichstes Gefühl auch hier.
Vielleicht öffnest du dein liebevolles Herz schon hier.
Wir können diese Schätze hier
für dich einmal aktivier´n – für dein Herz!

Als Jacqueline verstummte, applaudierten die vier Zuhörer berührt und begeistert. Sie fanden es wunderschön. Und währenddessen begann Jacqueline schon ein wenig zu schwanken. Es war ungefähr 14.25 Uhr. Das Schwanken fing erst klein an und wurde etwas ausschweifender. Sie setzte sich neben Martin. Und während er seinen Dialog weitersprach, beobachtete Martina, dass Jacqueline einen ganz roten Hals hatte. Das sprach dafür, dass sie beim Singen sehr aufgeregt gewesen sein musste. Dann sagte Jacqueline etwas, das komisch klang – und irgendwie undeutlich. Martin dachte, Jacqueline will rumalbern. Katinka hatte den Eindruck, sie macht einen Scherz. Erst als Martina „Was??" fragte, begannen alle zu verstehen, dass etwas nicht in Ordnung war.

Martina fragte sie, was los wäre.

„Mir ist schwindelig."

Im Sitzen schwankte sie in Richtung Martin, der an ihrer rechten Seite saß. Sie krümmte sich zusammen. Martin zog sie in die Arme und hielt sie fest. Jacqueline sagte:

„Ich glaube, ich habe einen Schlaganfall."

„Ruft jemand einen Arzt?!" sagte Maria spontan.

Martina hatte bereits ihr Handy in der Hand. Maria und Martina halfen Martin, Jacqueline ganz auf die Sitzbank zu ziehen. Er saß in der Ecke und hielt sie so, dass sie ihren Kopf auf seinen Schoß legen konnte. Sie hatte nun ihre Füße hochgelagert. Sie sagte:

„Ich glaube, ich kann meine rechte Seite nicht spüren."

Danach wurden ihre Worte immer undeutlicher und leiser. Sie legten ein kühles Tuch auf ihren Kopf, das Katinka geholt hatte. Maria begann ihre Beine zu massieren. Martina fragte, wie nochmal die Nummer des Notrufs ging, ob es „110" oder „112" wäre. Katinka war sich nicht sicher. Martin und Maria sagten, es wäre die „112". Martin war sehr ruhig geworden, seit er Jacqueline aufgeschnappt hatte.

Während Jacqueline dort lag und Maria ihre Beine massierte, wanderte Jacquelines Blick unruhig umher, sie schien aber nichts wirklich zu fixieren. Sie nuschelte mit ihrem Mund, der sich nicht mehr vollständig bewegen ließ, und sagte, dass sie es schon heute Morgen geahnt hatte, denn ihr ging es bereits beim Frühstück nicht so gut.

Maria fragte Martin, ob sie Olaf verständigen sollten. Martin stimmte zu. Martina erklärte am Telefon dem Rettungsdienst, wo der Krankenwagen hinkommen müsse und dass es vermutlich ein Schlaganfall sei. Der Notarzt wurde alarmiert, notierte die Zeit dieses „Alarms" (14.30 Uhr) und korrigierte seine Wegstrecke. „Zufälligerweise" befand er sich gerade in einer Nachbarstraße und war nach einem erledigten Einsatz auf dem Rückweg zum Krankenhaus.

Anschließend versuchte Martina, Olaf anzurufen. Martin fragte währenddessen, ob nicht einer mal googeln könne, was man bei einem Schlaganfall machen muss. Marias Handy war vorübergehend nicht funktionstüchtig – gleichzeitig passte sie auf, dass Jacqueline nicht plötzlich ihre Beine bewegt und herunterfällt. Denn sie „zuckte" zwischendurch manchmal. Katinka sagte, dass sie ein Handy organisieren würde.

Kurze Zeit später sprang Maria auf und begann die Tische auf die andere Seite zu räumen, damit Platz für den Notarzt und den Strecher (eine Trage) vorhanden ist. Anschließend setzte sie sich zurück zu Jacqueline und streichelte wieder ihre Beine. Katinka hatte inzwischen im Handy gegoogelt, was man bei Schlaganfall machen könne, aber hatte nichts Ordentliches gefunden.

Martina sagte zu Katinka, dass sie Anette holen solle, sie sei ja Arzthelferin. Katinka kam mit Anette wieder. Sie beugte sich über Jacqueline, sprang aber zurück, als Martina sagte, dass es wahrscheinlich ein Schlaganfall wäre. Mit einem leichten Anflug von Panik in der Stimme fragte sie:

„Und was soll ich jetzt machen?! Ich schlage vor, lieber Simon zu holen, denn er ist Krankenpfleger. Vielleicht kennt er sich da besser aus."

Simon strich Jacqueline über die Arme und fragte, ob sie das spüren könne. Sie jammerte ein wenig und sagte „nein" und nuschelte etwas wie, dass sie ihre rechte Seite gar nicht spüren könne. Simon reagierte in klarem Tonfall, man solle SOFORT einen Notarzt rufen. Die anderen antworteten, dass er schon unterwegs sei.

Plötzlich jammerte Jacqueline: „Ah, ahh!" Es hörte sich so an, als würde sie Schmerzen empfinden. Maria sah aber in dem Moment, dass Jacqueline mit ihrer linken Hand in ihren Schritt fasste. Sie konnte ihre Blase nicht mehr kontrollieren und hatte sich wohl erschrocken. Noch während es passierte griff Maria ihre Hand und sagte ihr, es sei in

Ordnung. Martin hatte sie auch fester gegriffen, da sie ein wenig aufgesprungen war. Sie legten ein Handtuch über ihren Schoß, damit der nasse Fleck nicht zu sehen ist und sich Jacqueline nicht zu schämen braucht. Allmählich schien sie sich zu beruhigen.

Dies geschah alles in wenigen Minuten, bis der Rettungswagen 14.34 Uhr (Notiz des Notarztes) auf dem Hof eintraf. Inzwischen hatte Martina die SMS an Olaf verschickt.

Als der Notarzt und die Sanitäter beim Hinterhaus die Treppe hochkamen, ging Maria zur Seite, um sie nicht zu behindern. Martin hielt Jacqueline noch immer fest. Die Sanitäter maßen ihren Blutdruck, was Jacqueline offensichtlich unangenehm war. Denn sie wehrte sich gegen die besonders stark drückende Manschette, die einen hohen Blutdruck erfassen und sich daher sehr aufpumpen musste. Ein Sanitäter strich ihr auf die gleiche Art und Weise über die Arme, wie bereits Simon es getan hatte. Er stellte Fragen, wie alt sie sei, ob sie ihre Krankenkarte hätte, welche Vorerkrankungen sie habe. Sie reagierte bei jeder Frage, konnte nur nicht gut sprechen.

Man sagt, dass ein normaler Blutdruck bei 120 / 80 liegt. 140 / 90 wäre bereits ein erhöhter Blutdruck. Jacquelines lag in diesem Moment bei 228 / 142 (Puls bei 61). Allerdings ist nicht klar, ob dieser unglaublich hohe Blutdruck die Ursache für den Schlaganfall war oder ob Jacquelines Angst den Blutdruck in die Höhe getrieben hat. Früher hatten wir bereits festgestellt, dass Jacquelines rote Hautfärbung am Hals oft einen hohen Blutdruck anzeigt. Also könnte der Bluthochdruck tatsächlich die Ursache gewesen sein, denn direkt nach dem Singen war bei ihr ein roter Hals zu sehen …

Simon hatte dem ersten der drei Männer sofort gesagt, es sei ein Schlaganfall. Und Martina hatte einem der Männer die Information gegeben, dass Jacqueline Heilpraktikerin sei und dass sie selbst ihre Diagnose gestellt hatte. Mittlerweile bereiteten die Sanitäter den Tropf vor und legten einen Venenzugang für das Medikament Jonosteril (Natrium, Kalium, Calcium, Magnesium, Chlorid, Acetat). Der Notarzt fragte Martina:

„Wissen Sie, ob sie irgendwelche Vorerkrankungen hatte und Medikamente nimmt?"

„Ich weiß nur, dass Jacqueline in letzter Zeit ab und zu Schwindel gefühlt hat und auch öfter Bluthochdruck hatte. Genaueres weiß ich aber nicht."

Die Sanitäter diskutierten, wie sie Jacqueline die Treppe herunter bekommen sollten. Als sie sie auf die Trage legen wollten, hat Martin ihren Kopf langsam von seinem Schoß genommen und ist aus dem Weg gegangen. Während Jacqueline die Treppe heruntergetragen wurde, suchten die anderen ihre Sachen zusammen und legten sie in ihren Korb. Martina nahm den Korb und teilte dem Notarzt mit, dass sie Jacqueline am besten kennen würde und dass sie mitkäme. Ungefähr zu diesem Zeitpunkt hatte ich Martina zurückgerufen und sie fragte die Sanitäter, wohin genau Jacqueline gebracht wurde. Die Antwort gab sie an mich weiter.

14.46 Uhr fuhr der Krankenwagen los und kam um 14.50 Uhr im Krankenhaus an. Eine erneute Messung des Blutdrucks ergab nun die Werte 248/131. Ein blutdrucksenkendes Mittel wurde ihr noch nicht gegeben, weil nicht klar war, ob eine Hirnblutung (hämorrhagischer Schlaganfall) oder eine Minderdurchblutung (ischämischer Schlaganfall) vorliegt. Deshalb wurde als Nächstes eine Computertomographie (eine CT) gemacht, um zu schauen, was im Gehirn los ist (15.05 Uhr). Dass Jacqueline eine gefährliche Blutung in den Stammganglien hatte und auch die Entscheidung, Jacqueline zu intubieren und sie in ein anderes Krankenhaus zur Operation zu verlegen, berichtete mir die Ärztin gegen 15.20 Uhr vor dem Schockraum.

Unsere gemeinsame Krankenwagenfahrt über die Autobahn dauerte ungefähr zehn Minuten. Als wir angekommen waren, beobachtete ich, wie sie Jacqueline auf der Liege aus dem Krankenwagen in die Notaufnahme des zweiten Krankenhauses brachten, und ging, sofern es möglich war, neben ihr her. Sie schien ganz friedlich zu schlafen – aber mit diesem Schlauch im Mund wirkte es in keiner Weise friedlich auf mich. Trotzdem fühlte ich immer noch diese innere liebevolle Stimme in mir: „Es ist alles gut, mein lieber Olaf".

Haupteingang der Notaufnahme – und danach gleich rechts eine weitere Tür, durch die sie geschoben wurde. Man sagte mir, ich solle hier warten. Und schon wieder eine Trennung von ihr und ich musste loslassen und blieb allein, mit meiner Sorge und Orientierungslosigkeit, wie es jetzt alles weitergehen würde. 16 Uhr.

Ich hatte das Gefühl, dass mein Warten länger dauern würde. Und so nutzte ich nun die Zeit, um die Familie zu informieren. Das war nicht leicht, weil ich nicht von allen die Nummer im Handy gespeichert hatte. Außerdem war auch nicht jeder zu erreichen. Aber nachdem ich die ersten angerufen und auch ein paar Textnachrichten per SMS verschickt hatte, sprach es sich sowieso wie ein Lauffeuer herum.

Es war ein offener Warteraum, der fließend in den Flur überging. Und so fiel es nicht auf, dass ich mich nicht auf einen der Stühle setzte, sondern permanent auf und ab ging. Zudem war ich nicht der einzige, der nicht saß. So einige Menschen warteten unruhig und stehend auf Informationen von ÄrztInnen, wie ihre eingelieferten Angehörigen gerettet werden würden. Jacqueline und ich waren hier definitiv nicht die einzigen mit einem schmerzhaften Schicksal.

Nach einer knappen Stunde kam ein freundlicher Arzt und fragte nach Herrn Jacobsen. Er war ebenfalls etwas jünger als ich. Aus irgendeinem Grund führte das dazu, dass ich keine Scheu hatte, offen zu reden und alles zu fragen, was mir auf der Seele lag. Momentan hatte ich aber keine konkrete Frage, sondern ich wartete einfach darauf, was man mir mitzuteilen hatte. Der Arzt bat mich, mit ihm mitzukommen. Als ich mit ihm an der Anmeldung vorbei gehen wollte, fragte mich die dort arbeitende Mitarbeiterin, ob ich Herr Jacobsen sei. Sie gab mir die CD-ROM der CT-Bilder aus dem ersten Krankenhaus, Jacquelines Gesundheitskarte - und ihren Ehering. Das gab einen kleinen Stich im Herzen. Ich steckte ihn sofort an meinen kleinen Finger, neben meinen Ehering. Wir beide vereint.

Als ich die CD-ROM in der Hand hielt, überlegte ich erst noch, ob ich sie behalten darf. Es fühlte sich ungewohnt an, ärztliche Unterlagen zu erhalten. Erst im Laufe der nächsten Wochen wurde mir immer bewusster, dass PatientInnen ein Recht darauf haben, eine Kopie ihrer kompletten Patientenakte zu erhalten. Daran musste ich mich gewöhnen, denn das war vor vielen Jahren noch nicht so klar oder nicht so üblich …

Der Arzt führte mich in ein kleines Zimmer mit einem Computer und zwei Bildschirmen. Dort war bereits das Innenleben von Jacquelines Gehirn dargestellt. Sie hatten in diesem Krankenhaus vor ein paar Minuten ebenfalls eine CT mit ihr durchgeführt. Erstens konnten sie auf diese Weise die Entwicklung der Blutung seit der CT im ersten Krankenhaus beobachten, und zweitens gestalteten sie die CT wahrscheinlich so, dass sie es gut für die Operation verwenden konnten.

Mithilfe der frischen Bilder zeigte mir der Arzt, was in Jacquelines Gehirn los ist:

„Der weiße Fleck dort ist das Blut, das sich in der Nähe des Thalamus-Bereichs ausgebreitet hat. Der andere weiße Fleck zeigt, dass das Blut auch in einen Ventrikel eingedrungen ist. Weil durch das Blut der Druck im Gehirn ansteigt, werden wir Ihre Frau nun als nächstes operieren und ihr zwei Drainagen ins Gehirn legen, damit Blut und Hirnflüssigkeit dosiert herausfließen und dadurch der Hirndruck entlastet werden kann."

„Was sind Ventrikel und was sind Drainagen?"

„Ventrikel sind Hohlräume zwischen dem Gehirngewebe, die mit Hirnflüssigkeit gefüllt sind. Und Drainagen sind Schläuche, die in diese Hohlräume gesteckt werden, damit überflüssige Hirnflüssigkeit nach draußen geführt werden kann. Sie wird in dafür vorgesehenen Flüssigkeitsbeuteln aufgefangen."

Ich verstand nicht alles, da ich mich nicht richtig konzentrieren konnte. Und so strengte ich mich auch nicht weiter an, verstehen zu wollen. Wichtig war mein Gefühl – und es fühlte sich gut und stimmig an, was er mir sagte. Ich fühlte keinen Widerstand oder Widerspruch in mir, obwohl mir bewusst war, dass sie Jacquelines Schädeldecke öffnen und in ihr Gehirn eindringen. Der Gedanke, dass dadurch wahrscheinlich (hoffentlich) ihr Leben gerettet wird, stand im Vordergrund.

Natürlich war es ihm noch wichtig, mir mitzuteilen, dass so eine Operation auch schief laufen könne. Da aber weder er noch ich eine Alternative sahen, war für mich klar, dass die Operation sinnvoll war, um Jacquelines Leben zu retten. Denn ein ansteigender Hirndruck kann lebensgefährlich werden.

„Haben Sie noch Fragen?"

Nein, ich hatte keine. Was sollte ich auch fragen? Ich kannte mich ja auf diesem Gebiet überhaupt nicht aus und konnte nur vertrauen. Es war aber schön, gefragt zu werden, ob ich noch Fragen hätte. Das gab mir das Gefühl, Raum und Aufmerksamkeit zu bekommen.

Ich bedankte mich und ging wieder zurück auf den Warteflur. Dieses Mal dauerte es nicht lange und ein anderer Arzt kam auf mich zu und bat mich, ihn zu begleiten.

„Ich führe Sie zur Intensivstation, wohin man Ihre Frau nach der Operation bringen wird."

Auf dem Flur vor der Intensivstation angekommen zeigte er mir den Eingang für Besucher. Ich sah flüchtig das Schild mit den Besuchszeiten: 16 – 19 Uhr. Er deutete auf ein paar Stühle, die nebeneinander an der Wand vom Flur standen:

„Dort können Sie auf Ihre Frau warten. Wenn es soweit ist, wird sie in einem Bett aus diesem Fahrstuhl geschoben und auf die Intensivstation gebracht. Sie werden sie nicht verpassen. Doch bitte kommen Sie vorher mit in mein Arztzimmer."

Ein paar Türen weiter bot er mir noch einmal die Gelegenheit an, mit ihm über Jacquelines Gehirn und die notwendigen Maßnahmen zu reden. Schnell hatte er auf seinem Computer Jacquelines Gehirnbilder gefunden. Dies machte mir bewusst, dass wohl im gesamten Krankenhaus alle Informationen von PatientInnen von jedem Computer aus abrufbar waren. Praktisch.

Doch bevor er anfing, mir noch einmal Jacquelines Zustand zu beschreiben, war ein anderes Thema wichtiger für mich:

„Ich möchte Sie etwas fragen. Meine Frau und ich haben eine sehr intensive Verbindung. Wir brauchen uns gegenseitig sehr. Deswegen möchte ich so lange wie möglich und auch so oft wie möglich bei ihr sein. Lässt sich das einrichten?"

Er zögerte etwas.

„Wir schauen mal, was sich machen lässt."

Einer konkreten Antwort wich er aus, indem er mir schnell etwas anderes erzählte und dann auf den Gehirnzustand von Jacqueline zu sprechen kam. Ich ließ es geschehen und sprach mit ihm noch eine Weile über sie. Als er ansetzte, unser Gespräch zu beenden, griff ich meinen Wunsch noch einmal auf. Ich merkte, wie mein Gefühl mich regelrecht dazu drängelte, und betonte, wie wichtig uns der Kontakt zueinander sei und dass ich unbedingt so lange wie möglich bei ihr sein möchte. Ihm blieb nun nichts anderes übrig als auf meine Bitte konkreter zu reagieren – und so sagte er mit gerunzelter Stirn:

„Das ist nicht so einfach. Wir haben die Besuchszeiten von sechzehn bis neunzehn Uhr. Außerhalb der Besuchszeiten müssen Sie mit dem jeweiligen Pflegeteam absprechen, ob ein Besuch möglich ist. Hmm ... machen Sie es vielleicht so: Klingeln Sie am Eingang und sagen Sie demjenigen, der Ihnen die Tür öffnet, dass ich befürworte, dass Sie Ihre Frau so oft und so lange wie möglich sehen dürfen. Ich habe größtes Verständnis dafür."

Ich fragte noch einmal nach seinem Namen und versuchte ihn mir zu merken, damit ich später auf ihn verweisen kann. Was mich verwirrte war der Hinweis, dass es offensichtlich mehrere Pflegeteams gibt. Ich wusste nicht, wie ein Krankenhaus organisiert ist, und hatte mir noch nie Gedanken darüber machen müssen. Mein spontanes naives Bild war, dass immer wieder dieselben Menschen anwesend sind. Später erfuhr ich, dass es ein Schichtsystem gibt. Die Frühschicht dauert von 6 bis 14 Uhr, die Spätschicht von 14 bis 22 Uhr und die Nachtschicht von 22 bis 6 Uhr. In jeder Schicht sind natürlich andere Gesundheits- und KrankenpflegerInnen anwesend (so lautet der vollständige Begriff, in Zukunft schreibe ich „Pflegerin" oder „Pfleger").

Aber zunächst einmal verwirrte mich der Hinweis des Arztes nur. Ich wusste nicht, was er genau damit gemeint hatte. Gibt es mehrere Pflegeteams? Und wie soll ich das mit ihnen besprechen? Und warum sollte ich mit den PflegerInnen reden? Warum entscheiden nicht die ÄrztInnen, wer wann wie lange anwesend sein darf? Doch ich konnte diese Fragen noch nicht stellen, weil es alles so verwirrend war. Mir genügte es, zunächst einmal eine gewisse Kompromissbereitschaft von diesem Arzt fühlen zu dürfen. Und mein Gefühl war, alles Weitere abzuwarten.

Bevor er mich auf dem Flur allein ließ (es war sonst niemand mehr hier, der vor der Intensivstation wartete), gab er mir noch einen Tipp:

„Wenn Sie den Eindruck haben, dass Sie hier auf dem Flur von den Leuten auf der Intensivstation vergessen worden sind, dann klingeln Sie ruhig öfter an der Eingangstür. Bei den vielen unterschiedlichen Aufgaben und ungeplanten Zwischenfällen, die dort passieren, kann es schon mal vorkommen, dass Angehörige auf dem Flur vergessen werden."

Wie sich später herausstellte, war das für mich ein wundervoller Tipp, der mich die folgenden Wochen diese Möglichkeit ungeniert nutzen ließ und mir viel Ärger ersparte. Denn so konnte ich mich immer frei um mich selbst kümmern und fühlte mich nicht als Opfer der Fehler anderer.

Ich saß nur kurze Zeit auf dem Flur vor der Intensivstation, da kam eine SMS von Martina, dass sie jetzt mit meinem Auto da seien. Sie waren zwischendurch zu Hause gewesen, hatten einige wichtige Dinge erledigt und sich die Zeit freigeschaufelt, um dann zu mir ins Krankenhaus zu kommen, mir mein Auto zu bringen und für mich da zu sein.

Ich lief runter und begegnete ihnen am Eingang der Notaufnahme. So gut es ging, erzählte ich ihnen, was ich bisher wusste und verstanden hatte. Mitfühlend hörten sie mir zu und boten mir Hilfe an. Doch dabei wurde mir sofort bewusst, dass ich mich in einem ganz bestimmten Zustand befand. In diesem Zustand war ich komplett auf Jacqueline konzentriert und wollte jederzeit für sie da sein, sobald es möglich ist. Diese Konzentration grenzte alle anderen Situationen aus, in denen ich fühlte, dass ich anderen Menschen zur Verfügung stehen musste. Und wenn ich nachdenken soll, welche Hilfe ich von anderen bräuchte oder was andere für mich tun könnten, war ich nicht mehr bei Jacqueline. So signalisierte ich den beiden dankend und freundlich, dass ich am liebsten Ruhe habe, um innerlich bei Jacqueline bleiben zu können.

Wir gingen nach draußen und sie zeigten mir, wo das Auto stand. Anschließend drängelte es mich sofort wieder rein. Ich bedankte mich sehr für ihre Hilfe und verabschiedete mich von ihnen. Nachdem sie mir versichert hatten, jederzeit für mich da zu sein. Ich bräuchte nur zu fragen. Das freute mich und ich bedankte mich noch einmal.

Rein ins Krankenhaus, den Gang entlang zum Treppenhaus, dann hinauf in den ersten Stock zum Flur und zu den Wartestühlen vor dem Eingang in die Intensivstation. Dort setze ich mich auf einen der sechs Wartestühle, stellte meinen Rucksack neben mich, lehnte den Kopf nach hinten an die Wand und schaute auf den Lichtfleck oben an der Wand mir gegenüber, der durch eine der Deckenlampen zustande kam. Meine Gedanken schweiften zwischen dem bisher Erlebten und der ungewissen Zukunft hin und her. Einige Zeit lang.

Auf einmal wurde ein Gedanke ganz klar und deutlich: „**Das** ist jetzt die Situation in meinem Leben, in der mein gesamtes Potenzial gefordert ist! Genau dafür hat mich mein bisheriges Leben ausgebildet!" Und ich spürte die komplette Energie dieses Gedankens.

Wie es wohl Jacqueline gerade geht? Ich wollte wieder Kontakt zu ihrer Stimme in mir aufnehmen und sie fragen, wie es ihr geht. Doch ich erhielt keine Antwort mehr. Ihre Stimme war nicht da. Es fühlte sich nur noch an wie ein schweigendes Schreien vor Schmerz. Ich vermutete, dass dieses Gefühl vielleicht mit der Operation zusammenhängen könnte und merkte mir die Uhrzeit, die ich der Uhr neben dem Fahrstuhl entnehmen konnte: 18 Uhr.

Während meine Gedanken kreisten und ich weiter wartete, gab es immer wieder Unterbrechungen in meiner Aufmerksamkeit, weil ab und zu etwas auf dem Flur passierte. Personen mit blauen Kitteln, mit grünen Kitteln oder mit weißen Kitteln gingen den Flur entlang. Leere Betten wurden den Gang entlang geschoben – aber auch Betten mit den unterschiedlichsten PatientInnen darin liegend. Einige waren wach, andere schliefen oder waren im Koma. Und immer wieder zwischendrin Gedanken darüber, wie es wohl Jacqueline geht, welches Schicksal wir beide tragen werden und auch die Konzentration darauf, ihr innerlich ganz viel Unterstützung und Liebe dorthin zu schicken, wo sie sich gerade befindet. Ab und zu sprach ich innerlich zu ihr, z. B.: „Ich bin hier, ganz in deiner Nähe!" oder „Du schaffst es!", aber auch „Egal, wie sich deine Seele entscheidet, ich respektiere jeden Weg!"

Immer wieder schaute ich zum Fahrstuhl, wenn sich die Tür öffnete, und hoffte, Jacqueline zu erblicken. Und tatsächlich – nach einer langen Zeit des Wartens wurde gegen 18.40 Uhr ihr Bett von zwei Personen mit blauer Arbeitskleidung aus dem Fahrstuhl geschoben. Ich stand sofort auf und ging zu ihr.

„Sind Sie der Ehemann?"

„Ja."

„Die Operation ist gut verlaufen. Ihre Frau ist noch narkotisiert, müsste dann aber bald aufwachen. Wir werden sie jetzt in der Intensivstation an die Geräte anschließen und sie vorbereiten. Das dauert noch einige Zeit. Wir holen Sie, wenn alles fertig ist."

„Alles klar. Danke!"

Es sah aus, als ob Jacqueline schlafen würde. Sie hatte einen Verband um den Kopf und ein Krankenhaushemd an. Endlich konnte ich sie wiedersehen. Und sie lebte.

Ich streichelte kurz über ihre Wange, bevor die Pfleger sie weiterschoben – durch eine große Tür zehn Meter weiter neben dem Besuchereingang.

Ich setzte mich wieder auf meinen Wartestuhl – mit Tränen in den Augen. Tränen der Berührung.

Monate später wurde durch die Patientenakte nachvollziehbar, was bis zu diesem Zeitpunkt mit Jacqueline gemacht worden war:

16 Uhr kamen wir im Krankenhaus B. an und Jacqueline wurde in der Notaufnahme gleich in einen Bereich geschoben, zu dem kein Angehöriger Zugang hat. Dort wurde die erste Seite eines Anästhesieprotokolls ausgefüllt mit folgendem Text:

„beim Tanzen plötzlich heftigste Kopfschmerzen, per RD *(Rettungsdienst)* ins Krankenhaus A., im cCT *(craniale Computertomographie)* Stgl. *(Stammganglien)* Blutung, bei GCS 8 intubiert (6,5er Tubus), Transport ins Krankenhaus B."

Dass Jacqueline plötzlich Kopfschmerzen gehabt haben soll – und das auch noch beim Tanzen, muss wohl an der mündlichen Überlieferung liegen, die sich wie beim Spiel „Stille Post" von Person zu Person immer mehr verzerrt und verfälscht.

In dem allerersten Notarzteinsatzprotokoll wurde notiert:

„Jetzt um 14.25 plötzlich beim Tanzen Hemiparese *(Halbseitenlähmung)* rechts." Schon das stimmte nicht, denn Jacqueline hatte gar nicht getanzt.

Im Arztbrief des ersten Krankenhauses A. stand:

„Heute 14.25 Uhr Tanz- und Singkurs gewesen. Dann habe sie gesagt, sie habe einen Schlaganfall und sei zusammengesackt, danach Schwäche der rechten Körperhälfte."

In dem Übernahmebericht des zweiten Krankenhauses B. stand:

„Die Patientin befand sich heute mit Ihrem Mann bei einer Tanzveranstaltung. Plötzlich setzte die o.g. Symptomatik ein. Sie wurde ins

Klinikum A. eingeliefert. In der dortigen nativen CT ließ sich der o.g. Befund objektivieren. Wir veranlassten ad hoc die Übernahme. Vor Übernahme habe sich die GCS von 10 auf 8 verschlechtert. Die Patientin wurde durch die transportierende NÄ *(Notärztin)* intubiert."

In allen zukünftigen Berichten hieß es dann immer, dass Jacqueline „mit ihrem Mann bei einer Tanzveranstaltung" war. Und ich wurde nie gefragt, ob dies so richtig sei. Auf diese Weise stellten alle über ihren Schlaganfall nachdenkenden ÄrztInnen Zusammenhänge her, die nicht der Realität entsprachen. Jacqueline hatte weder Sport gemacht noch war ich dabei anwesend gewesen.

Doch das nur nebenbei. Ich finde es interessant, weil es aufzeigt, wie in der Welt der Medizin Verzerrungen passieren und daraufhin falsche Schlüsse gezogen werden, ohne dass man sich dessen bewusst ist (und natürlich nicht nur in der Medizin ...).

Jacqueline musste nach der Ankunft im Krankenhaus B. bis 16.35 Uhr warten. Die transportierende Notärztin blieb bei ihr und füllte dann in ihrem Notarztprotokoll aus, dass sie Jacqueline um 16.35 Uhr übergeben hatte. Der durch Medikamente gesenkte Blutdruck lag zu diesem Zeitpunkt inzwischen bei: 115 / 90 (Puls 50).

Die offizielle Aufnahme in das Krankenhaus geschah wohl um 16.25 Uhr, denn diese Uhrzeit stand ab da auf allen Etiketten mit Jacquelines übrigen Informationen (PatientInnennummer, Geburtsdatum, Adresse, Krankenversicherung, Telefonnummer des Ehemanns etc.). Ob Jacqueline danach ihre Klamotten ausgezogen und das Krankenhaushemd angezogen bekam oder erst nach der CT, weiß ich nicht. Jedenfalls wurden von 16.37 Uhr bis 16.48 Uhr die neuen CT-Aufnahmen von Jacquelines Gehirn erstellt. Anschließend kam der erste Arzt zu mir und besprach mit mir das Ergebnis. Im schriftlichen Befund der Radiologischen Klinik stand als Beurteilung:

„Stammganglienblutung / Thalamusblutung links mit Ventrikeleinbruch und Zeichen des Liquoraufstaus *(Aufstau von Hirnflüssigkeit)* mit erweiterten Temporal- und Frontalhörner sowie aufgebrauchte äußere Liquorräume supratentoriell."

Auf der zweiten Seite des oben erwähnten Anästhesieprotokolls wurde nach der CT notiert:

26

„bei Umlagerung von CT-Tisch versehentlich Extubation -> problemlose Intubation mit 7,5 l Tubus, SpO2 allzeit 100%"

Ich übersetze mit meinen Kenntnissen: Als die Pflegerinnen/ÄrztInnen/AssistentInnen Jacqueline vom CT-Tisch hinüber auf die Rolltrage heben wollten, ist dabei aus Versehen der Beatmungsschlauch mit dem Ballon am Ende herausgerutscht. Dies ist insofern problematisch, weil dabei die Luftröhre und die Stimmbänder verletzt werden können, wenn dies unkontrolliert geschieht. Man hat dann einen neuen Tubus in ihre Luftröhre eingeführt und währenddessen Jacquelines Sauerstoffgehalt im Blut gemessen, der sich immer bei den gewünschten 100 Prozent befunden haben soll.

Dieses Missgeschick wurde uns nie mitgeteilt. Wir haben es erst später in dem Protokoll „zufällig" gelesen.

Ich kann es nachvollziehen: Wenn Menschen einen Fehler machen, haben sie oft Angst vor den Konsequenzen und haben die Tendenz, den Fehler eher zu verschweigen. Oder sie meinen, dass andere Menschen böse werden oder sich unnötig Sorgen machen, und wollen dies verhindern, indem sie nicht über den Fehler reden. Kaum jemand kennt es, dass offen über Fehler gesprochen und dann optimal und kraftvoll aus den Fehlern gelernt wird. In unserer aktuellen Gesellschaft wächst man mit der Haltung auf: Fehler sind grundsätzlich etwas Schlechtes. Anstatt: Fehler sind eine Lernchance für alle Beteiligten.

Die Operation begann um 17.20 Uhr. Vorher muss irgendwann noch ein Teil ihres Kopfes rasiert worden sein. Man hatte ihre langen Haare freundlicherweise dort drangelassen, wo man nicht operieren musste. Bis 18.03 Uhr arbeiteten die ÄrztInnen an ihr. Um 18 Uhr hatte ich innerlich nach Jacquelines Stimme gesucht und nur das Gefühl eines schweigenden Schreiens vor Schmerz gehabt.

Ich gebe hier den Operationsbericht für Fachleute wieder:

„Intubationsnarkose, Single Shot Antibiose, Applikation *(Anwendung)* von 1g/kgKG Mannitol *(Abführmittel, das auch den Blutdruck senkt)*. Patientin in Rückenlage, der Kopf wird orthograd auf dem Gelkissen gelagert. Nach Hautdesinfektion, Schnitteinzeichnung, erneuter Hautdesinfektion und sterilem Abdecken des OP-Gebietes erfolgt das interdisziplinäre Team-time-out lückenlos. Nachfolgend in

27

sterilem OP-Feld ein 2,5 cm Hautschnitt über dem Kochers-Point rechts, 9 mm Bohrlochtrepanation *(Öffnung des Schädels durch ein rundes Loch)*, sparsame Eröffnung der Dura *(äußerste Hirnhaut)*, Koagulation *(Gerinnung, Stillung von Blutung)* von Arachnoidea *(Spinnwebenhaut unter der Dura)* und oberflächlichem Parenchym *(bestimmtes Gewebe)* in Stichkanalrichtung, Stichinzision *(operativer Einschnitt durch Stich)* 4 cm unter dem Hautschnitt, Einbringen eines Ventrikelkatheters *(Schlauch zur Ableitung von Blut und Hirnflüssigkeit)* durch die bestehende punktförmige Dura- und Arachnoideaeröffnung auf 5,5 cm Tiefe ab Dura-Niveau in typischer Zielrichtung unter Beachtung der bestehenden Massenverschiebung. Es entleert sich prompt und anhaltend blutig tingierter Liquor *(Hirnflüssigkeit)* ohne wesentliche Druckentlastung. Subcutaner *(unter der Haut)* Durchzug des Ventrikelkatheters *(das bedeutet, dass der Schlauch, sobald er aus dem Gehirn kommt, erst einmal direkt unter der Haut eine Strecke entlang vom Bohrloch wegführt, bevor er dann den Kopf an einer anderen Stelle verlässt. So kann der Schlauch stabilisiert werden, damit er nicht rausrutscht oder rausgezogen werden kann)*. Selbiges Vorgehen auch links. Annaht und Konnektion *(Verbindung)* mit dem geschlossenen Sammelsystem beidseits, Sicherung der Konnektion mit Merselene Fäden. Nach abschließender Lage- und Funktionskontrolle subtile Blutstillung und Spülung, schichtweiser Wundverschluss, Subcutannaht, Klammerhautverschluss und sterilem Pflasterverband, Überprüfung der Funktionstüchtigkeit des EVD-Systems *(external ventricular drainage)* und Vorbereitung für den Transport, Pupillen postoperativ Anisokor *(Unterschied in der Pupillenweite)* links > rechts *(links größer als rechts)*."

Nach dieser Operation hatte Jacqueline wohl etwas Pause. In der Zeit von 18.31 – 18.35 Uhr wurden noch einmal CT-Aufnahmen gemacht, um zu schauen, ob die Katheter in beiden Hirnhälften richtig liegen. Der Befund lautete:

„Über eine Bohrlochtrepanation beidseits frontal sind Ventrikeldrainagen eingeführt. Diese enden jeweils in den Seitenventrikelvorderhörnern auf Höhe der Foramina Monroi. Schmaler Pneumocephalus rechts frontal. Thalamusblutung links mit Ventrikeleinbruch. Die Blutung dehnt sich über den Hirnschenkel bis in das Mesencephalon aus. Befund konstant zur Voruntersuchung *(vorige CT)*. Keine Zunahme der Ventrikelweite. Kontrastmittel in den zerebralen Blutleiter nach i.v. KM-Gabe."

Anschließend wurde sie mit dem Fahrstuhl in das 1. OG zur Intensivstation gebracht und an mir vorbeigefahren.

Es war gegen 19.30 Uhr als ich endlich geholt wurde.

„Sind Sie Herr Jacobsen? Ich bin Pfleger M. Sie dürfen nun zu Ihrer Frau."

Der freundliche Pfleger mit Tätowierungen an beiden Unterarmen bat mich, ihn zu begleiten. Wir gingen durch den Eingang und den kleinen kurzen Verbindungsflur auf den großen langen Flur der operativen Intensivstation, der parallel zu meinem „Warteflur" verlief. Dabei fragte ich ihn, ob ich heute so lange wie möglich bei meiner Frau bleiben dürfe. Seine zustimmende Reaktion beruhigte mich sofort.

„Ja, *natürlich* dürfen Sie so lange bleiben, wie Sie wollen!"

Ich hatte das Gefühl, vom Pfleger in meiner Not und in meinem Schicksal verstanden zu werden. Das war schon einmal wundervoll für mich.

Von diesem großen Flur führten in regelmäßigen Abständen große Schiebetüren zu den großzügig gestalteten Zwei-Bett-Zimmern. Vor jedem zweiten Zimmer war draußen auf dem Flur ein langer Schreibtisch mit mehreren Computerbildschirmen. Auf diesen Bildschirmen sah man die aktuellen Werte der sechs PatientInnen, die in den angrenzenden beiden Doppelzimmern und in zwei Einzelzimmern lagen. Das Krankenhauspersonal konnte also von hier aus die Werte von sechs PatientInnen gleichzeitig beobachten.

Wir kamen zu dem Zimmer, in dem Jacqueline untergebracht war. Rechts neben der Eingangstür standen die jeweiligen Bettennummern – und Jacqueline lag auf Bett 17. Als ich das sah, fühlte ich mich wie vom Blitz getroffen – so dass ich kurz stehen bleiben musste und diese Nummer anstarrte. Das war unglaublich! Die Zahl 17 begleitete mich in meinem Leben schon länger – in Form der Kombinationen 711 und 117. Außerdem hatten wir das Jahr 2017. Für mich war das absolut kein Zufall. Es war ein Zeichen! Ich fühlte Jacqueline und mich sofort „vom Universum" begleitet. Da war etwas „Höheres", das auf unserem Weg bei uns ist. Das war absolut irre, diese Vermischung von ganz direktem Schicksal und diesem universellen Zeichen. Mit diesem Gefühl folgte ich dem Pfleger zu Jacquelines Bett.

Mein lieber Schatz lag mit geschlossenen Augen auf dem Rücken – in dem hochmodernen Krankenhausbett. Es war am Kopfende so aufgerichtet, dass sie fast in einer Sitzposition war. Rechts und links schräg hinter ihrem Kopf befanden sich zwei am Bett befestigte durchsichtige Zylinder (Kammern), in denen die Hirnflüssigkeit zunächst aufgefangen wurde, bevor sie von dort dann in große Auffangbeutel weitergeleitet wurde. Sie war fast nackig, nur mit einem Krankenhaushemd bekleidet, das am Rücken offen war und bis zu den Knien reichte. Keine Decke, die sie wärmte. Später erzählte man mir, dass PatientInnen nach einer Operation noch eine Weile kühl liegen sollen. Dementsprechend kühl war es auch hier auf der Intensivstation.

Ich durfte mich mit einem bequemen Klappstuhl neben sie setzen. Der Pfleger klappte mir ein Seitensicherungsgitter herunter, so dass ich gut ihre linke Hand halten konnte.

Da saß ich nun – und schaute sie an, wie sie schlief und von der Maschine beatmet wurde. Gleichzeitig konnte ich direkt auf den Monitor vor mir schauen, auf dem die gleichen Werte zu sehen waren wie auf den Bildschirmen vor dem Zimmer. Ich konnte ihren gleichmäßigen Herzschlag beobachten, ihre Blutdruckwerte, den Sauerstoffgehalt im Blut und den Druck in ihrem Gehirn. Der Atemrhythmus wurde auf einem zweiten Monitor dargestellt. Zusätzlich gab es immer wieder Alarmtöne oder Pieptöne zu hören – entweder kamen sie von Jacquelines Geräten oder von der Nachbarpatientin oder sie waren durch den Flur von den Nachbarzimmern zu hören.

Aber das Entscheidende war, dass ich endlich bei ihr sein konnte, ihre Hand halten konnte, sie sehen konnte, ihre Nähe fühlen konnte. Es gab für mich nun nichts anderes mehr. Nur noch bei ihr sein. Und in mich hineinfühlen, ob ich irgendwelche Impulse im Kontakt mit ihr hatte. Im Moment saß ich einfach nur da, hielt ihre Hand und streichelte sie.

Einfühlen

Wir schreiben dieses Buch im Jahr 2018. Seit damals haben wir viel erlebt und gelernt und können rückblickend sagen, was für uns nicht so gut war und wie es stimmiger hätte verlaufen können.

Dass ich im Krankenhaus ein Neuling war, hat mich damals unsicher fühlen lassen. Es wäre optimal gewesen, wenn es eine Person gegeben hätte, die Neulinge begrüßt, herzlich willkommen heißt, ihnen auch das Gefühl gibt, dass sie wirklich willkommen sind, und ihnen erzählt, was erlaubt und was verboten ist. Und zwar nicht nur den Patientenneuling, sondern auch den Angehörigenneuling. Ich wusste als Angehöriger nicht, ob ich wirklich willkommen war. Jeder hat mich anders behandelt. Entweder ist man freundlich und offen auf mich eingegangen oder man hat mich im schlimmsten Fall ignoriert, mir sogar vorwurfsvoll gesagt, ich solle die Arbeit den Pflegern überlassen und mich nicht einmischen.

Ich wusste auch nicht, welche Rechte ich als Ehemann habe. Denn wir hatten keine Vorsorgevollmacht auf den jeweils anderen ausgestellt. Galt dann der Datenschutz mir gegenüber? Durfte ich alle Informationen über Jacqueline erfragen – und wenn sie mir nur sporadisch gegeben wurden, durfte ich sie dann nachdrücklich einfordern?

Inzwischen weiß ich: Es gibt keine „automatische" Betreuungsverfügung oder Vorsorgevollmacht des Ehepartners. Man muss sich dies als Ehepaar gegenseitig ausfüllen und unterschreiben. Was ist aber mit Ehepaaren, die es versäumt haben, sich gegenseitig eine Vollmacht für den Notfall auszustellen? So wie bei Jacqueline und mir? Haben die dann einfach nur „Pech" gehabt, wenn einer von beiden nicht mehr bei vollem Bewusstsein ist? Nach heutigem Recht: Ja, man hat Pech gehabt. Besonders auch jetzt nach der Verschärfung des Datenschutzgesetzes ab dem 25.5.2018 (https://dsgvo-gesetz.de).

Der Extremfall sieht so aus, dass beispielsweise ein Ehemann, dessen Frau im Krankenhaus liegt, ohne Vorsorgevollmacht keine Auskunft mehr darüber erhält, wie es seiner Frau geht. Auch kein anderer Angehöriger. Aus Datenschutzgründen. Wer doch Auskunft erhält, hat Glück gehabt, dass ein Arzt oder ein Pfleger aus Mitgefühl die Grenzen überschreitet. **Deswegen empfehle ich jedem dringend**, sowohl eine Vorsorgevollmacht auszustellen als auch eine Patientenverfügung zu verfassen. Sie können im Internet beim Ministerium der Justiz und für Verbraucherschutz die entsprechenden gut lesbaren Informationsbroschüren mit den Formularen bzw. mit Formulierungshilfen herunterladen. Die Website lautet: www.bmjv.de. Geben Sie dort im Suchfeld „Betreuungsrecht" für die Vorsorgevollmacht und „Patientenverfügung" für weitere Regelungen ein.

Aufgrund der Möglichkeit, dass Menschen es versäumen, sich gegenseitig Vollmachten und Verfügungen auszustellen, schlage ich vor, dass der Gesetzgeber hier eine Notlösung einführt. Man könnte in der Anfangszeit im Krankenhaus den jeweiligen Partner/Angehörigen über das Verhältnis zum Patienten befragen und ihn seine Aussagen als „wahrheitsgemäß" selbst unterschreiben lassen. Sollte sich dann später herausstellen, dass er sich Möglichkeiten durch Unwahrheit erschlichen hat, die ihm eigentlich verwehrt bleiben sollten, muss er entsprechende Konsequenzen tragen. Hat das Paar getrennt gelebt oder hat der Patient eine andere Person (z. B. die Mutter) bevollmächtigt, dann erhält der Partner natürlich keine Möglichkeit, Entscheidungen über Untersuchungen, Behandlungen und Operationen zu treffen.

Mit so einer Regelung wäre in unserem Fall irgendwann, nachdem sich mein erster Schock gelegt hat, ein Krankenhausmitarbeiter auf mich zugekommen und hätte mich zu einem Gespräch gebeten. In diesem Gespräch hätte er mich gefragt, ob ich von Jacqueline bevollmächtigt worden bin und ob es eine Patientenverfügung gibt. Und wenn nicht, dann hätte er mich zu Jacquelines und meiner Beziehung befragt, meine Aussagen aufgeschrieben und mich unterschreiben lassen. Anschließend hätte er mir mitgeteilt, was nun meine Rechte und Möglichkeiten sind und wo die Grenzen liegen. Dann hätte ich Klarheit gehabt und hätte mich innerhalb dieses Regelrahmens im Krankenhaus frei verhalten können.

Ohne diese Regeln saß ich am ersten Abend zunächst nur neben Jacquelines Bett und wusste nicht, was ich tun durfte und was nicht. Ich war so unsicher, dass ich sogar kurz Jacquelines freundlichen Pfleger M. fragte, ob ich sie berühren darf.

„Natürlich dürfen Sie das! Fühlen Sie sich frei im Kontakt mir ihr."

Und so nahm ich ihre Hand und begann sie zu streicheln. Später streichelte ich auch ihre Wange. Und irgendwann, als Pfleger M. draußen war und ich mich nicht beobachtet fühlte, traute ich mich, meine Hand über ihren Kopf zu halten, mit ca. 1 cm Abstand, und ihr Reiki zu geben. Die Schädeldecke wollte ich noch nicht direkt berühren, weil sie dort gerade frisch operiert worden war.

Dann gab es später einen Moment, in welchem ich meine Hand vorsichtig auf ihre Stirn gelegt habe. Nach kurzer Zeit reagierte sie, bewegte leicht ihren Kopf und musste dann erbrechen (mit immer noch geschlossenen Augen). Entweder wurde sie durch meine Berührung wacher und reagierte dann auf den in ihrer Luftröhre steckenden Beatmungsschlauch mit Abwehr. Oder aber meine Berührung führte zu einer Reaktion im Gehirn, die dann den Würgereflex auslöste. Denn meine Hand war warm und Jacqueline war durch die Operation ziemlich heruntergekühlt worden. Oder meine Berührung hatte mit Jacquelines Erbrechen nichts zu tun, sondern geschah zufällig gleichzeitig. Ich weiß es nicht. Hatte ja auch keine „Gebrauchsanweisung" erhalten.

Jedenfalls floss das Erbrochene rechts und links neben dem Schlauch aus ihrem Mund heraus. Das war sicherlich nicht gut. Ich informierte den Pfleger und er saugte die Speisereste aus ihrem Mund, der Speiseröhre und der Luftröhre ab. Anschließend holte er den diensthabenden Arzt. Zusammen führten sie ihr eine Magensonde durch die Nase ein, damit in Zukunft die wieder auftauchenden Speisereste durch die Magensonde in einen dafür vorgesehenen Beutel fließen konnten. Ist auch gesünder für die Speise- und Luftröhre, die ja durch den Beatmungsschlauch geöffnet war. Der Arzt sedierte sie zusätzlich (Beruhigungsmittel). Später in der Patientenakte sah ich, dass die Magensonde schon von Anfang an eingetragen war (ab ca. 18.45 Uhr), doch in Wirklichkeit wurde sie erst gegen 22 Uhr eingeführt.

Kein Zeitgefühl. Ich war einfach bei Jacqueline, beobachtete alles genau und dachte über vieles nach. Inzwischen war auch schon die Nachtschicht angebrochen, weil sich mir ein neuer Pfleger vorgestellt hatte. Auch er schien nichts dagegen zu haben, dass ich so spät noch bei Jacqueline war. Jedenfalls sagte er nichts. Es war auch unsere erste Nacht nach diesem schweren Schicksalsschlag. Da hat – glaube ich – jeder Verständnis, wenn ich einfach nur bei ihr sein möchte.

Irgendwann stand ich vorsichtig auf, ging an das Fußende des Bettes und begann ihre Füße zu massieren. Dabei dachte ich an die Fußreflexzonen und fragte mich, ob ich darüber vielleicht die Heilung in ihrem Gehirn etwas unterstützen kann. Auf jeden Fall kann es nicht schaden.

Dann ging ich zu ihrer rechten Hand, die schlapp neben ihrem Körper lag. Ihr Gehirn hatte den Kontakt zu dieser Hand, zum gesamten Arm und offensichtlich zur gesamten rechten Körperhälfte verloren. Vorsichtig nahm ich ihre Hand und streichelte sie – und ich begann, die Finger zu bewegen. Langsam. Jeden einzeln. Das war einfach ein Bedürfnis in mir, das zu tun.

Nach einer Weile bewegte ich auch ganz vorsichtig ihren Unterarm auf und ab – eine Zeit lang. Mehr traute ich mich noch nicht.

Anschließend setzte ich mich wieder zurück an den Anfangsplatz, neben ihre linke Seite, und hielt ihre linke funktionierende Hand. Ich drückte einmal kurz ihre Finger – und es kam das erste Mal eine Reaktion zurück: ihre Finger drückten meine Hand zwei Mal kurz. Als ob sie mir bei immer noch geschlossenen Augen signalisiert: „Schön, dass du da bist." Ich probierte es noch einmal und drückte ihre Hand. Sie drückte zwei Mal zurück – dieses Mal mit einem kleinen zeitlichen Abstand dazwischen. Ein Lebenszeichen – Gott sei Dank. Beim dritten Versuch kam keine Reaktion mehr von ihr. Ich war mir unsicher, ob und wie sie sich dieser kleinen Kommunikation zwischen uns wirklich bewusst war. War das Drücken ihrer Hand nur eine automatische Reaktion? Oder eine gezielte Antwort? Oder ist vielleicht Automatismus und Wille das Gleiche?

Die Tatsache, dass ein Schaden im Gehirn dazu führt, dass der Mensch einige Dinge nicht mehr umsetzen kann, ließ mich darüber nachdenken, wie wir Menschen eigentlich „funktionieren". Schon öfter habe ich Bücher und Artikel gelesen, in denen die Autoren in Frage stellen, ob wir einen freien Willen haben. Bestehen unser gesamtes

Leben und alle unsere Fähigkeiten aus antrainierten Mustern? Und wenn im Gehirn ein Bereich geschädigt ist, fallen bestimmte Muster weg und damit auch die Fähigkeiten? Das könnte erklären, warum es uns so schwer fällt, eingefahrene belastende Muster zu ändern. Was in uns fällt Entscheidungen? Und was ist unser Bewusstsein?

Immer mal wieder kam der Pfleger rein und schaute, wie es Jacqueline ging, wie die Werte waren. Manchmal musste ein Medikament ausgetauscht werden, das durch eine mechanische Spritze ganz langsam über eine lange Zeit zugeführt wurde. Immer wenn es leer war, gab das Gerät entsprechende Warntöne von sich – und kurze Zeit später tauchte der Pfleger auf.

Einige Zeit nach Mitternacht sagte der Pfleger, dass Jacqueline eigentlich inzwischen mal aufwachen müsse. Die Operation sei ja schon lange vorbei. Er rief laut und schüttelte sie ein wenig. „Frau Jacobsen! Frau Jacobsen! Machen Sie mal die Augen auf!"

Die Augen blieben geschlossen, aber ich hatte das ganz starke Gefühl, dass Jacqueline nicht gänzlich bewusstlos war. Ich fühlte, dass sie keinen Zugang mehr zu dem „Verhaltensmuster" hatte, wie man die Augen öffnet. Ich weiß nicht, woher meine Klarheit kam, aber mein Eindruck war, dass sie mehr bei Bewusstsein war, als der Pfleger vermutete. Vielleicht ahnte ich das, weil ich hier schon seit mehr als fünf Stunden mit Jacqueline zusammen saß. Der Pfleger kannte sie noch nicht so lange. Er hatte erst vor drei Stunden seine Schicht begonnen und war nur selten bei ihr. Daher hatte ich mehr Zeit mit Beobachtung verbracht als er und fühlte mich im Vergleich zu ihm schon ein bisschen wie ein „Experte". Vielleicht auch durch das Erlebnis mit dem Händedruck.

Der Pfleger dagegen sah nur die geschlossenen Augen von Jacqueline und zog daraus den Schluss, dass sie noch bewusstlos sei. Nach einigen Aufweckversuchen des Pflegers sagte ich:

„Ich glaube, sie weiß gerade einfach nur nicht, wie sie ihre Augen öffnen kann."

Doch der Pfleger reagierte nicht darauf. Ich hatte den Eindruck, dass er zu stark damit beschäftigt war, Jacqueline aufzuwecken und sich Sorgen um sie zu machen. Natürlich wollte er nicht, dass es Jacqueline unter seiner Aufsicht schlechter geht – vielleicht durch eine erneute

Blutung im Gehirn. Er holte den Arzt, der Jacqueline auch aufwecken wollte. Beide reagierten nicht auf den Hinweis von mir, dass Jacqueline womöglich einfach nur nicht das Augenöffnen umsetzen kann. Der Arzt ging kurz aus dem Raum und telefonierte. Nach einer Weile kam er zu mir zurück und sagte:

„Wir bringen Ihre Frau wieder runter in die Röntgenabteilung. Wir wollen noch einmal eine CT von ihrem Gehirn machen und ausschließen, dass eine neue Blutung eingesetzt hat."

Pfleger und Arzt machten sich mehr Sorgen als ich. Das kann ich auch verstehen. Sie wollten kein Risiko eingehen. Und ich ließ alles geschehen und beobachtete, was sich hier um Jacqueline herum abspielte. Natürlich durfte ich nicht auf der Intensivstation bleiben und dort auf sie warten. Und so stand ich auf, zog meine Jacke an, nahm meinen Rucksack und stellte mich an die Tür, während zwei Pfleger Jacquelines Kabel von den großen Geräten abmontierten und an kleine Geräte anschlossen, die auf das Bett gelegt mittransportiert werden konnten. Natürlich sollten ihre Werte auch während des Transports weiter beobachtet und aufgezeichnet werden.

Dort, wo ich stand, konnte ich sowohl ins Zimmer schauen als auch auf den Flur. Im Flur war oben an der Decke eine Uhr befestigt, die eine digitale Anzeige hatte. Dort stand die Uhrzeit 1.16 Uhr – so spät war es schon. Aber mich beschäftigte nicht nur, dass es bereits weit nach Mitternacht war, sondern auch noch etwas anderes, das mich den Atem anhalten ließ. Wenn die Pfleger gleich Jacquelines Bett losrollen würden und unter dieser Uhr hindurch schieben, dann könnte es schon wieder zu einem phänomenalen „Zeichen" kommen. Tatsächlich schoben die Pfleger nun das Bett in Richtung Tür, durch die Tür hindurch und auch unter der Uhr den Flur entlang, die in dem Moment exakt die Uhrzeit 1.17 Uhr anzeigte. Gänsehaut! Schon wieder „meine" Zahl: 117!! Das war unfassbar! Dieses Erlebnis gab mir das ganz starke Gefühl, dass Jacqueline und ich genau dieses Schicksal erleben „sollen". Das Universum sagt uns: „Macht Euch keine Sorgen. Euer Weg ist genau richtig."

Ich war einfach baff – und sprachlos ...

Hammer!

Und wieder saß ich allein im Warteflur außerhalb der Intensivstation auf „meinem" Stuhl, schaute auf den hellen Lichtfleck an der Wand und wartete darauf, dass die Pfleger Jacqueline wieder zurückbrachten. Laut Patientenakte dauerte die CT von 1.22 – 1.29 Uhr. Und es war auf den Bildern nichts Besorgniserregendes zu entdecken. Im Befund stand: „Es steht eine Voruntersuchung vom 19.3. zum Vergleich zur Verfügung. Geringe Zunahme der ventrikulären Blutauflagerungen, darüber hinaus keine durchgreifende Befundänderung: ICB *(intrazerebrale Blutung)* in Stammganglien und Thalamus links mit Ventrikeleinbruch, gering erweitertes Ventrikelsystem. Generalisiertes Hirnödem *(Hirnschwellung)*."

Mein Magen meldete sich. Ich hatte das erste Mal ein Hungergefühl. Und nun erfüllten die Schokoladenkekse, die ich in der Empathie-Schule eingesteckt hatte, endlich ihren Zweck. Außerdem trank ich das erste Mal ein paar Schlucke Wasser aus meiner Flasche und aß eine Banane. Seit der SMS von Martina am frühen Nachmittag hatte ich nichts mehr zu mir genommen. Es war auch nicht nötig, denn mein Körper hatte nichts Entsprechendes signalisiert. Er war damit beschäftigt gewesen, sich vollkommen auf die gegenwärtige neue Situation zu konzentrieren.

Die Pfleger kamen mit Jacqueline zurück und teilten mir mit, dass es keine Verschlimmerung gab. Ich solle allerdings noch ein wenig warten, weil sie Jacqueline erst wieder an die großen Geräte anschließen müssten. Sie würden mich dann holen, wenn sie fertig sind.

Das Warten dauerte oft lange, so dass ich immer mal wieder zu zweifeln begann, ob man noch an mich denken würde oder mich bereits vergessen hätte. Soll ich noch einmal an der Tür klingeln? Der endgültige Impuls war aber noch nicht da. Ich hielt es aus, so lange zu warten.

Ich weiß nicht mehr, ob ich noch einmal drin bei ihr war und dann noch einmal aus bestimmten Gründen auf den Warteflur geschickt wurde, oder ob ich die ganze Zeit seit der CT auf dem Flur saß.

Jedenfalls kann ich mich noch gut daran erinnern, dass ein junger Arzt gegen 3.20 Uhr zu mir auf den Warteflur herauskam.

„Ihre Frau schläft jetzt. Ich empfehle Ihnen, dass Sie sich auch erholen und schlafen gehen. Zudem möchte ich Ihnen mitteilen, dass sich die Pfleger durch Ihre Anwesenheit nicht so ganz frei fühlen. Sie können nicht so gut arbeiten, wenn sie ständig dabei beobachtet werden. Unserer Erfahrung nach ist es für die meisten Pflegerinnen und Pfleger einfacher zu arbeiten, wenn sie sich nicht durch Angehörige beobachtet fühlen. – Herr Jacobsen, Sie dürfen darauf vertrauen: Wenn Sie nicht da sind, machen die Pfleger gute Arbeit. Sie dürfen hier gerne auf dem Flur sitzen bleiben. Aber ich empfehle Ihnen: Gehen Sie ruhig nach Hause und legen sich ein bisschen schlafen."

Ich stimmte ihm einfach zu, verabschiedete mich und ging. Ich hatte das starke Gefühl, dass meine Anwesenheit nun nicht mehr erwünscht ist, und wollte auch nicht darum kämpfen. Der Gedanke daran, dass Jacqueline jetzt schlafen würde und dass ich selbst auch Schlaf brauche, war vorrangig. Dass ich Jacqueline das erste Mal im Krankenhaus allein lasse, war mir zu dem Zeitpunkt nicht wirklich bewusst. Vielleicht weil es einfach gar nicht anders möglich war …

Im Auto auf dem Weg zur Empathie-Schule schoss es mir dann durch den Kopf: Was war das denn für eine Begründung? Man solle nach Hause fahren und nicht die ganze Zeit bei der Kranken sein, weil sich sonst die Pfleger zu sehr beobachtet und behindert fühlen? Normalerweise sollten sich die Pfleger doch **von den PatientInnen besonders beobachtet fühlen** und sich deshalb gut darauf konzentrieren, dass sie ihre Arbeit richtig machen, oder?!? Egal, ob PatientInnen bei Bewusstsein sind oder nicht.

Der junge Arzt wollte mir mit guter Absicht etwas erklären, aber diese Erklärung ist nach hinten losgegangen und hat mir die Botschaft vermittelt: Wenn die Pfleger mit den PatientInnen allein sind, nehmen sie ihre Arbeit nicht immer so wichtig oder tun Dinge, die sie bei Anwesenheit von Angehörigen nicht tun würden. Na – Prost!

Tatsächlich sollte sich dies später auf unangenehme Weise noch bestätigen …

Natürlich verstand ich auch, was der Arzt mir dadurch „eigentlich" vermittelte. Nämlich das bestehende Problem, das wir generell in unserer Gesellschaft haben: die Angst, für Fehler kritisiert und verurteilt zu werden. Deswegen fühlen wir uns nicht immer frei in dem, was wir tun, wenn wir von anderen dabei beobachtet werden.

Der gelöste Zustand sollte meiner Ansicht nach ein anderer sein: Wir sollten alle Fehler als Lernchance betrachten und uns gemeinsam gegenseitig darin unterstützen, immer besser zu werden – durch wohlmeinende Feedbacks. Nicht durch verurteilende Kritik. Es wäre genial gewesen, wenn ich im Krankenhaus nicht nur als „Angehöriger einer Patientin" betrachtet worden wäre, sondern wenn die Mitarbeiter mich auch als Chance genutzt hätten, Feedbacks für ihre Arbeit im Krankenhaus von mir zu erhalten und diese Arbeit immer weiter zu optimieren. Doch niemand hat mich jemals gefragt, ob ich als Empathie-Trainer Ideen hätte, was man im Umgang mit PatientInnen oder Angehörigen verbessern könne.

Schade. Es gäbe so einiges ...

Optimal wäre gewesen, wenn der junge Arzt mich entweder so lange bei Jacqueline sitzen gelassen hätte, bis ich von selbst gegangen wäre. Oder aber er hätte sich im Warteflur neben mich gesetzt, sich fünf Minuten Zeit für mich genommen und mich gefragt:

„Wie geht es Ihnen jetzt, Herr Jacobsen?"

Ich hätte von mir berichten und ein bisschen mein Herz ausschütten können. Vielleicht wären dann sogar noch ein paar Fragen in mir aufgetaucht.

Dann er: „Was meinen Sie: Wäre es Ihnen inzwischen möglich, Ihre Frau vollständig unserer Aufsicht zu überlassen? Vielleicht könnte Ihnen ein wenig Schlaf zu Hause gut tun. Wollen Sie noch einmal mit reinkommen und sich von ihrer Frau verabschieden? Allerdings habe ich den Eindruck, dass sie jetzt schläft. Wie wünschen Sie es sich?"

So hätte ich mich verstanden, begleitet und auch ein wenig liebevoll geführt empfunden und es hätte mir sehr gut getan in dieser Situation.

Ich zitterte. Ich fror. Es war März und ich war gerade aus einer kühlen Intensivstation in ein kaltes Auto gestiegen. Zudem hatte ich in den letzten Stunden kaum etwas gegessen, hatte also auch keine innere Heizung. Deswegen musste ich die Autoheizung auf Maximum stellen. Doch sie hat mich in den zehn Minuten Fahrt zur Empathie-Schule kaum gewärmt. In der Empathie-Schule war es ebenso kalt – und so musste die Heizung hergeben, was sie konnte. Dazu nahm ich vorsichtshalber eine Tablette gegen Kopfschmerzen und Fieber, damit ich nicht krank werden würde.

Das erste, was ich in der Empathie-Schule machte, war, eine unserer Klappmatratzen der Länge nach mitten auf den großen Teppich in die Mitte des Seminarraumes zu legen – immer noch zitternd und frierend. Diese Matratze sollte Jacqueline darstellen. Dann fragte ich mein Gefühl, was Jacqueline braucht. Ich schaute dabei im Raum herum. Mein Blick fiel auf das große rote Herzkissen mit den Händen rechts und links an der Seite. Das legte ich auf die Matratze – sozusagen in Brusthöhe von Jacqueline.

Vor ein paar Wochen hatte uns eine Teilnehmerin viele solcher Herzen in Miniausstattung geschenkt. Die mussten ebenfalls herhalten. Ich verteilte nach Gefühl fünf Herzchen auf der Matratze. Zwei oben am Kopfende nebeneinander – für die Gehirnhälften, zwei nebeneinander auf Bauchhöhe und eines in der Mitte im Schambereich.

Ich fragte wieder mein Gefühl: „Was braucht Jacqueline jetzt?" Es zog mich daraufhin noch zu einigen Kissen, die ich auf und neben die Matratze legte – bis mein Gefühl keinen Impuls mehr hergab. Auf diese Weise konnte ich mich nun über die Entfernung mit Jacqueline verbunden fühlen – und ich hatte das Gefühl, mich auf einer anderen „Ebene" nun um sie gekümmert zu haben. Das beruhigte mich etwas. Unabhängig davon, ob es in Wirklichkeit etwas bewirken würde oder nicht. Es gab mir Kraft, daran zu glauben, dass ich vielleicht dadurch etwas erspüren und bewirken könnte. Ich gab einfach mein Bestes.

Schlafen konnte ich noch nicht. Ich musste mich an den Computer setzen, eine E-Mail an meinen großen Verteiler schreiben und alle informieren. Ich schickte also am Montagmorgen, den 20.3.2017 (2. Tag) um 4.34 Uhr folgende Rund-E-Mail ab:

„Ich stehe unter Schock. Meine Frau Jacqueline hat einen Schlaganfall. Das Blutgerinnsel liegt in der Nähe des Thalamus – ein Basis-Bereich im Gehirn. Bitte betet für sie.

Sie liegt momentan in einer Neurologischen Klinik in B.

Olaf"

Daran, dass ich „Blutgerinnsel" geschrieben habe, erkennt man, dass ich zu dem Zeitpunkt noch nicht wirklich verstand, was die ÄrztInnen mir erklärt hatten. Ein Blutgerinnsel kommt bei einem ischämischen Schlaganfall vor, bei dem eine Ader verstopft und manche Gehirnzellen nicht mehr gut mit Blut und Sauerstoff versorgt werden. In dem Fall sterben nach einer gewissen Zeit die Hirnzellen ab. Operiert man früh und kann den verstopften Weg wieder freischaufeln, dann werden die Hirnzellen wieder versorgt und können sich erholen. Man sagt, dass ungefähr 80 % aller Schlaganfälle durch ein Gerinnsel ausgelöst werden.

Aber Jacqueline hatte eine Einblutung, den seltener vorkommenden hämorraghischen Schlaganfall. Es war ein kleines Äderchen geplatzt, so dass Blut einen Bereich des Gehirns überschwemmt hat. Dies lässt sich durch eine Operation nicht mehr rückgängig machen. Die Nervenzellen, die vom Blut eingeschlossen wurden, sind unweigerlich verloren.

Doch das wusste ich noch nicht.

Um 5 Uhr schrieb ich in meinen Ringhefter stichwortartig die wichtigsten Gedanken und Erlebnisse auf, die ich festhalten wollte. Das meiste davon habe ich in diesem Buch bereits berichtet. Was noch fehlt:

Ich hatte in den letzten Wochen und Monaten kaum Energie dafür, mich intensiv auf das Musical vorzubereiten. Die Freude über meine Rolle war groß, aber ich tat immer nur das Nötigste, um für die nächsten Probe einigermaßen vorbereitet zu sein. Mir war es bewusst, dass mein geringer Trainingsaufwand ungewöhnlich war. Heute denke ich: Meine fehlende Energie könnte ein Zeichen dafür gewesen sein, dass ich dieses schwere Schicksal auf irgendeiner Ebene vorausgefühlt habe. Irgendetwas in mir hat geahnt: „Es ist unnötig, sich komplett vorzubereiten. Du wirst in Wirklichkeit gar nicht mitmachen ..."

Noch deutlicher war meine Vorahnung aber dadurch, dass ich im Juni 2017 ganz groß meinen fünfzigsten Geburtstag feiern wollte. Mit dem Verstand plante ich bereits ein halbes Jahr vorher (Dezember 2016), meinen Gästen den Termin mitzuteilen, damit sie sich den Tag im Kalender frei halten. Doch es war kein Gefühl da, die Einladungen wirklich abzuschicken. Immer wenn ich an meine Geburtstagsfeier dachte, stieg in mir ein trauriges Gefühl auf. Ich konnte mir dieses Gefühl nicht erklären. Der einzige Erklärungsversuch hieß: Es könnte vielleicht sein, dass einer meiner Eltern vor meinem Geburtstag sterben würde, und ich fühle es durch diese Traurigkeit voraus. Inzwischen weiß ich, was ich da vorausgefühlt hatte: Jacquelines Gehirnblutung.

Nachdem ich mit meinen Notizen fertig war, legte ich mich ins Bett. Wir haben im Hinterzimmer zwei Matratzen nebeneinander auf dem Fußboden liegen. So konnten wir in der Empathie-Schule übernachten, wenn wir dort über mehrere Tage Veranstaltungen angeboten hatten.

Auf ihrem Bett lag ihr Laptop, zugeklappt aber blinkend auf Standby. Ich brachte es nicht über´s Herz, den Laptop vollständig herunterzufahren und das Stromkabel aus der Steckdose zu ziehen. Ich ließ alles so liegen, wie sie es verlassen hatte. Dann zog ich unsere beiden Eheringe aus und legte sie neben meine Matratze auf den Boden. Dort sollen sie jetzt so lange vereint liegen bleiben, bis wir beide sie wieder anziehen. Ich nahm ihr Nachthemd in meine Arme, kuschelte mich in meine Decke, fühlte mich sehr alleine ohne sie und weinte.

Dann schlief ich ein.

Eine Stunde später wachte ich mit starkem Herzklopfen und Panikgefühl wieder auf. Länger konnte ich nicht schlafen. Ich hatte keine Ruhe, Jacqueline durch meinen Schlaf „allein" zu lassen. Mindestens in Gedanken musste ich bei ihr bleiben und „überlegen", wie ich ihr optimal helfen könnte, wie ich sie retten könnte. Ich war so hellwach, dass ein weiterer Versuch, mich wieder schlafen zu legen, sinnlos gewesen wäre.

Draußen wurde es hell und die Heizung lief immer noch auf Hochtouren, so dass ich jetzt mehr schwitzte als fror. Das war gut so, denn wenn bei mir vielleicht eine Erkältung im Anmarsch ist, würde mein Schwitzen das Ausbrechen der Erkältung verzögern oder verhindern.

Ich lag noch im Bett als mein Handy klingelte.

„Hallo, mein Sohn, ich bin´s."

„Mutti …" und schon brach ich in Tränen aus. Ich konnte kein Wort sagen und heulte nur. Meine Mutter fühlte mit und ließ mich weinen.

Irgendwann brachte ich heraus: „… es ist so schlimm! …"

Dann sprachen wir eine ganze Weile – doch irgendwann wurde ich wieder unruhig und bedankte mich sehr für ihren Anruf. Ich wollte aufstehen, duschen und mich für den Tag bei Jacqueline vorbereiten.

Dieses Mal zog ich eine lange Unterhose an und warme Schuhe, damit die Zeit in der Intensivstation nicht wieder Kälte bei mir auslösen würde.

Nachdem ich etwas gegessen und mir Essen und Trinken für den Tag eingepackt hatte, ging ich wieder in den Seminarraum und fühlte mich in Jacqueline ein (die Klappmatratze mit blumigen Mustern und den darauf und drum herum gelegten Kissen). Ich hatte tatsächlich das Gefühl, einige Kissen in ihrer Position zu verändern, einige Kissen zur Seite und andere Kissen neu dazu zu legen. Konnte ich dadurch erspüren, dass sich bei Jacqueline etwas verändert hatte? Oder demnächst noch verändern wird? Ich weiß es nicht … aber ich hoffte es. Die Hauptsache war, dass ich mich mit ihr beschäftigte und mit Hilfe meines Gefühls mein Bestes gab.

Als ich mit allen Vorbereitungen fertig war, fuhr ich wieder ins Krankenhaus. Denn es gab jetzt in meinem Leben nichts mehr, was ich sonst noch erledigen wollte. Es gab nur noch Jacqueline. Und ich wollte so lange, wie es mir möglich war, bei ihr sein.

Außerdem hatte sich der erste Besuch angekündigt. Gestern Abend, als ich das erste Mal bei Jacqueline am Bett saß, gab es einen Moment, in dem ich von dem Pfleger vor die Tür geschickt wurde – ganz raus aus der Intensivstation, in den Warteflur. Denn die Bettnachbarin von Jacqueline wurde für die Nacht vorbereitet, gepflegt, die Schutzhose gewechselt etc. In dieser Zeit durfte ich nicht im Raum sein. Ja – verständlich.

Ich nutzte es, um auf meinem Handy die bereits empfangenen Nachrichten zu lesen und abzuhören. Dann rief ich die Mutter von Jacqueline zurück. Sie hatte inzwischen auch mit Jacquelines Tochter geredet, die ich nicht erreicht hatte. Gemeinsam mit einer Tante hatten sie geplant, den weiten Weg mit dem Auto hierher zu fahren (drei Stunden Fahrt). Sie würden so gegen 14 Uhr eintreffen. Da keiner von uns wusste, ob Jacqueline überleben würde, wäre es im schlimmsten Fall angebracht, so schnell wie möglich zu kommen, um sie noch einmal lebend zu sehen. Ich glaube, das haben wir alle gedacht – aber keiner hat es auszusprechen gewagt.

Gegen 12 Uhr kam ich ins Krankenhaus und klingelte an der Tür zur Intensivstation. Zunächst musste man über die Sprechanlage kommunizieren:

„Hier ist Olaf Jacobsen. Ich möchte gerne zu meiner Frau auf Bett 17."

„Sie kommen außerhalb der Besuchszeiten. Ist das mit dem Pflegeteam abgesprochen?"

„Nein – aber Dr. A hat es befürwortet, dass ich auch außerhalb der Besuchszeiten kommen darf. Ich solle es mit dem jeweiligen Pflegeteam direkt besprechen."

„Dr. A hat in der Intensivstation keine Befugnis. Aber ich frage einmal den Pfleger Ihrer Frau, ob ein Besuch gerade möglich ist."

Nach einer kurzen Zeit des Wartens öffnete mir ein Pfleger die Tür.

„Sie können zu Ihrer Frau. Aber wir bitten Sie, das nächste Mal die Besuchszeiten zu beachten."

Ich reagierte nicht darauf und ließ seine Anweisung einfach so stehen. Ich wusste, dass ich mich nicht danach richten würde. Ich würde morgen um die gleiche Zeit wieder vor der Tür stehen und klingeln. Stattdessen fragte ich aber etwas anderes:

„Im Internet steht, dass man zur Not auch außerhalb der Besuchszeiten kommen könne, z. B. wenn man eine weite Anreise hat. Heute Nachmittag kommen die Mutter,die Tochter und eine Tante meiner Frau. Ich hoffe, dass sie auch schon gegen 14 Uhr meine Frau besuchen dürfen?"

„Ja, ich denke, das wird möglich sein. Aber das müssen Sie dann bei dem anderen Pflegeteam noch einmal anfragen, wenn Ihre Verwandten da sind. Denn zwischen 13 und 14 Uhr ist Schichtwechsel."

Jacqueline schien zu schlafen. Ich setzte mich an ihr Bett und nahm ihre Hand. In dem Moment versuchte sie, die Augen zu öffnen. Es fiel ihr nicht leicht und es schien sich zu bestätigen, was ich in der Nacht zuvor erahnte: Sie hatte noch keinen leichten Zugang zu der Fähigkeit, die Augenlider zu öffnen. Das sah ich daran, dass sie zuerst die Augenbrauen hob, um die Augen öffnen zu können.

„Ich bin wieder da, mein Schatz! Endlich!"

Sie lächelte minimal, so gut es mit einem Beatmungsschlauch im Mund ging. Den Augenkontakt konnte sie zu mir kaum halten, denn ihre Augen schielten leicht. Ihr war es wohl inzwischen bewusst, denn sie hatte bereits eine Lösung gefunden: Sie machte immer mal wieder ihr linkes Auge zu, um allein durch das rechte Auge zu schauen und dadurch ihr Umfeld besser wahrnehmen zu können. Lange konnte sie die Augen aber nicht offen halten. Es strengte sie an. Und so blieben sie die meiste Zeit geschlossen.

Ich saß eine Weile neben ihr und beobachtete das Treiben in der Intensivstation. Viele neue Pflegerinnen und Pfleger wuselten um Jacqueline, um ihre Nachbarpatientin und auf dem Flur herum. Neue Gesichter, die ich in der vergangenen Nacht noch nicht gesehen hatte. Und ich fühlte, dass ich eine bestimmte Vorstellung in mir korrigieren musste. Jacqueline wird nicht von ein und derselben Person umsorgt, sondern sie hat immer wieder mit neuen Leuten zu tun. Diese neuen PflegerInnen und ÄrztInnen kennen Jacqueline kaum und müssen sie alle neu kennenlernen. Dabei ist auch zu erleben, dass jeder anders mit Jacqueline umgeht. Eine redet in völlig normalem Tonfall mit ihr, eine andere redet überdeutlich laut, weil sie aus irgendeinem Grund davon ausgeht, dass Jacquelines Ohren beeinträchtigt sind und sie nur schlecht hören kann. Und ich denke zuerst, wie unruhig es hier für Jacqueline ist. Kann man bei diesem Lärm und bei diesen vielen unterschiedlichen Menschen überhaupt eine konstante Orientierung entwickeln und ein Basisgefühl für den eigenen Heilungsprozess aufbauen? Meine allererste Schlussfolgerung war zunächst: Ich glaube, dass so ein Chaos die Heilung eines Menschen eher behindert. Umso wichtiger ist es, dass ich so oft und so lange wie möglich bei ihr bin. Als Konstante zwischen all diesen Variablen.

Obwohl ich nur eine Stunde geschlafen hatte, ging ich nun mit neuer Energie an das Fußende ihres Bettes und massierte ihre Füße. Danach bewegte ich ihr rechtes Bein in verschiedene Richtungen. Und zum Schluss die einzelnen Finger ihrer rechten Hand. Dies machte ich so lange und intensiv und auch so vorsichtig, wie es mir möglich war.

Es muss wohl eine Stunde vergangen sein, da kam die aktuelle Pflegerin von Jacqueline zu mir und bat mich, nun die Intensivstation zu verlassen und in den Warteflur zu gehen, da jetzt Übergabe sei. Aus Datenschutzgründen dürfe ich nicht dabei sein.

Die neue Schicht begann und die bisherige Pflegerin erzählte dem neuen Pfleger für diesen Abschnitt mit sechs Betten, was sie in den vergangenen acht Stunden mit Jacqueline Wichtiges erlebt habe und was man bei ihr beachten müsse. Auf diese Weise wird es zumindest unterstützt, dass nicht jeder Pfleger Jacqueline komplett neu kennenlernen muss. Aber wir kennen ja das Spiel „Stille Post". Und im Krankenhaus wird jede Einweisung persönlich formuliert und kann beim Zuhörer zu Missverständnissen führen. Manchmal wird auch etwas vergessen, an den Nachfolger weiterzugeben. Es ist nicht so einfach, eine wirklich zuverlässige Kommunikation und Organisation aufrecht zu erhalten.

Ich denke mir jetzt: Wie wichtig kann dann ein Angehöriger sein, der die meiste Zeit bei der Patientin verweilt, die Arbeit der Pfleger und die Beurteilungen der ÄrztInnen beobachtet und entstehende Widersprüche und Missverständnisse und mögliche Fehler verhindern hilft? Und das kostenlos?

Der Besuch von Jacquelines Mutter, Tochter und Tante verlief entsprechend emotional. Zunächst musste ich mir beim Einlass wieder eine Standpredigt von einem neuen Pfleger anhören, dass die Besuchszeiten nicht ohne Grund existieren. Doch dann wurden wir hereingelassen. Ich war nicht der einzige, bei dem Tränen flossen. Jacqueline erkannte alle drei. Ich möchte jetzt hier aber nicht öffentlich über die Einzelheiten des Besuchs berichten. Aus Datenschutzgründen und Gründen der Persönlichkeitsrechte.

Abends kam ich wieder in die Empathie-Schule zurück, fühlte mich in die Aufstellung (Jacqueline-Matratze) im Seminar-Raum ein, ob nach meinem Gefühl bestimmte Kissen umpositioniert werden wollten oder sonstige Änderungsimpulse aus meinem Gefühl kamen. Dann setzte ich mich an den Computer und schrieb die nächste Rund-E-Mail, dieses Mal etwas ausführlicher.

Rund-E-Mail am 2. Tag, Montag, 20.3.2017, 22.45 Uhr

Liebe Leute,

bitte nehmt es mir nicht übel, dass ich euch hier "versammelt" anschreibe. Es ist leichter für mich, das Neue in einer E-Mail zusammenzufassen, und diese dann an diejenigen zu schicken, die intensiv innerhalb Familie oder Freundeskreis Anteil nehmen.

Der Neueste Stand:

Im Moment wird es besser – Jacqueline wollte heute Abend schon aufstehen und hat mit der beweglichen linken Hand die Bettdecke weggezerrt. Dann fragte ich sie, ob sie aufstehen möchte - und sie nickte kräftig mit Schlauch im Mund. Der Pfleger und ich haben sie dann davon überzeugt, dass es momentan nicht so eine gute Idee ist. Dann lehnte sie sich wieder zurück, schloss die Augen und schien wieder wie schlapp da zu liegen. Es wechselt zwischen kurzer Wachheit mit verschwommenen offenen Augen – und Koma (sieht zumindest so aus) hin und her. Also - es tut sich was.

Heute am frühen Nachmittag, als S., B. und C. da waren, war sie noch eher am Schlafen. Wobei sie S. am Anfang angeschaut und erkannt hat. Aber das Augenaufmachen ist noch schwer - sie zieht dabei stark ihre Augenbrauen hoch - und die Augenlider bleiben manchmal dabei geschlossen. Hat sie noch nicht so unter Kontrolle. Und so hat sie die Augen zu, auch wenn sie wach ist - und ich durfte später entdecken, dass sie bei geschlossenen Augen auf eine Frage von mir dann entweder mit Nicken, Kopf leicht schütteln oder Hand drücken reagierte. Zwar nicht regelmäßig - aber ab und zu.

Selbstständig atmen kann sie noch nicht. Die Maschine hat die Kontrolle übernommen und sie passt sich noch der Maschine an. Gestern war dieser Aspekt noch besser – allerdings dann auch mit Erbrechen kombiniert, so dass der Arzt dann lieber wieder sediert hat und Jacqueline von der Maschine weiter beatmen ließ. Allerdings könnte Jacqueline trotz angeschlossener Maschine auch selbstständig atmen, denn die Maschine passt sich dann sofort an. Doch das macht Jacqueline momentan noch nicht – und so bleibt sie noch intubiert (Schlauch in die Luftröhre).

Und ich komme immer besser damit zurecht - nach so einigen Tränen bei so vielen mitfühlenden Menschen. Jacqueline aus ganzem Herzen in dieser neuen Erfahrung zu begleiten ist meine neue Lebensaufgabe, die ich voll und ganz annehme.

Was doof ist, ist die Tatsache, dass täglich – auch in verschiedenen Schichten – die ÄrztInnen und PflegerInnen wechseln. Und jeder anders an ihr herumdoktert ...

Oder vielleicht doch nicht so doof? So ist Abwechslung garantiert – und was beim einen Arzt/Pfleger nicht möglich war ist vielleicht bei einem anderen leichter?

Jedenfalls musste ich bisher jedes Mal neu beim Pflegeteam darum kämpfen, außerhalb der Besuchszeiten (16 – 19 Uhr) bei Jacqueline sein zu dürfen. Was auch meistens letztendlich geklappt hat – aber nicht ohne Aufwand...

Nach der Operation gestern, die gegen 18 Uhr zu Ende war, konnte ich dann ab 19.30 Uhr zu ihr und blieb bis 3.30 Uhr. Heute Mittag dann eine Stunde. Heute Nachmittag mit S., C. und B. – und dann nochmal von 17.30 Uhr bis 21 Uhr – mit den eben erzählten Erfahrungen.

Ich halte Euch weiter auf dem Laufenden. – Und jetzt falle ich erst einmal müde ins Bett, weil ich in der letzten Nacht nur ca. 1 Stunde wirklich geschlafen habe.

Liebe Grüße von Olaf

Aufzeichnungen

Ich habe ab dem dritten Tag vermehrt angefangen, mir kurze Notizen zu machen oder auch ausführlicher das Erlebte aufzuschreiben. Und zwar im Krankenhaus in einem Ringhefter oder in der Empathie-Schule in meinem Computertagebuch. Die Rund-E-Mails schrieb ich täglich, meistens abends, und orientierte mich dabei an meinen tagsüber gemachten Notizen.

Im weiteren Verlauf dieses Buches werde ich die Rund-E-Mails an die Familie und den engen Freundeskreis als Basis nutzen. Ich ergänze sie mit zusätzlichen Informationen aus dem Ringhefter und dem Computertagebuch. Weil ich dort manchmal nur Stichworte oder Gedanken aus dem Zusammenhang gerissen aufgeschrieben habe, bearbeite ich diese zum besseren Verständnis nachträglich und gestalte sie ausführlicher. Sie stehen im Folgenden unter der Überschrift „Ausgearbeitete Notizen aus Ringhefter und Computertagebuch". Am Ende eines Tages schreibe ich manchmal aus heutiger Sicht (2018) einen Kommentar zu dem, was passiert ist.

3. Tag, Dienstag, 21.3.2017

Ausgearbeitete Notizen aus Ringhefter und Computertagebuch

Heute morgen aufgewacht – mit neuem Bewusstsein und Schrecken, was passiert ist. Jacqueline liegt im Krankenhaus und hat einen Schlaganfall … Ich habe gestern Abend wieder intensiv gefroren. Bin wahrscheinlich erkältet. Habe hier immer noch alle Heizungen aufgedreht und mich total warm angezogen, damit ich schwitzen kann. Nun regle ich alles Weitere …

Ich esse Jacquelines vorbereitetes Obstfrühstück – mit Kokosflocken. Das hatte sie bereits für Montagmorgen vorbereitet und in den Kühlschrank gestellt. Ein seltsames Gefühl. Es macht mir bewusst, was verloren ist. Sie hatte ein Ziel (Obstsalat am Montag essen) – und jetzt kann sie es nicht leben und kann sich womöglich nicht einmal daran erinnern, dass sie den Obstsalat zubereitet hat. Dieses Gefühl ist so ein Gemisch zwischen: „Sie ist gestorben" (nicht mehr da) und „Ich lerne sie auf einer anderen Ebene ganz neu kennen".

Gestern habe ich sie gefragt, ob sie den Zeigefinger der funktionierenden Hand heben kann. Nach kurzem Zögern hob sie dann direkt den Mittelfinger – anschließend nach einem kleinen Nachdenkprozess den Zeigefinger.

Mir ist aufgefallen, dass ich das erste Mal, seitdem wir die Räume für unsere Empathie-Schule angemietet haben, meinen großen Computer von zu Hause hierher mitgenommen hatte. Damit ich an allem arbeiten kann. Denn es war ursprünglich geplant, dass ich mich hier aufgrund unserer Veranstaltungstermine und der Musical-Proben drei Wochen am Stück aufhalten würde. Nun verlängert sich mein Aufenthalt auf unbestimmte Zeit – und ich habe praktischer Weise meinen Computer hier vor Ort. Zufall?

Rund-E-Mail 9.32 Uhr

Liebe Freunde,

ich danke Euch für Eure große Anteilnahme bezüglich Jacquelines Schlaganfall!

Und ich möchte Euch auch im Namen von Jacqueline danken. Ich fühle, dass sie das so möchte – aus ganzem Herzen!

Heute Nacht habe ich das erste Mal etwas länger schlafen können – und ich bin heute Morgen in ein neues Leben aufgewacht. In ein Leben, in dem meine Frau einen Schlaganfall hat. Und gleichzeitig kam eine enorm starke Energie, die folgenden Satz hatte: "Ich habe nicht jahrelang umsonst Aufstellungsarbeit gemacht. DIES ist DER Moment, in dem ich ALLES, was ich bisher gelernt und erlebt habe, VOLLSTÄNDIG anwenden kann!!! HIERFÜR und für alle Folgen, die nun kommen, bin ich vom Universum in den letzten 50 Jahren ausgebildet worden!"

Und so schreibe ich noch einmal meinen ganz großen Verteiler an mit allen Adressen, die ich habe.

FÜR MICH ist es inzwischen zweifelsfrei, dass Aufstellungen über die Ferne wirken können, wenn alle beteiligten Systeme für diese Wirkung offen sind.

Mir ist folgende Idee eingegeben worden:

Wenn Ihr den Impuls dazu habt, dann könnt Ihr Jacqueline folgendes über die Ferne anbieten:

1. Sagt zu Euch selbst: "Ich bin jetzt Jacqueline."

2. Fragt Euch in der Rolle von Jacqueline: "Was kann ich (Jacqueline) JETZT IN DIESEM MOMENT am besten gebrauchen?"

3. Beobachtet, ob in Euch eine innere Stimme eine Antwort gibt oder ob Ihr ein Gefühl bekommt oder ein Bild.

4. Nehmt ein Symbol/Gegenstand (irgendetwas in Eurem Raum, in dem Ihr Euch gerade befindet) als "DAS, WAS ICH (JACQUELINE) GERADE BRAUCHE".

5. Haltet es in den Händen oder berührt Euren Körper damit oder folgt Euren Impulsen, was Euch mit diesem Symbol/Gegenstand gerade einfällt.

6. Genießt eine Weile, dass Ihr als Jacqueline das jetzt gerade bekommen habt, was Ihr gebraucht habt.

(Es kann auch eine Bewegung sein, die der Körper gerade braucht – dann bewegt euch entsprechend und genießt es, dass ihr euch gerade bewegen könnt.)

Wenn Ihr noch ein zweites Ritual anfügen wollt:

7. "Ich bin jetzt alle Personen, die im Krankenhaus mit Jacqueline zu tun haben (PflegerInnen, ÄrztInnen, BesucherInnen, Olaf)"

8. "Was brauche ich (in der Rolle als PflegerInnen, ÄrztInnen, BesucherInnen, Olaf), um mit Jacquelines Heilungsprozess optimal umgehen und ihn optimal unterstützen zu können?"

9. Sich das selbst geben und genießen, es zu haben.

Anschließend sagt Ihr zu Euch selbst: "Und jetzt bin ich wieder ... (Euren Namen einsetzen)."

Wenn bei einem der Rituale Tränen kommen sollten, lasst sie so lange fließen, wie es euch gut tut.

Macht diese Rituale immer wieder dann, wenn Ihr gerade den Impuls dazu habt.

NATÜRLICH gehört es auch dazu, wenn Ihr Ideen für andere Rituale habt und die durchführen möchtet.

NATÜRLICH gehört es auch dazu, wenn Ihr einfach nur liebevoll heilend an uns denkt und uns Licht schickt.

NATÜRLICH gehört es auch dazu, wenn Ihr nichts weiter macht.

EGAL, was passiert und passieren will, für uns GEHÖRT ALLES DAZU. Auch wenn etwas nicht dazugehören soll, gehört es dazu, dass es ausgeschlossen wird.

Heute Morgen ist mir das noch einmal besonders klar geworden! Und dieser Satz („Alles gehört dazu") unterstützt mich seitdem bei jedem Schritt, den ich tue, und bei allem, was ich gerade erlebe.

Außerdem hat mir das Universum ebenso ganz deutlich gezeigt, dass alles dazugehört: Ich habe seit Jahren eine Zahl, die immer wieder in meinem Leben eine Rolle spielt: 711

Diese Zahl begegnet mir auch in unterschiedlichen Versionen: 4711, 17, 171, 117, etc.

Immer, wenn ich dieser Zahl begegne oder sie sehe, ist das für mich irgendwie ein "göttliches" Zeichen.

Jacqueline liegt auf Bett Nr. 17!

Und sie wurde in der ersten Nacht noch einmal mit dem Bett in eine Untersuchung gerollt. Die Pfleger und der Arzt entschieden plötzlich, eine weitere Computertomographie (eine CT) zu machen, um im Gehirn nachzuschauen, ob sich etwas verschlimmert hat, weil sie nicht aufwachen wollte/konnte. In dem Moment, in dem das Bett unter der Uhr im Flur durchrollte (sie hängt mitten auf dem Gang oben an der Decke), stand dort die Zahl: 1:17

Außerdem haben wir beide entsprechende Vorahnungen gehabt: Ich wurde vor einigen Monaten immer traurig, wenn ich daran gedacht habe, meinen 50. Geburtstag im Juni zu organisieren – und ich konnte mir diese Traurigkeit nur damit erklären, dass irgendetwas Schmerzvolles vorher noch passieren wird.

Jacqueline hat zwei Tage vorher gesagt, dass sie sich irgendwie traurig fühlt – und wir haben nicht herausbekommen können, warum. Als es dann passierte, konnte sie noch sagen: "Ich glaube, ich bekomme einen Schlaganfall. ... Ich habe das geahnt, weil es mir heute Morgen schon nicht so gut ging." – und dann verlor sie immer mehr ihre Sprache.

Ich schreibe diesem großen Verteiler hier nun zum vorletzten Mal mit dem Thema "Jacqueline". Ich werde wahrscheinlich noch einmal in ein paar Monaten berichten, wie es weitergegangen ist.

Allerdings möchte ich einen neuen "Jacqueline"-Verteiler einrichten. Ich nutze diesen neuen "Jacqueline"-Verteiler, um ab und zu ausführlich zu berichten, was hier so passiert. Wer möchte in diesen Verteiler aufgenommen werden?

Abschließend jetzt noch eine Sache, die ich bewusst am Schluss schreibe, weil ich mich dabei ein bisschen seltsam fühle – ich habe aber trotzdem den Impuls, es zu tun. Und so gehört auch das dazu – und mein Mulmigkeitsgefühl gehört auch dazu – und ich lebe mit den eventuell mulmigen Folgen:

Jacqueline und ich sind beide selbstständig berufstätig. Nun fällt Jacquelines finanzielle Seite komplett weg und wir haben keine Rücklagen. Für mich bedeutet das, ich müsste doppelt arbeiten – müsste also doppelt Kunden/Klienten/Teilnehmer haben. Ich möchte mich aber gleichzeitig besonders jetzt am Anfang so intensiv wie möglich um Jacqueline kümmern – wie Ihr an dieser E-Mail schon sehen könnt. Und es gibt ein Vertrauensgefühl in mir, dass wir das irgendwie schaffen werden. Dieses Gefühl lässt mich hier nun diesen Absatz schreiben.

Ich denke an zwei Möglichkeiten, uns finanziell unter die Arme zu greifen:

1. Geld leihen

2. Geld spenden

Wer uns also finanziell unterstützen möchte, so dass ich möglichst viel Zeit für Jacqueline investieren kann, dem schreibe ich hier meine Bankverbindung auf:

Olaf Jacobsen, Sparda-Bank BW,

IBAN: DE29 6009 0800 0100 6866 70

BIC-Code: GENODEF1S 02

Verwendungszweck entweder:

"Jacqueline – Leihgabe bis (Datum, mindestens ein Jahr)"

oder

"Jacqueline – Spende"

Ich vertraue, dass wir "vom Universum" so viel Geld erhalten, wie wir es brauchen, um das tun zu können, was wir brauchen.

Danke für Euer Verständnis, dass ich das hier noch geschrieben habe ...

Ganz ganz liebe Grüße an Euch alle – und noch einmal vielen Dank für Eure Anteilnahme!! Olaf

Ausgearbeitete Notizen aus Ringhefter und Computertagebuch

Jetzt – durch dieses Schicksal – ist mir endlich vollständig bewusst geworden, dass Jacqueline meine Traumfrau ist. Ich schrieb in meinen Ringhefter: „Sie ist meine TRAUMFRAU!!"

Wie kam das?

Bevor ich Jacqueline kennenlernte, hatte ich fünf Beziehungen, die alle in die Brüche gingen. Ich schwor mir danach: „Jetzt gehe ich nur noch mit meiner Traumfrau ins Bett!" Denn viele meiner Beziehungen waren durch eine sexuelle Anziehung entstanden, zerbrachen aber immer wieder daran, dass für mich einiges andere nicht gepasst hat. Das hatte ich jedes Mal von Anfang an gespürt, öffnete mich aber trotzdem für eine Partnerschaft. Und genau das, was für mich von Anfang an unstimmig war, dem ich aber nicht so viel Aufmerksamkeit gewidmet hatte, war am Ende der Trennungsgrund.

Nach meinem Schwur malte ich mir konkret aus, wie meine Traumfrau aussehen und wie ihre Ausstrahlung sein würde. Dann traf ich Jacqueline. Auch hier stimmte einiges nicht. Sie war beispielsweise verheiratet und hatte schon zwei Kinder (ich bin kinderlos). Immer wieder nahm sie an meinen Veranstaltungen für Freie Systemische Aufstellungen teil. Und ich spürte, dass hier eine gewisse Wellenlänge vorhanden war. Wir konnten gut über „Probleme" miteinander reden. Aber da sie verheiratet war und sie nicht meinem Bild einer Traumfrau entsprach, passierte erst einmal nichts weiter.

Einige Zeit später ließ sie sich scheiden. Erst danach entwickelte sich etwas. Und obwohl sie offensichtlich nicht meine Traumfrau war, zog es mich immer mehr in eine Beziehung mit ihr. Ich wunderte mich, denn ich war mir meiner Entscheidung nach wie vor vollkommen bewusst, dass ich nur noch auf meine Traumfrau warte. Trotzdem ließ ich mich immer mehr auf Jacqueline ein. Eine Seite in mir wollte das wohl so – aus irgendeinem Grund. Schließlich zogen wir mit ihren beiden Kindern zusammen und wohnten ab da zu viert. Ich beobachtete dabei immer wieder: „Seltsam, sie entspricht nicht meinem Traumfraubild und trotzdem bin ich mit ihr zusammen." Dagegen erzählte sie mir später, dass es ihr nach ihrer Scheidung seit Beginn unserer Beziehung immer bewusst war, dass ich ihr Traummann sei.

Nach fünf Jahren trennte ich mich aus einem bestimmten Grund von ihr – allerdings blieben wir die meiste Zeit irgendwie in Kontakt. Diese Trennung veränderte bei uns beiden innerlich einiges, was dazu führte, dass sich unser Kontakt nach einiger Zeit wieder intensivierte. Wir kamen immer mehr aufeinander zu und der Grund, warum ich mich von ihr getrennt hatte, war verschwunden.

Es folgte mein Heiratsantrag am 11.11.2011 und am 2.6.2012 heirateten wir. Wir waren glücklicher als zuvor. Und trotzdem schwang immer noch etwas Unerlöstes in unserer Ehe mit. Es schien so, als ob wir die Trennung nicht vollständig verarbeitet hätten. Wir beide fühlten diese seltsame Form der Distanz zwischen uns, konnten es aber nicht richtig lösen. Und aufgrund dieser Distanz kamen auch immer mal wieder Gedanken darüber, wie es zwischen uns wohl weitergehen würde. Auch Trennungsgedanken waren vorhanden – während ich aber gleichzeitig auch wusste: „Diese Trennungsgedanken sind nur ein Spiegel dieser Distanz. Ich weiß, dass ich mich in Wirklichkeit nicht mehr von ihr trennen möchte. Ich bin davon überzeugt, dass sich diese Distanz und auch die dazugehörigen Trennungsgedanken irgendwann auflösen werden."

Als dann der Schlaganfall passierte, war dieses Distanzgefühl vollständig verschwunden und es wurde in meinem Gefühl plötzlich sonnenklar, dass ich Jacqueline nie wieder verlassen werde. Der „logische" Schluss aus diesem absolut klaren Gefühl war: Sie ist meine Traumfrau!

Letztendlich lässt mich das zu einem Schluss kommen, der ganz anders ist, als es in vielen Ratgeberbüchern propagiert wird. Dort ist oft zu lesen, dass man sich ganz klar werden sollte, wie der Seelenpartner, den man sich wünscht, auszusehen hat, wie er sich verhalten soll, wie seine Ausstrahlung sein soll etc. Diesen würde man dann in sein Leben ziehen.

Das mag vielleicht bei einigen auch klappen und sie finden einen entsprechenden Menschen. Aber mein Schluss ist nun: Es gibt auch andere Schicksale, in denen der wirkliche Seelenpartner zunächst gar nicht so sehr den eigenen Vorstellungen entspricht. Dass die Partnerin oder der Partner der wirkliche Seelenpartner ist, entpuppt sich in diesen Fällen nicht durch Äußerlichkeiten, sondern durch den gemeinsamen Weg, der miteinander verbindet. Durch die Schicksalsaufgabe, die man nur gemeinsam bewältigen kann. Und dieses Schicksal, das wir nun erleben, ist für mich der letzte „Beweis", dass wir füreinander bestimmt sind.

So erkenne ich rückwirkend, dass mein inneres Bild von einer perfekten Traumfrau mich eher davon abgehalten hat, meine wirkliche Traumfrau zu erkennen. Vielmehr hat mich mein tiefes Gefühl gesteuert und mich Schritt für Schritt zu Jacqueline hingeführt – während mein Verstand sich darüber gewundert hat, welchen Weg ich hier gehe. Jacqueline dagegen wusste es von Anfang an, dass wir zusammengehören.

Es gibt Menschen, bei denen solch ein schweres Schicksal zu einer Trennung führt. Wir dagegen erleben, dass dieses Schicksal uns mehr zusammenschweißt, als wir es jemals vermutet hätten.

Aufgrund meines Neuling-Gefühls im Krankenhaus wusste ich nicht, was ich durfte und was nicht. Selbst am dritten Tag hatte ich immer noch das Gefühl, vieles nicht zu dürfen. Ich wusste, dass Jacqueline sich als Heilpraktikerin später, falls sie wieder vollständig „erwacht" sein sollte, dafür interessieren würde, welche Medikamente sie bekommen hat. Und so habe ich mir heimlich in unbeobachteten Momenten von den Geräten die Namen der Medikamente abgeschrieben, die ihr zugeführt wurden. Das wäre nicht nötig gewesen, wenn ich gewusst hätte, dass Jacqueline das Recht hat, ihre vollständige Patientenakte einzusehen. Und wenn ich gewusst hätte, dass im Krankenhaus tatsächlich alles ganz genau dokumentiert wird. Allerdings nicht immer fehlerfrei, wie man am Beispiel der Magensonde sehen kann, die am 19.3. schon ab 18.45 Uhr dokumentiert worden war, in Wirklichkeit aber erst gegen 22 Uhr gelegt wurde.

Beim Thema Homöopathie war ich mir ziemlich sicher, dass die ÄrztInnen nicht einverstanden wären. Ich hielt es für eine gute Idee, ihr das homöopathische Mittel „Arnika" zu geben. Dies ist ein unterstützendes Mittel dafür, innere Verletzungen in Form von Blutungen besser abbauen zu können. Das habe ich dann auch heimlich gemacht. Verschlimmert hat es die Situation nicht. Ob es wirklich geholfen hat ... – es könnte sein. Aber letztendlich weiß ich es nicht. Es wurde ja so viel für Jacqueline getan.

Rund-E-Mail an den Familienkreis 22.27 Uhr

Liebe Familie,

nach dem heutigen Tag können und wollen zwar ÄrztInnen keine Prognose abgeben, weil jeder Mensch sich nach einem Schlaganfall anders entwickelt, denn jede Blutung im Hirn passiert immer individuell an den unterschiedlichsten Stellen. Da sich Jacquelines Blutung in der

Nähe des Hirnstamms befindet, der für ziemlich grundlegende Dinge des Bewegungsapparates zuständig ist, würde ich selbst nun diesen Schlaganfall als "schweren Schlaganfall" einstufen.

Wenn ich heute ins Krankenhaus gekommen wäre und sie hätte inzwischen selbstständig atmen können, hätte ich es anders eingestuft. Leider hängt sie immer noch am Schlauch – auch als ich vorhin gegangen bin. Die Bewegungen ihrer Augen sind immer noch schwerfällig. Doch wenn man sie bittet, einmal kräftig die linke Hand zu drücken, dann kann sie es. Ab und zu räkelt sie sich auch im Bett. Ein bisschen, um in eine etwas bequemere Lage zu kommen. Dabei kann sie aber nur ihre linke Körperhälfte nutzen. Doch jedes Mal, wenn sie das tut, habe ich das Gefühl, Kontakt mit der "alten Jacqueline" zu haben. Eine Jacqueline, die leider in dieser Behinderung "gefangen" ist. Ich versuche, diesen Zustand neu kennenzulernen und mich einzufühlen, wie ich das alles einschätzen kann. Sie kann ja nichts erzählen ...

Nachdem ich einige organisatorische Dinge heute Morgen regeln musste, war ich von 13 – 21 Uhr bei ihr – und werde morgen wieder so früh wie möglich hinfahren und so lange wie möglich bleiben. Auch dieses Mal musste ich wieder eine Diskussion mit einer neuen Person des Intensivstation-Teams führen, die mich noch nicht kannte und auf die Besuchszeiten (16 – 19 Uhr) verweisen wollte. Es wird immer faszinierender, mit welchen unterschiedlichen Persönlichkeiten man im Pfleger- und ÄrztInnen-Team konfrontiert wird. Eine Ärztin ist absolut unempathisch und verhält sich daneben, gerade weil sie besonders empathisch und nett sein will – drückt sich aber dominant aus. Ein anderer Arzt, dem ich heute Abend begegnet bin, fragt *mich* als erstes, wie es meinem Gefühl nach meiner Frau geht – und lässt mich berichten und hört mir zu. Sehr sympathisch. Das erste Mal, dass mich ein Arzt nach *meiner* Einschätzung fragt.

Dieser Arzt hat auch meine Befürchtung ernst genommen, Jacqueline würde sich an das Atmungsgerät gewöhnen und nie mehr selbst atmen. Daher hat er mir etwas demonstriert und in meinem Beisein das Gerät ausgestellt. Dann haben wir gewartet, was von Jacqueline kam. Und tatsächlich: Sie hat selbstständig geatmet – allerdings mit sehr großen Pausen zwischen den einzelnen Atemzügen. Der Atemreflex hat aber funktioniert! Da war ich beruhigt. Dann hat er mir erklärt, dass sie bei so einer eigenen Atmung zu wenig Sauerstoff im Blut hätte – und da hilft ihr das Gerät mit einer höheren Atemfrequenz. Das habe ich eingesehen. Dann hat er mir einen Tipp gegeben, dass ich mir einen Termin bei den Oberärzten geben lassen kann, die täglich die Visite machen. Die würden mir gute Tipps geben können. Werde ich so bald wie möglich machen. Ich rufe gleich morgen früh mal dort an und schaue, wann ich einen Termin bekomme.

Jacqueline ist also mit den unterschiedlichsten Persönlichkeiten konfrontiert – ohne Grenzen setzen zu können. Ja – und auch das gehört irgendwie dazu.

Ich stelle mich auf jeden Fall jetzt darauf ein, wesentlich länger mit Jacqueline zusammen daran zu arbeiten, wieder einen einigermaßen guten körperlichen Zustand herstellen zu können – und wenn Wunder geschehen dürfen, vielleicht schaffen wir dann in ein, zwei oder drei Jahren eine vollständige Regeneration?

Allerdings glaube ich, dass einige Gedächtnisinhalte unweigerlich verloren sind – weil zwei Schläuche durch das Gehirn führen, um einen zu hohen Hirndruck im Notfall abfließen lassen zu können, und sicher einige Zellen dafür Platz gemacht haben. Es ist nur die Frage: Welche?

In ungefähr vier Wochen dürfte sich das überflüssige Blut im Gehirn abgebaut haben (wie bei einem blauen Fleck – nur noch ein bisschen länger). Dann zeigt sich, welche Neuronen durch Training neu gebildet werden müssen.

Ich gebe ihr immer wieder am Kopf Reiki (Hände auflegen), massiere ihre Beine und Füße (Fußreflexzonenmassage – in die ich mich jetzt heute Nacht und morgen früh noch mehr einarbeiten will ...) und bewege die Finger ihrer rechten Hand, die sie ja nicht selbst bewegen kann. Außerdem visualisiere ich viele kleine energievolle und fröhliche Helferlein in Jacquelines Körper, die dort ordentlich aufräumen.

Leider wird sich nicht zeigen können, ob diese Maßnahmen eine "echte" Wirkung haben, denn wir haben keine Vergleichsgruppe. Aber lieber tue ich dieses Nicht-Wissenschaftliche, als untätig nur herumzusitzen und ihre Hand zu halten und zu warten, bis sich der "blaue Fleck" in ihrem Gehirn aufgelöst hat.

Ich hoffe, dass durch meine Massagen und Bewegungen die Neuronen im Hirn, die vielleicht vom Blut nur "verklebt" sind, sich dann schneller wieder "erinnern", was sie mal geleistet haben. Man weiß ja nie ...

Ich werde morgen Abend weiter berichten.

Bis dann – und liebe Grüße! Olaf

Kommentar 2018

Da Jacqueline nicht reden konnte – und sich später eine Zeit lang nicht verständlich ausdrücken konnte, habe ich ab und zu eine besondere Methode angewendet, um mit ihr zu kommunizieren: Ich sprach innerlich mit Jacqueline und beobachtete, was mir meine innere Stimme für eine Antwort gab. Oft war es stimmig und hat geholfen

Der Arzt, der mich nach meiner Einschätzung gefragt hatte, wie es meinem Gefühl nach Jacqueline geht, war bis heute der einzige Arzt, der dies getan hatte. Er war noch recht jung und ich schätze, dass er ein Assistenzarzt war. Durch seine Frage habe ich mich ernst genommen gefühlt und außerdem auch ein bisschen in die ärztlichen Entscheidungsprozesse eingebunden.

Allerdings habe ich später festgestellt, dass er keinen besonderen Einfluss auf die Entscheidungen der OberärztInnen hatte. Seitdem bin ich nie wieder von einer Ärztin oder einem Arzt auf diese Weise befragt worden. Schade. Ich glaube, die ÄrztInnen sind sich gar nicht bewusst, was ihnen da für ein Potenzial entgeht, wenn sie die Angehörigen außen vor lassen oder „nur" informieren. Ich bin mir sicher, dass es viele Angehörige gibt, die den ärztlichen Entscheidungsprozessen noch eine neue Dimension verleihen könnten. Gerade weil die Angehörigen eine emotional tiefere Verbindung zu den PatientInnen haben, sie länger kennen und die individuellen Selbstheilungsprozesse intuitiv viel besser einschätzen können, als jeder Arzt.

Sein Vorschlag, mir von den OberärztInnen weitere gute Tipps zu holen, hat aber leider nicht funktioniert, weil der entsprechende junge Oberarzt kaum Zeit für mich hatte und alles nur sehr kurz und „im Weggehen" mitteilte. Ich hatte permanent das Gefühl, dass meine Fragen ihn von anderen wichtigeren Dingen abhielten. Und die andere

Oberärztin, die an der Operation mit beteiligt war, kam nicht zu mir. Im Bereich der OberärztInnen hatte ich also nur einen Ansprechpartner – und der strahlte Zeitmangel aus.

Bei den immer wiederkehrenden Diskussionen mit PflegerInnen über die Besuchszeiten habe ich mich selbst eher als Beobachter erlebt. Ich hatte die klare Absicht, meine Frau zu besuchen, habe meinen Wunsch kommuniziert und beobachtete dann die entsprechende Pflegerin oder den entsprechenden Pfleger, wie sie mir lange erklärten, wozu Besuchszeiten gut seien. Ich zeigte Verständnis – und dann wurde ich hereingelassen. Gleichzeitig spürte ich, wie wenig Verständnis die meisten KrankenhausmitarbeiterInnen für die Angehörigen hatten. Sie waren es gewohnt, in einer Operativen Intensivstation zu arbeiten, in der täglich verletzte Menschen eingeliefert und behandelt wurden. Dies schien zu einer gewissen empathielosen Routine zu führen. Und aus der Perspektive dieser Routine sind Angehörige eher ein Störfaktor und werden möglichst in einen zeitlichen Bereich von drei Stunden konzentriert (Besuchszeiten).

Diese Empathielosigkeit kann ich wiederum nachvollziehen. Denn wer in unserer heutigen Gesellschaft in so einer mit schweren Schicksalen konfrontierten Einrichtung arbeitet, muss für sich einen gewissen emotionalen Schutz aufbauen. Sonst wird man kein „normales" Privatleben mehr führen können. Man wäre durch das Miterleben dieser Schicksale überdurchschnittlich stark belastet. Denn nicht jeder Mensch, der auf der Intensivstation eingeliefert wird, überlebt dort. Ich habe an einigen Tagen hören können, wie in anderen Zimmern Angehörige lautstark getrauert haben, nachdem der dort liegende Patient seinen Verletzungen erlegen war. Oder ein Pfleger erzählte mir klagend an einem sonnigen Wochenende, wie heute besonders viele verunglückte Motorradfahrer eingeliefert werden und gleichzeitig nur wenig Personal im Krankenhaus sei. Er sei komplett überfordert.

Ich hatte vollstes Verständnis dafür, dass die KrankenhausmitarbeiterInnen die Besuche von Angehörigen auf die Besuchszeiten beschränken wollten. Ich habe mich nur nicht danach gerichtet. Mein Impuls, so lange wie möglich bei Jacqueline zu sein, hat sich letztendlich durchgesetzt.

Später habe ich von unserer neuen Hausärztin gehört, dass es Intensivstationen in Deutschland gibt, in denen die Angehörigen 24 Stunden kommen und anwesend sein dürfen. Wow! Das gibt es!

Wie fantastisch wäre es, wenn sich die ärztliche und pflegerische Welt so weiterentwickeln könnte, dass dies überall möglich ist?! Dass viel mehr Kooperation entsteht?

4. Tag, Mittwoch, 22.3.2017

Ringhefter 4.22 Uhr

Es gibt 3 mögliche Wege:

a) Sie gibt auf und stirbt.

b) Es bleibt so – Stagnation und Pflege.

c) Es wird besser oder sie heilt vollständig.

Welchen Weg ich erleben soll, ist bereits vorbestimmt.

Dieser Gedanke hilft mir.

8.53 Uhr

Ich entdecke auf meinem Bankkonto eine große Spende von einer guten Freundin und muss ihr folgende E-Mail schreiben:

„Oh – ich bin hier gerade nur am Heulen! DANKE! für deine riesige Spende!!! Mir fehlen die Worte!!!!

Es hilft sehr sehr ... denn ich glaube, die nächsten Wochen möchte und muss ich ganz nah bei Jacqueline sein. Und da hilfst du mir sehr.

Außerdem wird langsam klar, dass ich wohl noch etwas ‚gefährdeter' bin als sie ... will heißen, dass es ihr wohl einigermaßen gut geht – und ich projiziere immer noch diese Gefängnissituation in sie hinein ... und wache nachts panisch auf. Außerdem habe ich leichtes Fieber und nehme dagegen ASS-Tabletten.

Aber wenn ich eine Aufstellung mache, ein lösendes Element auf Jacqueline lege und mich in sie einfühle, fühle ich mich unglaublich entspannt und geduldig und abwartend. Ich muss das öfter machen, damit ich dieses Gefühl nicht wieder vergesse ...

Und deine Spende entspannt mich da auch noch mehr. Ich danke dir von ganzem Herzen!!

Olaf – und DANKE auch im Namen von Jacqueline!!"

Rund-E-Mail 10.05 Uhr

Ich möchte Euch unbedingt ein bisschen an meinen aktuellen Gefühlen teilhaben lassen.

Heute Nacht bin ich wieder mit Panik aufgewacht – die Panik, nicht genug zu tun, nicht lange genug bei ihr zu sein. Alleinseingefühl – trotz der vielen Anteilnahmen. Und heute morgen dann wieder ein Gefühl von ein bisschen Zuversicht.

Was ich absolut verblüffend finde: Ich habe gestern Abend noch eine Aufstellung gemacht, mich in Jacqueline eingefühlt, viel geweint, dann ein lösendes Element genommen, das Jacqueline vollkommen bedeckt hat – mich dann wieder in Jacqueline eingefühlt – und dann habe ich einen unglaublich tiefen Frieden und eine innere Ruhe wahrgenommen. Das war wie eine "Insel" in all meinen Unruhegefühlen. Das KANN nicht allein von mir gekommen sein. Ich konnte so tief loslassen, mich so entspannen – einfach unglaublich. Ich muss mich dort öfter einfühlen, damit ich dieses Gefühl nicht vergesse.

Jemand hat mir per E-Mail geschrieben, dass er eher den Eindruck hat, ich sei momentan "gefährdeter" als Jacqueline – und wenn ich an gestern denke, wie entspannt Jacqueline dort gelegen hat, könnte ich es eigentlich auch so denken. Jedes Mal, wenn man sie fragt, ob sie Schmerzen hat, schüttelt sie den Kopf.

Ich projiziere so viel in sie rein, dass sie Angst hat, sich nie wieder frei bewegen zu können ...

Aber vielleicht hat sie sich auch schon mit diesem Zustand mehr arrangiert als ich. Sie lebt ja nun schon fast drei Tage jede Sekunde damit. Und ich bin immer wieder hier in unserem Zimmerchen, sehe ihre Sachen, denke daran, wie es vorher war und bin ab und zu immer mal wieder soooo traurig...

Aber allmählich geht es mir jetzt jedenfalls etwas besser – und ich erinnere mich immer mal wieder an das entspannte Gefühl auf ihrem Platz, wenn ich mich in sie einfühle.

Es ist immer so ein Auf und Ab. Vertrauen, Tränen, Schmerz, Trauer und wieder Entspannung und Zuversicht, dass alles dazugehört und "so sein soll".

Jetzt lerne ich gerade die Fußreflexzonen auswendig und werde es dann nachher bei ihr gezielter anwenden. Sie scheint es zu genießen. Aber das kann man an ihrem Gesicht nicht ablesen. Gestern hat mir bei der Fußmassage noch ein bisschen die Orientierung gefehlt ...

Man kann aber ablesen, wenn sie Schmerzen hat – wie z. B. bei der Zahn- und Mundreinigung, wenn der Mundinnenraum von einem Pfleger desinfiziert wird und dann auch ein Absaugschlauch in den Rachen und in die Luftröhre (!) gesteckt wird, um Schleim und Flüssigkeiten abzusaugen. Dabei hat sie das Gesicht schmerzhaft verzerrt und sich aufgebäumt – und wir haben unsere Hände ineinander gekrallt. Nach drei Minuten war sie dann wieder entspannt.

Danke, dass ich Euch das alles schreiben darf.

Liebe Grüße! Olaf

Ausgearbeitete Notizen aus Ringhefter

Ich habe allmählich das Gefühl, dass meine Hilfe nicht umsonst ist. Meine täglichen Massagen von Füßen, Beinen, rechtem Arm und Fingern und das langsame Bewegen ihrer gelähmten Gliedmaßen haben irgendeinen mobilisierenden Sinn. Ich weiß nicht, woher dieses Gefühl kommt, aber es ist da. Ich „muss" Jacqueline durchschnittlich zwei Stunden pro Tag so behandeln – ich kann gar nicht anders. Es macht auf der Intensivstation ja sonst niemand.

Es könnte sein, dass ihre Augen nicht richtig „sehen" können. Zumindest sind die Reflexe langsam bei Lampenbeleuchtung – hellem Licht. Die ÄrztInnen überprüfen regelmäßig ihre Augen mit einem bestimmten kleinen Gerät, das sie nacheinander erst an das rechte und dann an das linke offene Auge halten. Dabei soll Jacqueline die Augen möglichst still halten, was nicht immer gelingt.

Ihre rechte Körperhälfte ist immer noch inaktiv. Möglicherweise ist sie permanent gestört. Also werde ich noch gezielter meine Aufmerksamkeit drauf lenken und diese Körperhälfte in Bewegung halten.

22.06 Uhr, Rund-E-Mail

Schon wieder so eine spukhafte Sache:

Wie ich schon schrieb, mache ich nebenbei hier im Seminarraum Aufstellungen für Jacqueline.

Ich habe auch eine Matratze als "Jacqueline" auf dem Boden liegen und nach Gefühl verschiedene Kissen an verschiedene Stellen zur Heilung etc. gelegt (wie bei einer Voodoo-Puppe – nur mit positiver Absicht).

Gestern hatte ich noch den Impuls, im Halsbereich ein großes hellblaues Bettlaken quer zu legen. Nach meinem Gefühl stand es für den Ballon, der im Lungeneingangsbereich von Jacqueline installiert war, damit kein aus dem Magen erbrochener Inhalt ungewollt in die Lunge gelangte – und durch diesen Ballon wurde der Schlauch für die Luft geführt. Sie hatte also Kunststoff im Hals.

Heute Morgen hatte ich irgendwie den Impuls, einiges auf dieser Matratze um- oder wegzulegen – u. a. habe ich auch dieses Bettlaken einfach weggenommen. Obwohl ich nicht glauben konnte, dass die ÄrztInnen Jacqueline schon jetzt den Schlauch rausnehmen würden. Gestern war sie ja noch so wahnsinnig energielos und schien kaum selbstständig atmen zu können.

Außerdem wunderte ich mich, dass es mir heute morgen nach der letzten Rund-E-Mail besser ging, ich in Ruhe Obst aß, einige Dinge organisierte, das erste Mal hier in der Empathie-Schule ein bisschen aufräumte – mir auch noch Mittag machte, besser aß als die letzten Tage, und dann ganz ruhig wieder losfuhr zur Klinik. Ich kam dieses Mal früher an als gestern. Obwohl ich mir mehr Zeit gelassen hatte und mich auch wunderte, warum ich mich nicht drängelte, so schnell wie möglich zu Jacqueline zu kommen.

Ich war dann 13 Uhr da – und man ließ mich dieses Mal ohne Komplikationen rein (keine Diskussionen über Besucherzeiten). Ich fand Jacqueline ohne Schlauch vor – aber noch mit einer Atemmaske, durch die sie vermehrt Sauerstoff bekam. Und sie war ziemlich k.o. –

wahrscheinlich von der schmerzvollen Prozedur, in der man ihr den Schlauch rausnahm. Mit viel Würgereize wahrscheinlich ... Die sehr freundliche und liebevolle Pflegerin sagte mir, dass ihr der Schlauch gerade vor fünf Minuten erfolgreich herausgenommen worden war. Ich kam also zeitlich genau passend!

Die Pflegerin sagte noch, dass Jacqueline das so gewollt hatte (durch Gestik vermittelt) – und deshalb hat man den Schlauch dann auch rausgemacht. Ja – sie ist eine Kämpferin. Und jetzt atmet sie frei!

Habe ich heute Morgen durch das Wegnehmen des Bettlakens von ihrem Halsbereich vorausgefühlt, dass sich etwas verändert? Und habe ich erspürt, dass ich nicht vor 13 Uhr reingelassen worden wäre, weil man noch mit dem Extubieren beschäftigt gewesen wäre?

Und dann der Verlauf dieses Tages: Sie wurde immer wacher und begann auch zu versuchen, mir etwas mitzuteilen. Sie war sehr wach und offensichtlich deutlich bei Bewusstsein – ab und zu noch ein bisschen durcheinander.

Die rechte Körperhälfte ist definitiv taub und bewegungslos. Und das beginnt sie jetzt auch viel bewusster zu erfassen. Das ist das Schmerzvolle an dem "Wachwerden". Nun erkennen zu müssen, was mit einem los ist.

... und – so stark wie sie ist – begann sie auch schon ein bisschen zu trainieren und den Raum genauer mit den Augen wahrzunehmen. Auch hat sie mit ihrer freien Hand meine Hand genommen und mich geführt, was ich tun soll.

Dann hat sie ab und zu das funktionierende linke Bein hochgehoben, um es aufzustellen oder um aus dem Bett aufzustehen. Letzteres ging natürlich nicht und ich erklärte ihr, warum. Sie verstand noch nicht so wirklich, was mit ihr los ist, aber meine Erklärung führte dazu, dass sie den Versuch aufgab. Zumindest für einige Zeit.

Schlimm war dann wieder, dass ich etwas früher gehen musste, weil jemand Neues in das Nachbarbett aufgenommen wurde (und ich aus Datenschutzgründen nicht dabei sein durfte). Der Abschiedsschmerz heute Abend war bei uns beiden besonders groß. Jetzt wieder soooo lange bis morgen warten müssen, bis wir uns wiedersehen und gemeinsam trainieren können ... und das bei diesem Bewusstsein, was passiert ist.

Ich habe ihr jetzt auch alle Eure Grüße und Eure Anteilnahme mitteilen können. Ich weiß nicht, wie sie das innerlich verarbeitet. Trotz all ihrer Bemühungen, Worte zu formulieren. Selbst langsam und Silbe für Silbe betonend, habe ich sie nicht verstanden.

Aber auf jeden Fall ist jetzt die große Aufgabe, den Körper wieder fit zu bekommen. Und diese Aufgabe wird ab jetzt Thema sein. Bei Bewusstsein ist sie nun – und auch ärgerlich über manche blöden Umstände in dieser Klinik ...

Ich bin mit zwei Gefühlen nach Hause gefahren:

Schmerz über diese bewusste Trennung bis morgen.

Erleichterung, dass Jacqueline wieder so ziemlich aktiv ist – mit einigen Erholungspausen zwischendrin.

Im Vergleich zu gestern also ein Quantensprung – aus meiner Sicht. Aus Jacquelines Sicht wahrscheinlich die Bewusstwerdung von Frust – und gleichzeitig Bemühungen, sich sofort trainieren zu wollen.

Bei Manchem mussten wir sie noch bremsen, weil sie ja noch zwei Schläuche oben im Kopf stecken hat, die den Hirndruck korrigieren. Die darf sie z. B. nicht anfassen und auch nicht rausnehmen. Und so wird ihre bewegliche Hand manchmal festgebunden, so dass sie sie nicht bewegen kann. Schlimm – so bewegungslos dann wieder daliegen zu müssen, obwohl man doch schon so viel tun könnte ...

Ein erstes Wort habe ich verstanden, als ich ihr sagte, dass ich nun gehen müsse. Ein verzweifeltes und lautes: "Warum???!"

Es mischte sich in mir das Gefühl des Schmerzes mit dem Gefühl der Erleichterung, ein Wort aus ihrem Mund verstanden zu haben.

Morgen versuche ich, mal schon vormittags in die Klinik zu fahren (obwohl da viel los ist und ich nicht immer dabei sein darf, wenn z. B. Chefarzt-Visite ist). Und dann habe ich um 14.30 Uhr einen Termin beim Chefarzt persönlich. Den werde ich fragen, was die nächste Station sein wird (Stroke-Unit?). Liebe Grüße von Olaf

Heute habe ich nur noch eine Kopfschmerztablette genommen. Bin Gott sei Dank nicht krank geworden.

5. Tag, Donnerstag, 23.3.2017

Ausgearbeitete Notizen aus Ringhefter und Computertagebuch

Gestern bin ich mit einigermaßen ruhigen Gefühlen eingeschlafen (gegen 23 Uhr) – heute um 6 Uhr wieder mit Panikgefühlen aufgewacht. Die Panik, Jacqueline so schnell wie möglich helfen zu müssen, damit sie so schnell und vollständig wie möglich heilen kann.

Ich denke nach. Dabei kommt mir die Idee: Wir könnten uns (neben den Massagen und Bewegungen von mir) zunächst auf das Sprechen konzentrieren. Am besten zuerst das Zählen üben.

Durch ein Telefonat mit meiner jüngeren Schwester wird mir wieder bewusst, dass es ganz wichtig sein kann, im Kontakt mit einem anderen Menschen „man selbst" zu sein. Wie komme ich darauf?

Bei den Freien Systemischen Aufstellungen erleben wir, dass Stellvertreter sich für ein Thema der aufstellenden Person zur Verfügung stellen und sich in eine Rolle einfühlen. Dieses Einfühlen geschieht nicht dadurch, indem sie auf die aufstellende Person schauen und sich fragen, wie sie wohl für diese Person die Rolle optimal ausfüllen könnten. Sondern sie stellen sich einfach für die zugewiesene Rolle zur Verfügung, konzentrieren sich dann auf sich selbst und spüren nach, welche Impulse in ihnen auftauchen. Was fühlen sie? Was möchten sie tun oder sagen? So können sie sich innerhalb einer Aufstellung auf phänomenale Weise in das Thema einfühlen und helfende Impulse zur Lösung beitragen.

Wenn wir das jetzt auf den Alltag übertragen, dann könnte es sinnvoll sein, sich einer kranken Person helfend zur Verfügung zu stellen und sich dabei *auf sich selbst zu konzentrieren* und sich zu fragen: „Was für Impulse habe ich gerade? Was möchte ich gerne mit gutem Gefühl tun?"

Deshalb kann es ganz wichtig sein, mich im permanenten Kontakt zu Jacqueline auch immer wieder selbst zu beobachten und mich zu fragen, was ich tun möchte und wie ich mich auch wirklich wohl fühle. Und tatsächlich tue ich das auch schon. Denn ich entscheide auf diese Weise, ob ich jetzt mit Jacqueline Übungen durchführen möchte oder sie ruhen lasse. Meistens passt es zusammen und Jacqueline macht gerne die Übungen mit, wenn es sich für mich auch energievoll anfühlt und ich Freude daran habe. Muss ich mich aber selbst überwinden und tue es gegen mein Gefühl, dann passt es für Jacqueline meistens nicht und ich erlebe einen Widerstand von ihr.

Im Krankenhaus:

Ich fühlte mich vorhin beim Verlassen der Empathie-Schule, als ob ich jeden Tag „zur Arbeit" gehen würde. Mittags hin – abends wieder zurück, täglich. Ein Rhythmus, den ich in meinem Berufsleben so gut wie nie gelebt hatte. Ich bin und war als Freiberufler immer unabhängig und hatte keinen besonderen Tagesrhythmus. Was ich am Tag tat, hing von den Aufträgen ab, die ich mir selbst gab oder die auf mich zukamen. Jetzt aber lebe ich ein tägliches Ritual. Der Unterschied zum „normalen Berufsleben": Ich lebe diesen Rhythmus sieben Tage die Woche – ohne Pause. Ich will auch keine. Ich will Jacqueline keinen einzigen Tag allein lassen.

Ich habe die Information erhalten, dass der Schlauch der Magensonde die ersten vier Tage aus dem Material PVC besteht. Danach wird er gegen einen Silikonschlauch ausgetauscht.

Tja, jetzt ist es doch passiert: Sie hat sich die Magensonde aus der Nase gezogen, als ich rausgegangen bin. Sie hatte geschlafen und ich sollte die Intensivstation verlassen, weil die Nachbarin gepflegt werden sollte. Dabei hatte ich vergessen, ihre Hand festzubinden.

Ich habe folgende Idee: Vielleicht werden die abgestorbenen Nervenzellen durch neue Nervenzellen ersetzt, die aber wie „Stellvertreter" für die alten Nervenzellen wirken – nur in einem noch besseren Gleichgewicht. Also die Information überträgt sich, wie bei Stellvertretern einer Aufstellung. Oder wie bei Kindern, die die Rolle eines Großvaters oder einer Großmutter im Familiensystem einnehmen. Das Gesamtsystem wird die neuen Zellen entsprechend „einweisen" und ihnen ihren Platz zuweisen.

23.02 Uhr, Rund-E-Mail

Als ich eben "Tag 5" in die Betreffzeile schrieb, musste ich noch einmal konzentriert nachdenken. Ich dachte, heute sei Mittwoch – aber es ist ja schon Donnerstag ... Die Wochentage sind mir total abhanden gekommen. Hammer ... Ja, das ist auch logisch, denn jeder Tag läuft für mich immer gleich ab: Vormittags alles organisieren, was ich für mich benötige, Aufstellung machen, dann zur Klinik fahren, bei Jacqueline sein, sie massieren, bewegen, mit ihr reden, sie ausruhen lassen, mir Gedanken machen. Dann abends wieder in die Empathie-Schule fahren, E-Mail-Bericht schreiben, E-Mails lesen und schreiben, Aufstellung machen, schlafen gehen.

Heute ist etwas Denkwürdiges passiert: Jacqueline ist mit ihrer linken Hand immer mal wieder aktiv, ertastet die Bettdecke, zeigt durch den Raum, streckt den Arm weit aus, als ob sie etwas anfassen möchte. Inzwischen weiß ich, dass sie die Gegenstände im Raum sieht, aber absolut nicht abschätzen kann, in welcher Entfernung sie sind. Sie kann nicht räumlich sehen. Das rechte Auge funktioniert nicht – genauso wie Arme und Beine nicht. Außerdem ist sie offensichtlich auf der rechten Gesichtshälfte taub. Logisch, denn sonst könnte sie klar und deutlich sprechen. Die Zunge funktioniert nur zur Hälfte, also kann sie nicht richtig artikulieren.

Es gibt immer Momente, in denen sie mit der linken Hand die Bettdecke zur Seite schlägt, das linke Bein anhebt und anscheinend aufstehen will. Inzwischen hat sie schon die Schläuche an ihrem Kopf ertastet – auch den Schlauch, der noch durch das rechte Nasenloch in den Magen führt. Da sie noch nicht richtig beißen und schlucken kann, muss sie durch diesen Schlauch (Magensonde) ernährt werden. Wobei das Runterschlucken von Wasser inzwischen einigermaßen gut funktioniert – ohne sich zu verschlucken.

Da die Gefahr besteht, dass sie diesen Schlauch aus der Nase ziehen möchte, ist ihre linke Hand immer dann festgebunden, wenn ich nicht da bin. Die PflegerInnen vertrauen mir, dass ich aufpasse, wenn ich da bin, und ich darf ihren Arm frei machen.

Die Situation heute war: Sie war eingeschlafen. Ich massierte dabei kräftig ihren rechten Arm und ihr rechtes Bein (was sie ja nicht fühlt).

Ich habe die Muskeln so kräftig durchgewalkt (um die Durchblutung zu fördern), dass sie unter normalen Umständen dabei bestimmt nicht eingeschlafen wäre. Beweis: Sie fühlt nichts.

Dann sagte der Pfleger, dass er die Dame im Nachbarbett einmal säubern müsse. Dazu solle ich doch bitte rausgehen. Ich muss dann immer ganz raus aus der Intensivstation, also einen Parallel-Gang weiter. Zwischen den beiden Gängen ist eine Tür, an der man immer klingeln muss – wie an einer Haustür – und dann gibt es eine Sprechanlage und man wird reingelassen, wenn man darf.

Ich bin also raus – und draußen fiel mir ein, dass ich ihren Arm nicht festgebunden hatte. Ich ging zur Sprechanlage und sagte der Dame am anderen Ende, dass der Pfleger für Bett 17 doch den Arm noch festbinden möge. Allerdings war es schon zu spät. Jacqueline war aufgewacht und hatte sich die Magensonde komplett herausgezogen. Ich musste länger draußen warten, während die Pfleger eine neue Magensonde gelegt haben. Als sie mich wieder reinholten, sagten sie mir, dass Jacqueline beim Wiedereinführen total lieb mitgemacht hat. Ohne jegliche Gegenwehr. Ich habe mich dann wieder zu ihr gesetzt – und sie weiter behandelt (Reiki, Massagen, Bewegungen der bewegungslosen Gliedmaße). Ca. eine Stunde später hob sie wieder ihren Arm, führte ihn zur Nase. Manchmal will sie ja nur irgendwo im Gesicht kratzen. Dann lasse ich sie. Aber sie fing an, wieder den Schlauch anzufassen. Ich wollte ihre Hand nehmen und sagte, dass sie doch bitte loslassen möge. Doch sie hielt krampfhaft fest, immer fester und zog. Und ich wollte dagegen halten, was fast unmöglich war. Sie war so unglaublich stark – echt der Hammer. Ich musste um Hilfe rufen. Der Pfleger kam sofort rein und zu zweit und mit einem starken "Jacqueline, lass bitte los!" haben wir es dann geschafft. Aber der Klebestreifen, der den Schlauch an der Nase hielt, war bereits ab. Für den Rest des Tages habe ich dann den Arm festgebunden gelassen.

Aber echt der Hammer! Diese KRAFT!!! Ich weiß, dass Jacqueline schon immer fest zugepackt hat – besonders auch, wenn sie PatientInnen mit hnc behandelt hat. Aber SOOO stark ... ich musste noch nie so mit ihr kämpfen.

Wenn wir es schaffen, diese Kraft so zu lenken, dass sie sie in die Gesundwerdung und Neubildung für die Neuronen in der linken Gehirnhälfte (für rechte Körperhälfte zuständig) einsetzt, dann ist viel geschafft. Ich mache mir mal Gedanken, ob ich sie irgendwie diesbezüglich unterstützen kann.

Ich konnte zwei Pflegern heute erklären, dass man Jacqueline alles ganz offen und ehrlich sagen kann. Sie würde es verstehen. Wenn sie z. B. aufstehen will, muss man ihr wieder bewusst machen, dass es nicht geht, weil ihre eine Körperhälfte gelähmt ist. Sie kann nicht alleine stehen. Nach so einer Erklärung hält sie inne und entspannt. Da sie es aber einige Stunden später wieder versucht und man sie wieder daran erinnern muss, ist klar, dass hier das Gedächtnis nicht so gut funktioniert – auch nicht das Reflektieren über sich selbst. Ich hatte es auch schon gelesen: Schlaganfall-Menschen, die halbseitig gelähmt sind, blenden aus, dass die eine Körperhälfte nicht funktioniert. Aber manchmal ist es Jacqueline auch bewusst.

Es ist schwer, ihr Denken zu erraten. Ich kann auf der einen Seite ein bisschen Verwirrtheit wahrnehmen – auf der anderen Seite gibt es aber auch Klarheiten. Als mir eine Pflegerin etwas erklärte, sagte Jacqueline z. B. "Ach, Quatsch!" – und winkte ärgerlich ab. Und ich freute mich (sie hat ein Wort deutlich gesagt!) und konnte daran wiedererkennen, wie sie früher manches Denken der Schulmedizin genauso abwertete.

Wer Jacqueline nicht kennt, könnte nun einfach in sie hineininterpretieren, dass sie verwirrt ist. Ich sah aber ihre Klarheit – denn das, was die Pflegerin erzählte, könnte man wirklich anders sehen. (Ich habe aber vergessen, was sie erzählt hat. Manche Sachen, besonders medizinische Fachbegriffe, kann ich mir nicht so gut merken.)

Was heute auch neu war: Ich konnte Jacqueline etwas besser verstehen. Die Worte wurden deutlicher, wenn ich auch noch nicht den Gesamtzusammenhang verstehen konnte. Das lag daran, dass sie nicht jeden Buchstaben aussprechen kann. A und B und F gehen gut. Aber C, D und E hören sich alle gleich an. Wir haben den Anfang des Alphabets mal ausprobiert, bis sie dann wieder aufgegeben hat, die Buchstaben nachzusprechen, weil C, D und E nicht so gut geklappt haben (für C und D braucht man eine funktionierende Zunge).

Es gibt Momente, da lässt sie von einer Übung schnell wieder los. Ich vermute, dass möglicherweise noch ein bisschen Frust dahinter steckt ("bringt ja doch nichts") – aber das ist nur meine Interpretation. Vielleicht ist es auch für das Gehirn zu anstrengend und es erholt sich nach kurzer Konzentration wieder ... weiß nicht ...

Ungefähr 10 Sätze habe ich heute verstanden. Unter anderem "Bleib mal da stehn!"

Sätze, die ich verstehen kann, kommen meist unerwartet und auch mit einer gewissen Ungeduld von ihr, weil sie dann lauter wird und plötzlich wie von selbst deutlicher spricht. Aber wenn sie in entspannter Ruhe etwas von sich geben möchte, bewegen sich nur die Lippen oder es ist ein leichtes Gebrabbel hörbar. Für sie selbst ist es sicherlich das Gefühl, "normal" zu sprechen. Und nach außen kommt es eben anders raus.

Und dann habe ich sie gefragt, ob Leute sie besuchen dürfen. Sie hat genickt.

Also – der Weg ist frei. Ihr könnt sie gerne besuchen kommen. Besucherzeiten – wie erwähnt – von 16 bis 19 Uhr. Ich würde mich freuen, wenn man mich vorher per SMS benachrichtigt, dann kann ich es ein bisschen organisieren, denn es dürfen immer nur 2 Personen gleichzeitig bei Jacqueline am Bett stehen.

Kleine Warnung: Wer Jacqueline jetzt besucht, wird einen anderen Menschen vorfinden. Es ist schwer, die frühere Jacqueline wiederzuerkennen. Man sieht wirklich einen behinderten Menschen vor sich. Wer aber genau hinschaut und hinter jeder ihrer Bewegungen einen Sinn vermutet, der kann dahinter Jacqueline wiederfinden und sie auch verstehen lernen. Denn vielleicht ist es gar nicht sie, die verwirrt ist, sondern es sind wir, weil wir von ihrem körperlichen Ausdruck nicht mehr auf ihr Inneres schließen können.

Dann habe ich noch einmal das Bedürfnis, Euch etwas über mich zu schreiben, falls es noch jemanden gibt, der an mir zweifelt:

In den letzten Jahren haben Jacqueline und ich immer wieder versucht, noch ein Kind zu bekommen. Auch wenn es uns in diesem Alter (um die 50) fast unwahrscheinlich erschien. Trotzdem gibt es ja immer mal wieder Wunder – und so haben wir weiter gehofft. Dabei war mir bewusst, dass in unserem Alter das Risiko steigt, ein behindertes Kind auf die Welt zu bringen. Ich habe mich immer wieder geprüft und mich gefragt, ob ich bereit dazu wäre, ein behindertes Kind großzuziehen und auch bis ans Lebensende zu pflegen. Und meine innere Antwort war immer ein: Ja!

Auch Jacqueline war bereit dafür. Wir hätten es niemals abgetrieben, sondern es großgezogen.

Jetzt ist es anders gekommen – aber es ist auch ähnlich, denn ich begleite einen neuen Wachstumsprozess. Und zwar ohne Angst, was letztendlich dabei herauskommt und ob sie endgültig gesundet oder ob eine Restbehinderung bleibt – oder ob sie stark behindert bleibt. Ich fühle immer ein inneres: Ja, ich bin bereit. Wenn das Universum mir so ein Schicksal schickt, dann hat das seinen Sinn – und ich gebe mich dieser Aufgabe vollständig hin und nehme dieses Schicksal an.

Eine weitere Begebenheit heute: Als ich heute Morgen um 12 Uhr in die Klinik kam (früher kommen durfte ich nicht), wurde ich freundlich begrüßt. Jetzt kennt man mich allmählich. Und ich erkenne auch einige PflegerInnen wieder. Trotzdem wird auch innerhalb der Intensivstation viel gewechselt. Dieselben PflegerInnen pflegen nicht immer die gleichen PatientInnen – wahrscheinlich damit PflegerInnen so viele verschiedene Erfahrungen mit den unterschiedlichsten PatientInnen machen, wie möglich.

Heute hatte Jacqueline auch schon wieder einen neuen Pfleger - aber erst in der zweiten Schicht ab 14 Uhr.

In der ersten Schicht begrüßte mich eine Pflegerin, die mir dann mal sagte: "Wir geben Ihnen hier auf dieser Station übrigens sehr viel Freiraum. Das ist normalerweise nicht üblich, da wir ja die Besucherzeiten haben. Aber wir merken, dass es Ihrer Frau wesentlich besser geht, wenn Sie da sind."

Und ich merke, dass ich von einigen Pflegern heimlich schräg angeschaut werde, wenn ich über Jacquelines Körper mit den Händen wedle (um z. B. Energiebahnen entlang zu streichen) oder die Hände an alle möglichen Stellen ihres Körpers auflege. Aber es könnte auch Interpretation von mir sein. Jedenfalls kommt niemand neugierig und offen auf mich zu und fragt mich, was ich eigentlich tue und ob ich es mal erklären möchte ...

Die Intensivstation ist übrigens so gebaut, dass in einem großen Raum zwei Betten untergebracht sind – dazwischen eine bewegliche Falt-Wand, so dass man nicht direkt zum anderen Bett rüberschauen kann. Die Tür ist doppelt so breit, wie eine normale Tür – und ist als Schiebetür konzipiert. So kann man bequem die Betten hindurch schieben. Der Rest besteht aus lauter Fenstern zum Flur, so dass die Pfleger problemlos in den Raum schauen können – und ich raus.

Das Gespräch mit dem Chefarzt fand nicht statt – er kam nicht. Ich merkte aber auch, dass ich meine Fragen an ihn später stellen kann, weil sie sich alle darauf beziehen, wie es denn irgendwann einmal weitergeht.

Dem aktuellen Prozess vertraue ich – und auch jeder Pfleger und auch jeder Stationsarzt weiht mich ein, wie es gerade um Jacqueline steht. Sie hat tolle Blutwerte – und auch alle anderen Werte sind toll. Die einzigen beiden Komplikationen sind, dass ihr Blutdruck immer zu hoch wird. Die ÄrztInnen sind permanent am Jonglieren, den Blutdruck zu mindern und gleichzeitig so wenig Medizin wie möglich zu verabreichen. Und das zweite: Die Verdauung funktioniert nicht so gut, wie sie sollte.

Aufgrund des Blutdrucks lassen sie zurzeit auch noch die Schläuche im Kopf, die den Hirndruck ausgleichen sollen, damit nicht gleich ein zweiter Schlaganfall hinterher kommt.

Da Jacqueline hohen Blutdruck gewohnt ist (man sagt dazu "Hypertonikerin"), bin ich gespannt, wie diese Runde ausgehen wird. Gewöhnt sich ihr Körper an einen niedrigeren Druck? Oder lassen die ÄrztInnen die Schläuche drin, weil der Blutdruck immer wieder steigt, sobald sie die Medikamente absetzen?

Wahrscheinlich werde ich die Empfehlung bekommen, sie permanent mit blutdrucksenkenden Medikamenten zu versorgen. ... Warten wir es ab.

Ein letzter Gedanke noch: Ich meine, so allmählich abschätzen zu können, dass der Heilungsprozess wesentlich länger dauern wird. Also so ähnlich, wie ich es schon am Anfang geschrieben habe: Mehrere Jahre. Trotzdem spüre ich den Ehrgeiz, es schneller zu schaffen und weiterhin alle Register zu ziehen – egal ob wissenschaftlich geprüft (Massage und Bewegungen der gelähmten Extremitäten) oder esoterisch angehaucht (Reiki, Aufstellungen, Homöopathie). Ich probiere alles. Lieber mehr gemacht als zu wenig.

Und natürlich weiß ich auch, dass Jacquelines Wille an erste Stelle steht. Ohne ihren Willen könnte ich tun, was ich will – und es würde nichts nützen. Das habe ich heute auch wieder gemerkt. Wenn sie frustriert wirkt, fällt es mir emotional schwer, ihre Beine zu massieren, und so lasse ich es sein. Aber es gibt immer wieder Phasen, da merke ich wieder die Energie und sogar auch die Freude daran, etwas zu tun. Ich glaube, es hängt teilweise von Jacquelines Stimmungen, Hoffnungen oder Enttäuschungen ab.

Ich werde beobachten, ob ich sie darin unterstützen kann, sich a) bewusster zu werden, was mit ihr los ist, und b) alle möglichen Maßnahmen auszuprobieren, den Zustand ihres Körpers zu verbessern.

Im Moment jedenfalls glaube ich, dass sie die Fortschritte nicht so wahrnimmt – und nicht so realisiert. Während ich mich darüber freue, wenn sie aus Ärger plötzlich einen Satz laut und deutlich formuliert, kann sie darüber nicht reflektieren – weil sie sich ja gerade ärgert.

Gegangen bin ich heute 20.45 Uhr.

Und ich bin gespannt auf morgen.

Ganz ganz liebe Grüße an Euch alle! Olaf

Kommentar 2018

Je mehr Tage ich im Krankenhaus erlebte, umso öfter machte ich folgende erstaunliche Erfahrung: Immer wenn ich eine wirklich dringende Frage oder Mitteilung hatte, war „zufällig" ein Arzt in der Nähe oder ich bin auf dem Gang einem Arzt begegnet und konnte meine Frage oder Mitteilung sehr schnell an die Frau / an den Mann bringen.

Wenn ich mir aber in gewisser Weise unkonkrete oder unbegründete „Sorgen" machte oder nicht so dringende Fragen hatte, dann hatten die ÄrztInnen keine Zeit oder waren nicht sofort aufzufinden. Dieser

Zusammenhang, den ich über viele Wochen und Monate erlebte, war überraschend auffällig. So auffällig, dass ich mich fast darauf verlassen konnte: Wenn wirklich eine dringende „Gefahr" vorhanden ist oder etwas wirklich besonders wichtig ist, dann ist sofort auch jemand da, der helfen kann. Meistens eher „zufällig" (also vom „Universum" gesteuert?). Und wenn gerade niemand Zeit hat, ist möglicherweise meine Frage oder Sorge nicht so wichtig.

So erkläre ich mir rückwirkend, dass das Gespräch mit dem Chefarzt nicht stattgefunden hatte. Es war nicht wirklich wichtig.

Aber es gibt auch wenige Ausnahmen, in denen diese Regel nicht gilt. Man kann sich nicht hundertprozentig darauf verlassen, sondern muss immer wach und aufmerksam bleiben und immer wieder sein Gefühl prüfen, wie wichtig das eigene Anliegen gerade wirklich ist.

6. Tag, Freitag, 24.3.2017

Ausgearbeitete Notizen aus Ringhefter und Computertagebuch

5.45 Uhr

Ich wache auf und fühle wieder Panik und Zeitdruck.

Ich muss Jacqueline ganz schnell helfen!

Ich will alles stehen und liegen lassen und gleich alles umsetzen, was mir so einfällt. So ging es mir auch besonders nach der ersten Nacht. Unter diesem emotionalen Druck stehe ich heute immer noch.

Aus mir kamen gestern im Krankenhaus spontan erste hypnotische Suggestionen gegenüber Jacqueline heraus: „Deine Selbstheilungskräfte sind stark."

Später: Die Aufstellungen im Seminarraum nebenan helfen mir, irgendwie permanent bei ihr zu sein. Ich bin heute Morgen wieder mit Panik in den Seminarraum gelaufen und wollte die Aufstellung nachkontrollieren. Alles noch o.k.? Oder spüre ich eine Verschlimmerung oder Verbesserung?

Ich habe im Seminarraum seit Dienstagabend eine zweite Aufstellung begonnen. Die erste Aufstellung läuft mit der Jacqueline-Matratze, die auf dem großen Teppich im Seminarraum liegt. Die zweite Aufstellung führe ich mit den Fühlfeldern durch, die ich ganz am Anfang des Buches beschrieben habe: mit flachen Schaumstoffpuzzleteilen, auf denen unterschiedliche einzelne Buchstaben stehen (ursprünglich zum Spielen für Kinder). Diese Fühlfelder lege ich auf einen etwas kleineren Teppich im Seminarraum. So habe ich zwei „Bereiche" mit zwei unterschiedlichen Aufstellungen. Die eine kümmert sich um Jacquelines Körper, die andere kümmert sich um Jacqueline und mich im Allgemeinen. Zur besseren Unterscheidung nenne ich sie „Körper-Aufstellung" und „Allgemein-Aufstellung".

Ich lese gerade in einem Buch „Mit einem Schlag". Dort beschreibt die Autorin von einem sehr gelösten, fast erleuchteten Zustand, den sie während ihres Schlaganfalls erlebt hat. So etwas Ähnliches habe ich zu Beginn der zweiten „allgemeinen" Aufstellung gefühlt (Dienstagabend). Dabei lag das Fühlfeld, das Jacqueline repräsentiert, in einer Teppich-Ecke. Habe ich mich draufgestellt, dann schaute ich auf eine bequeme Liege, die neben dem Teppich stand. Das Fühlfeld für das lösende Element musste ich nach meinem Gefühl direkt auf das Fühlfeld für Jacqueline drauflegen, so dass es sie vollkommen bedeckte. Als ich mich einfühlte, spürte ich eine ungewöhnliche vollständige Entspanntheit.

Mein Panikgefühl morgens zeigt mir, dass ich noch im Schock stecke. Heute lautete die Panikenergie: Wie geht es weiter, wenn das Geld wieder alle ist?

Aufstellung für Jacqueline: Ich habe das Gefühl, dass ihre Abwehrenergie gegen die Schläuche vielleicht irgendwie transformiert werden könnte. Sie ist gut und lebenswichtig. Solange sie sich aber dadurch selbst schadet, könnte man vielleicht etwas tun? Ich habe ein Fühlfeld mit der Bedeutung „das, was ihre Abwehrenergie zum Guten transformiert" auf das Fühlfeld für Jacqueline gelegt, mich eingefühlt und dabei heftige Tränen geweint.

Die Tränen erleben wir immer als einen Verarbeitungsprozess. Das, worüber man weint, wird im Gehirn emotional entlastet und wirkt nach dem Weinen nicht mehr belastend auf den Alltag. Ob das auch ein Mensch für einen anderen Menschen tun kann? Kann ein Mensch Tränen für einen anderen Menschen weinen? Und funktioniert das auch über die Ferne? Ab und zu haben wir Effekte über die Entfernung wahrnehmen können, aber auch nicht immer. Und ob und wie ich hier auf Jacqueline einwirken und ihre Prozesse unterstützen kann, steht in den Sternen. Aber ich versuche es zumindest.

Alles erinnert mich heute an Jacqueline:

Als ich mir zum Frühstück Poridge gekocht habe, hat mich das Blubbern des Poridge im Topf an ihre schwerfälligen Redeversuche erinnert. Oder wenn ich ungeschickt etwas fallen lasse, muss ich dabei sofort an Jacquelines Körperzustand denken.

Durch das Lesen des Buches „Mit einem Schlag" fühle ich eigentlich mehr Panik und Frust. Es hilft mir nicht wirklich. Wenn ich mir dann aber sage: „Alles gehört dazu"!! – dann geht es mir wieder wesentlich besser.

7.14 Uhr digitaler Austausch mit Martina (Musical-Leiterin):

Ich: Sag mal, könntest du heute zwischen 16 und 19 Uhr zu Besuch kommen - im Krankenhaus? Ich habe das Gefühl, dass es schön wäre, wenn Jacqueline dich mal sieht und hört - und dass es vielleicht auch gut für ihren Erinnerungsprozess wäre. Und vielleicht hast du ja auch ein paar Tipps für mich.

Martina: Ich komme natürlich gerne, kann allerdings heute nicht. Wir kommen aber morgen wieder. Und ich könnte dann vorbei kommen. Je nachdem wie wir zurück schaffen. Vielleicht um 17 Uhr.

Ich: Ja - gegen 17 Uhr (oder später) könnte passen. Es sind vorher auch Jacquelines Mutter und Schwester da.

9.39 Uhr

Ich schreibe eine E-Mail an die Person, die mir das Buch „Mit einem Schlag" (Jill B. Taylor) empfohlen hat:

„Ich habe das Buch angefangen zu lesen. Der Teil, wie sie darüber schreibt, was in ihr vorgeht, ist sehr hilfreich - so ähnlich hatte ich es mir auch schon bei Jacqueline gedacht. Aber der Teil, wo sie wieder gesund wird, ist schmerzvoll für mich. Die Autorin kann schon viel früher wieder laufen - brauchte aber insgesamt 10 Jahre. Jacqueline ist nach fünf Tagen in der rechten Körperhälfte immer noch komplett gelähmt ... oje oje ... Dafür ist sie aber bewusster als die Autorin und kann reden, wenn auch nicht so deutlich, dass ich sie verstehe. Sie kann auch gut zuhören ... ist mein Eindruck. Und die Pausen nach kurzen anstrengenden Lernversuchen kann ich komplett nachvollziehen und bei Jacqueline wahrnehmen. Danke für diesen Buchtipp!!

Ich habe Panik, dass ich nichts tun kann, damit ihre gelähmte Seite wieder aktiv wird ... und dass dann die vom Blut eingeschlossenen Nervenzellen auch absterben, weil sie nicht mehr benutzt werden..."

Ausgearbeitete Notizen aus Ringhefter und Computertagebuch

Ich mache eine Aufstellung für „Das, was optimal hilft, die rechte Körperhälfte wieder zu aktivieren." Buchstabe R, den ich ganz in die Ecke des Raumes stellen möchte. Nähe Papierkorb. Ich stelle mich drauf und fange heftig an zu weinen – ganz besonders heftig. Energetisches Körperzittern – am ganzen Körper – ganz wild. Danach bin ich komplett k.o.

Eben kurz Anruf in der Klinik, um zu fragen, wann ich zu Jacqueline darf. Dies ist eine neue Vereinbarung mit der Intensivstation. Erst anrufen, dann kommen, und nicht einfach unangekündigt vor der Tür stehen. Die Dame am Telefon teilt mir mit, dass mit Jacqueline um 12 Uhr ein CT gemacht werde – ich kann erst ab 13 Uhr bei ihr sein.

Hammer – ich lese gerade, dass die Autorin Jill Taylor durch ein Video von ihrem eigenen Vortrag lernte, wieder sie selbst zu sein – und Jacqueline hat vor ihrem Schlaganfall intensiv daran gearbeitet, ein erstes Kundalini-Yoga-Video von sich auf Youtube online zu stellen. Ich konnte damals überhaupt nicht nachvollziehen, wieso sie das auf einmal macht. Welche Motivation treibt sie an? Jetzt weiß ich, dass dieses Video ihr helfen wird, wieder sie selbst zu werden. Unglaublich

– als wenn sie geahnt hätte, dass sie dieses Video später irgendwann einmal selbst benötigen wird.

Ich verstehe gerade, warum es so wichtig ist, dass ich täglich dem engsten Kreis berichte. So lernen die Leute von mir, wie man über Jacqueline denken kann und wie man sie sehen kann – und mit ihr umgehen kann. Ich baue ihr ein kleines „Nest" für später ... und ich diene dabei als „Vorbild".

Mein Ritual: Ich esse ordentlich Frühstück und früh warmes Mittagessen, ganz viel. Und wenn ich dann bei Jacqueline bin, esse ich kaum was.

In der Klinik:

Ernüchterung. Mein Fortschrittswunsch deckt sich nicht mit dem, was ich jetzt erlebe. Sie lernt, mit der linken Mundhälfte deutlicher zu sprechen. Rechts ist weiterhin vollständig gelähmt.

Sie schlief, als ich kam. Irgendwann wurde sie wacher und ich habe dann mal die drei Behandlungsschritte von U. gemacht: Ni 27 rubbeln, Zwerchfell leicht pumpen, Kiefergelenk massieren und dann die Massage den Hals abwärts bis zum Schlüsselbein. Das sollte den Lymphabfluss aus dem Schädel unterstützen. Wenige Minuten nach dieser Behandlung bekam sie ganz seltsame und unwohle Gefühle. Sie hatte richtig Panik im Gesicht und auch der Blutdruck war angestiegen. Erst hatte ich es nicht im Zusammenhang mit einer Massage gesehen – aber im Nachhinein vielleicht doch? Ich sitze jetzt draußen, weil Übergabe ist – und ich weiß nicht, ob es ihr wieder besser geht. Aber ich höre die innere Stimme wieder: „Alles gehört dazu!"

Abgeführt (geschissen) hat sie seit dem Schlaganfall noch nicht ... also, das Thema Darm ist ganz wichtig. Möglicherweise ist er gelähmt – aber er hat auch kurz nach meiner Massage angefangen zu blubbern. Vielleicht hing das zusammen?

Ich denke, dass ein Mensch sterben könnte, wenn er weiter gelähmt bleibt und die Organe nicht richtig arbeiten. So richtig über den Berg ist sie noch nicht. Klar, ist ja auch Intensivstation.

Auf jeden Fall soll sie schon „ruhiger" sein, sagen die Pfleger. Ich glaube, sie hat sich inzwischen besser in die Situation „gefügt" (oder hat meine Aufstellung zur Transformation ihrer Abwehrenergie gewirkt?). Aber trotzdem: Es bleibt die sehr niedrige Ebene von Möglichkeiten – aufgrund der starken Lähmung.

Mir bleibt nur, die Lähmung immer weiter aufzustellen und ihre gelähmten Gliedmaßen zu bewegen.

Wenn ich wieder in der Empathie-Schule bin, möchte ich den entscheidenden Oberarzt aufstellen – mit dem Ziel, dass er Jacqueline optimal zur Verfügung steht!

Nächste Woche soll das erste Mal ein Logopäde zu Jacqueline kommen und mit ihr an der Sprache arbeiten – wurde mir erzählt.

23.04 Uhr, Rund-E-Mail

Damit diejenigen von Euch, die sich hauptsächlich für Jacquelines Entwicklungsprozess interessieren, sich auf Jacqueline konzentrieren können, teile ich diese E-Mail in zwei Teile: "Über mich" und "Über Jacqueline". Wer sich für meinen Anteil nicht so interessiert, kann sich gleich auf den Bericht über Jacqueline stürzen.

Über mich

Was für ein Wechselbad der Gefühle am heutigen Tag!

Heute Morgen bin ich nach 5 Stunden Schlaf wieder mit Panikgefühlen wach geworden und stand unter Zeitdruck. Der Schlaf fördert immer wieder zu Tage, was noch tief an Ängsten in mir verborgen ist. Dass Jacquelines Aufwachprozess lange gehen wird (gehen könnte), ist bei mir auf der tiefsten emotionalen Ebene noch nicht angekommen. Ich will noch nicht vollständig trauern, weil ich dann wohl Angst habe, sie dadurch gänzlich im Stich zu lassen, wenn ich nur in einer kleinen Ecke meines Gefühls die Hoffnung aufgebe. Ich will mich noch nicht daran "gewöhnen", dass jetzt alles anders ist. Ich will die andere, lebendige, fröhliche, glückliche Jacqueline nicht vergessen!!

Sobald ich aber eine Weile mein Bewusstsein eingeschaltet habe und über die gegenwärtige Situation nachdenke, geht es mir wieder besser.

Trotzdem – heute Morgen war wieder das Gefühl da, so schnell wie möglich zu Jacqueline in die Klinik fahren zu müssen, um ja keine Zeit zu versäumen. Aber der Alltag hat dann wieder nur "Schritt für Schritt" gefordert. Ich musste frühstücken (ich esse bei Jacqueline kaum etwas, nur mal ein Brötchen zwischendurch, habe auch keinen Hunger), ein bisschen einkaufen, hier endlich mal aufräumen, Müll rausbringen, abwaschen und dann gesundes Gemüse zum Mittag essen (12.15 Uhr) ... Tätigkeiten, die seit dem Schlaganfall am Sonntag liegen geblieben sind.

Außerdem habe ich vor dem Mittag noch einmal eine Aufstellung gemacht, weil mein inneres Bild ihrer Lähmung so stark auf mich gewirkt hat. Dieser Gedanke, dass die Lähmung für immer bleiben würde, war schlimm – trotz aller bewussten Zustimmungen in mir für die Situation.

Und so machte ich eine Aufstellung und fühlte mich in das ein, was ihr optimal für ihre gelähmte rechte Seite helfen würde. Als ich auf dem Fühlfeld stand und mich einfühlte, begannen heftige Gefühle. Ich heulte und begann mit meinem gesamten Körper zu zittern usw. (will ich jetzt hier nicht ausführen). Kurz: Ich war hinterher vollkommen k.o. – musste mich ein paar Minuten hinlegen. Schlapp. Wie gelähmt ...

Die Nicht-Spirituellen werden sich jetzt fragen: Was macht Olaf da? ... aber das spielt keine Rolle. Ich weiß es auch nicht, ob es hilft oder nicht. Ich mache es einfach – und hoffe, dass es vielleicht eine Fernwirkung hat. Oder ich verarbeite selbst etwas ...

Danach ging es mir besser.

Die Aufstellungen helfen mir auf jeden Fall, hier im Seminarraum ganz nahe bei Jacqueline zu sein. Wenn es Jacqueline nicht hilft, so doch mindestens mir selbst.

Ich hatte gegen 10 Uhr in der Klinik angerufen. Man sagte mir, dass Jacqueline noch einmal eine Kontrolluntersuchung unter dem CT (Röntgenbilder in Scheibchen) bekommt. Ich könne ab 13 Uhr kommen.

Inzwischen brauche ich jetzt im Krankenhaus nicht mehr lang und breit erklären, wer ich bin, was ich mache, dass ich auch die letzten Tage schon außerhalb der Besuchszeiten kommen durfte. Jetzt kennen mich allmählich alle. Und ich werde auch von den meisten freundlich behandelt. Übrigens: Heute hat das erste Mal ein Pfleger nachgefragt, was ich denn mit Jacqueline da mache – und wir sind ins Gespräch gekommen und er hat erzählt, dass sein Knie auch schon einmal mit Handauflegen behandelt wurde und danach der Schmerz weg war, obwohl er nicht daran geglaubt hat ...

Bis 13 Uhr war noch Zeit – und so las ich mich in ein Buch ein, das mir Jacquelines hnc-Kollegin empfohlen hatte: "Mit einem Schlag". Die Autorin Jill Taylor beschreibt, wie sie 10 Jahre gebraucht hat, um sich vollständig zu erholen. Es war interessant zu lesen, wie sie sich während des Schlaganfalls in ihrem Körper gefangen (und gleichzeitig wunderbar entspannt) fühlte. Aber sie schrieb auch, dass sie nach zwei Tagen schon wieder gehen konnte. Jacqueline kann nach sechs Tagen noch nicht wieder gehen. Kann man da eine Mathe-Aufgabe draus machen? Heißt das, dass Jacqueline so schwer geschädigt ist, dass sie nie wieder gehen kann? Das Buch zog mich emotional weiter runter und machte mich wieder traurig – trotz der bisher so tollen Gefühle und Gedanken, die ich schon hatte. Natürlich fließen auch immer wieder Tränen zwischendurch – ich bin ja auch nur ein Mensch.

Über Jacqueline

Ich möchte an dieser Stelle etwas ergänzen, was Jacqueline gemacht hat, bevor der Schlaganfall passierte: Sie war total glücklich, hatte viel Spaß, probte mit Leuten am Musical "Aladin" und sang ihren Song "Frei überall" spontan vor. Direkt nach diesem Song begann der Schlaganfall. Hier unten habe ich Euch diesen Songtext einmal eingefügt. Ich habe ihn für das Musical selbst gedichtet – der Text ist also von mir – und Jacqueline hat ihn total begeistert und sehr einfühlsam gesungen. Er beschreibt im Grunde etwas, was Jacqueline und ich in gewisser Weise jetzt erleben:

(Text an dieser Stelle: siehe ab Seite 13)

Heute war ich kurz nach 13 Uhr dann in der Klinik und wurde freundlich reingelassen – und auch freundlich empfangen. Die Krankenschwester sagte, dass die CT-Untersuchung wohl gut ausgegangen sei, denn wenn nicht, dann hätten sich die ÄrztInnen bereits gemeldet.

Das konkrete Ergebnis kenne ich nicht – aber das brauche ich auch irgendwie nicht. Mir ist wichtig zu erleben, wie Jacqueline aktiv ist. Daran lese ich ab, wie es ihr geht.

Ein Pfleger, den wir noch nicht kannten, hatte heute die Nachmittags-Schicht übernommen. Er wirkte sehr erfahren und arbeitete schon seit 15 Jahren auf der Intensivstation. Er hat mir alles super gut erklärt – viel besser, als jeder Arzt es bisher getan hat: Jacqueline hat eine Schwellung im Gehirn, so wie ein Knie anschwellen kann. Allerdings kann sich das Gehirn nicht ausdehnen, denn jede Schwellung dehnt sich aus (weil Blut sich ansammelt). Und so mussten in ihr Gehirn zwei Schläuche gelegt werden, die den Überdruck abfließen lassen können, damit nicht noch mehr Schäden passieren. Auf diese Weise wird dem Gehirn ein optimaler Rahmen gegeben, um sich mit seiner "Schwellung" allmählich wieder zu erholen.

Dieser Pfleger sagte aber auch:

„Ab jetzt und für die nächsten drei Tage befindet sich Ihre Frau in einer kritischen Phase. Denn in dieser Phase gibt es oft Rückfälle, weil die Gefäße im Nacken und im Gehirn zu verkrampfen beginnen. Erklären kann man das nicht so genau – aber es ist ein Erfahrungswert. Es passiert oft. Man müsse jetzt besonders aufpassen, sie nicht zu überfordern, damit nicht der Blutdruck und der Hirndruck steigen."

Also: Sie ist definitiv noch nicht über den Berg. Außerdem habe ich gelesen, dass ein gewisser Prozentsatz von Schlaganfall-PatientInnen nach vier Wochen nicht überlebt. ... hach, was man alles so lesen muss.

Auch hier gilt: Man kann nur Schritt für Schritt vorwärts gehen und schauen, was als nächstes dran ist. Wie Beppo Straßenkehrer (aus dem Buch "Momo" von Michael Ende).

Übrigens: Diese Erfahrung in dieser Intensivstation verändert mein Bild von ÄrztInnen und PflegerInnen radikal. Ich hatte immer noch das alte Bild, dass grundsätzlich den PatientInnen Informationen vorenthalten werden, dass gewählt wird, was man erzählt und was nicht. Nein – die Zeiten sind vorbei. Ich bin von fast allen Leuten immer wieder mehrfach eingeführt worden, was sie gerade machen, warum sie es machen usw. Offenheit pur. Nur Prognosen will keiner stellen – ist bei einem Schlaganfall ja auch schwer, weil jeder Schlaganfall individuell anders ist, denn auch jedes Gehirn ist individuell anders.

Als ich dann zu Jacqueline kam, lag sie schlafend da. Ich setzte mich einfach neben sie. Nach einer gewissen Zeit wachte sie auf – und sie brabbelte wieder irgendetwas, was ich nicht verstand. Keine Verbesserung in der Sprache, wie ich erst gehofft hatte. Ernüchterung. Auch mit ihrer gelähmten Seite hatte sich nichts getan. Ich versank wieder in leichte Resignation. Keine Veränderung, trotz meiner vielen Bemühungen.

Ich habe dann mal drei Behandlungsschritte durchgeführt, die mir von U. empfohlen wurden. Punkte gerubbelt und paar Stellen massiert oder gedrückt. Kurz danach ging es Jacqueline plötzlich schlechter. Sie hatte richtig Panik im Gesicht und wusste nicht, was da gerade mit ihr passiert. Auch der Blutdruck war angestiegen. Zuerst dachte ich, das hätte mit meiner Behandlung nichts zu tun – aber später dachte ich: Vielleicht doch? Vielleicht war das eine Art Erstverschlimmerung? Keine Ahnung. Und nun musste ich auch noch für eine Zeit rausgehen, weil jetzt gerade Schichtwechsel war und die "Übergabe" stattfand. Das darf ich aus datenschutzrechtlichen Gründen nicht mitbekommen. Also doch noch ein paar Dinge, die nicht ganz offen sind. Kann ich aber verstehen. Jedenfalls fühle ich mich in keiner Weise über Jacqueline und die Maßnahmen uninformiert.

Ich sagte der Pflegerin noch beim Rausgehen, dass sie Jacqueline bitte beobachten möge, weil es ihr gerade nicht gut geht. Und so saß ich wieder einmal angespannt auf dem Flur, musste warten und wusste nicht, wie es Jacqueline nun erging – ob es sich wieder legte oder schlimmer wurde. Im Flur dann wieder der Satz: "Alles gehört dazu" – und ein kleines Entspannungsgefühl.

Als ich nach 45 Minuten wieder reindurfte, lag sie tiefenentspannt aber auch ein bisschen blass da und schlief wieder.

Ich fragte die Pflegerin: Abgeführt hatte sie auch noch nicht. Seit Tagen nicht. Ihr Darm wurde immer voller. Kein Abführungsmittel half. Verdauung steckte also auch fest.

Ich hatte schon Angst, dass der Darm durch die Lähmung nicht richtig funktionieren kann. Aber später erklärte mir der tolle Pfleger, dass dies an den Nebenwirkungen der Medikamente liegen würde. Um das Thema schon hier zu beenden: Am frühen Abend gab es ein Happy End bezüglich des Themas Verdauung.

Dann passierte eine erste Schlüssel-Szene mit Jacqueline – so gegen 15 Uhr. Sie war in ihrem Bett ein bisschen hochgestellt, so dass sie fast saß. Sie beugte sich nach vorne, mit viel Mühe, kam aber aufgrund der Lähmung ihrer rechten Körperhälfte nicht weit. Dann sagte sie deutlich: "Es fühlt sich so an, als ob ich irgendwo drin sitze und nicht rauskomme!"

Hammer!! Erst einmal hatte ich vorher noch nie so einen langen und deutlichen Satz von ihr gehört. Und zweitens begann sie das erste Mal zu beschreiben, wie es ihr mit ihrem Zustand ging. Ich konnte ihr dann (nochmal neu) erklären, dass sie noch gelähmt sei und ihr Gehirn die gelähmte Körperhälfte im Moment noch ausblendet. Deswegen kommt sie aus ihrem "Sitz" nicht raus. Ich glaube, sie hat es verstanden.

Ich habe ihr dann weiter erklärt, dass sie einen Schlaganfall hat. Und sie fragte mich gezielt:

„Wie ist das passiert?"

Ich erklärte es ihr – und sie hörte es sich an und dachte wohl darüber nach. Ab und zu schien sie dann mit ihren Gedanken wieder so abzuschweifen, dass sie nicht mehr reagierte, müde wurde oder wieder nur noch leise die Lippen bewegte. Wahrscheinlich dachte sie innerlich, dass sie etwas sagt, aber es kam wieder einmal nicht richtig raus. Später fragte ich sie, ob das so sei. Und sie nickte und sagte:

"Wahrscheinlich".

Dann folgte eine Schlafphase.

Gestern hatte ich ihr ja mal vorgeschlagen, das Alphabet durchzugehen. Wir waren bei den ersten Buchstaben hängen geblieben. Nach ihrem kurzen Schlaf sind wir bis zum Buchstaben T gekommen – und zwar viel deutlicher. Auch C, D und E ließen sich unterscheiden! WAS FÜR EIN FORTSCHRITT!!! Ich war so froh, weil ich endlich diese Entwicklung sehen konnte, die ich ja in den ersten Stunden meines heutigen Besuches gar nicht so registrieren konnte. Und das war nicht reines Trainingsergebnis – sondern aus meiner Sicht zeigt sich hier, dass das Blut sich allmählich wieder abbaut und einige Fähigkeiten wieder zum Vorschein kommen.

Dann habe ich ihr gesagt, dass das ja schon viel besser als gestern sei. Daraufhin fragte sie: "Wie meinst du das?" – Ich war über diese Frage so glücklich, weil ich so gut fühlen konnte, wie sie nachdachte und wie sie auch deutlich formulieren konnte (immer öfter!).

Ich erklärte ihr, dass wir gestern auch schon buchstabiert hatten. Daran konnte sie sich aber nicht erinnern. Sie konnte sich ebenso nicht erinnern, dass wir beide gekämpft hatten und sie sich die Magensonde selbst herausgezogen hatte. Das hatte ich ihr noch einmal erklärt, weil sie gefragt hatte, warum ihre linke Hand festgebunden sei. Übrigens habe ich ihr den Vorschlag gemacht, dass sie diese "Anbindung" nutzen kann, um ihren Armmuskel zu trainieren – indem sie ab und zu den Arm anspannt – gehalten von der Fesselung (also sozusagen an der Fesselung ziehen und dadurch den Muskel trainieren). Sie probierte es aus ... Ich weiß aber nicht, wie sie es eingeschätzt hat. Mal sehen, ob sie sich daran länger erinnert und es nutzen wird.

Dann irgendwann die nächste deutliche Frage: "Warum ist da nichts außer meinem Bein?" Sie schaute auf ihr linkes Bein. Offensichtlich konnte sie ihr rechtes Bein, das unter der Decke lag, nicht wahrnehmen. Dann erklärte ich ihr noch einmal, dass ihr Gehirn die andere Körperhälfte möglicherweise noch ein bisschen ausblendet. Ich ging zu ihren Füßen und massierte mal den linken Fuß, dann den rechten, dann wieder den linken – und wechselte immer wieder hin- und her, während sie konzentriert beobachtete. Vielleicht konnte ich so ihr Bewusstsein für die gelähmte Hälfte ein bisschen unterstützen.

Außerdem haben wir uns über ihre Augen unterhalten, weil ich den Eindruck hatte, dass sie nun deutlicher sprach und auch klarer über das reden konnte, was sie wahrnahm. Ich sehe ja, dass ihre Augen "schielen" – und so muss sie wohl alles doppelt sehen. Als ich sie das fragte, bestätigte sie es das erste Mal ganz deutlich. Und dabei wurde auch klar, dass sie auf dem rechten Auge NICHT blind ist!

Der letzte Hammer war, als ich wieder einmal testete, ob sie spüren könne, dass ich ihre rechte (lahme) Hand kräftig massiere. Dann sagte sie "ein bisschen".

Also KEINE totale Taubheit mehr der rechten Seite. Wow – das macht mir Hoffnung, dass die Nervenzellen im Gehirn, die für die rechte Seite zuständig sind, noch leben und wieder aktivierbar sind, wenn die Schwellung im Gehirn nachgelassen hat. Das gibt Hoffnung dafür, dass die Lähmung VIELLEICHT auch allmählich wieder verschwindet. ABER NOCH WISSEN WIR ES NICHT!

Zwischendrin wurde sie immer wieder müde – und hat auch viel geschlafen. Im Vergleich zu den ersten Schlafphasen, als ich heute zu Beginn neben ihr saß, fühlte ich mich bei allen späteren Schlafphasen immer glücklicher, weil ich die Fortschritte und Veränderungen wahrnehmen konnte.

Sie ist auch viel entspannter drauf. Kein Ärger mehr, keine Kämpfe mehr – nur noch ein bisschen verzweifelt darüber, dass man ihr nicht vertraut und ihre linke Hand immer noch festgebunden werden muss.

Ich erklärte ihr, dass sie sich nur am Kopf kratzen braucht, weil es dort juckt, und ihre Hand bleibt aus Versehen in den Schläuchen hängen und zieht sie heraus. Dann verletzt sie dadurch ihr eigenes Gehirn.

Ich glaube, sie hat es eingesehen – war aber auch davon überzeugt, dass sie so etwas nicht tun würde. Allerdings hatte der gestrige Tag mit der Magensonde etwas anderes gezeigt. Heute war sie definitiv schon anders drauf. Trotzdem: Lieber sie einen oder zwei Tage länger vor sich selbst schützen, als dass es dann doch schief läuft ... sehr schmaler Grat ...

Übrigens wurde aus dem Gebrabbel manchmal auch ein etwas klareres Gerede – und so wurde mir klar, dass sie ziemlich schnell sprach. So schnell hatte ich sie bisher noch nie reden hören. Und es wird immer deutlicher.

Als ich mich dann gegen 20.40 Uhr verabschiedete, lächelte sie mich zum Abschied mit der einen Hälfte ihres Gesichts ganz lieb an – das erste Mal seit dem schicksalhaften Sonntag, den 19. März 2017.

Euer Olaf

Kommentar 2018

Immer wenn ich Jacqueline erklärt habe, was mit ihr los ist, habe ich mich bemüht, es so zu formulieren, dass es eine „vorübergehende" Ausstrahlung hat. Also nicht „Deine rechte Körperhälfte ist gelähmt", sondern „Deine rechte Körperhälfte ist *noch* gelähmt". Ich wollte nicht durch ungünstige Suggestionen ihren Zustand verstärken, sondern lieber dem Heilungsprozess freien Raum lassen.

Die Entdeckung, dass Jacquelines Gebrabbel teilweise ein unglaublich schnelles Sprechen war, war hoch faszinierend. Ich hatte den Eindruck, dass ich Jacquelines Gehirn direkt bei der Arbeit beobachten konnte – ungebremst. Ich kenne die Schnelligkeit meiner eigenen Gedanken und habe immer wieder das Gefühl, dass meine Sprache gegenüber meinen Gedanken viel zu langsam ist. Die Beobachtung von Jacquelines unglaublich schneller Sprache war für mich eine Bestätigung. Vielleicht geht es jedem Menschen so? Vielleicht ist unsere Sprache gar nicht wirklich geeignet, alle unsere Gedanken fließend auszudrücken, weil wir viel schneller denken, als wir reden können? Und vielleicht ist das auch der Grund dafür, dass manche Menschen gar nicht erst sagen, was sie denken, weil die Gedanken viel zu schnell wieder vorbei sind. Oder es ist der Grund dafür, dass andere Menschen eine sehr schnelle Sprechgeschwindigkeit haben.

Das Ergebnis der CT-Untersuchung wurde mir nicht mitgeteilt. Aber es zeigte, dass zu viel Hirnflüssigkeit aus Jacquelines Gehirn ausgeleitet worden war. Ihre Ventrikel waren nur noch sehr eng. Den Befund konnten wir erst lesen, als wir die Patientenakte in der Hand hielten:

„Bekannte große Blutung im Thalamus links, in die lateralen Stammganglien sowie in das Mesencephalon auslaufend mit Ventrikeleinbruch. Zeitgerechtes Abblassen der Blutanteile, keine signifikante Nachblutung. Schlitzartig verengtes Ventrikelsystem bei beidseits über frontal eingeführte EVDs. Es besteht der Aspekt einer Überdrainage. (Entlastungs-) Hygrome liegen noch nicht vor."

Aufgrund dieses Ergebnisses kann ich mir heute ihre größer werdende „Ruhe" erklären, denn aufgrund der Überdrainage kann sich durchaus ihre Vigilanz (Wachsamkeit, Lebendigkeit) etwas verringert haben. Ebenso die Tatsache, dass es ihr heute nach meiner Massage schlechter ging, kann ich nun zuordnen. Jetzt glaube ich nicht mehr, dass es mit meiner Massage zusammenhing.

Bezüglich der ÄrztInnen- und PflegerInnenwelt kann ich jetzt rückblickend sagen: Man ist zwar schon viel offener geworden, als ich es früher in meiner Kindheit erlebt hatte. Aber trotzdem gibt es noch einige Informationen, die nicht so frei erzählt werden und die berechnend vor den PatientInnen und den Angehörigen zurückgehalten werden.

Gleichzeitig bin ich froh, dass keine Prognosen gestellt wurden und dass mir gegenüber niemand im Krankenhaus versucht hat vorauszusagen, womit wir später im Alltag zu rechnen haben. Es war wichtig, dass ich / dass wir das Schritt für Schritt selbst erleben und erfahren.

Ein Wort über meine Tränen: Ich habe in meinem Leben zum Weinen eine andere Einstellung als andere Menschen. Ich gehe davon aus, dass Tränen ein Zeichen für einen Verarbeitungsprozess im Gehirn sind. Genau das ist auch meine jahrelange Erfahrung. Und so suche ich danach, mir Situationen zu erschaffen, in denen ich alles, was mich beschäftigt und traurig macht, einfach ausweinen kann. So lange und intensiv, wie es mir ein Bedürfnis ist. Danach geht es mir wieder viel besser und ich kann mit neuer Energie zu Jacqueline fahren und ihr voll und ganz zur Verfügung stehen. Ohne diese tränenreiche Schmerzverarbeitung hätte ich die Begleitung von Jacqueline im Krankenhaus nicht lange durchgehalten, wäre immer depressiver und energieloser geworden. Doch mein „Tränen-Yoga", wie ich es nenne, war und ist für mich ein geniales Werkzeug, schlimme und schmerzvolle Erlebnisse so zu verarbeiten, dass sie mich nicht mehr blockieren und meine gesamte Lebensenergie wieder frei fließen kann.

Jacqueline dachte vor dem Schlaganfall genauso über Tränen. Allerdings fehlte ihr im Krankenhaus das Bewusstsein für ihren veränderten Zustand – und so sind dort bei ihr auch keine Tränen geflossen.

Über ihren sprachlichen Entwicklungsprozess denken wir heute, dass hier zwei positive Voraussetzungen ihre Entwicklung unterstützt haben:

1. Jacqueline ist von Natur aus ein Mensch, der gerne erzählt.

2. Ich war möglichst lange und regelmäßig in ihrer Nähe, so dass ihr Mitteilungsbedürfnis geweckt wurde und sie mit mir reden konnte – unabhängig davon, ob ich sie verstand oder nicht. Ihr Mitteilungsbedürfnis hat ihr Gehirn angeregt und trainiert. Wäre ich nicht anwesend gewesen, hätte sie eher geschwiegen und nicht so viel zu erzählen gehabt. In dem Fall hätte sie dann auch ihr Sprachzentrum nicht so sehr aktiviert. Wir vermuten, dass SchlaganfallpatientInnen, die nach ihrem Schlaganfall nur selten GesprächspartnerInnen haben, in der Sprache wenig Entwicklung erleben und dann später entsprechende Schwierigkeiten haben.

7. Tag, Samstag, 25.3.2017

Ausgearbeitete Notizen aus Ringhefter und Computertagebuch

Morgens im Bett mache ich mir Notizen:

Wir sind miteinander verbunden. Wenn ich mich um mich kümmere, kümmere ich mich auch um sie. Wenn ich also Panik fühle, könnte das eine Entsprechung bei Jacqueline haben: den hohen Blutdruck! Löse ich mein Panik-Problem, wird dann auch ihr Blutdruck besser?

Gestern war der Blutdruck bei ihr sehr gut steuerbar. Entspannte sie sich, dann ging er sofort runter.

Idee: Blutdruck steuern üben: „Entspanne, als ob du einschlafen würdest. Und jetzt sei in dieser Entspannung hellwach!"

Ich durfte gestern Abend den ersten Kontakt zwischen der Nachtärztin und Jacqueline beobachten: Jacqueline sollte den Satz nachsprechen: „Ich liege hier im Bett". Sie hat zwar genuschelt, aber es funktionierte und sie konnte den Satz nachsprechen.

Ich fange an, wieder an das Musical zu denken. Irre: Jacqueline als Teppich in der Höhle, ich tauche als Dschinni auch darin auf – und befreie letztendlich alle! Hammer, die aktuelle Parallele!

Meine Rolle in der Intensivstation zwischen all den PflegerInnen und ÄrztInnen: Ich werde als Nicht-Fachmann angeschaut. Selten kann ich jemandem etwas erklären. Alle erklären mir.

Gestern: Ich merkte, wie überrascht ich war, dass Jacqueline plötzlich über die Krankenkasse sprach. Erst danach wurde mir klar: Sie hatte zuvor mein Gespräch mit dem Mann gehört, der mir einen Vertrag über Jacquelines Krankenhausaufenthalt zum Unterschreiben gab. Dadurch wurde mir klar: Jacqueline bekommt viel mehr mit, als ich dachte.

Nur 5 Stunden Schlaf heute Nacht ...

Gestern: Ich massierte Jacquelines Bauch (Darmbereich), damit ihre Verdauung in Bewegung kommt, und der tolle erfahrene Pfleger wollte sich bezüglich Verdauung „was einfallen lassen". Tatsächlich hat Jacqueline abends abgeführt. Es war ein weicher Stuhlgang – keine Verstopfung.

Heute entscheide ich das erste Mal selbstständig, erst um 13 Uhr in die Klinik zu gehen, nicht früher. Vorher bin ich immer so früh wie möglich gegangen. Ein Drang hatte mich gesteuert. Das ist heute etwas anders.

11.07 Uhr

Idee: Ich könnte das Zimmer, in dem Jacqueline liegt, für mich als „das Wunderzimmer" definieren und es so betrachten. Vielleicht unterstütze ich durch diese Projektion bestimmte wundervolle Prozesse. Wer weiß?

Der tolle Pfleger hat mir gesagt, ich solle mal „Franzbranntwein" mitbringen! Zum Einreiben von Jacquelines Rücken. Das solle einen für PatientInnen sehr angenehmen Effekt haben. Man habe das früher im Krankenhaus viel angewendet, es dann aber sein gelassen, weil es teilweise die Haut austrocknet.

Abends, Empathie-Schule

Ich kann es mir jetzt denken, warum die SchlaganfallpatientInnen nach dem 5. – 8. Tag gefährdet sind. Man sagt, es ziehen sich im Gehirn die Gefäße zusammen. Aber man kann nicht erklären, warum. Ich kann es jetzt: In ungefähr dieser Zeit ziehen sich die Angehörigen zurück, weil sie langsam registrieren und berechnen können, wie langsam und langwierig der Erholungsprozess bei einer Schwellung im Gehirn ist. Und diese Erkenntnis tut den Angehörigen weh – und weil sie nicht den Schmerz verarbeiten, ziehen sie sich eher von der geliebten Person zurück. Resignation. Und die geliebte Person fühlt sich allein gelassen und leidet darunter, was sich möglicherweise körperlich auswirkt ...

Mir geht es seit heute Morgen so. Ich habe wieder die Aufstellung im Seminarraum erfühlt, stand auf dem Fühlfeld für Jacqueline und hatte plötzlich das Gefühl, dass hier irgendetwas nicht stimmt. Ich wurde sehr traurig und begann, heftig und lange zu weinen. Ich musste mich sogar dabei auf den Boden legen. Das ging so lange, bis mir allmählich klar wurde, dass es mein Thema ist, das hier zum Vorschein kommt. Besonders bewusst wurde es mir, als ich mich beobachtete, wie ich zweimal am Telefon Anrufer abbremste und dabei etwas unfreundlich war – nach dem Motto: „Lest meine E-Mails, dann muss ich euch nicht lang und breit erklären, wie es Jacqueline geht!" Oder: „Bitte nicht zu lang von Euch erzählen. Lasst mich erzählen. Alles andere ist gerade uninteressant für mich!" ...

Dann kam in mir der Satz: „Was mache ich hier eigentlich gerade?!?!?" ... und mir wurde mein Thema mit dem Zeitdruck bewusst – und hinter dem Zeitdruck steckt ein unverarbeiteter Abschiedsschmerz. Ich muss möglichst schnell helfen, damit möglichst schnell alles wieder gut wird. Das ist die Dynamik meines Zeitdrucks, den ich schon viele viele Jahre habe. Und der auch zwischen Jacqueline und mir stand und mit eine Ursache für unser Distanzgefühl in unserer Ehe war. Jacqueline hat sich möglicherweise nach meinem Zeitdruck gerichtet und mich „in Ruhe" gelassen. Unbewusst.

Ich habe heute Morgen schon mal mithilfe der Tränen mit der Verarbeitung dieses Themas angefangen. Es ist noch nicht gelöst und die Verarbeitung wird sich weiter fortsetzen. Vielleicht heute Abend, vielleicht morgen früh ... mal schauen. Jedenfalls ist die Resignation noch da.

22.46 Uhr, Rund-E-Mail

Heute geht es mehr um mich – weniger um Jacqueline. Deshalb fange ich mit Jacqueline an. Wer nicht so an meinem Befinden interessiert ist, darf dann den zweiten Teil weglassen oder ihn einfach nur überfliegen.

Über Jacqueline

Sie hat tief und fest geschlafen, als ich 13 Uhr ankam. Das liegt nicht nur daran, dass sie schlafen möchte, sondern dass sie schlafen muss. Durch die Medikamente, die ihr gespritzt werden, wird der Blutdruck gesenkt. Und wenn der Blutdruck gesenkt wird, wird sie wesentlich schläfriger. Ist aber gut für das Gehirn, weil es dann "in Ruhe" heilen darf. Die Frage ist nur, welche Nebenwirkungen diese Medikamente bei Jacqueline haben (werden).

Ich wünsche mir: nur positive Nebenwirkungen.

Ihr Schlaf ging lang – bis dann Besuch von ihrer Mutter und ihrer Schwester kam. Hier wurde sie ein bisschen wacher bei der Begrüßung, sank aber ziemlich bald wieder zurück in den Dämmerzustand. Ab und zu wachte sie dann nochmal auf und beteiligte sich teils deutlich größtenteils undeutlich am Gespräch zwischen dem Besuch und mir.

Interessanterweise kommen die (kleinen oder etwas größeren) Quantensprünge dann immer eher am Abend zum Vorschein. Plötzlich – in einem seltenen Moment – war sie mal wieder klar und deutlich und sagte: "Ich bin erstaunt, dass ich so wenig fragen kann. Es ist alles weg." Damit meinte sie, dass sie zu den Formulierungen keinen Zugang hatte. Öfter ist zu beobachten, wie sie etwas sagen will, und wenn man sie bittet, es noch einmal und etwas deutlicher zu sagen, beginnt sie innerlich nachzudenken, sucht möglicherweise nach etwas und wird dabei wieder müde. Ich lasse dann immer sofort los. Sie zu etwas zu zwingen liegt mir äußerst fern. Das betone ich, weil ich von anderer Stelle "gewarnt" wurde, Jacqueline nicht zu überfordern, wenn sie sich jetzt in einer kritischen Phase befindet (wegen der möglichen Gefäßverengung).

Und es gab einen zweiten Moment, bevor ich heute Abend wieder abfuhr. Sie sollte etwas mehr hochgesetzt werden. Denn sie war sitzend im Bett, das am Kopfende hochgekippt war, etwas nach unten gerutscht. Als ich sie zusammen mit dem Pfleger nach oben gezogen hatte und sie dann besser saß, kam laut und deutlich ein großes Durchatmen und der Ausruf: "Aaaaah!! Endlich!! Viel viel besser. So sitze ich jetzt richtig gut!" Vorher war ihr nicht bewusst, dass sie in eine schlechtere Position nach unten gerutscht war.

Das können wir auf uns alle übertragen: Manchmal erfahren wir nur, dass es uns in einer neuen Position besser geht, wenn wir sie auch konkret eingenommen haben. Oft haben wir uns an unsere alte Position gewöhnt und das Bessere von früher vergessen. Erst wenn wir dann das Bessere erleben, erinnern wir uns wieder an den entscheidenden Unterschied. Kurz:

Manchmal macht es Sinn, sich zuerst zu bewegen und dann erst zu beurteilen.

Die Stationsärztin hat Jacqueline einige Dinge gefragt, wie gestern auch. Sie bat sie, den Satz nachzusprechen: "Ich liege hier im Bett." Und heute klang es tatsächlich schon besser als gestern. Also – Jacquelines Gehirn befreit sich weiter. Außerdem hatte ich beim Heben ihres tauben Beines in einem ganz kurzen Moment das Gefühl, einen Widerstand in ihren Muskeln zu fühlen, bevor sich das Bein wieder schlapp anfühlte. Ich habe das Bein gehoben, weil ich ihre Gelenke beweglich halten will – nach 7 Tagen Bewegungslosigkeit macht das ziemlich Sinn. Allerdings kann ich mit meinen Massagen nicht verhindert, dass sich im tauben Bein langsam Wasser ansammelt – heißt: dass das Bein etwas dicker wird.

Außerdem hat die Ärztin Jacqueline gefragt, wie denn ihr Ehemann heißt, der dort steht. Sie zögerte – und konnte sich nicht erinnern. Die Ärztin schaute mich ein wenig mitleidig an, als ob sie denken würde, dass ich nun persönlich beleidigt sei – oder irgendwie getroffen. Für mich ist einfach klar, dass das Gehirn gerade nicht voll arbeitet – und eben manche Dinge nicht so richtig fließen können. Also: kein Problem, wenn meine liebe Frau gerade nicht weiß, wie ich heiße. Ihren eigenen Namen konnte sie auch nicht sagen ... Hauptsache ist, sie erkennt mich wieder. Aber ... das war heute auch mal kurz durcheinander. In einem bestimmten Zusammenhang während der Anwesenheit ihrer Schwester hielt sie mich für einen fremden Mann und fragte mich, wo denn meine Frau wohnen würde. Als ich ihr dann sagte, dass sie meine Frau sei, reagierte sie mit: "oh ...", und begann zu grübeln oder etwas in ihrem Gehirn neu zu ordnen.

Noch eine hohe Leistung ihres Gehirns, die gerade zum Vorschein kommt, weil wohl eine bestimmte "Bremse" nicht funktioniert: Ab und zu (nicht immer) erlebe ich, wie sie auf eine Frage oder Bemerkung blitzschnell reagiert – und dabei sofort genau weiß, was der andere gerade gemeint hatte. Ich bin immer wieder erstaunt über ihre schnelle und stimmige Reaktion. Ich selbst brauche ca. 1 Sekunde länger. Bei ihr habe ich den Eindruck: Der andere hat noch gar nicht begonnen, seine Frage oder Bemerkung auszusprechen, und schon weiß sie, was der andere sagen will. Und sie weiß es in dem Moment auch wirklich! Nicht so, wie bei uns „Normalen", wenn wir davon ausgehen, bereits zu wissen, was der andere sagen will, uns dann aber meistens täuschen.

Außerdem kommt ihre hohe Stimme wieder zum Vorschein. Nachdem der Schlauch aus der Luftröhre genommen worden war, hatte sie erst noch tief und rauchig geklungen.

Ach – eine Sache kann ich noch erzählen: Man hat mir mitgeteilt, dass das CT von gestern wesentlich besser aussah als das CT von Montag früh (1.17 Uhr). Die Gehirnkammern waren am Anfang noch ziemlich ausgeweitet. Jetzt haben sie sich von der Größe her normalisiert.

Soweit siebeneinhalb Stunden in wenigen Ereignissen zusammengefasst.

Über mich

Es gibt Leute, die sich über mich Sorgen machen.

Das kann ich jetzt total gut verstehen – und vor allem kann ich jetzt auch verstehen, dass sie Recht haben – und ich kann verstehen, dass ich ihnen nicht zustimmen kann.

Warum kann ich das verstehen?

Wie ich schon erzählte, müssen wir Jacquelines linke Hand am Bett festbinden, wenn sie allein ist und keiner auf ihre Handbewegungen aufpasst. Denn sie darf sich nicht am Kopf kratzen, weil die Gefahr besteht, dass sie sich mit den Gehirnschläuchen verheddert und diese aus Versehen herauszieht. Da machen wir uns SORGEN. Sie selbst ist jedoch der Überzeugung, alles im Griff zu haben und nicht angeschnallt werden zu müssen. Heute während des Tages habe ich ihren Arm losgeschnallt – und es gab tatsächlich Momente, in denen sie sich am Kopf kratzen musste. Ich bin dann hingesprungen, habe gesagt: "Stopp, lass es uns gemeinsam machen, ich führe vorsichtig deine Hand." Daran hat sie sich allmählich gewöhnt. Trotzdem ist sie bei der Ansicht geblieben, dass es Quatsch ist, sie anschnallen zu müssen.

Hier machen wir (die PflegerInnen und ich) uns SORGEN um Jacqueline. Jacqueline hält das für unsinnig und ändert nichts an ihrer Meinung. Und doch wissen wir auf der übergeordneten Ebene, dass wir Recht haben. Jacqueline hat einen blinden Fleck.

Und so kann ich mir gut vorstellen, dass ich auf mich bezogen auch einen blinden Fleck habe. Aber ich weiß auch, dass es absolut nichts nützt, es mir zu sagen, denn ich habe logischerweise das Gefühl, dass ich alles gut verarbeiten kann und "im Griff" habe. Wenn also diejenigen, die sich um mich Sorgen machen, wirklich wollen, dass ich mit bestimmten Dingen aufhöre, müssen sie mich schon anschnallen ...

Und ich behaupte: So ergeht es uns allen. In den verschiedensten Lebensphasen. Manchmal kann ein anderer Mensch eher erkennen, dass wir uns gerade selbst überfordern... – und wir merken es erst, wenn die Forderung an uns selbst das "Über" erreicht hat (Über-Forderung).

Allerdings gibt es keinen objektiven Maßstab. Vielleicht hätte es Jacqueline ja trotzdem geschafft, sich immer wieder den Kopf zu kratzen, ohne nur ein einziges Mal die Schläuche herauszuziehen?!?

Vielleicht schaffe ich trotzdem, mit allem umzugehen, ohne mich selbst dabei tatsächlich zu überfordern?

Wir wissen es nicht. Wir können uns nur gegenseitig warnen – und dann das Beste füreinander hoffen. Oder uns gegenseitig anschnallen.

Jedenfalls danke ich Euch sehr für Eure Fürsorge und respektiere sie komplett. Ich bin niemandem böse, der mich warnen möchte oder fürsorglich mir mitteilt, dass ich doch bitte auf mich aufpassen möge. Ich verstehe Euch alle! Allerdings kann ich Euch nicht helfen und Euch keine Sicherheit bieten, dass ich es nicht doch tue – mich zu überfordern – unbewusst.

Ich habe das Gefühl, dass ich das alles irgendwie schaffen werde, auch wenn gerade heute wieder ein Tag ist, an dem es mir schlechter geht. Heute morgen ein heftiger und langer Tränenausbruch – und heute Abend beim Heimfahren im Auto (! – ja – tatsächlich BEIM Fahren auf der Autobahn!!) viele Tränen.

Nach dem heutigen Tag bei Jacqueline entwickelt sich allmählich in mir ein Gefühl dafür, in welchem Tempo dieser Veränderungsprozess vor sich geht (leider KEIN Autobahntempo). Und da muss ich definitiv von einigen Bildern noch Abschied nehmen, die ich bisher aufrechterhalten hatte. Ich muss tatsächlich bestimmte Hoffnungen aufgeben, z. B. die Hoffnung, in den nächsten Wochen hier wieder ganz "normal" mit Jacqueline Workshops geben zu können. Diese Hoffnung war nach dem gestrigen Tag noch einmal aufgekeimt. Nein – diese Zeiten sind zumindest für einige Zeit vorbei. Und dieses "Vorbei" löst gerade heute noch einmal einen heftigen Verarbeitungsprozess aus. Bin ich dann durch diese Tränen hindurch, dann geht es mir wieder besser. Aber der Schmerz vorher ist schon heftig ...

Eines noch: Am Anfang wurde ich von den Pflegern gefragt, ob ich Probleme hätte, Blut zu sehen, oder die Ausscheidungen meiner Frau beim Saubermachen oder oder. Ich stellte aufgrund dieser Fragen fest, dass ich wohl zu einer seltenen Sorte Mensch gehöre, die in diesem Punkt mit NICHTS ein Problem hat. Im Grunde könnte ich gleich zum "Pfleger" werden und mich mit allem Menschlichen konfrontieren. Das wäre alles kein Problem für mich. Früher war es das noch – da gab es Dinge, die mich geekelt hätten. Heute merke ich: Alles kein Problem mehr. Ich kann da sehr gelassen und offen mit allem umgehen. Entweder ist das mein Alter – oder ich bin durch die Arbeit an mir selbst in den letzten Jahren entsprechend gereift.

Was ich heute Morgen interessant fand: Beim Einkaufen schaue ich die Menschen plötzlich aus der "Schlaganfallperspektive" an. Ich sehe hinter ihrem Verhalten verschiedene Gehirnfunktionen, die dazu passen, wie diese Menschen als Kinder aufgewachsen sind und was sie gelernt haben.

Ich sehe, dass ich nun durch Jacqueline eine Erfahrung habe, die viele Menschen, die noch nie einen Schlaganfall direkt miterleben mussten, nicht haben.

Ich sehe, dass viele Menschen nicht wissen, wie gut sie es haben.

Und ich wusste es vorher auch nicht, wie gut wir es hatten.

Aber das heißt nicht, dass wir es jetzt "schlechter" haben. Es ist nur momentan schmerzvoller, weil man sich von so vielen Dingen gleichzeitig verabschieden muss. Bis der Schmerz dann irgendwann verarbeitet ist und uns dieses neue Leben Spaß zu machen beginnt. Bis wir Freude an den interessanten Entdeckungen mit Jacquelines Gehirn und Wesen – und auch dementsprechend mit meinem Gehirn, das nun auch mehr unter meiner Beobachtung steht – haben.

Ja – es ist schon spannend: Jacquelines Gehirn hat sich aufgrund des Schlaganfalls blitzschnell verändert – und jetzt muss diese Veränderung allmählich integriert werden.

Und *mein* Gehirn muss sich auch allmählich umstrukturieren, Neues lernen und sich von Altem verabschieden.

Wir beide verändern uns gerade ... ein großer Transformationsprozess ...   Ganz liebe Grüße an Euch alle!   Olaf

Computertagebuch

Heute Abend kam das erste Mal ein neuer Gedanke, für den ich mich irgendwie im Kontakt mit anderen Menschen schämen würde – aber was mich betrifft, kann ich es nachvollziehen: Ich hatte vorhin den Gedanken, dass es mich ein bisschen erleichtert, eine bestimmte „verschlossene Dynamik" von Jacqueline nicht mehr fühlen zu müssen. Sie hatte die Angewohnheit, auf bestimmte Feedbacks von mir mit intensiver Härte und Verschlossenheit zu reagieren, als ob ich sie beleidigt oder angegriffen hätte und sie nun zurückschießen muss. Sicherlich war ich bei meinen Feedbacks nicht immer taktvoll. Trotzdem könnte man auf meine Taktlosigkeit auch mit einer freundlichen

Grenzsetzung reagieren. Das war Jacqueline damals nicht möglich. Diese Härte als auch meine Unfähigkeit, sie nicht auszulösen oder damit umzugehen, war eine weitere Ursache für unsere Distanz in unserer Beziehung. Und nun bin ich erleichtert, dies nicht mehr fühlen zu müssen.

... aber vielleicht kommt sie zurück – und dann noch viel schlimmer? Ich muss schauen ... keiner weiß, wie es weitergeht ...

Kommentar 2018

Heute bin ich davon überzeugt, dass Jacquelines Schläfrigkeit in diesen Tagen nicht nur mit den Nebenwirkungen der Medikamente zu tun hatte, sondern auch mit der Überdrainage. Die PflegerInnen und ÄrztInnen hatten es nicht vollständig im Griff, dass das Hirnwasser gleichmäßig und stimmig ausgeleitet wird. Es floss zu viel ab. Und das spiegelt sich sowohl in Jacquelines verengten Ventrikeln (Gehirnkammern) als auch in ihrer Vigilanz (Wachheit, Lebendigkeit) wieder. Mir hatte man gesagt, ihre Ventrikel hätten sich „normalisiert". In Wahrheit waren sie durch die Überdrainage stark verengt. Kein Wunder, dass man mir dieses Mal nicht das Bild von ihrem Gehirn gezeigt hat. Erst bei späteren Untersuchungen, als sich das Gehirn tatsächlich „normalisiert" hatte, wurde ich wieder genauer informiert und ein Arzt zeigte mir mal wieder das Ergebnis einer CT. Schade, dass in unserer Gesellschaft immer noch die Sorge herrscht, andere Menschen unnötig zu belasten, wenn man ihnen schlechte Nachrichten mitteilt. Inzwischen hat sich mein Bild von „offenen ÄrztInnen und PflegerInnen" wieder relativiert. Es gibt immer noch Dinge, die verschwiegen werden – nicht nur aus Datenschutzgründen. Ich hatte es damals durch ein ungutes Gefühl erahnt – und heute nun die Gewissheit.

Die Ansammlung des Wassers in ihrem gelähmten Bein war nicht nur der Bewegungslosigkeit sondern auch den Nebenwirkungen der vielen Medikamente zu verdanken. Auch das habe ich erst später selbstständig herausbekommen.

Rückblickend kann ich sagen: All die Sorgen, die sich andere Menschen um mich gemacht hatten, waren unnötig. Bis heute ist mir nichts passiert, wo ich sagen würde, dass die Sorgen berechtigt waren. Ich fühlte mich nie überfordert und konnte mit allem gut umgehen.

Eine Bemerkung zu unserer früheren Distanz in unserer Ehe: Sie ist bis heute nicht zurückgekommen. Wir sind beide froh darüber und sagen unter anderem auch deshalb: „Das trifft sich gut." Die genaueren Zusammenhänge dazu schreiben wir aber erst, wenn es soweit ist …

8. Tag, Sonntag, 26.3.2017

Ausgearbeitete Notizen aus Ringhefter und Computertagebuch

Morgens

Sie konnte sich gestern nicht daran erinnern, welcher Tag, welcher Monat, welches Jahr ist. Ich sagte es ihr, aber sie hatte es nach einem tiefen Schlaf wieder vergessen.

Heute wache ich auf und habe das erste Mal sofort Bilder, wie sie so behindert im Krankenhaus liegt. Mein Gehirn verändert sich und gewöhnt sich an das Neue.

Wieder nur 5 Stunden Schlaf. Ich fühle mich wie Eltern mit einem Baby, die nicht durchschlafen können. Und trotzdem Energie haben. Irgendetwas in mir hat seit gestern „nachgegeben". Aufgegeben? Nein – ich hoffe, dass sie sich regeneriert. Die Berichte über andere ausgeheilte Fälle helfen mir – holen mich aber auch auf den Boden der Tatsachen.

Der Zeitdruck ist weg. Der Glaube an meine Methoden verschwindet. Der Satz „Alles gehört dazu" holt mich wieder zurück und lässt mich neu nachdenken! ☺

Ich kann mit Aufstellungsarbeit nichts „beschleunigen", was auf „natürliche" Weise heilt. ODER??

Vielleicht muss ich nur die „richtigen" Fragen stellen?

Niemand hat bisher das Wachstum eines Babys beschleunigen können. Man kann nur den optimalen Rahmen bieten, dass das Kind alle Freiheiten hat. Und man kann viele Anregungen zur Verfügung stellen.

Ich kann den Gesundungsprozess nur begleiten, ihn aber nicht forcieren. Nur den optimalen Rahmen bieten.

Ich merke gerade: Wenn ich an der früheren Jacqueline festhalte, dann bin ich nicht ganz offen für die Gegenwart. Ich *muss* die Vergangenheit loslassen. Es wird sowieso nie wieder so wie früher, weil nun diese Schlaganfallerfahrung für immer zu unserem Leben dazugehört – auch wenn Jacqueline vollkommen heilt.

Ich sehe das wundervolle Geschenk, momentan nicht arbeiten zu müssen (aufgrund der finanziellen Spenden), sondern alles genau beobachten zu dürfen, meine eigenen Prozesse begleiten zu dürfen, Erfahrungen und Erkenntnisse aufschreiben zu dürfen.

Computertagebuch

Heute Morgen habe ich es das erste Mal geschafft, nach 5.30 Uhr Wachwerden und ein bisschen Tagebuch schreiben dann wieder einzuschlafen. Noch einmal aufgewacht um 8.30 Uhr – dann wieder eingeschlafen, und um 9.20 Uhr dann endgültig aufgewacht und aufgestanden. Allerdings wieder mit Zeitdruckgefühl. Wenn ich mich länger „erhole", lasse ich Jacqueline im Stich und es besteht die Gefahr, dass Zellen unweigerlich geschädigt bleiben. Das ist immer mein Druck-Gefühl.

Allerdings war auch die Resignation von gestern wieder da.

Und dann passiert etwas, was mich wieder ermutigt – und zwar so richtig: Ich mache die Aufstellungen im Seminarraum weiter und merke, dass ich bei Jacqueline etwas verändern kann.

Es gibt zwei Aufstellungsformen:

a) Ich habe Jacqueline als Matratze auf den Boden gelegt und Herzchen-Kissen und andere Kissen etc. draufgelegt. So behandle ich sie sozusagen von der Ferne.

b) Ich fühle mich in ein Fühlfeld für sie ein.

Und manchmal arbeiten auch beide Bereiche zusammen, z. B. indem sich Jacqueline zu sich selbst stellt.

Heute hatte ich das starke Gefühl, sie zu mir zu stellen, wo ich an ihrem Kopfende stehe. Sie will zu mir und will sich ganz lieb an mich kuscheln. Das hat mir total gut getan. Außerdem ist mir meine Idee mit den Stellvertreterneuronen wieder eingefallen – meine Vision. Und die hat mir wieder Kraft und Energie gegeben. Heute darf ich ab 12 Uhr zu ihr. Ich werde versuchen, es dieses Mal rechtzeitig zu schaffen – und ich werde zwischendurch bei ihr auch etwas essen, endlich mal.

Und ich fange an, diese Aufstellungen auf Video aufzunehmen.

Es ist wirklich unglaublich, wie dieses Resignationsgefühl auf einmal komplett weg ist!!! Nur durch diese Aufstellung!! Ob sie auf Jacqueline wirken oder ob ich was vorausfühlen kann, weiß ich nicht. Aber zumindest wirken sie auf mich!!

Ich ziehe aus meinem Kartenset (Impulskarten für Freie Systemische Aufstellungen) die Karte „Urvertrauen, Selbstvertrauen, Zuversicht". Auch sie hat mir geholfen, mich wieder besser zu fühlen. Ich habe sie dann auf das Fußende der Jacqueline-Matratze gelegt. Anschließend habe ich ein schweres Kissen von Jacquelines rechtem Bein runtergenommen. Befreiungsgefühl.

Ich beginne wieder, unser Schicksal in einem größeren Zusammenhang zu sehen. Eine neue Hoffnung auf einer neuen Ebene!

Das erste Mal habe ich eine Definition von „Ego": Aus dem Schmerz heraus etwas tun wollen, um den Schmerz zu vermindern, dabei aber den Kontakt zur Realität verlieren, weil man sich dabei auf unbewusster Ebene auf den Schmerz konzentriert und nicht unbedingt das tut, was in das gegenwärtige Umfeld passt.

In der Klinik

Es geht nicht darum, etwas zu verändern, sondern neue Möglichkeiten anzubieten! Also nicht den Druck bekämpfen oder ihm sagen, dass er sich ändern soll, sondern ihm eine zusätzliche Entspannung anbieten, ihm weitere schöne Möglichkeiten zur Verfügung stellen. ☺

Ich visualisiere und rede innerlich mit den Anteilen von Jacqueline, z. B. mit dem Anteil, der Druck macht.

Der Druck nutzt gerade meine Vision von Entspannung, um in sie hineinzuspringen, einzudringen, und sie von innen heraus zu sprengen. Es entsteht ein Feuerwerk mit viel Freude-Energie.

Mein Gedanke dazu: Früher von den Eltern gesetzte Grenzen voller Freude sprengen.

Ich habe die Information erhalten, dass Jacqueline die ganze Zeit Schmerzmittel erhält: Morphin 20 mg. Es soll ab Mo 27.3. um 50% reduziert werden.

Eine Pflegerin erzählt mir, dass Jacqueline nachts unruhig ist. Sie will immer wieder auf's Klo gehen, ohne dass sie im Grunde weiß, wo das Klo ist.

Als ich Jacqueline erzähle, dass ich für sie Aufstellungen in der Empathie-Schule durchführe, aber nicht weiß, ob es etwas bringt, sagt sie: „Aufstellungen wirken!"

Später sagt sie mir:

„Die Frau ist abhängig von mir."

Dabei meinte sie die Bettnachbarin. Ich konnte aber nicht herausbekommen, in welcher Weise sie von Jacqueline abhängig sein soll. Ich vermute nur, dass Jacqueline irgendein Gefühl auf einer bestimmten Ebene hat und dadurch vielleicht etwas wahrnehmen kann ...

Ich beobachte, dass die beiden Worte *„nicht erschrecken"* die häufigsten Worte von PflegerInnen und ÄrztInnen sind. Schon alleine wenn sie Jacqueline umbetten oder wenn sie ihr eine Spritze geben oder etwas anderes tun.

„Nicht erschrecken, Frau Jacobsen. Es wird ein wenig pieksen."

Dass diese Worte oft aber gar nicht bewirken, was sie bewirken sollen, registrieren die meisten gar nicht. Entweder hätte sich Jacqueline sowieso nicht erschreckt oder aber sie erschreckt sich schon allein dadurch, dass sie gerade angesprochen wird: **„NICHT erschrecken!!"**

Wenn ich selbst etwas tun möchte, wodurch Jacqueline sich vielleicht erschrecken könnte, dann beschreibe ich einfach nur, was ich tun werde, und sage: „Ich mache jetzt xyz." Das finde ich die bessere Lösung.

Sie muss auf's Klo. Als ich ihr erzähle, dass sie einfach loslassen und ins Bett machen kann, weil sie einen Schlauch (Blasenkatheder) eingeführt bekommen hat, sagte sie: „Wie praktisch!"

Vielleicht wäre das mal ein Tipp für die PflegerInnen, die Jacqueline bisher immer vom Aufstehen abhalten wollen.

23.17 (11.17) Uhr, Rund-E-Mail

Das erste Mal, dass ich morgens 5.30 Uhr aufgewacht bin, eine Weile wach war und dann wieder einschlafen konnte.

Dann bin ich noch einmal gegen 8.30 Uhr aufgewacht und noch einmal eingeschlafen.

Als ich dann 9.20 Uhr auf den Wecker schaute, war die Panik wieder da: Ich versäume es, Jacqueline zu helfen. Hilfe!

Außerdem hatte ich beim Wachwerden das erste Mal sofort Erinnerungsbilder davon, wie sie so behindert und hilflos auf der Intensivstation liegt. Das war schneller präsent als bisher. Irgendwie machte mich das wieder traurig, weil ich es so interpretierte, dass ich mich an den neuen Zustand zu gewöhnen beginne. Mein Gehirn verändert sich. Ich wollte doch die frühere Jacqueline nicht vergessen ... Später wurde mir dann klar, dass ich ihr früheres Ich nie vergessen werde. Es kommt nur ein neues Erinnerungsbild an sie dazu.

Gegen 10 Uhr rief ich in der Klinik an, ab wann ich heute zu meiner Frau könne. Ab 12 Uhr.

Gut, dann hatte ich noch knapp 2 Stunden Zeit zu frühstücken, E-Mails zu lesen, das Essen für den Tag vorzubereiten (dieses Mal wusste ich, dass ich auch zwischendrin bei Jacqueline essen würde – hat sich auch so bestätigt), eventuell noch die Aufstellung im Seminarraum weiter zu fühlen und dann loszufahren.

Meine Stimmung?

Gestern schrieb ich von vielen Tränen. Heute Morgen bin ich ja am Schluss wieder mit der Panik aufgewacht. Und die Traurigkeit vom Vortag war auch noch zu spüren.

Als ich mich dann im Seminarraum wieder in die Aufstellung einfühlte, hatte ich auf einmal das Gefühl, das Fühlfeld für Jacqueline ganz dicht neben das Fühlfeld für Olaf zu stellen – so richtig kuschelig. Als ob sich Jacqueline ganz liebevoll an mich ankuscheln würde. Sofort verschwanden mein Panik-Gefühl und auch meine Traurigkeit komplett. Und das hat sich über den Tag bestätigt und bis heute Abend fortgesetzt.

Heute würde ich wieder sagen: Es war ein guter, vielleicht sogar sehr guter Tag!

Ich würde sogar sagen: ERSTES DURCHATMEN! Nach gut einer Woche.

Gleichzeitig bin ich so unglaublich dankbar für all die guten Wünsche, Anteilnahmen vieler vieler Menschen und auch dafür, dass einige uns finanziell unterstützt haben und noch unterstützen wollen. Es ist nicht in Worte fassbar, wie uns hier in dieser Zeit unter die Arme gegriffen wird. Das macht alles noch einmal ein bisschen leichter.

Auch die Berichte von einigen Menschen über ihre Erfahrungen mit anderen Schlaganfall-Menschen und was alles für positive Entwicklungen möglich sind. Sie machen Mut, auch wenn sie nicht den aktuellen Schmerz überdecken können, dass nun nichts mehr ist wie vorher. Auch wenn Jacqueline später im optimalen Fall vollständig wieder geheilt leben können sollte, ändert es nichts daran, dass wir diesen Schlaganfall erleben mussten.

Sie beginnt öfter nachzufragen, wie spät es ist, welches Datum wir haben, welcher Tag gerade ist. Mit Freude erzähle ich es ihr immer wieder, weil schon allein das Interesse toll ist. Dass sie es nach ein paar Stunden wieder vergessen hat, spielt für mich keine Rolle. Ich denke, das wird schon irgendwie wiederkommen.

Ich habe sie heute auch gefragt, ob sie sich daran erinnern kann, wer gestern zu Besuch war. Leider hatte sie keinen Zugang dazu. Dann hab ich´s ihr nochmal erzählt. Ich bin gespannt, ob später, wenn sie nicht mehr unter Morphium-Einfluss steht (Schmerzmittel), dann die Erinnerungen an die einzelnen Tage wieder zurückkehren.

Ich erzählte ihr auch, dass S. vor ein paar Tagen zu Besuch war. Daraufhin fragte sie, wie es M. geht – und ich sagte ihr, was ich wusste.

Ihr merkt, dass wir inzwischen einigermaßen kommunizieren. Allerdings ist es nicht immer einfach, weil zwischendrin noch vieles, was sie sagt, zu leise ist und für mich wie Gebrabbel klingt. Wenn es zu anstrengend wird oder der Druck im Hirn nachlässt, dann wird sie müder und auch leiser im Ton und auch geringer in den Lippenbewegungen. Aber das Gebrabbel wird eben insgesamt immer deutlicher, so dass ich schon mehrere Sätze oder Satz-Schnipsel verstehen kann und mir manchmal den Zusammenhang zusammenreimen muss.

Gestern hat sie übrigens ein paar Sätze Englisch gesprochen – und ich ärgere mich, dass ich Englisch nicht so gut kann. Ich konnte die Worte zwar verstehen – aber nicht übersetzen ...

Ich habe jetzt einen Weg gefunden, Jacqueline direkt einen Spiegel zu bieten, in dem sie schneller registrieren kann, wie das, was sie formulieren will, im Außen ankommt. Bisher musste ich immer sagen: "Ich hab dich leider nicht verstanden. Sag´s nochmal."

Manchmal kann sie es dann deutlicher sagen und ich verstehe es. Meistens aber fehlt ihr noch die Erinnerung daran, was sie gerade gesagt hat – und dann beginnt sie nach meiner Aufforderung nachzudenken, zu grübeln und verstummt.

Jetzt bin ich auf die Idee gekommen, die Laute, die sie macht, ganz genau nachzumachen. Wie ein Aufnahmegerät, das das, was es gerade aufgenommen hat, sofort anschließend wiedergibt.

Dann habe ich sie einmal gefragt, ob das gut für sie ist, was sie dann bestätigt hat. Und manchmal gab sie mir lächelnd einen Klaps an den Kopf, wenn sie was Unverständliches gesagt hatte und ich es genauso unverständlich gebrabbelt wiederholte (ich bin mit meinem Ohr immer nahe an ihren Lippen, wenn sie brabbelt und spreche dann in Richtung ihres Ohres).

Jacqueline: "Ich habe"

Olaf: "Ich habe"

Jacqueline: "memäun"

Olaf: "memäun"

Jacqueline: "geträumt!"

Olaf: "geträumt"

Jacqueline: "dass mein wunn mam ni ..."

Olaf: "dass mein wunn mam ni ..."

usw.

Das ist eine ganz direkte Feedbackschleife für sie. Und klappt gut – solange ich das selbst durchhalte. Irgendwann bekomme ich Rückenschmerzen, weil ich mich ja die ganze Zeit über sie beuge. Und einmal hat sie mir eine ganze Menge Inhalt aus einem Roman erzählt, den sie vor ein paar Monaten gelesen hat ...

Und natürlich ist sie irgendwann auch wieder k. o. durch das ganze Denken und Formulieren. Dann werden die Bewegungen der Lippen immer geringer, sie wird immer leiser, die Augen schließen sich langsam und ich merke: Sie döst wieder weg. Inzwischen habe ich mich wieder auf den Stuhl gesetzt und warte ab, bis sie ganz aufhört zu brabbeln. Ich gehe dabei das Risiko ein, dass ich eben nicht verstanden habe, was sie mir sagen will. Aber da habe ich auch die Haltung entwickelt, dass sie sich schon darum kümmern wird, wenn sie von mir eine Reaktion möchte.

Manchmal brabbelt sie etwas und wenn sie fertig ist, wartet sie einen Moment und macht dann ihre linke Augenbraue hoch, schaut mich direkt an – wie ein fragender Blick. Dann weiß ich, sie hat mir etwas sagen wollen, worauf sie jetzt eine Reaktion erwartet.

Was heute komplett neu war: Als ich kurz nach 12 Uhr ankam, hatten die ÄrztInnen die Drainagen zugedreht. Die Schläuche steckten zwar noch in ihrem Kopf, aber es wurde keine Hirnflüssigkeit mehr abgeführt. Man wolle ausprobieren, wie sich der Hirndruck nun entwickelt, wenn der Abfluss geschlossen ist. Wenn es über eine Zeit gut läuft, würde man dann als nächstes die Schläuche (einen für die linke und einen für die rechte Hirnhälfte) herausnehmen.

Ich konnte also nun auf dem Monitor den ganzen Tag beobachten und kennenlernen, wann der Hirndruck eines Menschen steigt und wieder fällt – und ob er im Zusammenhang zum Blutdruck steht oder nicht. Logisch ist, dass der Druck "normale Werte" zeigt, solange Jacqueline schläft. Sobald sie ein bisschen aktiv wird, erhöhen sich sowohl Blutdruck als auch Hirndruck. Aber es gibt auch Momente, in denen sie z. B. wieder aufzustehen versucht. In denen ist der Blutdruck hoch, aber der Hirndruck nicht. Oder sie wird ein bisschen ärgerlich, dann wird der Hirndruck höher, aber nicht so stark der Blutdruck. Das war interessant. Manchmal habe ich ihr auch hier ein Feedback gegeben, wie hoch gerade der Hirndruck ist und wie hoch der Blutdruck. Meistens hat sie darauf reagiert und wieder entspannt. In einer Situation aber wollte sie unbedingt jetzt mal ausprobieren – mit aller Kraft – aus dem Bett aufzustehen. Als ich sie auf den hohen Druck hinwies und sie zur Entspannung einlud, sagte sie: "Geh doch mal weg!" (ich hatte mich leicht über sie gebeugt). Dann ließ ich los und ließ sie machen. Blutdruck 200. Sie mühte sich und mühte sich und kam nicht richtig hoch. Dann sagte sie: "O.k. – geht nicht. Verstehe." – und lehnte sich stark atmend wieder zurück, als ob sie gerade einen Sprint hinter sich hatte. Blutdruck ging wieder runter.

Und ich habe auch wieder dazugelernt: sie zwar auf den möglichen hohen Druck hinweisen, aber trotzdem sie machen lassen, damit sie sich selbst und die Welt neu erforschen kann.

Ich finde es sowieso toll, mit welcher Energie sie verschiedene Dinge erforscht und ausprobiert. Auch das unterstütze ich, indem ich ihr mitteile, wie ich mich darüber freue – trotz aller bestehenden möglichen Gefahr. Und ich gebe ihr auch das Feedback, dass heute schon vieles besser ist als gestern – was sie selbst nicht erinnern kann.

Als eine Ärztin ihre Bemühung sah, dann dazu kam und sagte, dass es wohl ganz schön schwer sei aufzustehen – und dass es für Jacqueline wohl auch schlimm sein müsse, sagte Jacqueline: "Das stört mich nicht."

Ich vermute, dass sie im Großen und Ganzen wohl weniger unter der Situation leidet, als ich. Finde ich aber auch logisch, denn ich habe noch den Vergleich, wie sie früher war und was ich alles loslassen muss. Dagegen fehlt in ihrem Gehirn etwas. Sie hat vieles vergessen (bzw. momentan keinen Zugang dazu). Sie wusste auch nicht mehr genau, wie der Schlaganfall passiert ist. Sie kann also emotional keinen Zugang zu "früher" aufbauen – während ich da ja noch voll drinstecke und die gesamte Veränderung "bewusst" mitbekomme.

Außerdem vergisst sie ihren Zustand auch immer wieder. Bevor ich heute um 20.30 Uhr ging, fragte sie mich noch einmal, ob ihre Konstellation normal sei. Sie fühle sich irgendwie so wie in einem Trauma. Und dann erklärte ich ihr noch einmal, dass sie einen Schlaganfall hat und dass es deswegen nicht normal ist, was sie gerade mit sich selbst erlebt. Außerdem bekommt sie auch Morphium (Schmerzmittel), das ihren Zustand teilweise"dämmt" und möglicherweise die "Projektionen" (von denen sie mir andeutungsweise erzählt hat) hervorrufen, die sie sehen kann.

Morgen wird wahrscheinlich das Morphium ein bisschen reduziert. Man will versuchen, ob sie dann Schmerzen fühlen muss (z. B. Kopfschmerzen oder Schmerzen in den gelähmten Gliedmaßen) oder ob sie gar nicht so viel Morphium benötigt.

Im Grunde erinnern mich die Versuche der PflegerInnen und ÄrztInnen, Jacqueline körperlich ein möglichst optimales Heilungs-Gleichgewicht zur Verfügung zu stellen, an unsere Aufstellungsarbeit. Wir experimentieren auch dauernd, wie für die aufstellende Person emotional wohl das aktuell beste Gleichgewicht zu erreichen ist. Was fehlt? Was ist zu viel? Genauso macht es die Schulmedizin, die genau weiß, dass jeder Mensch anders auf Medikamente reagiert – und sie probieren und experimentieren, medikamentieren und beobachten die Reaktionen – und reagieren dann wieder auf die Reaktionen der PatientInnen.

Und es gibt PflegerInnen, die sehr kompetent sind, und PflegerInnen, die weniger einfühlsam und auch weniger kompetent wirken. Der Unterschied von Mensch zu Mensch ist für mich deutlich erfahrbar – gerade in der Intensivstation, in der so viele Personen gleichzeitig an einem Menschen herumdoktern.

Und manchmal denke ich: "Jacqueline – du kannst alle beeinflussen. Denn sie stehen dir zur Verfügung. Du stehst in dieser Heilungshierarchie an der Spitze und die PflegerInnen und ÄrztInnen stehen dir zur Verfügung – wie in einer Aufstellung. Sie sind deine StellvertreterInnen. Auch wenn sie meinen, sie sind es nicht ..."

Ich bin davon überzeugt, dass hier einige kompetente ÄrztInnen am Werk sind, die ihre Entscheidungen von ihren Gefühlen gegenüber den entsprechenden PatientInnen abhängig machen. Und auch die Inkompetenten werden irgendwie beeinflusst ... von Jacqueline.

Ich glaube inzwischen, man ist in der heutigen Zeit gar nicht mehr so hilflos den ÄrztInnen "ausgeliefert", weil die ÄrztInnen insgesamt einfühlsamer geworden sind, als noch die Generation früher. Natürlich könnten die meisten noch viel einfühlsamer sein. Als Empathie-Trainer weiß ich, was noch alles möglich ist. Es ist auf der Empathie-Skala „nach oben" noch viel Platz. Aber im Vergleich zu früher ist es wesentlich besser geworden.

Es ist für mich sowieso eine spannende Erfahrung, dass viele ÄrztInnen und PflegerInnen jünger sind als ich. Ich passe mich zwar ihnen und ihren Anweisungen auf der Intensivstation an, ich respektiere ihre

Regeln – aber ich ordne mich ihnen emotional nicht mehr unter, so wie ich es früher als junger Mensch noch gegenüber den Älteren getan hatte.

Heute hatte Jacqueline zwei weitere Besuche – und ich bekam Hilfe darin, was ich noch so für Jacqueline tun könnte.

Und sie hat heute noch "Oliver" zu mir gesagt, als ich sie gefragt habe, wie ich heiße.

Fazit des heutigen Tages: Ich bin mir bewusst, dass ich Jacquelines Zustand immer subjektiv aus meiner Stimmungslage heraus beurteile.

Ich habe heute das erste Mal das Gefühl von einem "Gleichgewicht" in der Entwicklung von Jacqueline – keine Stagnation, sondern ein Wachstumsgleichgewicht. Es könnte allerdings auch noch einmal einen Sprung nach oben machen, wenn das Morphium abgesetzt wird. Dann wird sie vielleicht noch bewusster und besser im Erinnern. Oder der Sprung geht auch nach unten, wenn dann die Schmerzen der gelähmten Gliedmaßen kommen – und wenn die Traumata der Operation und eventuellen (scheinbaren) Fehlgriffe von PflegerInnen verarbeitet werden wollen ...

Und wenn ich jetzt müde werde, schließt sich zuerst mein rechtes Auge. Lasse ich mich von ihr anstecken? Von ihrer gelähmten rechten Seite? Vielleicht ein bisschen ...   Euer Olaf

Kommentar 2018

Bezüglich der Sprache (des Gebrabbels) von Jacqueline können wir heute erzählen: Ich habe später in der Reha Videoaufnahmen gemacht. Als sie diese jetzt anschaute, konnte sie sich ansatzweise an die damalige Situation erinnern. Allerdings war ihr damals nicht bewusst, dass sie so undeutlich sprach. In ihrer Erinnerung hatte sie das Gefühl, „normal" gesprochen zu haben. Dies bestätigt mein Gefühl, dass ich immer hatte: Ihr war ihr undeutliches Sprechen nicht bewusst.

Ich habe oben meine Beobachtung beschrieben, dass die Möglichkeit besteht, dass Blutdruck und Hirndruck auch unabhängig voneinander hoch sein können. Zudem könnten der Blutdruck im Zusammenhang mit einer körperlichen Anspannung und der Hirndruck im Zusammenhang mit starken Emotionen stehen. Wenn das wissenschaftlich bestätigt ist, dann würde ich jetzt fast sagen, dass die Ursache für Jacquelines Schlaganfall ein besonders hoher Hirndruck war, den sie beim besonders aufregenden Vorsingen hatte – kombiniert mit der Tatsache, dass sie über viele Jahre unbehandelten hohen Blutdruck hatte. Allerdings fehlten dafür die „üblichen" Symptome wie Kopfschmerz oder Übelkeit. Ihr wurde während der Blutung einfach nur schwindelig. Aus ärztlicher Sicht ist bis heute die Ursache unklar. Man kann nur spekulieren.

Wenn ich das Ergebnis der Aufstellung am Vormittag mit dem Ablauf des Tages vergleiche, dann erkenne ich:

Die positive Stimmung, mit der ich die Aufstellung beendet habe, hat sich auch den Tag über im Krankenhaus fortgesetzt. Für mich stellt sich bis heute die Frage nach der Wechselwirkung bei Aufstellungen. Habe ich nun durch diese Aufstellungen den Tag beeinflusst? Oder habe ich mithilfe der Aufstellung erspüren können, was der Tag bringen wird? Oder vielleicht auch beides? Interessant sind aber immer die Übereinstimmungen von Aufstellung und den entsprechenden Erlebnissen.

Ich habe in der Rund-E-Mail den Begriff „Heilungshierarchie" verwendet und möchte ihn kurz erklären. Er ist meine Erfindung für einen natürlichen Prozess / für einen natürlichen Zustand.

Eine Heilungshierarchie entsteht, sobald etwas Schmerzvolles passiert. Beispielsweise wenn wir uns mit dem Küchenmesser in den Finger schneiden. Wir richten sofort unsere Aufmerksamkeit auf diesen Schmerz, kümmern uns um diese Verletzung und ordnen unsere anderen Ziele dieser Verletzung unter. Der Schmerz steht in der Heilungshierarchie ganz oben, damit die Verletzung optimale Heilung erfahren kann. Wir schützen uns vor einer weiteren Verletzung, indem wir uns nicht weiter schneiden und nun vorsichtiger werden, und wir geben der Verletzung den optimalen Rahmen zur Heilung (Pflaster, Salbe, Schutz vor Verunreinigung der Wunde etc.).

Im Straßenverkehr bekommt bei einem Unfall der Krankenwagen oder der Rettungshubschrauber Vorrang vor allem anderen, damit die Verletzten optimal versorgt werden können. Heilungshierarchie.

In einer Gruppe von Menschen erhält derjenige die meiste Aufmerksamkeit, dem es am Schlechtesten geht. Sobald ein Mensch ohnmächtig umkippt, kümmern sich sofort alle um ihn. So hat es auch Jacqueline erlebt, als sie in der Tanzschule den Schlaganfall bekam und alle anderen sich um sie gekümmert haben. Dort stand sie in der Heilungshierarchie an der Spitze.

Auf der Intensivstation gibt es viele PatientInnen, die vom PflegerInnen- und ÄrztInnenteam behandelt werden. „Normalerweise" sollten die PatientInnen in der Heilungshierarchie ganz oben stehen. Diese Rangfolge vermischt sich aber, wenn beispielsweise ein Pfleger mit dem Verhalten eines Patienten nicht einverstanden ist und ihn deshalb beschimpft oder anders zu maßregeln versucht. Hier drängelt sich die Unzufriedenheit des Pflegers an die Spitze der Heilungshierarchie und der Patient muss sich dem unterordnen. Deswegen hat so ein Verhalten von Pflegepersonal selten heilenden Erfolg.

Ebenso bekommt die Heilungshierarchie einen Knacks, wenn eine Patientin sich in der Gegenwart eines Angehörigen besonders wohl fühlt – aber das Krankenhauspersonal auf die Besuchszeiten pocht und die Anwesenheit von Angehörigen einschränkt. Hier drängeln sich die schmerzvollen Überzeugungen derjenigen in den Vordergrund, die solche Besuchsregeln aufstellen. Patient und Angehöriger müssen sich dem unterordnen.

Leider führt eine Heilungshierarchie aber nicht immer zu einer Heilung, wenn das, was sich an die Spitze der Hierarchie setzt, durch die erhaltene Aufmerksamkeit und den Schutz nicht wirklich heilt.

9. Tag, Montag, 27.3.2017

Nachts 00.27 Uhr

Bevor ich schlafen gehe, schreibe ich noch eine E-Mail an eine gute Freundin von Jacqueline und eine große Wochen-Rund-E-Mail:

„Liebe L., deine E-Mail wirkt, wie du es sicherlich nicht gewollt hattest. Aber das gehört auch dazu. Mir wird dadurch wieder etwas bewusst:

Als du dich gefragt hast, ob ich mich im Ausnahmezustand oder auf dem Weg in ein neues Leben befinde, hatte ich spontan den Impuls, hier im Zimmer herumzuschauen. Ich sehe ihren Laptop, der immer noch auf Standby blinkt, ihre Taschen, ihre Klamotten, ihr Bettzeug – und alles ist irgendwie ‚tot', weil es von ihr nicht mehr genutzt wird. Schmerz kommt wieder hoch. Abschied ... Tränen ... das ist es, was immer noch zwischendurch schmerzhaft wirkt.

Es gibt so viele Dinge, die mit dieser neuen Situation einfach gestorben sind. Und ich muss immer weiter viel Trauerarbeit leisten. Danke für deine E-Mail, die mir dies einmal mehr bewusst gemacht hat – so kann ich noch tiefer darin einsteigen.

Bitte hab kein schlechtes Gewissen! Diese Trauer, die deine E-Mail angestoßen hat, ist total wichtig für mich. Dadurch kann ich mich der neuen Jacqueline besser anpassen.

Es gibt immer noch einen anderen Anteil, der darauf wartet, dass die alte Jacqueline zurückkommt. Und dieser Anteil in mir wird durch die Trauer Schritt für Schritt transformiert ...

Schlaf trotzdem schön! Olaf"

Im Folgenden gebe ich hier eine Rund-E-Mail wieder, die ich an den großen Verteiler geschrieben habe. Dieser große Verteiler erhält nur wöchentlich einen Bericht, während die Familie und enge Freunde täglich einen Bericht erhalten. Auch wenn ich in der wöchentlichen E-Mail das Meiste wiederhole, stelle ich sie trotzdem in diesem Buch zur Verfügung, weil es andere Formulierungen und manche Ergänzungen gibt, die ich der Familie nicht geschrieben hatte.

Große Rund-E-Mail „1. Woche Jacqueline", 1.37 Uhr

Liebe Freunde,

vor einer knappen Woche habe ich Euch informiert, dass Jacqueline einen Schlaganfall erlitten hat.

Ich werde Euch jetzt ungefähr wöchentlich darüber informieren, wie es weitergegangen ist. Wer von Freunden weiß, dass sie auch gerne in diesen Verteiler aufgenommen werden möchten, kann gerne meine E-Mail weiterleiten – und diejenigen können sich dann bei mir melden.

Ich fange hinten an, also beim heutigen Zustand:

Jacqueline liegt immer noch auf der Intensivstation in B. Sie ist bei Bewusstsein – ist sich aber vieler Dinge nicht bewusst und vergisst sie auch wieder. Wenn sie also an einem Tag Besuch bekommen hat, kann sie am nächsten Tag in ihrer Erinnerung zurzeit keinen Zugang mehr dazu finden. Heute habe ich ihr drei Mal erklärt, dass sie einen Schlaganfall hat, weil sie gefragt hat, warum sie sich nicht bewegen kann (rechte Körperhälfte ist gelähmt). Sie scheint es in dem Moment ein bisschen zu verstehen, fragt dann aber später noch einmal neu, warum ihr Zustand so seltsam ist. Außerdem steht sie natürlich ein bisschen unter "Drogen". Sie bekommt Morphium gegen die eventuell vorhandenen Schmerzen, die auftauchen könnten, wenn sie kein Morphium erhält. Schmerzen will man verhindern, damit das Gehirn sich während des Regenerationsprozesses nicht an Schmerzen gewöhnt und später keine Phantomschmerzen entstehen.

In ihrem Gehirn sind noch zwei Schläuche gelegt, die den zu großen Hirndruck ableiten. Dies hat sie wohl auch gerettet, denn ihre "Schwellung" im Gehirn (Thalamus wurde vom Blut geflutet) kann sich innerhalb des Gehirns ja nicht ausdehnen, wie z. B. eine Schwellung am Knie. Die kann sich ausdehnen. Im Gehirn steigt stattdessen der Hirndruck und kann weitere Neurone abtöten. Sie ist vor einer Woche drei Minuten nach dem Schlaganfall bereits von Sanitätern behandelt worden, die "zufällig" in der Nähe waren. Dann wurde sie schnell in ein nahe gelegenes Krankenhaus gebracht, dort geröntgt und dann so schnell wie möglich weitergeleitet in eine Spezial-Klinik hier in B. Dort wurde sie noch einmal mit einer CT untersucht – und man hat entschieden, sie sofort zu operieren und dem Gehirn den Druck zu nehmen. Sie hatte also Glück im Unglück.

Heute wurde das erste Mal entschieden, die Zugänge der Schläuche zu schließen und zu beobachten, wie sich der Hirndruck entwickelt. Wenn es in den nächsten Tagen gut weitergeht, wird man die Schläuche rausnehmen, die Stellen am Kopf schließen – und noch ein bisschen unter Beobachtung behalten. Anschließend soll es in die Reha gehen. Ich werde mich morgen mal darum kümmern, ob es Reha-Kliniken gibt, in denen Angehörige auch dabei sein dürfen.

Bei der Situation des Schlaganfalls vor einer Woche war ich selbst nicht dabei, bin aber ca. 20 Minuten später dazugestoßen. Und seitdem habe ich darum gekämpft, so lange wie möglich bei meiner Frau

116

sein zu dürfen. Zuerst wollte mich das Klinik-Personal dazu bringen, nur zu den Besuchszeiten von 16 – 19 Uhr zu kommen. Ich habe aber immer wieder jeden Tag bei jedem neuen "Team" darum gerungen, dass ich so schnell und so lange wie möglich zu meiner Frau kann. Und so hat es sich eingependelt, dass ich täglich gegen Mittag zu ihr kann und bis abends gegen 21 Uhr bleiben darf. Inzwischen kennt jedes Team jeder Schicht mich – und ich werde zuverlässig hereingelassen.

Ich behandle sie mit Massagen (hauptsächlich die gelähmte Körperhälfte), Fuß-, Hand- und Ohrreflexzonen, gebe ihr Reiki, mache heilende Visualisierungen und noch einiges mehr (z. B. Arnika täglich) – und vormittags, wenn ich hier im Seminarraum unserer Empathie-Schule bin, mache ich für sie Aufstellungen. Manche Dinge habe ich mit diesen Aufstellungen schon erspüren oder beeinflussen können – z. B. wann sie "extubiert" wurde, d. h. wann ihr der Beatmungsschlauch aus der Luftröhre wieder herausgenommen wurde und sie dann wieder selbstständig atmen konnte. Mittwochmorgen machte ich eine entsprechende Veränderung in der Aufstellung – und als ich mittags in die Klinik kam, hieß es, dass ihr gerade vor fünf Minuten der Schlauch erfolgreich herausgenommen wurde. Sie hatte es so gewollt (per Zeichensprache mit der linken Hand).

Es gab kein "plötzliches Aufwachen" von Jacqueline. Sondern sie erlangt ganz langsam Tag für Tag immer mehr ihres Bewusstseins zurück. Wie viel am Ende wieder zugänglich sein wird, steht vollkommen in den Sternen. Und ob sich die Lähmung wegtrainieren lässt oder sie auch irgendwann von selbst verschwindet, weiß auch niemand. Die Schädigungen im Gehirn durch einen Schlaganfall sind unterschiedlich und individuell verschieden, so wie auch jedes Gehirn individuell verschieden ist. Ich tue mein Bestes, um so viel wie möglich von Jacquelines inneren Möglichkeiten aufrechterhalten oder zurückgewinnen zu können.

Gleichzeitig habe ich natürlich auch meine eigenen Prozesse zu durchleben. Gerade vor ein paar Minuten ist mir noch einmal etwas bewusst geworden:

Eigentlich war der heutige Tag ein guter Tag, weil Jacqueline und ich inzwischen einigermaßen miteinander reden können. Die Kommunikation fällt noch schwer, weil sie mit ihrem halbseitig gelähmten

Mund (und Zunge) nicht richtig artikulieren kann. Und oft höre ich nur "Gebrabbel" und verstehe nicht, was sie sagen möchte. Aber heute habe ich schon viel mehr verstanden, als die Tage vorher. Diese Fortschritte machen mir Mut und ich freue mich darüber.

Doch jetzt sitze ich hier wieder allein zu Hause – in unserem Zimmerchen, in dem wir neben unserem Seminarraum immer übernachtet haben, wenn wir hier in B. Seminare gegeben haben, und ich schaue auf ihren Laptop, der immer noch auf Standby blinkt, ich sehe ihre Taschen, ihre Klamotten, ihre Bettdecke – und alles wirkt irgendwie auf mich wie "tot". Es wird von ihr nie wieder so genutzt, wie sie es vor einer Woche noch getan hat. Es gibt also ein Anteil in mir, der sich noch weiter verabschieden muss. Ich fühle immer mal wieder Trauer, weine viel, verarbeite das Erlebte. Die Jacqueline von vor einer Woche wird es so nie wieder geben. So ein unglaublich großer Einschnitt im Leben ist heftig. Schmerzlich. Schlimm.

Natürlich wäre der Tod noch schlimmer gewesen – und ich bin so unglaublich glücklich, dass sie überlebt hat. Doch die Trauer über die trotzdem "gestorbenen" Dinge ist real und da und nicht wegfühlbar. Ich muss hinfühlen. Muss den Schmerz spüren, muss trauern, damit ich dann wieder am nächsten Tag voll und ganz für die neu wachsende Jacqueline da sein kann – damit ich nicht als Trauerkloß neben ihrem Bett sitze und keine Energie habe, weil ich den Schmerz nicht verarbeite, der unweigerlich da ist.

Jacqueline dagegen kann sich kaum an das "Vorher" erinnern. Es gibt Dinge, die weiß sie. Aber emotional ist bei ihr kein: "Schade, dass es jetzt nicht mehr ist." Glaube ich zumindest nicht. Aber vielleicht kommt es noch.

Eine Ärztin hat sie heute beobachtet, wie sie versucht hat aufzustehen. Jacqueline hat sich angestrengt, den Oberkörper vorgebeugt, mit der linken beweglichen Hand nach vorne in die Luft gegriffen – aber sie hat sich trotz aller Anstrengung nicht hinsetzen können. Dadurch hat sie "erfahren", dass sie gelähmt ist. Vom Verstand her begreifen kann sie es irgendwie nicht. Logisch, das Gehirn ist ja auch nicht vollständig funktionsfähig. Jedenfalls sagte die Ärztin, dass es wohl ganz schön schwer sei aufzustehen – und dass es für Jacqueline wohl auch schlimm sein müsse. Da sagte Jacqueline: "Das stört mich nicht."

Sie kann definitiv nicht sehen, was ich durchmache. Ich hoffe, dass ich es ihr später mal erzähle und mit ihr teilen kann, vielleicht wenn sie nachträglich meine E-Mails liest, in denen ich über unser Schicksal berichte. Aber im Moment kann ich das alles nicht mit ihr teilen. Ich kann nur ihren allmählichen Befreiungs- und Wachstumsprozess mit ihr teilen und sie darin mit ganzem Herzen begleiten.

Wenn ich nicht täglich in die Klinik fahren würde, hätte Jacqueline niemanden, mit dem sie sich regelmäßig über das austauschen könnte, was sie gerade erlebt. Außerdem ist sie die einzige Patientin auf der Intensivstation, die täglich so lange massiert wird und körperliche Berührungen erfahren darf.

Bisher haben uns einige Menschen etwas gespendet und ich bin unendlich dankbar dafür! Diese Menschen habe ich auch hier in den Verteiler für die wöchentliche E-Mail mit aufgenommen. Diese Spenden erleichtern uns Vieles sehr sehr sehr! (Ich habe mich noch nicht bei allen persönlich bedankt – werde es aber noch tun!).

Gleichzeitig möchte ich noch einmal meinen Spendenaufruf wiederholen. Und ich möchte betonen, dass ich hier NICHT die Absicht habe, Jacquelines Schicksal dafür zu nutzen, um Geld zu machen. Dieser Gedanke liegt mir absolut fern. Falls Jacqueline unerwarteter Weise wieder schnell auf die Beine kommt und ich benötige das gespendete oder geliehene Geld nicht mehr FÜR SIE, werde ich den Rest sofort zurückzahlen bzw. alle Spender informieren, wie der Stand der Dinge ist und die Möglichkeit anbieten, das Geld zurückzugeben.

[…]   Liebe Grüße von Olaf

Morgens (immer noch Montag, 27.3.)

Meine Panik ist: Ich versuche die alte und neue Jacqueline irgendwie zusammenzuhalten. Das geht natürlich nicht …

Sie entdeckt sich selbst neu, während ich/wir uns von der gewohnten Vergangenheit verabschieden müssen. Besonders ich, weil unsere Lebensrhythmen aufeinander eingestellt waren.

Wenn ich so darüber nachdenke, dann kann ich mir sehr gut vorstellen, dass fremde Menschen, die Jacqueline vorher nicht gekannt haben, sie als „verwirrt" einstufen würden. So eine Einstufung würde nur passieren, wenn andere Menschen nicht verstehen und nicht nachvollziehen können, warum sie sich so verhält, wie sie sich verhält. Für mich ist Jacqueline klar – doch manche Sachen funktionieren eben nicht so, wie sie vorher funktioniert haben. Ich könnte niemals den Begriff „verwirrt" einsetzen, denn das ist sie nicht.

Ihr Gedächtnisproblem wird meiner Ansicht nach vom Krankenhaus eher aufrechterhalten, weil täglich die PflegerInnen wechseln. Sie erlebt keine Konstante für Erinnerungsanker. Aber vielleicht ist das auch gerade gut, weil sie sich dann mehr bemühen muss, ihre Situation zu verstehen und sich auch an die Pflegepersonen zu erinnern? Man kann nur spekulieren.

In der Klinik

Jacqueline schaut auf ihre rechte Seite und sagt: „Da fehlt was." Dann ertastet sie mit ihrer linken Hand die rechte Seite. Als ob sie da etwas neu entdeckt oder kennenlernt.

Sie will immer wieder auf's Klo gehen. Und ich erzähle ihr immer wieder, dass sie einen Katheder hat und es einfach fließen lassen kann. Erst später erzählt mir eine Pflegerin, dass der Blasenkatheder innerhalb der Blase das Gefühl anregen kann, dass man auf's Klo muss. Schrecklich. Da hat man eine Hilfe, um eben nicht aktiv auf's Klo laufen zu müssen – und gleichzeitig führt diese Hilfe dazu, dass man vermehrt auf's Klo gehen will.

Nachdem sie eine Runde geschlafen hat, wacht sie wieder auf und erzählt mir nach einem Traum:

„Ich habe gerade eine Beleudigungserfassung gemacht, dass ich in ein neues Leben rausgehen kann."

22.47 Uhr, Rund-E-Mail

Heute Morgen bin ich von einer Mitarbeiterin der Klinik angerufen worden. Es ging um die Entscheidung bezüglich einer Reha-Klinik und einem Antrag an die Krankenkasse.

Ich habe der Frau mitgeteilt, dass ich mir das erst überlegen müsse, denn es steht die Entscheidung an, ob die Reha in der Umgebung von B. oder in der Umgebung von Karlsruhe stattfinden soll. Ich will ja dabei sein, in ihrer Nähe sein (so, dass es sie nicht belastet), und gleichzeitig möglichst in Karlsruhe oder B. übernachten können. In anderen Orten müsste ich mir dann eine Ferienwohnung anmieten.

Bis morgen früh muss ich eine Entscheidung gefällt haben. Und deswegen möchte ich mich heute Abend noch darum kümmern und mir mehrere Möglichkeiten genauer anschauen. Inzwischen habe ich mir auch schon eine Liste von der Zeitschrift "Focus" mit einer Übersicht über Deutschlands beste Reha-Kliniken heruntergeladen.

Auf jeden Fall gilt bei der Entscheidung aber: Es soll eine möglichst angenehme Klinik für Jacqueline sein. Mit viel Natur drum herum. Mein Wunsch, in ihrer Nähe zu sein, steht an zweiter Stelle. Irgendwie werde ich diesen Spagat vielleicht hinbekommen. Aber letztendlich entscheidet dann doch die Krankenkasse – und das Universum, denn es ist ja auch die Frage, wo ein Platz frei ist.

Weil ich mich heute Abend noch um die Rehas kümmern möchte, schreibe ich jetzt nur das Wichtigste:

Am Vormittag hatte ich das Gefühl, bei der Aufstellung im Seminarraum eine kleine Veränderung vorzunehmen. Für mich fühlte es sich so an, dass das Fühlfeld für Jacqueline sich von der kuscheligen Nähe von mir wieder löst und beginnt, sich auf die rechte Seite der Matratze (die ja für Jacquelines Körper steht) zu konzentrieren. Als ob Jacqueline sich nun mehr auf ihre gelähmte Seite zu konzentrieren beginnt. So war meine Deutung.

Heute entschloss ich mich, mal eine kleine Überraschung auszuprobieren: Ich zog ihre bunte Jacke an. Denn mir wurde von mehreren Pflegern empfohlen, Dinge von zu Hause mitzubringen, die Jacqueline kennt, um ihr Gehirn und ihr Gedächtnis positiv zu stimulieren.

In der Klink (12.30 Uhr) war der erste Satz von ihr: "Du hast meine Jacke an" – und das ziemlich klar ausgesprochen. Ich war erleichtert, denn ich erlebte, dass ihr Gedächtnis doch gut funktioniert. Besser als die Pfleger mir suggeriert hatten.

Später sagte sie noch: "Sieht komisch aus" – und dann: "Finde ich aber schön."

Als die Pflegerin reinkam, sagte sie, dass Jacqueline heute beim morgendlichen Waschen intensiv damit begonnen hat, ihre gelähmte

Körperseite zu beobachten. Sie soll gesagt haben: "Dass ein Arm soooo schwer sein kann!" Ihre Aufmerksamkeit auf die gelähmte Seite habe ich wohl parallel in der Aufstellung mitfühlen können. Spannend! Als ich fragte, ob sie wüsste, wie ich heiße: "Olaf natürlich." Dass sie gestern noch Oliver zu mir gesagt hatte, konnte sie nicht mehr erinnern.

Und ich habe wieder kleine Englisch-Lektionen von ihr erhalten.

Als ich ihr erzählte, dass sie schon 9 Tage auf der Intensivstation sei, machte sie einen sehr erstaunten Gesichtsausdruck und sagte: "oohh!"

Am späten Nachmittag erzählte ich es ihr testweise noch einmal, und sie war schon wieder so erstaunt – hatte meinen Bericht ein paar Stunden vorher wieder vergessen.

Ich vermute inzwischen, dass die Phasen, in denen sie immer wieder tief entspannt und einschläft, ziemlich viel in ihrem Gehirn verändern. Ich glaube, es bewegt sich sehr viel, so dass sie Gedächtnisinhalte nicht in den Langzeitspeicher übernehmen kann.

Außerdem haben die ÄrztInnen bei der linken Gehirnhälfte die Drainage wieder geöffnet, so dass heute wieder Hirnflüssigkeit abfloss. In der vergangenen Nacht sei sie zu unruhig gewesen und der Hirndruck war über längere Zeit zu hoch. Also – Experiment von gestern mit komplett verschlossenem Hirn hat noch nicht so geklappt, wie es sich die ÄrztInnen vorgestellt hatten.

Irgendwann sagte sie, dass sie zuversichtlich sei, dass das mit dem Arm und dem Bein irgendwann wieder werden wird. Und eine Stunde später hatte sie schon wieder vergessen, dass sie mir das erzählt hat.

Außerdem sind wir nun das erste Mal an den Punkt gekommen, an dem sie gesagt hat, ich solle sie nicht so betüdeln. Da war ihr dann die Massage von mir zu viel.

Je bewusster sie wird, umso mehr beginne ich, darüber nachzudenken, ob ihr das später recht sein wird, dass ich so viel über sie in einem E-Mail-Verteiler anderer Menschen erzähle.

Es könnte also sein, dass ich die ausführlichen Erzählungen noch ein wenig mehr zu reduzieren beginne. Ich bleibe bei täglichen E-Mails – aber vielleicht in Zukunft kürzer. Mal schauen.

Heute auf jeden Fall kürzer, weil ich mich noch über Reha-Kliniken informieren möchte.

Fazit von heute: Sie spricht noch deutlicher. Und ich habe zwischendrin gedacht, dass ich im Grunde ein Prozess von einem Baby miterlebe – nur viel schneller. Ein Mensch, der am Anfang weder Laufen noch Sprechen kann. Und im Laufe der Zeit wird er bewusster, beginnt zu sprechen und (hoffentlich!) dann auch zu laufen. Und je bewusster dieser Mensch wird, umso weniger ungebetene Hilfe möchte er. Lieber "selber machen". Ist ja auch viel besser für sie.

Sie hat heute schon mehrfach probiert aufzustehen – natürlich ohne Erfolg. Die rechte Seite ist immer noch gelähmt – aber sie sagt, dass sie alle Berührungen fühlen kann. Wie bereits erzählt: taub fühlt sich die Seite nicht mehr an.

Der Heilungsprozess geht momentan konstant voran. Und ich bin auf den Boden der Tatsachen angekommen und erlebe, wie viel Zeit ein solcher Heilungsprozess benötigen kann. Ich habe das Gefühl – Jacqueline ist recht schnell. Trotzdem langsamer, als ich in den ersten Tagen erhofft hatte. Mein Gefühl diesbezüglich musste sich erst einpendeln.

Die Trauer, über die ich gestern in der großen Rund-E-Mail noch schrieb, ist für mich heute nicht mehr zugänglich. Bin nun mehr im "Organisationsmodus" bezüglich Reha.

Ich bin gespannt, wie es weitergeht.

Eine Sache noch: Heute Morgen habe ich gedacht, dass es so ähnlich ist, wie wenn sich eine Partnerin von mir getrennt hat und ich gleichzeitig eine neue Liebe kennenlerne. Das Ergebnis sind natürlich verwirrte Gefühle. Auf der einen Seite der notwendige Verabschiedungsprozess, die Trauer über alles Verlorene – auf der anderen Seite gleichzeitig die Erfahrung von viel Neuem, von Freude, von Glücksmomenten bezüglich eines schönen und neuen Wachstumsprozesses. Schon verrückt!

Heute ist die Trauer wieder im Hintergrund – aber die nächste Phase folgt bestimmt ...   Euer Olaf

Abends, Empathie-Schule

Das mag ich niemandem schreiben. Nur hier im Tagebuch: Heute Abend hat sie ja in einem Moment gesagt, dass ich sie nicht so betüdeln soll. Ich habe dann mit der Massage, die ich gerade angefangen hatte, sofort wieder aufgehört. Ein bisschen hat mich das getroffen. Hier konnte ich nicht die übergeordnete Ebene einnehmen und mir klar machen, dass Jacqueline momentan keinen Überblick hat und nach einer kurzen Zeit wieder vergessen hat, was vorhin war.

Eigentlich war das ein Zeichen dafür, dass das, was ich gerade gemacht habe, für sie unangenehm war. Es hat nicht gepasst. Die dazu benutzte Formulierung ist ein Spiegel für mich. Hinter der kleinen emotionalen Verletzung in mir steckt der Wunsch, in dem, was ich für sie tue, auch gesehen zu werden.

Nein – diesen Wunsch muss ich komplett aufgeben. Jacqueline ist die Geschädigte und benötigt Hilfe. Nicht ich bin der Verletzte und benötige Anerkennung von Jacqueline. So herum ist es komplett verkehrt!

Milton Erickson (sehr erfolgreicher und bekannter amerikanischer Hypnotherapeut) hat bei seinen Klienten auch nicht „kontrolliert", ob es letztendlich etwas geholfen hat. Er hat dafür gesorgt, dass die Leute seine Hilfe wieder vergessen, damit es unbewusst ablaufen kann und derjenige sich autonom fühlt.

Auch der Pfleger hat meine Massage kurz kritisiert, weil er meinte, dass dadurch der Blutdruck gestiegen sei.

Dass man hier nun gegen mich zu sein scheint, liegt definitiv an mir. Hier kann ich noch nicht die übergeordnete Ebene einnehmen – wobei ich das aber jetzt gerade mache. Irgendwie gehört das auch dazu – das ist nun mein Thema, das ich zu bearbeiten habe, und das mich auch wieder in die Gegenwart zurückholt. Da kann ich noch von einem bestimmten Bedürfnis loslassen.

Übrigens: Bis heute knapp 9000,- € Spenden für die Genesung von Jacqueline. Wow!

Kommentar 2018

Dass Jacqueline in der vergangenen Nacht tendenziell unruhig war, erkläre ich mir dadurch, dass nicht der Hirndruck zu hoch war, sondern dass sie durch das Schließen der Drainagen wacher und bewusster wurde, ihr Hirn wieder besser arbeiten konnte und ihre Vigilanz sich besserte. Und in dieser wachsenden Bewusstheit fehlte ich ihr nachts. Besonders nachdem ich gegangen war, stieg in der darauf folgenden Stunde der Blutdruck als auch der Hirndruck an. Sie hatte niemanden, den sie kannte und dem sie vertrauen konnte. In so einer Situation muss sie natürlich auf sich selbst aufpassen und kann nicht einfach so entspannt schlafen. Vor allem, wenn sie sich die neuen Dinge nicht so gut merken kann und sowohl den eigenen Zustand immer wieder vergisst als auch das ungewohnte Umfeld und die permanent wechselnden fremden Personen um sie herum. Aufgrund dieser Angst steigt natürlich der Hirndruck. Man hat ihr dann Beruhigungsmittel gegeben.

Ich habe rückblickend den Eindruck, dass die ÄrztInnen Jacquelines kämpferische Persönlichkeit nicht gekannt hatten und nun selbst ängstlich wurden, als ihre Energie allmählich durch den Heilungsprozess zum Vorschein kam. Ich empfinde die Entscheidung, die linke Drainage wieder zu öffnen, nun als erste unnötige „Bremse" ihres Heilungsprozesses. Hätten die ÄrztInnen offen mit mir kommuniziert, dann hätte ich ihren Überlegungen noch einige Aspekte hinzufügen können. Vielleicht hätten sie dann anders entschieden.

Jetzt denke ich mir, ob die ÄrztInnen übervorsichtig waren oder mit dem Schließen der Drainagen vielleicht nur die Folgen der Überdrainage (verengte Ventrikel) wieder rückgängig machen wollten? Denn bei der nächsten CT am kommenden Mittwoch (29.3.) waren die Ventrikel wieder normal geweitet. Schade, dass sie die linke Drainage nicht noch länger verschlossen gehalten und abgewartet haben, ob es sich bei Jacqueline „einpendelt".

Trotzdem: Das war der Weg, den wir gehen sollten. Und auch das gehört dazu.

Hochspannend: Ich habe gerade bei der Arbeit an diesem Buch wieder einen Blick in die Patientenakte geworfen und in den aufgezeichneten Messkurven vom Sonntag (26.3.) und Montag (27.3.) nur minimal erhöhte Hirndruckwerte gefunden. Der ICP *(Intra Cranial Pressure)* ist normal in einem Bereich zwischen 5 und 15 mmHg *(mmHg = Millimeter Quecksilbersäule).* Eine „mäßige" Erhöhung liegt zwischen 15 und 25 mmHg. Jacquelines Werte lagen zwischen 8 und 19 mmHg. Und heute Morgen gegen 6 Uhr, bevor die rechte Drainage wieder geöffnet wurde, lag der Druck bei 20 mmHg. Meiner Ansicht nach war es nicht zu bedrohlich. Aber es gibt die ärztliche Sichtweise, dass ein Druck, der länger als 1 – 2 Minuten über 15 mmHg liegt, therapiepflichtig ist. Dazu kommt, dass das Messgerät für den Hirndruck nach so langer Zeit nicht mehr zuverlässige Werte abgibt. Und auch nach der Öffnung der Drainage waren am folgenden Abend wieder erhöhte Hirndruckwerte messbar. Also – ich sehe, es ist nicht so einfach, so etwas zu entscheiden.

Auf jeden Fall aber erkenne ich die folgende Chance, die in unserer gegenwärtigen Datenschutzgesellschaft leider noch nicht genutzt wird: ÄrztInnen können ihre Sichtweisen erweitern, wenn sie die Erfahrungen von Angehörigen mit den PatientInnen integrieren. Und die Angehörigen können ihre Sichtweisen erweitern, wenn sie ärztliches Wissen und Erfahrungen der ÄrztInnen integrieren. Diese Zusammenarbeit und Integration von verschiedenen Sichtweisen führt zu neuen und stimmigeren Sichtweisen, die den PatientInnen noch besser bei ihren Heilungsprozess dienen können.

Ich finde es bemerkenswert, dass sie nach einem Traum gesagt hat: „Ich habe gerade eine Beleudigungserfassung gemacht, dass ich in ein neues Leben rausgehen kann."

Google zeigt mir für „Beleudigung" altdeutsche Schriften, in denen es so aussieht, als stünde dort „Beleudigung". Aber in Wirklichkeit ist es so zu lesen: „Beleydigung" Vielleicht hat sie in ihrem Traum die richtige Schreibweise erlebt und selbst anders gedeutet? Das Ypsilon als „u" interpretiert? Und war diese Beleudigungserfassung eine Überprüfung ihres bisherigen Lebens und ihr wurde eine neue, zweite Chance gegeben?

Und war das wirklich „nur" ein Traum in ihrem momentanen Zustand? Oder hatte sie etwa Kontakt zu einer anderen „Ebene"? Wir wissen es nicht ... alles ist möglich ... alles gehört dazu ...

10. Tag, Dienstag, 28.3.2017

Ausgearbeitete Notizen aus Ringhefter und Computertagebuch

Vormittags

Beim Einfühlen in die heutige Aufstellung fühle ich in der Allgemein-Aufstellung viel Freude, sowohl bei Jacqueline als auch bei Olaf. Beide stehen sich gegenüber und lächeln sich strahlend an. Jacqueline hat mehr Freude – Olaf freut sich mit. Es ist bei ihm noch nicht so viel Freude da, wie bei Jacqueline.

In der Körper-Aufstellung liegt ein Fühlfeld für Jacqueline neben der Matratze (Jacquelines Körper) im Hüft/Kniebereich, worauf sie sich nun konzentriert (sie schaut sich selbst an).

Ich habe zwei bunte Kissen rechts und links neben ihren Kopf (Matratze) neu dazugelegt. Das Fühlfeld, das mich repräsentiert, steht nahe bei ihr – ich bin da für sie.

Zum Schluss ist mir noch eingefallen, ein Fühlfeld „U" als optimalen universellen Schutz und Rahmen für die Heilung neu dazuzustellen. Zu beiden Aufstellungen. Fühlt sich gut an.

Mittagspause in der Klinik

Es klappt jetzt, wenn ich einfach aktiv bin und ihr erkläre, was ich tue. Ich habe keine Unsicherheit mehr. Sie darf ja jederzeit widersprechen oder eine Grenze setzen. Auch wenn ich spüre, dass es ihr nicht gut tut, höre ich sofort auf. Seitdem kommt kein „Betüdel mich nicht so" mehr von ihr.

Eine große Änderung von gestern zu heute habe ich nicht gemerkt. Aber so war es schon öfter – und dann gab es abends Fortschritte.

Da Jacqueline viel redet, habe ich die Chance zu sehen, was in ihrem Gehirn teilweise vorgeht. Auch wenn ich sie momentan noch nicht immer verstehe.

Jacqueline A habe ich verloren. Jetzt lerne ich Jacqueline B kennen – mit dem Hintergrund von Jacqueline-A´s früheren Mustern.

Doch – es war etwas neu! Als ich kam, hat Jacqueline gelächelt und war auch etwas erstaunt. „Ich dachte, du kommst später!"

Seit zwei Tagen ist die Zeitumstellung und ich komme tatsächlich eine Stunde früher!

Wir sind im Kontakt und wir haben uns ganz doll lieb.

Und sie hat mir das erste Mal damit vermittelt, dass sie sich Gedanken über mich macht, wann ich komme.

Zu mir: Allmählich aktiviere ich wieder mein „Genialgefühl". Das bedeutet, dass ich ein freudiges und begeistertes Gefühl habe, dass sich irgendetwas Geniales aus dieser Situation entwickeln wird. Und auch die Reha-Klinik wird mich darin unterstützen. Selbst wenn sie nicht „optimal" ist. Sie steht zumindest in der Focus-Liste.

Etwas Geniales an dieser Situation ist bereits jetzt da: Jacquelines Heilungsprozess ist für den Anfang finanziert. Wir haben inzwischen schon 11.000 € Spenden, die uns den Rahmen für unser Zusammensein geben.

Momentan glaube ich, dass die meiste Trauer vorüber ist. Und ich mache es jetzt, wie die Schmiederer-Kliniken: Ich erforsche die Situation und was das Beste für Jacqueline sein könnte und wende es praktisch an!

Später: Ich habe ihr über eine Stunde Reiki an der linken Körperhälfte und der rechten Gehirnhälfte gegeben. Jetzt schläft sie. Ich visualisiere die Wunde in ihrem Kopf und rede mit der Wunde. Nach einer Weile hat sie sich dann von selbst geschlossen (wie man eine Autotür von innen zumacht). Von außen wird die Wunde noch gestreichelt – von anderen Teilchen. Die Wunde bzw. Stelle freut sich und das Blut fließt wieder mit Geborgenheitsgefühlen ihre „normalen" Bahnen.

Später

Jacqueline sagte: „Zwei Männer haben mich belästigt. Stimmt das?"

Ich: „Mit Anfassen?"

Sie: „Mit Worten."

Ich: „Könnte sein, das weiß ich nicht." Dabei dachte ich an zwei Pfleger, die sie vielleicht anders lagern wollten, damit ihr Körper keine Druckstellen entwickelt. Und vielleicht waren sie dabei ungeduldig mit ihr.

Abends, Empathie-Schule

Körper-Aufstellung: Jacqueline (Fühlfeld) und Olaf (Fühlfeld) stehen wieder ganz kuschelig nebeneinander. Zwei große bunte Kissen auf den beiden Hirnhälften (Matratze). Vom großen Herz gehalten. Am Fußende jeweils rechts und links zwei grüne Kissen dazu.

Allgemein-Aufstellung: Jacqueline steht wieder in der Ecke des Teppichs und schaut auf die Liege, die außerhalb des Teppichs steht. Ich stelle ein „lösendes Element" hinter Jacqueline und muss auf dem Fühlfeld von Jacqueline stehend ganz viel und heftig weinen – und danach geht es mir besser. Ob es meine Tränen oder Jacquelines Tränen waren, ist egal.

23.02 Uhr, Rund-E-Mail

Heute hat sie mir gesagt, dass es anstrengend für sie ist, wenn ich ihr gelähmtes Bein bewege.

Das ist ein gutes Zeichen und macht mir weiter Mut. Denn dann kommt es bei ihr innerlich an. Würden meine Bewegungen ihrer gelähmten Gliedmaße bei ihr keinerlei Gefühle auslösen, dann käme es auch nicht in ihrem Gehirn an.

Ich merke es auch selbst in gewisser Weise. Sobald ich ihre gelähmte Körperhälfte zu massieren beginne, driftet sie meistens ab, wird schläfrig, müde, schläft ein. Ich vermute, dass das Gehirn dann fleißig zu arbeiten beginnt und in eine Art "Trance" rutscht. Und ihr Gefühl der Anstrengung kommt möglicherweise dadurch, dass sie diese beginnende Müdigkeit spürt und wach bleiben möchte – und das macht die ganze Sache anstrengend.

In der letzten E-Mail schrieb ich, dass ich mich um das Thema "Reha-Klinik" kümmern würde. Ich hatte gestern Abend und heute Morgen ziemlich viel damit zu tun. Erst einmal habe ich mir die aktuelle Liste von Top-Reha-Kliniken der Zeitschrift Focus heruntergeladen – und darin dann eine tolle und gut bewertete Klinik gefunden, die sich in H. befindet. Nachdem ich weitere Kliniken dieser Focus-Liste angeschaut hatte, blieb ich letztendlich bei dieser Klinik.

Am nächsten Morgen telefonierte ich mit dem sozialen Dienst des Krankenhauses B., in dem Jacqueline gerade ist. Die Frau sagte mir, dass die Krankenkasse von Jacqueline (TK) diese Klinik nicht bezahlt. Und sie sagte mir auch, dass Krankenkassen nach wirtschaftlichen Aspekten entscheiden dürfen. Die TK bot stattdessen folgende Kliniken in der Nähe von Karlsruhe an: K. und G. Diese Kliniken standen aber nicht auf der Focus-Liste der Top-Kliniken und außerdem fühlte ich mich unwohl, als ich die jeweils neurologischen Abteilungen dieser Kliniken im Internet anschaute. Letztendlich erhielt ich noch die Info, dass bei Wünschen von Angehörigen die Krankenkasse die Fahrtkosten nicht übernimmt – den Transport von B. nach K. oder G. Ich rief die TK direkt an und erhielt diese Infos bestätigt. Dann rief ich die Johanniter an, die so einen Transport übernehmen würden, und sie sagten, dass es 3,- € pro Kilometer kosten würde – plus eine Pauschale von knapp 200,- €. Ich rechnete aus: B. – K. und zurück (ca. 640 km) – rund 2100,- €. Heftig!

Es gibt aber eine Neurologische Reha-Klinik, die auf der Focus-Liste der Top-Kliniken draufsteht: Die Reha-Klinik, die gleich hier in B. an das Krankenhaus angegliedert ist. Jacqueline müsste nur mit ihrem Bett dorthin gerollt werden.

Und die Krankenkasse hat gesagt: Wenn Jacqueline aus der "Phase B" heraus ist (Phase B heißt: Schwerstbehinderung und Frührehabilitation, d. h. es sollte gleich nach dem Krankenhausaufenthalt ohne Wartezeit mit der Reha begonnen werden) und in die Phase C kommt, dann könnte man auch die Reha-Klinik wechseln.

Eine Klinik zu wählen, die sich irgendwo zwischen B. und Karlsruhe befindet, halte ich für unstimmig, da ich der einzige bin, der Jacqueline regelmäßig besucht – täglich, der ihre Hauptbezugsperson ist, der sich kümmert. Und dann macht es keinen Sinn, eine Klinik zu suchen, zu der ich täglich viele Kilometer hinfahren muss und viele Fahrkilometer und Fahrtzeit "verschwende" – während andere Angehörige oder Freunde vielleicht maximal drei Mal die Woche kommen und dann nur eine Stunde bleiben ... und das auch nur zu Besuch und nicht zu Trainingszwecken.

Ich habe mich letztendlich also für die Reha-Klinik hier in B. entschieden. Ich fahre nur 10 Minuten mit dem Auto von der Empathie-Schule dorthin – und ich darf bei den Therapiemaßnahmen dabei sein, darf zugucken, darf lernen – immer Jacquelines Wohl im Auge habend. Sobald sie sich durch mich gestört, überfordert, gebremst, betüdelt etc. fühlen sollte, ziehe ich mich gerne zurück. Außerdem kann ich ja auch noch ihre Therapeuten darin beraten, wie man gut mit ihr umgehen kann – und dass z. B. "Grenzen setzen" (ohne vernünftige Erklärungen) wenig sinnvoll ist, weil Jacqueline immer stärker ist, wenn sie was will (und dann auch ihr Blutdruck steigt).

Ich habe bereits mit dem dort tätigen Therapiekoordinator gesprochen, der auf mich einen offenen Eindruck machte und mir erlaubte, auch bei allen ärztlichen Therapie-Planungen dabei zu sein.

Mein Plan ist, nach dieser Frührehabilitation Jacqueline anschließend in eine andere Reha-Klinik wechseln zu lassen – näher an Karlsruhe dran.

Diese erste Phase der Frührehabilitation dauert meist – laut Krankenkasse – 3 bis 4 Wochen. Und danach kann ich sie dann selbst mit dem Auto fahren – oder ihre Tochter holt sie ab (Rollstuhl passt hinten in Jacquelines Auto) und wir fahren mit zwei Autos Kolonne.

Angenommen Jacqueline kommt in zwei Wochen aus der Intensivstation und bleibt dann noch 4 Wochen, dann wäre sie ungefähr in 6 – 7 Wochen in Karlsruhe.

Ich denke, das dürften alle Angehörigen verstehen können. Und bis dahin ist sie ja vielleicht schon wieder ein bisschen mehr auf den Beinen und fitter im Kopf. Sie steht ja momentan noch ziemlich unter "Drogen" (Schmerzmittel) und blutdrucksenkenden Mitteln (die Wunde im Kopf soll ja nicht wieder aufplatzen).

Die Krankenkasse hat sofort den Antrag bewilligt, dass Jacqueline in B. bleibt. Als ich am Telefon die Zustimmung erhielt, war ich so erleichtert, dass erst einmal wieder Tränen kamen …

Soweit zur Reha.

Heute habe ich auf ein Blatt Papier ein Herzchen aufgemalt und es ihr gezeigt und gefragt, was ich da gemalt habe. Sie sagte spontan: "Zwei Herzchen."

Da die Augen noch nicht wieder zusammenarbeiten können, sondern sie ein bisschen schielt, sieht sie alles doppelt.

131

Ansonsten ist heute nicht sehr viel passiert, weil sie dieses Mal mehr blutdrucksenkende Mittel erhalten hat als gestern. Und dann ist sie immer schläfriger. Heute hat sie beispielsweise mit ihrer linken Kopfhälfte auf meiner rechten Hand geschlafen, während ich ihr über eine Stunde auf der geschädigten Hirnseite Reiki gegeben habe.

Auch wenn ich es schon mal so ähnlich geschrieben habe: Nach zehn Tagen ist mir jetzt noch klarer, wie schwer Jacqueline geschädigt ist und dass es nicht so schnell besser wird, wie ich es mir gewünscht hätte. Und dann wurde sie auch noch von der Krankenkasse durch die Arzt-Berichte in "Phase B" (s.o.) eingestuft. Außerdem gibt es den "Barthelindex", wo die Krankenkasse eine "-90" stehen hat ... aber ich glaube, das bezieht sich auf den Frühreha-Barthel-Index, durch den ich nicht so ganz durchsteige. Ich hab´s im Internet versucht ... egal ...

Was auf jeden Fall schön ist: Sie ist zwar vergesslich, aber nicht orientierungslos. Sie erkennt mich sofort, lächelt mich an, freut sich, dass ich komme, ist ein bisschen traurig, wenn ich sie abends wieder verlasse, versteht es aber sofort, wenn ich es ihr erkläre, dass ich nicht übernachten kann. Sie ist sehr einsichtig, wenn sie einsichtige Erklärungen erhält. Sie sagt "verstehe" – und lehnt sich zurück.

Heute habe ich mal etwas anderes ausprobiert. Immer wenn ich ihr eine Behandlung angeboten habe, habe ich ihr erklärt, was ich jetzt tue. Sie hat genickt und genossen.

Bis gestern habe ich öfter gefragt: "Möchtest du jetzt eine Massage?" "Möchtest du dies? Möchtest du das?" – und dann kam irgendwann der Hinweis, dass ich sie zu sehr betüdeln würde. Das war ein klarer Spiegel für mich, den ich jetzt genutzt habe. Ich frage jetzt nicht mehr unsicher und mache mich dabei klein – sondern ich kündige an, was ich mache, und mache es dann. Und wenn sie es gerade nicht möchte, dann sagt sie es – und ich höre auf und warte, bis ich den nächsten Impuls verspüre, etwas zu tun. Manchmal liegt da eine längere Schlafphase von Jacqueline dazwischen, bevor ich wieder etwas tue (wie z. B. Fußmassage). Mein Gefühl ist da schon recht gut geworden, wann es passt, wieder etwas zu tun, und wann es passt, sie ausruhen zu lassen. Und manchmal ruht sie auch aus und schläft ein, während ich was tue (z. B. bei Reiki).

Heute konnte sie sich wieder nicht an meinen Namen erinnern. Aber egal – ich warte ab, wie ihr Gedächtnis ist, wenn sie nicht mehr unter so starkem Medikamenten-Einfluss steht und wenn der Kopf endlich wieder vollständig verschlossen ist und die kleinen Löchlein für die Schläuche endlich heilen dürfen.

Was ich heute bemerkt habe: Sie hat einen gewissen Zeitsinn – zumindest hat sie da manchmal drauf Zugriff.

Denn als ich heute gegen 12.30 Uhr gekommen bin, schaute sie etwas erstaunt, lächelte dann und sagte: "Ich dachte, du kommst später."

Und sie hat ja auch in gewisser Weise Recht: Die letzten Tage bin ich immer so gegen 13 Uhr gekommen – manchmal auch schon kurz nach 12. Aber wir hatten ja die Zeitumstellung vor zwei Tagen – und nach "alter" Zeit war ich jetzt schon 11.30 Uhr da. Klar dass sie das Gefühl hatte, dass ich früher als sonst gekommen bin. Irgendetwas in ihr hat "gespeichert", wann ich die vorigen Tage gekommen bin.

Außerdem hat sie mir mit dieser Aussage noch etwas vermittelt. Sie hat dadurch ausgedrückt, dass sie sich auch während meiner Abwesenheit Gedanken macht, wann ich wohl komme, und dass sie in gewisser Weise auf mich wartet. Hier funktioniert ihr Gedächtnis offensichtlich irgendwie.

Übrigens bin ich heute Morgen ohne Panikgefühl aufgewacht. Ich hatte als erstes den Gedanken an sie – und dass sie selbst keine "Panik" hat, sondern eher ihren Zustand Schritt für Schritt erforscht. Ich dachte daran, dass sie immer wieder neu experimentiert und mehrfach am Tag aufstehen will und dann immer wieder die Erfahrung macht, dass es ja gar nicht geht. Ich glaube, die Dinge, die mit dem geschädigten Hirnbereich irgendwie in Verbindung stehen, werden von ihr schnell vergessen. Und da ich ja ihr Mann bin und wir seit dreizehn Jahren zusammen sind, bin ich wohl in vielen Hirnbereichen präsent, so dass sie immer wieder weiß, wer ich bin (wenn auch manchmal als "Ihr Mann ohne Namen").

Morgen Vormittag ist nun der Kontakt zu ihrer Bank dran. Ich muss fragen, unter welchen Bedingungen ich auf ihr Konto zugreifen darf, damit ich bestimmte Daueraufträge streichen kann, die nun zunächst einmal nicht mehr nötig sind. Liebe Grüße von Olaf

Kommentar 2018

Zu dem Transport von B. in die Heimatstadt Karlsruhe und wer so etwas zahlen könnte: Dass auch der ADAC solche Transporte für seine Mitglieder innerhalb Deutschlands übernimmt, wenn man eine Plusmitgliedschaft hat, wusste ich zu dem Zeitpunkt noch nicht. Außerdem teilte man mir später mit, dass ein Arzt eine Verlegung in Heimatnähe verordnen und ausführlich begründen kann – und dann muss die Krankenkasse den Transport zahlen. Allerdings hängt das vielleicht noch von der Krankenkasse ab. Das müsste man prüfen.

Wenn wir jetzt auf diese Weise zurückdenken, dann sehen wir immer noch, dass es stimmig war, in B. zu bleiben und erst später nach Karlsruhe zurückzukommen. Ein Ortswechsel wäre zu diesem Zeitpunkt noch nicht stimmig gewesen.

11. Tag, Mittwoch, 29.3.2017

Ausgearbeitete Notizen aus Ringhefter und Computertagebuch

Morgens im Bett liegend

Ich habe einen Ohrwurm und höre permanent den Klingelton der Kliniktelefone der PflegerInnen und ÄrztInnen. Handys waren früher auf Intensivstationen verboten. Jetzt kommunizieren alle darüber, weil die elektronischen Geräte nicht mehr durch Handys beeinflusst werden und es für die ÄrztInnen und PflegerInnen praktischer für die interne Kommunikation ist.

Ich fühle die Panik: Es wird nicht genug für Jacqueline getan. In den ersten Tagen dachte ich, dass das Blut abgebaut wird und sich dadurch ihr Gehirn von selbst befreit. Man müsse nur warten. Nein. Ist nicht so.

Jetzt hoffe ich, dass nach der Absetzung der aktuellen Medikamente (Schmerzmittel, Blutdrucksenker etc.) sich noch etwas in ihrem Gehirn befreit. Aber sie wird ja auch nach der Intensivstation weiter Tabletten erhalten …

Ich habe den Eindruck, dass die „störrische" Seite von Jacqueline allmählich verschwindet.

8 Uhr Aufstellung für die rechte Körperhälfte

Die rechte Körperhälfte sagt wie ein Kind: „Ich will zu Mama!"

Kind und Mama (Jacqueline) finden sich, umarmen sich und weinen viele Tränen!

Ich denke an Jaquelines Zuversicht: „Das wird schon wieder."

Ist ihre Zuversicht eine Vorahnung?

Die rechte Körperhälfte spiegelt ein „Nach-Hause-Kommen zur Allverbundenheit". *Das* wollen *alle* Menschen.

Das zustimmende Wahrnehmen ist bereits ein Heilungsschritt.

Rückblick: Ich hatte vor dem Schlaganfall in unserer Empathie-Schule das Ritual, bei unserer Abfahrt zurück nach Karlsruhe den Schirmständer aus dem Hausflur in die Empathie-Schule zu stellen. Kurz vor dem Schlaganfall hatte ich den Gedanken, den Schirmständer bei unserer nächsten Abfahrt ausnahmsweise vor der Tür im Flur stehen zu lassen. Jetzt ist es so passiert, dass er sowieso immer draußen steht, weil ich zurzeit in der Empathie-Schule lebe. Vorahnung?

Ihre Augen zeigen, dass sie nicht fixieren kann. Das könnte gleichbedeutend damit sein, dass sie Gedächtnisinhalte nicht fixieren kann. Wenn sie sich nicht konzentriert, driften ihre Augen immer wieder zur Seite ab – von ihr aus gesehen in einer gleichmäßigen Bewegung nach links.

Ich habe gegen 10 Uhr in der Klinik angerufen und gefragt, wann ich heute zu ihr darf: Erst ab 14.30 Uhr. Das tut richtig weh. Ich sehe unsere Ringe an, die neben meinem Bett liegen, und denke: „Wir schaffen das!" Dabei erinnere ich mich an unseren genialen Hochzeitstag. Denn die Woche vor unserer Hochzeit war durchweg schlechtes Wetter, bewölkt und immer wieder Regen. Wir konnten dem Wetterbericht nicht entnehmen, ob an unserer Hochzeit die Sonne scheinen würde oder nicht. Als wir an unserem besonderen

Tag morgens aufwachten und aus dem Fenster schauten, war es ein strahlend blauer Himmel. Und das den ganzen Tag über. Die Sonne schien und wir konnten alles umsetzen, was wir geplant hatten: Spaziergang mit allen vom Standesamt durch die Altstadt zur Kirche. Danach Spaziergang zum Restaurant, anschließend Stadtrundfahrt im Bus und gemeinsame Fahrt zu unserem Festzelt. Abends Lagerfeuer bei Sternenhimmel. Und der nächste Tag? Wieder strömender Regen. Unser Hochzeitstag war innerhalb eines Zeitraums von zwei Wochen mittendrin der einzig schöne Tag. Ich weine vor Berührung an diese Erinnerung – und denke dabei: „Ja – wir beide schaffen das! Es soll so sein, was wir hier im Krankenhaus miteinander erleben!"

12.35 Uhr, ich schreibe Martina, der Musical-Leiterin:

Hallo Martina, ich wollte mal sagen, dass es sich immer mehr so anfühlt, als ob das Musical keinen Raum mehr bei uns bekommen würde. Ich habe nicht das Gefühl, dass irgendwann in nächster Zeit mal ein "Alltag" eintreten wird, indem ich auch für anderes offen bin. Ich bin immer nur darauf konzentriert, welcher Schritt der nächste sein könnte, Jacqueline optimal zu helfen ... Ich habe auf einmal einen komplett gefüllten Arbeitstag - da passt nichts anderes mehr rein. Und das wird während der Reha genauso sein ... Ich wollte dir das nur sagen. Natürlich bist du frei, deinem Gefühl zu folgen und zu schauen, wann du einen Impuls hast, Ersatz für mich als Dschinni zu suchen.

13.10 Uhr Aufstellung

Körper-Aufstellung:

Ein grünes rundes Kissen liegt oberhalb von Jacquelines Matratzen-Kopf. Es bedeutet: „Das, was optimal heilt."

Olaf steht oberhalb der linken Kopfhälfte und konzentriert sich weiter auf Jacquelines „Stellvertreterneuronen".

Auf der oberen Hälfte der Matratze habe ich nun etwas mehr Platz gemacht: das große Herz etwas tiefer in den Bauchbereich geschoben und die gestreiften Kissen auf beiden Hirnhälften weggenommen.

Jacquelines Aufmerksamkeit liegt weiterhin auf ihrer rechte Seite.

<u>Allgemein-Aufstellung:</u>

Jacqueline und Olaf stehen sich gegenüber. Jacqueline sehnt sich ganz intensiv nach Olaf. Ich habe viele Tränen beim Einfühlen in ihre Position. Ein lösendes Element steht daneben.

Ihre rechte Körperhälfte steht etwas abseits. Ich habe dort ein heilendes Element draufgelegt und beim Einfühlen ebenfalls einen ganz heftigen Emotionsausbruch mit vielen Tränen durchlebt.

Es ist eine intensive Verarbeitung für mich oder für Jacqueline oder für uns beide – wer weiß?

In der Klinik

Ich konnte erst 15.40 Uhr zu ihr. Sie scheint verwirrter – kein liebevolles Erkennen. Aber sie beschäftigt sich mehr mit ihrem rechten Arm.

Ich spreche schon öfter positive Suggestionen aus:

„Dein Unbewusstes bestimmt, wann du dich wieder an alles erinnern kannst."

„Ich freue mich schon darauf, wenn wir beide wieder Aufstellungen zu zweit machen können. Auch in unserer Fantasie."

„Deine starken Selbstheilungskräfte arbeiten echt wundervoll."

Sie: „Warum?"

Ich: „Du ordnest dich so schnell."

Sie hat zu Musik aus dem Radio „getanzt" – ihren Oberkörper gewippt, so gut es ging. Es ist Besuch da – eine gute Freundin aus Baden-Württemberg.

In der Gegenwart von Jacquelines Freundin gab es einen Moment, in dem ich mein Gesicht ganz nah an Jacqueline heran bewegt habe, damit sie mich nicht mehr doppelt sieht. Sie: „Ah!" – dann zieht sie mich mit ihrer linken Hand vollständig an sich und gibt mir einen Kuss. Das erste Mal seit dem Schlaganfall.

Als ich abends gemeinsam mit der Freundin Jacqueline verlassen habe, um die Freundin zum Bahnhof zu bringen, habe ich mich im Flur noch einmal umgedreht und Jacqueline durch die Tür angeschaut. Sie hat uns hinterhergeschaut und gewinkt. Damit hat sie mein Bedürfnis befriedigt, dass es ihr gut geht, wenn wir jetzt gehen. Es hat mir sehr gut getan. Daran sehe ich, wie schwer es mir fällt, sie allein zu lassen.

22.02 Uhr, Rund-E-Mail

Ich mag nicht immer wieder von meinen Tränen berichten, denn viele deuten das möglicherweise als "Leid". Aber wenn die Tränen fließen, dann "verarbeite" ich etwas und danach geht es mir wesentlich besser. Es ist im Moment des Weinens zwar schmerzhaft, aber danach unglaublich befreiend und richtig „genial".

Heute Morgen habe ich mich wieder in Jacquelines gelähmte Hälfte eingefühlt – und es sind noch einmal heftige Emotionen hochgekommen.

Ich hatte danach ein bisschen mehr Zeit, um mich um verschiedene Dinge kümmern zu können. Denn heute durfte ich erst ab 14.30 Uhr in die Klinik kommen. Es sind verschiedene Untersuchungen gemacht worden und sie sollte noch einmal mit der CT durchleuchtet werden. Als ich diese Info um 10 Uhr telefonisch erhielt, war für mich der Gedanke sehr schwierig, sie erst später sehen zu können. Wieder einmal wurde mein Gefühl auf die Probe gestellt und ich musste sie länger "allein" lassen.

Als ich ankam, hieß es, dass sie noch nicht wieder zurück war. Also hatte ich eine noch längere Pause. Ich ging dann rüber in das Gebäude der Reha und schaute es mir ausführlicher an. Von innen wie von außen. Ich empfand es ein bisschen "krankenhausmäßig" aufgemacht – aber alles in allem bin ich zufrieden, dass Jacqueline dort die Früh-Rehabilitation erfahren darf.

Letztendlich kam ich erst gegen 15.40 Uhr zu ihr. Und sie schien auf den ersten Blick zunächst etwas "verwirrt" und auch müde zu sein. Keine liebevolle Reaktion über meine Ankunft. Sie hatte mich möglicherweise weniger vermisst, als ich sie. Das sind so Momente, in denen ich merke, noch ein bisschen mehr loslassen zu können. Das ist gar nicht so leicht ...

Ich glaube, eigentlich war ich etwas verwirrter als sie, weil ich nicht wusste, was hinter ihrem momentanen Verhalten steckt. Und sie war gerade innerlich mit bestimmten anderen Situationen beschäftigt anstatt mit mir. Denn sie hatte ja die CT hinter sich (mit Beruhigungs-mittel?) und hatte noch einige andere Untersuchungen erlebt.

Ein bisschen später kam Besuch von einer guten Freundin aus Baden-Württemberg – und sie blieb auch bis 20.15 Uhr (ohne dass das Krankenhauspersonal sie rausgeworfen hat). So waren wir heute meistens zu dritt. Ich erlebte eine Jacqueline, die sich noch ein Stück-chen mehr öffnete. Beispielsweise wippte sie spaßeshalber mit dem Oberkörper zu der Musik aus dem Radio von der Bettnachbarin, als wenn sie ein wenig dazu tanzen würde. Und sie hat auch das erste Mal meinen Kopf gezielt zu sich hingezogen, um mir liebevoll einen Kuss zu geben. Die Freundin hat sie von Anfang an erkannt und auch viel mit ihr geredet – so gut es ging. Die Freundin hatte ähnliche Schwierigkeiten, Jacqueline zu verstehen, wie es mir immer ging. Aber das machte uns allen nichts.

Was interessant war: Sie sagte bei der Ankunft der Freundin, dass sie sie irgendwie in einem anderen "Bereich" erleben würde. Ich erkläre es mir so, dass ich seit elf Tagen permanent bei ihr war, wodurch ich in ihrem Gehirn mit der Schlaganfall-Situation zusammen abgespeichert bin. Während die Freundin, die wir früher auch nicht sehr oft gesehen haben aber über viele Jahre schon kennen, in einem anderen Bereich ihres Gehirns abgespeichert ist – und Jacqueline nun diesen Unter-schied fühlte.

Auch ein Fortschritt: Sie war heute wacher und bekam weniger blut-drucksenkende Mittel. Trotzdem war der Blutdruck relativ normal und auch stabil. Entweder hatte sie ein anderes Mittel gegen hohen Blut-druck bekommen – oder es ist eine Besserung. Ich werde die nächs-ten Tage berichten.

Und sie hat die erste Drainage aus dem Kopf herausgezogen be-kommen – und zwar den kleinen dünnen Schlauch in der rechten gesunden Gehirnhälfte. Hier war schon seit mehreren Tagen der Schlauch zugedreht worden und ihr Zustand hatte sich dadurch nicht verschlechtert. Also ist man davon ausgegangen, dass man schon mal den nächsten Schritt machen kann.

Heute Morgen hatte ich wieder Panik – und jetzt kann ich den Inhalt dieser Panik in Worte fassen: "Es wird nicht genug für Jacqueline getan. Es könnte mehr getan werden, damit sich das kranke Gewebe im Gehirn schneller erholt. Ich habe das Gefühl, es ist viel mehr Potenzial da. Und deswegen muss ICH schnell in die Klinik und diesem Potenzial den Raum geben, den es möchte. In der Klinik macht es ja keiner."

Und es ist auch ein Spiegel für mich, denn dieses Gefühl hatte ich in meinem Leben auch mir selbst gegenüber. Ich hatte immer das Gefühl, dass ich als Kind in meinem Potenzial nicht genug gefördert wurde und dass ich das irgendwie noch nachholen müsste. Dieses Muster ist bis heute in mir geblieben – und wird nun durch die Situation mit Jacqueline nach oben gespült. Natürlich hat es mit Jacqueline eigentlich gar nichts zu tun. Es ist meine Projektion auf sie. Sie selbst scheint ja relativ gelassen mit allem umzugehen. Sie leidet viel weniger, als ich denke, dass sie leidet.

Bitte entschuldigt, dass ich mich bei manchen Themen wiederhole. Ich scheine mich auch ein bisschen der Vergesslichkeit von Jacqueline anzupassen, wenn ich so lange bei ihr bin. Auch wenn ich hier in der Empathie-Schule bin und ein paar Dinge organisiere, bin ich tendenziell "verwirrter" als sonst. Ich will so viele Dinge gleichzeitig erledigen und komme dabei durcheinander. Aber so langsam – gaaaanz langsam ordnet es sich wieder.

Heute hat sie wieder mitgeteilt, dass das Bewegen des gelähmten Beines sie anstrengt. Ich habe gleich damit aufgehört. Mal sehen, wie es morgen ist und ob das eventuell ein "Zeichen" ist, dass hier allmählich wieder ein Kontakt zwischen Hirn und Bein entsteht.

Morgen habe ich um 14.30 Uhr einen Termin mit dem Oberarzt. Er will zu Jacquelines Bett kommen. Mal sehen, ob es dieses Mal klappt (beim letzten Mal kam er ja nicht – oder wir haben uns irgendwie verpasst ...).

Mit guten Gefühlen bin ich heute wieder nach Hause gefahren. Das kann man allmählich als eine Art "Ritual" erkennen, als ein Muster:

Morgens geht´s mir schlechter – mich drängelt es zu Jacqueline. Mittags komme ich dort an und habe kein Gefühl von "Fortschritt". Im Laufe des Nachmittags oder des Abends passieren dann Dinge, die ich als Fortschritt einstufen kann. Und dann fahre ich (meistens) glücklich wieder nach Hause.

Es geht mir sehr oft so ...

Mal sehen, wann sich daran etwas ändert (z. B. dass ich keine Panik und keinen Zeitdruck mehr habe, sondern mehr dem Fluss des Heilungsprozesses vertraue).

Ganz liebe Grüße an Euch alle! Olaf

Kommentar 2018

In der Patientenakte kann man erkennen, dass auf den Bildern von der CT, die heute gemacht wurde, die Ventrikel in beiden Gehirnhälften wieder größer sind – „normal", wie am Anfang. Sie haben wieder mehr Raum. Ich sehe einen Zusammenhang zu den beiden Kissen, die ich vor zwei Tagen in der Aufstellung rechts und links neben ihren Kopf und später sogar direkt auf ihren Kopf gelegt habe. Denn ich habe sie heute Morgen wieder weggelegt und dadurch im Kopfbereich „mehr Freiraum" geschaffen.

12. Tag, Donnerstag, 30.3.2017

Ausgearbeitete Notizen aus Ringhefter und Computertagebuch

Morgens

Gestern war das Messgerät für den Hirndruck defekt, nachdem die rechte Drainage entfernt worden war. Bis zu meinem Weggang hatten sie es noch nicht wieder im Griff.

Jacqueline hat gestern Abend Joghurt gegessen, ich habe sie gefüttert. Dabei habe ich gesehen, dass sie einen dicken weißen Belag auf der Zunge hat. Als sie den Rest des Joghurts nicht mehr essen möchte, überlege ich kurz, ob ich den Rest esse, damit man ihn nicht wegwerfen muss. Außerdem zögere ich kurz bei dem Gedanken, mich irgendwie durch den Belag auf ihrer Zunge anzustecken, wenn ich ihren Löffel benutze. Aber ich habe alle Gedanken verworfen und mir gedacht:

„Wird schon nicht so schlimm sein."

Der Rest des Joghurts ist per Jacqueline-Löffel in meinem Mund verschwunden.

Heute wache ich mit Fieber auf. In der Nacht hatte ich schon ein seltsam hohes Herzklopfen. Ich muss zu Hause bleiben. Ich habe die Erkenntnis, dass ich zu viel „will", dass ich zu viel festhalte. Die Lösung wäre: Loslassen und zustimmen, wie es sich „von selbst" entwickeln will. Mit Freude und Entspannung als Basis.

Mein Verhaltensmuster, „das restliche Essen aufessen, damit es alle wird und man es nicht wegwerfen muss", hat mich krank gemacht. Dieses Muster kenne ich aus meiner Familie. Meine Mutter ist noch Kriegsgeneration und in einer Situation aufgewachsen, in der Essen besonders kostbar war. Das wirft man nicht so einfach weg.

Dagegen: Was heute im Krankenhaus alles weggeworfen wird …

Ich hatte zwei Helferlein, die an meiner Stelle Jacqueline besucht haben. T. war eine Stunde bei ihr und hat erzählt, dass sie sehr schläfrig war. Aber sie hat ihn erkannt. Anschließend war A. einige Zeit zu Besuch. Ihren Bericht bekomme ich später – nachdem ich die folgende Rund-E-Mail abgeschickt hatte.

20.10 Uhr, Rund-E-Mail

Ich habe mich gerade an den Computer geschleppt, werde diese E-Mail hier schreiben – und mich dann wieder zurück ins Bett legen.

Ja, es ist der erste Tag ohne Jacqueline. Ich bin krank – habe Fieber. Wahrscheinlich Grippe, obwohl es keine typischen Grippesymptome sind. Hohes Herzklopfen und Fieber und Schlappheitsgefühl. Das "Universum" hat mich nun dazu "gezwungen" loszulassen. Eine neue Erfahrung für mich. Und ich habe auch keine Panik dabei. Ich erinnere mich daran, wie "locker" wir gestern zu dritt waren.

Ich vermute, mein Fieber kommt daher, dass gestern die Bettnachbarin viel gehustet hat und ich wohl etwas von ihren Bazillen eingefangen habe – und selbst natürlich an meine Grenzen gestoßen bin.

Diese Bettnachbarin ist heute nicht mehr da – also ist die Gefahr gebannt, dass Jacqueline auch noch angesteckt wird. Der Arzt hat mir heute am Telefon gesagt, dass mit ihr alles so weit in Ordnung ist und sie kein Fieber hat.

Zwei Bekannte sind für mich eingesprungen. Der eine hat mir eben berichtet, wie es Jacqueline geht. Und ich würde sagen, dass mein Fehlen auf sie keine negativen emotionalen Auswirkungen hat. Sie hat es gelassen genommen. Außerdem hat der Bekannte auch ein bisschen mit Jacqueline gesungen, d. h. er hat gesungen und sie hat passend mit ihrer linken Hand den Takt dazu geschlagen. Ein Stück aus dem Aladin-Musical.

Ich finde, das ist eine gute Idee. Nicht immer nur Konzentration auf Heilung Heilung Heilung, sondern auch gleich wieder in gewisser Weise den Spaß am Leben genießen. Ich bin dankbar für diese Anregung.

Ich glaube, ich habe mit vielen anderen Menschen zusammen, die über die Entfernung bei Jacqueline waren, in den ersten 11 Tagen Jacqueline eine gute Starthilfe gegeben. Aber keiner weiß, ob sie es auch benötigt hätte ... wir haben keine "Vergleichs-Jacqueline", die wir hätten beobachten können, wie sie sich entwickelt, wenn sie diese Starthilfe nicht gehabt hätte.

Und so bleibe ich letztendlich bei der Sichtweise: Alles gehört dazu, alles hat seinen Sinn – und wir kleinen Menschlein können oft diesen übergeordneten Sinn gar nicht überblicken. Wir können nur "glauben", dass er da ist.

Ich vermute, ich werde morgen auch noch im Bett bleiben. Eine weitere Bekannte wird morgen Jacqueline besuchen. Und dann schaue ich, wie es mir am Samstag geht.

Liebe Grüße! Olaf

Hier der Bericht von A.:

„Ich weiß nicht, ob Jacqueline mich erkannt hat. Vielleicht zwischendurch, aber das war nicht so wichtig. Wichtig war mir, dass sie weiß, dass jemand da ist, der sie gern hat. Und ich glaube, das hat sie auch gespürt. Sie hat fast die ganze Zeit meine Hand gehalten. Sie hat einen ganz schön festen Griff. Und zwischendurch haben ihre Finger meine Hand auch gestreichelt. Allerdings hatte sie den Kopf meistens zur anderen Seite gewendet, so dass sie mich nicht angesehen hat. Und ich dachte mir, dass sie vielleicht denkt, dass du da bist und dass sie deine Hand streichelt.

Sie hat viel geschlafen. Ich hab sie hier und da massiert und ihr Reiki gegeben. Ich hab ihre Stirn und das linke Ohr sanft massiert. Ich glaub, das fand sie gut.

Sie hat zwischendurch dann auch immer mal wieder gebrabbelt, von ihrer Oma, von schnellen Tanzschritten (ich hab zwischendurch "Arabische Nächte" gesummt) und dass jemand (eine Sie) wahrscheinlich die Einladungen noch nicht abgeschickt hat, dabei hat sie eine Schnute gezogen, so von wegen 'war ja klar'.

Und dann durfte ich den ehrwürdigen Moment miterleben, als sie das erste Mal Toast mit Frischkäse mit einer Gabel gegessen hat. Das Brot war in kleine Häppchen geteilt, die linke Hand wurde frei gemacht und dann durfte sie selbst aufspießen und die Gabel zum Mund führen. Das hat teilweise richtig gut geklappt! Ich glaub, es war auch toll für sie, mal einen anderen Geschmack im Mund zu haben.

Beim Abschied hab ich ihr gesagt, dass ich sie lieb hab. Darauf hat sie geantwortet, dass sie mich auch lieb hat. Wie gesagt, ich weiß nicht, ob sie registriert hat, wer ich war, aber es hat mich trotzdem gerührt, dass sie das gesagt hat, sie hätte ja auch einfach nix sagen können...

Ich wünsche dir gute Besserung lieber Olaf! Kurier dich gut aus! Alles Liebe dir, A."

Kommentar 2018

Heute können wir anhand der Tageskurve in der Patientenakte nachvollziehen, dass Jacqueline zwischen 12 und 15 Uhr einen erhöhten Puls und auch erhöhte Blutdruckwerte hatte. Entweder war sie zu dem Zeitpunkt besonders lebendig oder sie hat aufregende Dinge mit PflegerInnen und ÄrztInnen erlebt. Jedenfalls hat der diensthabende Arzt oder auch die dazu berechtigte Pflegerin damit reagiert, ihr zusätzlich ab 15 Uhr das blutdrucksenkende Mittel Clonidin wieder zufließen zu lassen. Daraufhin senkten sich der Puls und der Blutdruck. Deshalb fand der Besuch ab 16 Uhr Jacqueline schläfrig vor.

Übrigens wurde die Zufuhr von Clonidin 11.30 Uhr ausgesetzt. Vielleicht ist deshalb der Blutdruck ab 12 Uhr angestiegen.

Manchmal hatte ich den Gedanken, dass auf der Intensivstation mit den PatientInnen wie auf einer Violine „gespielt" wird. Mit Hilfe der Medikamente versucht man, die PatientInnen irgendwie zu steuern und in einem optimalen Heilungsgleichgewicht zu halten. Das stelle ich mir nicht einfach vor. Vor allem muss viel experimentiert werden. Ich glaube, es gilt das Prinzip: Versuch und Irrtum. Und zwar mit Erfahrungswerten durch frühere Behandlungen anderer PatientInnen im Hintergrund und gleichzeitig mit Offenheit für den einzelnen neuen und unbekannten Patienten. Im optimalen Fall!

13. Tag, Freitag, 31.3.2017

Ausgearbeitete Notizen aus Ringhefter und Computertagebuch

Morgens

So schnell, wie das Fieber kam, so schnell ist es auch wieder verschwunden. Aber ich fühle mich noch körperlich schwach.

Hatte keine Panik beim Aufwachen. Aber ich habe jetzt Angstgedanken: Was passiert, wenn Jacqueline in der Reha sexuell missbraucht wird? Dabei denke ich immer an einen Mann, der einfühlsamer ist als ich. Jetzt kommt ein neuer Gedanke: Wer das tut, *kann* gar nicht einfühlsamer sein. Jacqueline und ich schenken ihm großzügig diesen Moment. Wir sind nicht die Opfer – er ist es!

8.34 Uhr Facebook-Nachricht an Martina:

Diese Nacht war wesentlich besser als die letzte. Ich habe sehr viel geschwitzt und bin fieberfrei aufgewacht. Ich bleibe trotzdem heute noch zu Hause. Fahre morgen wieder zu Jacqueline. Zum Musical: Irgendwie bleibe ich immer noch damit verbunden. Kannst du mich auf dem Laufenden halten, wenn du neue Ideen hast - bezüglich meiner Dschinni-Rolle? Und wenn sich etwas Neues entwickelt, könntest du mir eine kleine Hintertür offen lassen, so dass ich vielleicht spontan im Mai doch noch dazustoßen könnte? Ich weiß nicht ... Ich vertraue hier deinem Gefühl, dass du den stimmigen Weg vorausfühlen kannst. Ich kann es nicht ... Und wenn du etwas Neues bezüglich Dschinni entschieden hast und ich stehe dann im Mai vor verschlossenen Türen (kann also nicht mehr mitmachen), dann ist das für mich auch vollkommen in Ordnung, ja?

Am Nachmittag gegen 16 Uhr besucht Martina Jacqueline.

21.12 Uhr, Rund-E-Mail

Was war das denn für ein Intermezzo?!?

Also – eine Grippe war das definitiv nicht. Hab auch keinen Husten oder Schnupfen.

Das war wohl eher eine Magenverstimmung mit heftigem Fieber, die mich umgehauen hat. Nachdem ich heute Nacht kräftig geschwitzt habe, bin ich heute Morgen fieberfrei aufgewacht. Und das Fieber ist auch bis jetzt nicht mehr wiedergekommen. Abgesehen von einem Zwicken ab und zu im Magen und von ein bisschen Wackeligkeit auf den Beinen (hatte gestern nichts gegessen), geht es mir wieder ziemlich gut. Ich nehme Iberogast und Kohletabletten.

Höchstwahrscheinlich, wenn das Universum mich jetzt nicht noch einmal bremst, kann ich morgen wieder zu Jacqueline. Das entscheide ich morgen früh.

Heute war eine weitere Freundin zu Besuch bei Jacqueline – die Freundin, der wir sehr viel zu verdanken haben, weil sie bei Jacquelines Schlaganfall dabei war, sofort den Krankenwagen gerufen hat, mich informiert hat und uns dann bis in die Neurologische Klinik begleitet hat. Sie stand uns – zusammen mit ihrem Freund – in der schlimmsten Stunde mit Herz und Seele bei. Während ich im Krankenwagen von der einen Klinik rüber in die Neurologische Klinik vorn auf dem Beifahrersitz mitfuhr und Jacqueline hinter mir fühlte – in Begleitung der Notärztin und der Sanitäter – fuhr der Freund mein Auto hinterher. Übrigens konnte ich während dieser Fahrt das erste Mal weinen, weil ich in mir Jacquelines Stimme fühlte. Sie sagte, dass es ihr gut ginge und dass ich mir keine Sorgen zu machen brauche.

Die Freundin, die heute zu Besuch war, sagte, dass sich bei Jacqueline seit ihrem letzten Besuch schon viel verändert hätte. Sie könne Jacqueline jetzt viel deutlicher verstehen. Außerdem kam sie auf die Idee, ihr Telefon anzumachen und Jacqueline und mich telefonieren zu lassen – über Lautsprecher. Ja, ich konnte Jacqueline wieder einen Tick deutlicher verstehen – aber es ist natürlich mit Augenkontakt noch einmal einfacher, miteinander zu kommunizieren.

Ich habe Jacqueline dann erzählt, wie es mir gerade geht und dass ich heute langsam gehend einkaufen war und das erste Mal seit langer Zeit mal wieder gekocht habe. Und ich habe angekündigt, dass Susanne und Jörg zu Besuch kommen werden – und auch Cloé. Die Freundin fragte nach, wer denn Jörg sei. Jacqueline antwortete: "Susannes Freund". Sie wusste es sofort. Die Erinnerung war klar.

Außerdem hat Jacqueline heute wieder viel Englisch gesprochen.

Als die Freundin Jacqueline am Anfang des Besuchs erzählte, dass ich heute auch noch nicht kommen kann, weil ich mit Magenverstimmung im Bett liege, hat Jacqueline irgendetwas von 38,8 Fieber gemurmelt. Ich kann mich nicht erinnern, dass ich irgendjemandem eine Zahl genannt habe – aber die Angabe von Jacqueline entspricht zumindest ungefähr dem Wert, den ich bei mir gestern gemessen hatte (um die 39 Grad). Spannend! Woher „wusste" sie das? Eine Verbindung zwischen uns?!?

Dann soll Jacqueline irgendetwas von "anderes Leben" gemurmelt haben. Die Freundin fragte, ob sich Jacqueline ein anderes Leben wünscht. Jacqueline antwortete:

„Nein. Ich möchte hier bleiben. Man muss mich nun so nehmen, wie ich bin. Ganz schön heftig."

Dann wurde sie traurig und es sind ein paar Tränen gekullert. Die ersten Tränen bei Jacqueline seit dem Schlaganfall.

Die Freundin hat tröstend gesagt, dass sie ja auch mich hat. Und Jacqueline meinte, dass wir beide das schon schaffen.

Ja, das meine ich auch. Mein Schatz! Wir schaffen das!

Jacqueline hat der Freundin erzählt, dass sie heute Broccoli gegessen hat. Und ihre linke Hand ist nicht mehr angeschnallt.

Soweit zu dem Besuch heute.

Irgendwie entspricht der Verlauf unseres Kontaktes jetzt während der letzten Tage auch unserem bisherigen Leben. Wie im Kleinen so im Großen.

Wie meine ich das? Elf Tage intensiv im Krankenhaus zusammen, zwei Tage getrennt (weil ich krank war). In diesen zwei Tagen konnte sich jeder unabhängig vom anderen ein Stückchen weiterentwickeln. Dann wieder mehrere Tage intensiv zusammen (hoffe ich zumindest für die nächsten Tage).

Unser bisheriges Leben war verlief wie folgt: Viele Tage zusammen, dann einige Tage getrennt, weil einer in B. und der andere in Karlsruhe arbeitet, dann wieder viele Tage zusammen.

Übertragen auf unsere gesamte Zeit in Partnerschaft: Am Anfang waren wir einige Jahre zusammen, dann zwei Jahre getrennt, dann wieder zusammen – bis heute.

Was hat sich bei mir in diesen zwei Tagen getan?

Ich möchte eigentlich nur eine Sache erzählen – die Wichtigste. Und ich bin mir bewusst, dass mir hier viele nicht mehr folgen können. Es ist halt "Olafs Gedankenwelt":

Ich mache nicht nur Aufstellungen, sondern ich nehme manchmal auch innerlich in Gedanken Kontakt zu etwas auf. Natürlich spielt sich das alles nur in meiner Fantasie ab und als solches kann man es auch gerne sehen. Mir ist es nicht wichtig, ob es "Realität" oder "Fantastische Spinnerei" ist. Die Hauptsache ist, dass es mir und meinen Gefühlen hilft.

Heute Morgen habe ich in Gedanken mit der Wunde in Jacquelines Kopf geredet und sie gefragt, was sie denn bräuchte, damit sie heilen könne. Die Wunde hat mir dann geantwortet, dass sie so anerkannt werden möchte, wie sie ist (das passt übrigens zu Jacquelines Bemerkung heute Nachmittag, dass sie nun so genommen werden muss, wie sie ist). Und die Wunde möchte nicht als "Fehler" oder als "Mangel" gesehen werden, sondern als das sinnvolle Ergebnis eines "Wunsches nach Gleichgewicht". Sie möchte gewürdigt werden – und nicht verdammt. Und gleichzeitig möchte sie auch für die Zukunft in der Möglichkeit gewürdigt werden, jederzeit wieder aufzubrechen, wenn es von ihr gewünscht wird – und wenn dadurch etwas Neues passieren will.

Als ich innerhalb meiner Fantasiewelt das dann verstand und der Wunde zusicherte, dass ich sie voll und ganz anerkenne, ist sie vor Freude ausgeflippt und hat sich geschlossen – und mir dann noch einmal kurz gezeigt, dass sie sich jederzeit wieder öffnen kann, wenn es nötig ist.

Ja, das löst im Grunde auch meine Befürchtung, dass so etwas noch einmal passieren könnte. Ich kann dem nun besser zustimmen. So hänge ich nicht mehr als Partner an Jacqueline, der sie alle fünf Minuten erinnert: "Vorsicht! Dein Blutdruck!!"

Denn wenn ich mit so einer Befürchtung auf Jacqueline "aufpassen" möchte, dann wird mir die Wunde irgendwann wieder zeigen: "Olaf – du hast keine Chance gegen mich!"

Und es öffnet noch mehr meinen Blick für das große Ganze: Denn ich kann mich noch so sehr bemühen ... Wenn das große Ganze entscheidet, dass etwas anderes passieren soll, dann wird es passieren. Wir Menschlein sind Teil von dem Schicksal, das wir zu leben haben. Wir können zwar unser Bestes tun – letztendlich bestimmen wir aber doch nicht, wann, wie und wodurch wir sterben. Und wir bestimmen nicht, was wann wie uns als Schicksalsschlag ereilt.

Gebe ich damit auf?

Ja – meine Ängste. Aber nicht meinen Wunsch, mit Jacqueline ein glückliches Leben zu leben – egal in welchem Zustand.

Schlaft alle schön! Bis morgen   Olaf

Kommentar 2018

In der Patientenakte steht, dass Jacqueline am heutigen Tag gegen 11 Uhr das erste Mal „an die Bettkante mobilisiert" wurde. Das heißt, dass eine Krankengymnastin Jacqueline geholfen hat, sich aufrecht an die Bettkante zu setzen und die Beine baumeln zu lassen. Dabei hatte sie einen Blutdruck von ca. 200/90. Clonidin war ab 6.30 Uhr abgesetzt worden – und seitdem war der Blutdruck wieder erhöht.

14. Tag, Samstag, 1.4.2017

Ausgearbeitete Notizen aus Ringhefter und Computertagebuch

Nachts

Ich schreibe im Halbschlaf in meinen Ringhefter: „Sie soll ihr rechtes Bein fragen, was es möchte."

2.21 Uhr

Ich wache auf und mache mit kleinen Elementen eine Aufstellung auf dem Fußboden neben meiner Matratze. Dabei bleibe ich liegen und fühle mich nur ein, indem ich die kleinen Elemente (Ring, Kugelschreiber, Radiergummi, Figuren etc.) mit dem Finger berühre. Ich möchte mit dieser Aufstellung die Ursache meines Panikgefühls klären.

Die Elemente lauten:

„Panikgefühl" / „Ich" / „lösendes Element" / „Ursache"

Als ich mich in mich selbst einfühle, fühle ich einen Zug zur Ursache. Ich möchte mich direkt zur Ursache stellen, fühle mich von ihr angezogen. Nach meiner jahrelangen Aufstellungserfahrung ist dieses Anziehungsgefühl zur Ursache ein Zeichen dafür, dass mein Panikgefühl „eigentlich" eine antrainierte resonierende Empfindung zu einem Elternteil darstellt – oder zu früheren Generationen, die in Panik gelebt haben.

Ich gebe die Panik ab, gebe sie den früheren Generationen zurück, indem ich sie in meiner Vorstellung wie eine Flüssigkeit zu den früheren Generationen fließen lasse. In einem zweiten Bild begrabe ich die Panik in der Vergangenheit.

In meiner Fantasie geht die Sonne auf. Aber ich habe kein Gefühl zur Sonne. Aha! Mir wird klar, dass mein Panikgefühl bisher der Bewertungsmaßstab für mein Leben war. Und jetzt bleibt ohne Panik erst einmal „nichts" übrig.

Ich lasse die Sonne sich in viele kleine unabhängige Teilchen auflösen, die alle glücklich durcheinander fliegen (meine Popin-Methode). Dabei spüre ich ein leichtes Freudegefühl.

Trotzdem ist da noch eine kleine Blockade in meinem Bauch. Als ich mir die „Ursache der Panik" als Person vorstelle und mich an sie schmiege, kommen Tränen …

Wenn ich meine ganz tiefe Verbindung zu dieser Ursache „zugebe", fließt noch mehr. Und aus dieser Verbindung heraus habe ich auch vielen Menschen Leid angetan, ohne dass ich es wollte.

Viele Tränen …

Danach:

Jetzt bin ich frei, jeden Tag ganz neu zu schauen, „von vorne", was ist heute dran?

Und ich kann ganz bei jemandem bleiben, der Angst hat, allein gelassen zu werden – ohne dass ich wünsche, dass derjenige seine „Angst lösen" muss, damit er nicht so an mir klammert. Ein neues Freiheitsgefühl für mich – innerhalb eines engen Kontaktes.

7.50 Uhr

Egal, wie Jacqueline motiviert ist oder nicht – **ich** bin derjenige, der immer wieder auf eine neue Ebene klettern kann und sagen kann: **„Wenn auch das dazugehört, was ist dann der nächste Schritt?"**

In der Klinik

Als ich Jacqueline frage, ob sie sich erinnern kann, wer in den letzten beiden Tagen zu Besuch war, weiß sie es zunächst nicht mehr. Dann frage ich sie, wer am Mittwoch mit mir zusammen da war. Der Name der Freundin war sofort präsent. Daran konnte sie sich noch erinnern. Drei Tage zurück! Vielleicht auch, weil der Besuch mit mir verknüpft war und ich jetzt gerade wieder da war. Anschließend kann sie sich auch wieder erinnern, wer vorgestern und gestern da war. Ihr Gehirn scheint sich bezüglich Erinnerungen ganz allmählich zu erholen.

Ich merke an mir selbst etwas Neues: Bisher habe ich immer mit einem Unruhegefühl reagiert, wenn der Monitor neben ihrem Bett Warntöne abgegeben hat, weil ihr Blutdruck zu hoch wurde und die eingestellte Grenze überschritt. Jetzt habe ich gelernt, dass ich auf andere Weise reagiere. Ich fühle sofort in mich hinein, ob der Blutdruck *für Jacqueline* jetzt gerade stimmig ist. Nicht mehr, ob er eine von ÄrztInnen oder PflegerInnen eingestellte Grenze überschreitet. Auf diese Weise fühle ich mich viel entspannter. Hat das etwas damit zu tun, dass ich mein Thema mit der Panik heute Nacht gelöst habe?

Ich habe den Eindruck, dass Jacqueline mit ihren Augen phasenweise besser fixieren kann und vielleicht sogar ein vollständiges Bild vor Augen hat – kein Doppelbild mehr. Als ich sie frage, bestätigt sie es. Wow! Eine weitere Verbesserung!

Ich muss mich wieder aus Datenschutzgründen für kurze Zeit im Warteraum außerhalb der Intensivstation aufhalten und denke über mich nach:

Mir fällt ein, dass dieses Schicksal mit Jacquelines Schlaganfall für mich eine Erklärung dafür sein könnte, warum ich bisher in meinem Leben nie ein klares „großes" Ziel entwickeln konnte, auf das ich voller Energie hingearbeitet habe. Wenn es wirklich eine Art „Vorbestimmung" gibt, dann habe ich dieses Schicksal mit Jacqueline auf irgendeiner Ebene geahnt. Hätte ich nämlich ein Ziel gehabt und wäre ich erfolgreich darauf zugegangen (erfolgreicher Bestsellerautor mit großer Nachfrage, vielen ausgebuchten Veranstaltungen und vielen Verpflichtungen), dann wäre jetzt durch Jacquelines Schlaganfall alles „zusammengebrochen"! Stattdessen bin ich absolut „frei", mich vollkommen auf diese Situation einzustellen.

Ich kann es sogar so betrachten, dass alles in mir mich auf genau dieses Schicksal vorbereitet hat. Beispielsweise habe ich mich in meinem letzten Buch („Hilfe! Ich stehe unbewusst zur Verfügung") das erste Mal mit dem Thema „Schlaganfall" ein wenig auseinandergesetzt. Ich wusste dadurch, dass das Gehirn bis ins hohe Alter plastisch ist und sich selbst ganz allmählich Schritt für Schritt durch intensive Lernprozesse umstrukturieren und verlorene Fähigkeiten neu aufbauen kann. Als ich das Buch veröffentlicht hatte, war zusätzlich das folgende Gefühl da: „Ich bin fertig. Mit diesem Buch habe ich für mich eine Art ‚Abschluss' erschaffen. Jetzt fühlt es sich rund an. In meinen vielen Büchern ist alles zum Ausdruck gekommen, was aus mir herauskommen wollte / sollte."

Es gab sogar bereits im Jahr 2009 eine Situation in meinem Leben, da konnte ich dem Universum sagen: „Ich bin zufrieden mit meinem

Leben. Du kannst mich jetzt für *alles* einsetzen, wofür du mich brauchst! Liebes Universum – ich stehe dir für das zur Verfügung, für das du mich einsetzen möchtest." Das war in der Zeit, in der Jacqueline und ich getrennt waren.

Einige Monate später sind Jacqueline und ich auf einer neuen Beziehungsebene wieder zusammengekommen, haben geheiratet und erleben jetzt gemeinsam dieses Schicksal.

Ich bin wieder bei Jacqueline. Ihre linke Hand ist losgebunden. Ich beobachte, wie sie ihre Hand in Richtung Kopf bewegt und bin sehr aufmerksam. Denn sobald sie die Schläuche berührt, die am Hinterkopf herauskommen, würde ich eingreifen. Aber sie hatte nur das Bedürfnis, sich im vorderen Bereich zu kratzen. Dieses Kratzen konzentrierte sich allmählich auf eine Wunde, die am Ausheilen war. Es war dort ein Stück Schorf zu sehen. Zuerst wollte ich sie daran hindern, den Schorf abzumachen. Aber dann dachte ich, dass es nicht unbedingt schadet. Der Schorf schien schon ziemlich alt zu sein (zwei Wochen) und warum sollte sie ihn nicht abmachen dürfen? Die Stelle darunter ist bestimmt schon verheilt.

In dem Moment, in dem der Schorf immer lockerer wurde und sie ihn dann schließlich zwischen den Fingern hatte, konnte ich sehen, wie tief er in Wirklichkeit eingelagert gewesen war. Sie hatte ein „Loch" geöffnet. Bestimmt fünf Millimeter tief. Es blutete aber nur leicht. Irgendwie hatte ich plötzlich das Gefühl, dass das nicht gut war. Und ich hatte ein bisschen ein schlechtes Gewissen, dass ich das zugelassen habe.

2018: Aber ich konnte zu dem Zeitpunkt nicht wissen, dass der Schorf sich genau an der Stelle befand, an der vor zwei Wochen ein Loch durch Jacquelines Schädel gebohrt worden war. Niemand hatte mir erklärt, dass die Schläuche, die aus dem hinteren Bereich des Kopfes heraus kamen, vorher noch ein Stück unter der Haut entlang geführt wurden und in Wirklichkeit am Vorderkopf aus dem Gehirn herausführten. Wenn ich das gewusst hätte, hätte ich das Abkratzen des Schorfs definitiv verhindert. Denn genau dieser Moment bestimmte Jacquelines weiteres Leben, was sich in den nächsten Tagen zeigen sollte …

Ein weiterer Grund, warum ÄrztInnen und PflegerInnen mit Angehörigen intensiv zusammenarbeiten sollten! Auf Augenhöhe!

22.47 Uhr, Rund-E-Mail

Ja – heute war ich wieder bei Jacqueline. Mir geht es wieder gut. Die Kohletabletten haben alles beruhigt. Es kann also nur eine Magensache gewesen sein. Und die hing sicherlich auch mit Jacqueline zusammen, denn ich kann es mir nur noch so erklären:

Am Mittwochabend durfte ich ihr einen Joghurt füttern. Die Hälfte hat sie gegessen, den Rest wollte sie nicht mehr. Dann habe ich gedacht: "Och, den Rest lassen wir doch nicht verkommen" – und habe die zweite Hälfte gegessen, mit dem Löffel, den Jacqueline im Mund hatte. Ihre Zunge hatte zu dem Zeitpunkt noch einen weißen Belag. Ein Arzt, mit dem ich einen Tag später telefoniert hatte, sagte, dass dies vielleicht ein Pilzbelag sein könnte, er sich aber nicht vorstellen könne, wie das zu Fieber führen solle. Aber vielleicht waren noch andere nicht so gute Bakterien in Jacquelines System, die dann mein System überhaupt nicht vertragen hat. Und so bin ich vier Stunden später nach dem Essen des Joghurts heftig aus den Latschen gekippt. So schnell, wie es gekommen war, war es dann auch zwei Tage später wieder weg. Und jetzt bin ich wieder fit.

Diese Pause war auf jeden Fall gut für mich, wie ihr ja in meinen letzten beiden Berichten habt lesen können – und für Jacqueline war die Pause wohl nicht schädlich, wie ich heute feststellen durfte.

Als wir uns heute das erste Mal ansahen, hat sie gelächelt. Und dieses Lächeln sah plötzlich vollständiger aus, weil die rechte gelähmte Gesichtshälfte schon etwas mitlächelte. Also ... es hatte sich etwas getan. Und sie wirkte auch in den Augen noch "wacher" als am Mittwoch.

Doch ich möchte von vorne beginnen:

Heute Morgen hatte ich überlegt, mir zu dem Gemüse, das ich gestern gekocht hatte, noch Naturreis zu kochen. Der braucht ca. 45 Minuten. Also müsste ich spätestens gegen 11 Uhr damit anfangen, weil es ja sein könnte, dass ich wieder ab 12 Uhr zu Jacqueline darf.

Ich fing aber seltsamerweise schon um 9 Uhr an, den Reis zu kochen. Es war einfach so ein Impuls.

Als ich dann 10.30 Uhr im Krankenhaus anrief, wann ich denn heute zu meiner Frau könne, sagte der Pfleger, dass er nichts dagegen hätte, wenn ich mich schon mal langsam auf den Weg machen würde.

Soooo früh durfte ich hin! Toll! Mal ganz was Neues. War ja auch Wochenende. Und da der Reis fertig war, brauchte ich das Essen nur noch zusammenzuschütten, in eine Box zu tun, Brötchen zu schmieren, den Rest zusammenzupacken und loszufahren. Da ich aber noch Wäsche in der Maschine hatte, musste ich auf die noch warten, hängte sie auf – und war dann 11.30 Uhr im Krankenhaus.

Wieder einmal etwas unabsichtlich vorausgespürt ...

Mir wurde erzählt, dass heute Vormittag die Krankengymnastin mit Jacqueline schon mal alles "durchbewegt" hätte. Super – jetzt werden also inzwischen auch Fachkräfte aktiv. Finde ich gut.

Als ich ankam, lag sie im Schlaf. Und der Pfleger der Frühschicht sagte, dass sie wohl von der Gymnastik (auf dem Bett sitzend) k.o. sei.

Außerdem hat sie sich nachts (23.30 Uhr) wieder die Magensonde rausgezogen. Ein Pfleger der Nachtschicht hatte ihre Hand ab 22 Uhr befreit, was sie dann irgendwann für sich nutzte. Anschließend wurde die Hand natürlich wieder fixiert. Doch dieses Mal sollte die Magensonde draußen bleiben. Das bedeutet: Sie müsste irgendwie anders essen wollen. So erzählte mir der Frühschicht-Pfleger. Auf dem Rolltischchen stand ein Tablett mit Weißbrot, Butter und verschiedenen Aufstrichen.

Weil sie noch schlief, saß ich erst einmal neben ihr, ließ sie mit ihrem niedrigen Blutdruck schlafen und schaute ihr dabei zu. So fühle ich mich immer noch wohler als zu Hause ohne direkten Kontakt zu ihr.

Als ich ihre Hand genommen habe, ist sie kurz aufgewacht, hat gesehen, dass ich noch meine Jacke anhabe. Ich erkläre: „Mir ist kalt." Und sie macht die Augen wieder zu und schläft weiter.

Ca. 30 Minuten später wachte sie vollständig auf – und dann kam das besagte Lächeln.

Freudig erklärte ich ihr, dass es ja schon viel besser sei. Sie fragte nach, was denn besser sei, und ich erklärte es ihr, dass die gelähmte Gesichtshälfte sich ein bisschen zu bewegen beginnt.

Essen wollte sie aber (noch) nicht.

Dann habe ich beobachtet, dass aus dem Schlauch, der noch in der linken Gehirnhälfte steckt, so gut wie gar kein Blut mehr kommt. Die Wunde scheint sich geschlossen zu haben (wie in meiner Fantasie in dem Gespräch mit der Wunde). Man sieht nur noch die hellgelbe durchsichtige Farbe der Hirnflüssigkeit in den durchsichtigen Schläuchen. Und heute Abend konnte ich feststellen, dass Jacqueline so gut wie kein "Hirnwasser nach außen gefördert" hat. Bei höherem Druck floss immer noch Blut und Hirnflüssigkeit und wurde durch diesen Schlauch aufgefangen und in ein Behältnis geführt, mit dem man messen konnte, wie viel täglich floss. Das muss in den letzten Tagen ziemlich runter gegangen sein. Wenn sich das weiter so stabil hält, dürfte der Schlauch in ca. 3 Tagen herausgenommen werden. Vorher wird man aber noch die Leitung schließen und testen, ob dann der Hirndruck wieder ansteigt. Allerdings weiß ich nicht, wie die ÄrztInnen das testen wollen, weil sie seit der Entfernung des ersten Schlauchs mit dem Messgerät beim zweiten Schlauch Probleme haben und nicht mehr zuverlässig den korrekten Hirndruck ablesen können. Vielleicht testen sie es anders (durch Beobachten der Fördermenge) ... oder sie reparieren das Messgerät noch. Bis heute haben sie es jedoch nicht hinbekommen.

Es werden ihr wesentlich weniger Medikamente dauerverabreicht. Jetzt wird sie langsam auf Tabletten umgestellt, was aber auch noch nicht so gut klappt. Man versucht immer wieder verzweifelt, ihren Blutdruck in den Griff zu bekommen – tja, aber da haben sie nicht mit Jacqueline gerechnet. Wenn Jacqueline "lebt", IST der Blutdruck nun mal höher, als bei anderen Menschen. Sobald sie den Blutdruck auf einen "normalen" Wert herunterbringen, schläft Jacqueline ein. Bei ihr muss man einfach andere Maßstäbe ansetzen. Ich habe den Eindruck, ihr ganzer Körper ist auf diesen hohen Blutdruck abgestimmt – und sicherlich schwer umzustimmen. Und so muss man für Jacqueline einen individuellen Weg finden – und Jacqueline auch für sich selbst, jetzt nachdem sie das erste Mal (und hoffentlich das letzte Mal) einen Schlaganfall erlebt hat.

Sie hat gesummt – immer mal wieder. Ich konnte die Melodien nicht erkennen, aber offensichtlich wurde sie durch die summenden und singenden Besuche am Donnerstag dazu angeregt. Fein.

Ich hab´s heute auch mal versucht, aber meine Stimme ist ungeübt und heiser. Ja – ich bin innerlich immer noch angespannt, obwohl es jetzt schon viel besser ist. Doch es wäre auch ein Wunder, wenn ich mich an unseren Zustand innerhalb von 14 Tagen "gewöhnt" hätte.

Und dann ist etwas passiert, das ich als ein wahres Hoffnungszeichen deuten würde. Aber wie bei jedem Hoffnungszeichen will ich mich nicht blind darauf stürzen, sondern bleibe immer noch offen, dass es anders weitergehen könnte. Sonst bin ich später zu sehr enttäuscht. ... aber auch das darf ja dazugehören ...

Das Hoffnungszeichen?

Ich habe ihre gelähmte rechte Hand genommen – mit meiner rechten Hand – und sie hin und her bewegt. Dabei hatten wir eine Handhaltung, wie sie zwei Männer haben, die in der Kneipe ihre Kräfte messen wollen und Armdrücken machen. Ich habe also ihre schlaffe Hand als auch gleichzeitig ihren Arm hin und her bewegt. Sie saß in halb aufrechter Haltung. Dabei war sie noch ein wenig dösig, hatte die Augen geschlossen, ließ die Bewegung mit sich machen. Ich machte diese Bewegung bestimmt ritualmäßig so ungefähr zehn Minuten. Dann wurde sie wacher und es schien mir, als wolle sie sich bewegen oder wollte, dass ich damit aufhöre – und auf einmal kam von ihrem Arm ein Gegendruck. Ich konnte ihn nicht mehr so leicht und locker bewegen wie vorher. Das war keine Lähmung mehr – das war eine Muskelspannung!

Begeistert erzählte ich ihr, was ich hier gerade wahrnahm, und fragte sie, ob sie den Druck auch spüren könne. Sie bestätigte es. Allerdings konnte sie nicht auf Anweisung wieder locker lassen. Der Arm war einfach etwas versteifter. Als dann ihre Aufmerksamkeit plötzlich von etwas anderem im Raum abgelenkt war, merkte ich, wie ich ihren Arm wieder locker bewegen konnte.

Also – zumindest auf der unbewussten Ebene hat das Gehirn ein bisschen wieder Zugang zum gelähmten Armmuskel. Ist das ein Zeichen dafür, dass die Lähmung langsam zu verschwinden beginnt?

Es wäre ja genial ... lasst uns einfach weiter beobachten.

Und noch eine Besserung: Jacquelines Augen können manchmal besser fixieren, d. h. sie sieht jetzt ab und zu mal tatsächlich nur ein

Bild vor Augen – und schielt nicht mehr immer. Das hängt aber auch von ihrer Verfassung ab. Als ich sie fragte, bestätigte sie es.

Gegessen hat sie dann ein von mir gestrichenes Weißbrot mit Butter und Frischkäse (wie am Donnerstag), allerdings hat sie dieses Mal das Brot selbst in die Hand genommen (ich habe die Scheibe noch handlich geschnitten) und sich in den Mund gesteckt. "Köstlich" – und hinterher entspanntes Durchatmen von Jacqueline und ein zufriedenes Lächeln.

Der letzte neue Bericht: Sie bekommt täglich eine Spritze ins Bein – gegen Thrombose bei langem Liegen. Man hat sie immer in das gelähmte Bein gepiekst. Bisher habe ich dabei in ihrem Gesicht keine Regung gesehen. Heute aber hat sich ihr Gesicht dabei verzerrt. Sie hatte deutlich Schmerzen bei dieser Spritze.

Also ... ihre rechte Seite beginnt sich gaaaaanz langsam zu erholen. Es ist nur die Frage, wie lange es insgesamt braucht – und wie viel an Lähmung oder Schäden übrig bleiben, wenn sie aus der Intensivstation entlassen wird. Oder es gibt einen permanenten Heilungsprozess, der letztendlich keine Schäden mehr übrig lässt – sondern nur rückblickend ganz ganz viele interessante Erfahrungen.

Einige Freunde haben Aufstellungen für Jacqueline durchgeführt und berichtet, dass sich bei den Aufstellungen gezeigt habe, dass Jacqueline eine Kämpferin sei und dass eine vollständige Genesung möglich sei. Es ist nur die Frage, in welcher Zeit.

Ich bin gespannt.

Nun möchte ich noch etwas über mich anfügen, was diejenigen auslassen können, die sich dafür weniger interessieren.

In der Nacht von gestern zu heute war schon fast klar, dass ich heute wieder zu Jacqueline fahren würde. Prompt wache ich gegen 2 Uhr auf und fühle wieder Panik – die Panik der ersten elf Tage. Diese Panik hatte ich nicht gefühlt, als ich in den letzten beiden Tagen krank zu Hause war und wusste, dass ich nicht zu Jacqueline kann.

Als ich heute Nacht diese Panik wieder fühlte, wusste ich definitiv, dass mit dieser Panik irgendetwas nicht stimmen kann. Sie ist "unlogisch". Denn wenn ich wirklich die Panik hätte, Jacqueline nicht genug helfen zu können, dann hätte ich sie in den zwei kranken Tagen wesentlich mehr haben müssen!

Mit einer kleinen Aufstellung und Figürchen neben dem Bett fühlte ich mich in meine Panik und in die Ursache meiner Panik ein. Und jetzt kommt etwas für Aufstellungserfahrene:

Wenn man sich zu der Ursache eines Gefühls hingezogen fühlt, dann ist das ein Zeichen dafür, dass das Gefühl ein "übernommenes" Gefühl von früheren Generationen ist. Also ein "antrainiertes" Gefühl sozusagen (oder dass man sich antrainiert hat, ein bestimmtes Gefühl mit einer bestimmten Situation zu verknüpfen).

Wenn man aber Angst vor dieser Ursache hat, dann ist das ein Zeichen dafür, dass man selbst ein Trauma hat, ein unverarbeitetes Schmerzerlebnis in der eigenen Vergangenheit.

In meiner Aufstellung fühlte ich mich zu der Ursache der Panik hingezogen. Das machte mir das erste Mal bewusst, dass diese Panik eine Gewohnheit aus meiner Familie und den Generationen davor war. Und ich konnte mit Techniken der Aufstellungsarbeit und der Visualisierung dieses Panikgefühl loslassen und sozusagen dort "lassen", wo es eigentlich hingehört: in die früheren Generationen meiner Familie.

Eine weitere Unterstützung war auch die Visualisierung, mir innerlich vorzustellen, wie ich auf die Ursache meines Panikgefühls zugehe und mich liebevoll ankuschle. Auch dieses Bild hat mich innerlich beruhigt.

Dann machte ich noch eine weitere ähnliche Visualisierungsübung dafür – die hier jetzt zu komplex zu beschreiben ist.

Einige Minuten später war mein Panikgefühl komplett weg und ich konnte wieder entspannt einschlafen. Bis zu meiner Abfahrt heute Morgen zur Klinik ist die Panik nicht wieder aufgetaucht – selbst als es hieß, dass ich jetzt schon kommen könne (gegen 10.30 Uhr), ich aber noch nicht mit allem fertig war (Wäsche).

So extrem wirkungsvoll hatte ich bisher noch nie in meinem Leben eine Aufstellungstechnik auf mich selbst anwenden können. Das war für mich höchst beeindruckend. Natürlich habe ich schon einiges für mich lösend einsetzen können – aber noch nie so "stark" und auf so ein großes Problemgefühl in der Gegenwart bezogen. Ich hatte natürlich auch schon lange keine so extreme essenzielle Problemsituation mehr in meinem Leben, wie jetzt mit Jacqueline.

Der Beweis dieser Lösung wird sich in der kommenden Nacht noch zeigen müssen. Wenn ich nicht mehr mit Panikgefühlen aufwache, dann ist das Thema endgültig gelöst – und es hatte nicht wirklich etwas mit der Situation mit Jacqueline zu tun, sondern war "nur" ein übliches Gefühlsmuster in meiner Herkunftsfamilie, das ich unbewusst übernommen und hier gelebt hatte, das aber in "Wirklichkeit" in der Gegenwart gar nicht nötig ist.

Heute fühlte ich mich auf jeden Fall schon mal freier, jeden Tag neu zu schauen, was heute dran ist. Jeden Tag neu "von vorne" zu erleben und alles Neue zu bestaunen.

Gute Nacht! Euer Olaf

Computertagebuch nach der Rund-E-Mail

Eigentlich wollte ich heute die Rund-E-Mail beginnen mit den Worten: „Juchhuuu! Erste Anzeichen, dass Jacquelines Lähmung verschwindet." Aber der Tag hatte ein ganz anderes Ende, als ich es erwartet hatte. Sie griff aus Versehen zwischen die Beine und hatte auf einmal ganz viel Scheiße an der Hand. Denn sie trägt noch keine Schutzhose, nur eine Unterlage, die jedes Mal gesäubert wird. Aber anstatt auf die Pflegerin zu warten, die ich gerufen habe, betrachtete sie ihre Hand genauer und sagte:

„Das ist die erste weiche Konsistenz heute."

Voller Energie erforschte sie alles und machte die Hand ansatzweise etwas sauber. Dann griff sie mit dieser Hand an ihren Kopf, um sich dort zu kratzen und die Ohren zu „säubern", was aber eher den umgekehrten Effekt hatte. Anschließend die Schläuche angefasst – wieder zwischen die Beine gefasst, die Konsistenz der Scheiße erforscht. Ich wollte sie davon abhalten, aber sie hat sich gewehrt und einfach weiter gemacht. Mein Hinweis, dass sie sich die Scheiße jetzt überall hinschmiert, hat ihr absolut keine Einsicht verschafft. Mein Schock: Sie hat im Moment keinen Zugang zu dieser Wertung bezüglich der menschlichen Scheiße, die wir als Kind irgendwann gelernt hatten. Das, was sie gemacht hat, fand ich eigentlich nicht schlimm. Ich habe loslassen und sie machen lassen können. Aber ich war erschrocken über die fehlende „Vernunft".

Zumindest bin ich mir jetzt bewusst, warum Jacqueline manche Zusammenhänge nicht „begreift". Es fehlt diese gewisse Vernunft, oder auch der „Verstand", würde man sagen. Da stirbt jetzt eine Hoffnung. Ich hatte gehofft, dass sie irgendwie „weiser, empathischer, einfühlsamer und klarer" aus dem Schlaganfall aufwachen würde – aber es könnte auch sein, dass das nicht geschieht und dieser verwirrte Zustand so bleibt. Ich weiß es natürlich nicht.

Oder kann *ich* ihre Weisheit gerade nicht erkennen – und diese Hemmungslosigkeit ist bereits der erste Schritt dorthin? Bin *ich* derjenige, dem gerade Weisheit fehlt?

Die andere Seite ist nämlich: So aktiv wie mit dieser Scheiße habe ich sie eigentlich seit dem Schlaganfall noch gar nicht erlebt. Sie war richtig eigenwillig erforschend – war dabei aber absolut „verschlossen" gegenüber jeglichen Hinweisen von mir.

Wenn ich jetzt an das denke, was sie mir früher über ihre Kindheit erzählt hat, kann ich nun auf einmal nachvollziehen, warum sie dieses Muster im Kontakt mit den Erwachsenen um sie herum entwickelt hat. Das Muster ist ein starker Wille und gleichzeitig eine starke Abschottung gegenüber ihrem Umfeld.

Dadurch, dass ich dieses Muster nun so klar sehen kann, kann ich mir auch viele Szenen aus ihrer Kindheit nachträglich stimmig erklären. Und keiner war damals wirklich „schuld" daran – weder sie noch die Erwachsenen um sie herum. Es war eine Wechselwirkung unterschiedlichster Muster, die aufeinander geprallt sind und irgendwie ein gemeinsames Gleichgewicht finden mussten ...

Aus Datenschutzgründen möchte ich hier nicht genauer darauf eingehen.

Ich kann es jetzt auch besser einstufen, warum sie mich nicht so sehr vermisst. Ich habe ja nun zwei Tage gefehlt – und es war schön, wieder zusammen zu sein. Aber eine „Sehnsucht" nach mir und eine Erleichterung, dass ich wieder da bin, war bei ihr nicht zu spüren.

Durch dieses Erlebnis mit der Scheiße habe ich das Gefühl, eine ganz bestimmte Jacqueline verloren zu haben. Eine Jacqueline, die ich mir „erhofft" hatte, die sie aber – glaube ich – damals auch nicht wirklich war. Denn nach unserer Hochzeit hat ein bisschen was gefehlt – sie konnte nicht wirklich komplett mir gegenüber offen sein. Sie hat selten etwas von „Sehnsucht" geschrieben, wenn ich in B. war und sie in Karlsruhe. Es war eher ein Verlustschmerz und ein Vorwurf gegen mich, dass ich schon wieder so lange weg sei.

Das ist jetzt aber auch verschwunden. Solche Vorwürfe sind in den letzten vierzehn Tagen nicht aufgetaucht. Nur der Kampf gegen mich ist geblieben, wenn ich sie von etwas abhalten wollte, wie z. B. die Magensonde aus der Nase ziehen oder die Scheiße anfassen und überall hinschmieren.

Ich merke, in welcher Illusion ich mit Jacqueline vorher gelebt hatte. Jetzt zeigt sie mir die Ursachen und die Hintergründe ihrer Muster, die sie schon immer hatte. Spannend. Und mir wird hier vom Universum ein großes Lehrstück geboten – ein Forschungsobjekt vor die Nase gesetzt. Ich erforsche Jacqueline neu und dadurch gleichzeitig auch mich selbst. Verrückt.

Sie hatte zwei Anteile: Der vernünftige, offene, liebevolle Anteil – und dann der Anteil, der etwas unbedingt will und auf nichts anders mehr achtet. Wenn sie etwas will, scheint sie keinen Zugang mehr zum vernünftigen Anteil zu haben. Das ist auch jetzt in diesem Zustand so. Ich bin gespannt, wie es sich weiterentwickelt – und ich merke: ich liebe sie, unabhängig davon, welche Muster ich entdecke oder welche Ent-Täuschungen ich erfahre.

Sie kann die rechte Gesichtshälfte noch nicht klar fühlen bzw. damit umgehen. Beim Essen vom Weißbrot hat sie in ihrem rechten Mundwinkel noch nicht fühlen können, wo das Brot den Rand des Mundes überschreitet. Das Brot ist gegen den Mundwinkel gestoßen. Sie kann es noch nicht einschätzen.

Als ich ihr das mit der Thrombose erklärte (weil die Spritze weh tat), sagte sie: „Quatsch!" Und konnte nicht nachvollziehen, dass man bei langem Liegen ein Blutgerinnsel bekommen kann. Verzog ihr Gesicht.

Das erinnert mich an Momente von früher, wo ich ihr normale Dinge erklärt habe, z. B. wie ein Heizungsthermostat funktioniert, sie aber komplett anderer Meinung war und es nicht hat gelten lassen (obwohl es physikalisch und nachprüfbar falsch war, was sie dachte).

Also – „erleuchtet" wurde sie jetzt durch den Schlaganfall nicht (so wie Jill Taylor es in ihrem Buch von sich beschrieben hatte).

Oder fehlt *mir* die Erleuchtung? …

15. Tag, Sonntag, 2.4.2017

Ausgearbeitete Notizen aus Ringhefter und Computertagebuch

Morgens (im Bett)

Das, was ich bisher in Jacqueline gesucht hatte, gab es noch nicht in ihr. Aber wenn ich mal so zurückdenke: auch in keiner meiner anderen Partnerinnen von früher. Auch nicht in meiner Herkunftsfamilie – eigentlich in noch keinem Menschen. Genau deswegen schreibe ich Bücher. Ich suche nach einer bestimmten Form von Verständnis, von Klarheit, von Wachheit und Logik.

Da bin ich jetzt wieder angelangt – an dem Punkt meiner Selbsterforschung. Und Welterforschung!

Jetzt ist auch klar, warum in meiner Vergangenheit niemand mein Potenzial sehen und dem Raum geben konnte. Und da bin ich jetzt wieder bei meinem Pionierbewusstsein angelangt. Mein Schlaganfall-Schock scheint sich wohl gelegt zu haben.

Was sich in mir vereint, ist das Gefühl, der Verstand und die Schmerzverarbeitung. „Alles gehört dazu!" Einem so fühlenden und denkenden Menschen bin ich auf dieser Welt noch nicht begegnet.

Die „Geborgenheit" und das „Verständnis", die/das ich in einem Gegenüber gesucht hatte, kann ich mir nur selbst geben – oder vom Universum erhalten. Deswegen bin ich auch in dieser Gesellschaft kaum aktiv, weil ich „spüre", dass ich in vielen Sichtweisen nicht nachvollzogen werden kann. Warum soll ich dann was sagen?! Ich schreibe nur Bücher, stelle meine Gedanken, Erkenntnisse und Sichtweisen zur Verfügung und „die Welt" kann selbst entscheiden, ob und was sie damit anfangen will.

Schüchtern, wie ich mich aus meiner Kindheit und Jugend kenne, bin ich nicht mehr. Der Beweis, dass ich mich durchsetzen kann, wenn ich es wirklich so brauche und will, war, dass ich meine außergewöhnlichen Besuchszeiten in der Intensivstation erreicht habe. Entgegen aller kommunizierten Grenzen.

Übrigens: Ich hatte heute Morgen keine Panik mehr (nach der Aufstellung), nur leichtes Herzklopfen und Wachheit!

Formulierungstipp: „Ich freu mich schon drauf, wenn wir beide wieder Aufstellungen zu zweit machen."

Anstatt: „Kannst du dich noch erinnern, dass wir mal Aufstellungen zu zweit gemacht haben?"

Jacqueline hat gestern ab und zu absichtlich ihre linke Körperhälfte geschüttelt, um sie aktiv zu halten, zu trainieren – und zwar genau so, wie ich aus tiefen Emotionen heraus meinen Körper geschüttelt habe, als ich mich in einer Aufstellung in ihre rechte Körperhälfte einfühlte.

9 Uhr
Allgemein-Aufstellung
Ich fühle mich in Jacqueline ein und spüre: Sie braucht mehr Freiheit und zieht sich von allen Kontakten zurück. Ich habe alles Vorige aus der Aufstellung weggeräumt, so dass Jacqueline allein stehen kann. Sie hat sich ein Platz auf dem Teppich gesucht, der aussieht wie ein Nest. Es ist eine Art Rückzug, aber auch ein Gefühl, sich selbst eine Geborgenheit zu geben.

In der Klinik

Schon wenn ich das *Bedürfnis* verspüre, sie *aus einer Unsicherheit heraus* zu fragen, ob ich was tun soll oder tun darf, ist das eine Botschaft in meinem Gefühl, dass meine Idee für Jacqueline gerade nicht passt! Meine Unsicherheit kann ich also in Zukunft übersetzen mit: „Passt nicht, was du gerade beabsichtigst." Natürlich kann ich es immer noch überprüfen, wenn ich dieser Übersetzung nicht glaube.

Ich schwanke immer mal wieder zwischen zwei inneren Haltungen.

a) Ich muss ihre Behinderungen so nehmen, wie sie jetzt ist (wie so viele Menschen nicht an „Weiterentwicklung" glauben).

b) Ich kann ganz viel tun – selbst mit Widerstand. Die Möglichkeiten sind grenzenlos. *Überall* sind Wünsche nach besseren Gleichgewichten! Ich muss sie nur erkennen, studieren, erfassen, unterstützen. Selbst ein Widerstand ist ein Wunsch nach Gleichgewicht. Letztendlich ist die lösende Haltung: beides. *Ich nehme alles so, wie es jetzt geworden ist. Und ich erforsche, wie ich es weiterentwickeln kann.*

Ich denke ab und zu, dass ich noch gebremst werde, z. B. von Jacquelines Widerstand. Aber das stimmt nicht! Es sind meine Unfähigkeiten – ich kann damit (noch) nicht umgehen. Ich habe noch nicht gelernt, wie ich einen äußeren oder inneren Widerstand von mir oder von anderen vollständig erkenne und optimal nutze.

Jedes Missverständnis ist eine Form von Tod.

Jedes Verständnis ist eine Form von Geburt

18.41 Uhr, E-Mail von Helga Flohr

Helga kennt Jacqueline aus der Zeit vor dem Schlaganfall. Sie hat Jacqueline aber bisher noch nicht besucht und weiß auch nicht viel über ihren aktuellen Zustand.

Hallo Olaf,

hier schreibe ich dir die Bilder aus meiner inneren schamanischen Reise und weiter unten die wichtigen Elemente aus der Aufstellung:

Die schamanische Reise zeichnete sich durch eine starke Unkonzentriertheit meinerseits aus. Ich konnte mich so schlecht konzentrieren, dass ich das Gefühl hatte, die Unfähigkeit sich zu konzentrieren ist ein großes Thema *(2018: stimmt)*. Es gab nur ein sehr klares Bild: Ich traf Jaqueline in einer Nachtszene alleine auf einer Waldlichtung. Ihr schien nicht klar zu sein, wo sie genau ist. Ich fragte sie, ob sie mit zurückkommen wollte. Sie fragte, was ich mit „zurück" meine. Ich sagte: „In dein altes Leben." Darauf antwortete sie: „Aber ich will doch

165

weiter!" Ich fragte sie, ob der Ort, an dem sie sich jetzt befände für sie ein „weiter" bedeute und sie bejahte das.

In unserer Aufstellung, die wir für Jacqueline durchgeführt hatten, war Folgendes von Bedeutung:

Die Stellvertreterin für das „Krankenhauspersonal" reagierte aufmerksamer auf die Stellvertreterin für „Jacqueline", nachdem sich der Stellvertreter für „Olaf" zu erkennen gegeben hatte. Damit ist gemeint: „Olaf" erzählt, dass er ein Autor von Bestsellerbüchern sei, und er bringt dem „Personal" eines seiner Bücher mit.

Es gab eine Stellvertreterrolle, die sich „alternative Heilmittel" nannte und die war für „Jacqueline" sehr wichtig, vor allem das homöopathische Mittel Arnika.

„Jacqueline", sagte in der Aufstellung, sie würde lieber gerne ambulant behandelt werden als in der Klinik *(2018: stimmt)*.

Dann stellten wir die „vollkommene Genesung" als Ziel dazu und „Jacqueline" konnte sich diesem Ziel mit den „alternativen Heilmitteln" zusammen und dem „Vertrauen" gut annähern und es schließlich erreichen.

Lieber Olaf, ich wünsche euch viel Kraft und Zuversicht auf eurem Weg. Ich denke oft an euch.

Mit einer lieben Umarmung Helga

Abends, Empathie-Schule

Der Tag endet genauso, wie er begonnen hat: Heute Morgen wurde ich durch die E-Mails von F. verärgert – weil sie mir ewig viel geschrieben hat und ich nicht in der Lage war, das zu dosieren. Und dann stellt sie mir am Schluss eine völlig unnötige Frage, die meiner Lage entsprechend überhaupt nicht mehr gepasst hat. Ich verwandelte mich im Austausch mit F. allmählich in einen Helfer, statt dass ich jemand war, dem geholfen wird. Warum verstehen die Menschen nicht, dass *ich* derjenige bin, der jetzt Hilfe braucht? Und nicht umgekehrt? Und dann ärgerte ich mich über mich selbst, weil ich nicht rechtzeitig eine Grenze setzen konnte. Diesen Ärger bekam ich nicht wirklich los … aber irgendwie verschwand er dann wohl, als ich zu Jacqueline kam.

Abends merkte ich, wie Jacqueline sich nicht mehr kontrollieren konnte und wieder permanent mit ihrer freien Hand ihren Kopf berührte, darüber strich, immer wieder die Wunde berührte, die sie selbst geöffnet hatte (Schorf abgepult) – und genau wie gestern, als es um die Scheiße ging, einfach nicht aufhörte. Und auf einmal wollte sie wieder aufstehen, weil sie mal musste. Und sie hatte vergessen, dass sie gelähmt war. Als ich es ihr sagte, reagierte sie mit „ach ja" ... und entspannte kurz, machte aber noch kurzer Zeit wieder weiter...

Ich wette, es gibt eine Seite in ihr, die unter dieser anderen permanent aktiven Seite auch leidet und sie nicht im Griff hat. Zumindest wird sie am nächsten Tag wieder nicht wissen, was da los war. Da kommt eine unbewusste unruhige Seite in ihr zum Vorschein, die ich auch aus ihrem früheren Leben kenne. Jedenfalls habe ich fast ein bisschen ärgerlich Jacquelines Hand wieder angeschnallt, die Bettenränder hochgeklappt und habe mich lieb von ihr verabschiedet. Ich war mir bewusst, dass Jacqueline meine Stimmung bestimmt gespürt hat und sich vielleicht auch von mir „verlassen" fühlte. Eine Reaktion von ihr habe ich aber nicht entdecken können. Unser Abschied schien „normal" zu verlaufen.

Beim Gehen habe ich festgestellt, dass kaum Personal auf der Intensivstation war – und ich fing an, mich über das unzuverlässige Krankenhausmanagement zu ärgern. Und wie schrecklich sich um PatientInnen gekümmert wird – und das auf der Intensivstation!! Und wie PflegerInnen ihren Ärger oder ihre Stimmungen an den PatientInnen auslassen – und wie unbewusst die PflegerInnen damit sind, dass die PatientInnen wie „Stellvertreter" auf die PflegerInnen reagieren müssen (Jacqueline mochte das gleiche Essen bei einem Pfleger nicht – bei einer netten Pflegerin hat sie es genossen). Mit diesem Ärger bin ich nach Hause gefahren und habe mich dann in dieser Wohnung genauso ärgerlich wieder vorgefunden, wie ich heute Morgen abgefahren bin. Tagsüber hatte ich das komplett vergessen.

Echt interessant.

Und es ist ein wichtiges Thema. Sowohl bei mir als auch bei Jacqueline. Wenn ich das gelöst habe, könnte ich mir vorstellen, dass ich mit der unkontrollierten Jacqueline besser umgehen kann bzw. sie besser einstufen kann. Denn – wie schon gesagt – kommt hier etwas aus ihrem Unbewussten zum Vorschein, das ich vorher auch schon kannte.

Die Frage ist also: Was steckt hinter meinem Ärger?!?

...

Ich habe jetzt gerade kurze Rund-E-Mails geschrieben, dass meine üblichen E-Mails später kommen. Ich muss mich erst mit diesem Thema auseinandersetzen.

Ich möchte hier schriftlich überlegen. Das hilft mir am besten weiter: Also – was ist das mit dem Ärger?

Ich könnte mir vorstellen, dass der auch mit dem hohen Blutdruck von Jacqueline zu tun hat – und dass ich mit dran „schuld" bin, dass Jacqueline ihren Blutdruck nicht senken konnte in all den Jahren, weil ich ihr nicht das entsprechende Umfeld bieten konnte. Deswegen auch ihre damalige Distanz – ein Spiegel meines ungelösten Ärger-Themas.

Ich habe den Ärger: Wie Menschen so BLÖDE sein können!!!!! Wieso sie nicht hören. Wieso sie nicht erkennen, was das Bessere ist!! Sondern immer weiter den gleichen SCHEIß machen!!!

Das ist der Haupt-Ärger, der Jacqueline und mich verbindet! Sie hätte wahrscheinlich ihren eigenen Ärger so ähnlich formuliert.

Bisher habe ich immer versucht, diesen Ärger wegzubekommen. Aber vielleicht will er endlich mal GESEHEN und ERKANNT werden!?!? Was steckt hinter diesem Ärger?

Ich will den anderen eigentlich vor seiner Selbstverletzung schützen. Und diese Selbstverletzung kommt aus einem ungelösten Leid heraus. Ich will also den anderen vor seinem eigenen Leid schützen. Und warum will ich das? Weil ich da selbst ein LEID habe!! Was ist das für ein Leid?

Je tiefer ich in dieses Ärgergefühl einsteige, umso deutlicher wird mir: Das ist die absolute Kriegs-Energie!

„ICH BRING DICH UM!!!!"

„UND *ICH* BRING DICH UM, WEIL *DU* MICH UMBRINGEN WILLST!!!!"

Kriegs-Trance pur.

Man will die „falschen" Impulse der anderen Menschen komplett auslöschen. Der andere SOLL ENDLICH DAMIT AUFHÖREN!!!! Und wenn er nicht aufhört, bringt man ihn halt um, dann hört „es" auf.

Diese Energie ist so normal in unserer Gesellschaft – es ist echt erschreckend!!!

Und: Mit dieser Energie wurde Donald Trump gewählt!

Ja – und es gibt noch eine Ergänzung zu dieser Energie: Wenn man mit sich selbst nicht zufrieden ist, dann WILL MAN SICH AM LIEBSTEN SELBST BEKÄMPFEN!!!

Da ist eine Verantwortungsabgabe mit drin. Was wäre, wenn man die Verantwortung nicht abgibt? Sondern sagt, was man selbst dabei empfindet?

„Es tut sooo weh!"

Es tut so weh, wenn der andere nicht versteht!

Das ist ein kleiner Tod. Jedes Missverständnis ist ein kleiner Tod.

Ich weine viele Tränen, während ich an die unterschiedlichsten Szenen denke, in denen Missverständnisse herrschen und Menschen sich mit dieser Energie gegenseitig verletzen. Dabei gehe ich bis in den zweiten Weltkrieg zurück. Wie konnten die Menschen nur so mit sich umgehen? Mein Schmerz drückt sich sehr heftig und sehr lange aus.

Anschließend bin ich komplett k.o., kann keine Rund-E-Mail mehr schreiben und verschiebe es auf morgen.

16. Tag, Montag, 3.4.2017

Ausgearbeitete Notizen aus Ringhefter und Computertagebuch

Nachts

Ich weine über den großer Schmerz, den Schmerz darüber, was Menschen sich gegenseitig angetan haben – vor allem aber, was Menschen erleiden mussten, die von ihren Eltern verletzt wurden, durch Missverständnisse, Strenge, Härte, Gewalt und Ausschluss. Und was diese Eltern ebenfalls als Kinder von ihren Eltern erleiden mussten usw. Es gibt keine Schuldigen. Es gibt nur eine Kette von unschuldigen Tätern, die alle dieser Kriegs-Energie erlegen sind. Weil niemand wirklich schmerzhafte Erlebnisse vollkommen verarbeitet ...

Diese Tränen wurden ausgelöst durch die Erinnerung an Jacquelines Muster „in die Scheiße fassen", „an die Kopfwunde fassen" ... immer wieder ...

„Was tun wir Menschen nur uns selbst an?!"

Endlich komme ich an meine Themen, die ich schon so lange in mir schlummern fühlte, aber bisher nie richtig dran kam! Jetzt fließt es und ich kann den Schmerz verarbeiten ...

10.37 Uhr, Rund-E-Mail über 15. Tag, Sonntag

Zu allererst: Ich schreibe unten davon, dass Jacqueline durch "zu viel Besuch" überfordert sein kann. Deswegen in Zukunft maximal zwei Besucher pro Tag. Bitte alle Besuchsabsichten und Besuchszeiten mit mir abklären.

Warum konnte ich gestern Abend nicht schreiben?

Ich war in einem eigenen Thema drin und hatte keinen emotionalen Raum, Euch frei zu berichten. Und da mir einige geschrieben haben, dass sie manchmal erst schlafen gehen, nachdem meine E-Mail gekommen ist, habe ich Euch kurz informiert.

Für die Zukunft: Es könnte ab und zu mal vorkommen, dass ich abends nicht schreibe. Vielleicht fällt auch mal ein Tag aus oder so. Macht euch in dem Fall bitte keine Sorgen. Erst wenn ich unangekündigt mehr als zwei Tage nicht schreibe, dann stimmt etwas nicht ...

Zu meinem eigenen "Thema" von gestern Abend schreibe ich ganz unten etwas.

Jetzt zum Jacqueline-Tag:

Ich hatte morgens beim Aufwachen tatsächlich kein Panik-Gefühl mehr. Das Thema ist wohl endgültig gelöst. Hochspannend. Allerdings kam dann ein anderes Thema hoch: Ich hatte mich aus Versehen in

170

einen E-Mail-Austausch verstrickt, in dem ich wieder die Rolle des Helfenden einnahm – und nicht mehr die Rolle desjenigen hatte, dem in der Situation mit Jacqueline geholfen wird. Ich „musste" mich um jemand anderen kümmern, anstatt dass ich auf Jacqueline und mich konzentriert blieb. Anschließend habe ich mich geärgert, das ich dem so viel Raum gegeben hatte. Dieser Ärger bestimmte mein Packen und meine Fahrt zu Jacqueline (weiter unten mehr dazu).

In der Klinik war aber alles wieder weg – und ich war froh, Jacqueline zu sehen.

Was sich bisher nicht verändert hat: Jacqueline redet immer noch spontan ganz leise und ich muss immer wieder mit meinem Ohr ganz nah an ihren Mund und sie bitten, es zu wiederholen, was sie gerade gesagt hat. Diese Nähe bringt sie dann wohl "durcheinander", so dass sie es oft nicht mehr wiederholen kann – oder sich nicht konzentrieren kann – oder erinnerungstechnisch an die Inhalte nicht mehr herankommt.

Es gibt ganz seltene Momente, da holt sie dann tief Luft und sagt einen kurzen Satz ganz deutlich. Das zeigt, dass sie dazu "in der Lage" ist. Aber es strengt sie wohl sehr an, es bewusst und aktiv einzusetzen – denn das ist keine "Normalität" für sie.

Wenn der Thalamus im Gehirn für die Verknüpfung zuständig ist, dann bedeutet es wohl, dass sie ganz klar in sich selbst redet und sich auch selbst innerlich klar hört (was sie sagen will), aber dass dann die Verbindung zum Körper nicht klappt und es anders vom Körper umgesetzt wird, als sie es möchte oder gewohnt ist. Und so muss sie eine Willensanstrengung aufbringen, sich dann noch auf den Körper und seinen Ausdruck zu konzentrieren. Gedanke und körperlicher Ausdruck laufen nicht so Hand in Hand, wie sie es kennt.

Diesen Zusammenhang hat sie bestätigt.

Der hohe Blutdruck hat sich nicht verändert (wie auch, wenn ihr ganzer Körper davon "abhängt").

Und es gibt eine Seite in ihr, die ich ein bisschen von früher kenne – und wer Jacqueline länger kennt, kennt diese Seite sicherlich auch: die "Ich-will-unbedingt"-Seite. Manchmal scheint sie in einem Muster drinzustecken, in dem sie nicht von dem loslassen kann, was sie jetzt gerade vorhat. Sie reflektiert auch nicht. Ist auf der Vernunft-Ebene nicht mehr ansprechbar. Selbst wenn ihr Umfeld etwas anderes möchte, ist sie so unglaublich stark, dass sie sich dann durchsetzt. So kann ich mir erklären, dass es bereits in ihrer Kindheit anderen Menschen (wie z. B. Eltern) nicht anders gelang, Jacqueline mit ihrem Willen umzustimmen, als ebenfalls gegen sie zu kämpfen und laut und streng zu werden. Es scheint keine andere Möglichkeit zu geben, diese Seite von Jacqueline "in den Griff" zu bekommen.

Problematisch wird das Ganze nämlich, wenn sie etwas will, was eindeutig ihr selbst schadet. Wenn sie z. B. an ihrem Kopf kratzt und dort eine verheilte Wunde mit dickem Schorf aufkratzt, so dass sie wieder blutet. Dann ist diese Wunde offen – und Jacqueline fährt aber mit ihrer Hand immer wieder alle paar Minuten über den Kopf und verschmiert das Blut. Ein Pflaster hilft nicht, weil es auf den Haaren kaum klebt und weil es Jacqueline sowieso nach kurzer Zeit wieder abgepult hat.

Nach einigen Versuchen, sie zu bremsen oder ihr zu erklären, was sie gerade macht, blieb mir nichts anderes übrig, als genau das zuzulassen und zu vertrauen, dass auch hier etwas passieren will, das irgendwie "dazugehört".

Leider kümmerte sich gestern Abend, als ich ging, ein Pfleger um sie, der auf den ersten Blick total liebevoll, offen und verständnisvoll wirkt, den ich aber auch schon bei anderen PatientInnen als sehr laut schimpfend erlebt habe – und als er gesehen hat, dass Jacqueline sich oben an den Kopf fasste, wurde er auch ganz unruhig und wollte sie bremsen. Ich kann mir gut vorstellen, dass er mit Jacqueline schimpft, wenn ich nicht da bin. Und dann erhöht sich ihr Blutdruck ...

Was sich geändert hat:

Sie "erschrickt" jetzt wieder bei plötzlichen Piep-Tönen aus dem Computer, wenn der Computer hohe Werte anmahnt oder einfach so zwischendurch mal ohne Grund piepst (die Pfleger haben auch gesagt, dass das Computersystem spinnt, aber bisher noch nicht korrigiert werden konnte). Dieses Erschrecken/Reagieren ist ein Muster, das sie früher auch hatte und das dreizehn Tage verschwunden war. Jetzt lebt sie es wieder.

Übrigens – ich weiß nicht, ob ich es schon geschrieben habe: Die beiden am meisten ausgesprochenen Worte in dieser Klinik von den PflegerInnen gegenüber ihren PatientInnen sind: "Nicht erschrecken!" – wenn sie etwas tun wollen, was piekst oder was ungewohnt ist oder auch nur, wenn sie irgendeinen Schlauch richten wollen. Ich habe einem Pfleger empfohlen, einfach nur zu sagen, was er jetzt tun wird ("Jetzt gebe ich ihnen eine Spritze"). Das hat er auch versucht umzusetzen. Ist aber immer wieder in das alte Muster zurückgerutscht. Und wenn ich mir anschaue, mit welcher Selbstverständlichkeit hier viele PflegerInnen diese beiden Worte anwenden, dann ist das Umfeld für eine individuelle "Änderung" dieses Musters einer einzelnen Person äußerst ungünstig. Denn derjenige würde sich plötzlich vom Umfeld abheben – bzw. er wird vom Umfeld immer wieder an das alte Muster erinnert. Hochspannend für mich als Empathie-Trainer.

Es war heute wieder ein bisschen Blut in der Hirnabflussleitung zu sehen – aber auch nur sehr wenig. Und ich habe ein ganz ganz winziges kleines Fetzchen Hirngewebe gesehen, das in der Leitung lag – und habe mir überlegt, wie viele Lebenserfahrungen wohl damit verknüpft waren ...

Hirnflüssigkeit fördert sie nach wie vor sehr wenig. Also normalisiert sich wohl der Hirndruck allmählich wieder.

Sie soll so bald wie möglich von der Intensivstation auf die neurologische Überwachungs-Station verlegt werden. Eigentlich sollte das schon gestern geschehen, aber der offene Pfleger (der auch mal schimpft) hat mir gestanden, dass auf der Überwachungs-Station momentan zu wenig Personal ist, so dass Jacqueline erst noch hier bleiben muss. Im Moment scheint es so, als ob beide Stationen darüber "streiten", wer sie nun übernehmen soll und sich kümmern soll. Und auch das gehört zu Jacquelines Genesung irgendwie und aus irgendeinem Grund dazu.

Gestern Abend jedoch, als mir das kurz vor dem Gehen erzählt wurde, hat es mich nur wieder in den Ärger gebracht. Der Ärger, wie in einem Krankenhaus so etwas überhaupt möglich sein kann. Hier sollte es doch um die PatientInnen gehen – und das Umfeld sollte sich so organisieren können, dass es den Verletzten optimal zur Verfügung stehen kann. Und so kam ich dann mit Ärger wieder nach Hause – doch das erzähle ich unten weiter.

Interessant ist für mich zu beobachten: Es gibt eine liebevolle tolle offene Pflegerin, die Jacqueline in der letzten Woche oft betreut hat. Bei ihr hat sie die ersten Ess-Versuche erfolgreich durchlebt und hat auch gerne gegessen. Das gleiche Essen (!) mag sie aber nicht, sobald der andere (schimpfende) Pfleger für sie zuständig ist (und die Pflegerin Dienstschluss hat). Das ist auch unabhängig davon, ob *ich* es ihr reiche. Sie hat also offensichtlich bei einer Person mehr Appetit als bei einer anderen Person. Resonanz zum Umfeld.

Der Pfleger hat mir "gestanden", dass das Krankenhaus-Essen nicht so toll ist. Und hat mir den Tipp gegeben, dass ich etwas zum Essen von Zuhause mitbringen kann. Gestern hatte ich Heidelbeeren und Erdbeeren dabei, was sie bisher immer geliebt hat. Doch beides wollte sie nicht essen (ich hatte es ihr in der Zeit angeboten, in der der schimpfende Pfleger für sie zuständig war). Beim nächsten Mal werde ich es wieder ausprobieren, ob sie es möchte.

Inzwischen kann sie auf der rechten gelähmten Seite den Unterschied zwischen Streicheln und Kratzen fühlen. Das war vor ein paar Tagen noch nicht so. Sie wird also Schritt für Schritt klarer.

Doch dazu muss ich auch gleich wieder sagen: Ich habe jetzt zwei Tage hintereinander erlebt, dass sie am Nachmittag am klarsten war – und dann zum Abend hin in diesen unreflektierten "Ich-will-unbedingt"-Zustand allmählich hinüberrutschte, in dem sie kaum noch ansprechbar ist, aber gleichzeitig sehr aktiv und unruhig.

An diesen Zustand und an alles, was sie in diesem Zustand tut, kann sie sich am nächsten Tag im offenen Zustand nicht mehr erinnern.

An diesem 15. Tag war viel Besuch da. Weil der SMS-Austausch mit einer Besucherin nicht funktioniert hatte, waren wir positiv überrascht, als sie plötzlich im Raum stand. Eine sehr gute Freundin aus Baden-Württemberg. Ich war anderthalb Stunden bereits in der Klinik – und hatte kein Gefühl, mit Jacqueline irgendein Training oder Reiki oder sonst etwas zu machen. Im Rückblick auf den Tag weiß ich nun, warum (s.u.).

Später kam eine weitere Besucherin dazu, während ich dann spazieren ging. Es dürfen maximal 2 Personen im Raum sein, damit die Pfleger auf der Intensivstation immer noch genügend Platz haben, um ihrer Arbeit nachzugehen (Medikamente einstellen, Infusionen erneuern, Berichte am Computer eintragen, Blut abnehmen ...).

Und später wurden diese beiden Besucherinnen dann noch von zwei weiteren Besuchern abgelöst (ich möchte hier die Privatsphäre der Leute bewahren, deswegen rede ich von "Besuchern" und nenne keine Namen).

Am Ende des Tages war Jacqueline k.o. und war froh, dass ich wieder zurückkam. Sie hatte dem letzten Besuch gesagt, dass Olaf wieder zurückkommen solle. Ihr ging es gar nicht gut – und wir durften das erste Mal die Erfahrung machen, dass so viel Besuch für sie "zu viel" sein kann (das war mir vorher auch nicht klar). Es war das erste Mal, dass ich Jacqueline so erlebte: vollkommen erledigt. Und sie sagte auch das erste Mal, dass es ihr gar nicht so gut ging (so war es also richtig, dass ich am Anfang das Gefühl hatte, nichts mit ihr "machen" zu wollen). Das lässt mich nun für die Zukunft und für eine Weile erst einmal die Grenze ziehen: Maximal 2 Besucher pro Tag. Bitte also alle Besuchsabsichten mit mir abklären. Und bitte jetzt auch nicht vorsichtig werden und sich sagen: "Dann besuche ich lieber nicht." Das wäre sehr schade!! Besser: Alles mit mir gut abklären.

Ich bin froh, dass wir diese obere Grenze einmal erfahren durften. Dann wissen wir nun in diesem Punkt, wie wir zu Jacquelines Wohl beitragen können. Wenn ich das Gefühl habe, dass sich diese Grenze ändert, gebe ich wieder Bescheid.

Von den BesucherInnen habe ich berichtet bekommen (ich war ja nicht dabei), dass Jacqueline ziemlich "wach", teilweise witzig und auch aufmerksam war. Außerdem hat sie englisch und französisch gesprochen. Das freut mich sehr und zeigt, dass sich hier auch wieder etwas weiterentwickelt hat.

Abends – wie gesagt – rutschte Jacqueline dann in diesen Zustand der Unruhe, in dem sie kaum noch ansprechbar war. Und dann war ich kurz etwas verzweifelt, habe dann selbst ihren linken Arm festgebunden, weil sie sich ja immer wieder an den Kopf fasste und die Wunde verschmierte, habe mich liebevoll von ihr verabschiedet und bin gegangen – mit einem leichten Ärgergefühl – und gleichzeitig dem

Wissen: Nein – ich will mich nie nie nie über Jacqueline ärgern. Sie hat ein schweres Schicksal zu tragen und hat es in keiner Weise verdient, dass man sich über sie ärgert. Hier stimmt also definitiv mit mir selbst etwas nicht.

Nun zu meinem Thema:

Ich ging ja morgens mit einem Ärgergefühl in die Klinik, was in der Klinik verschwunden war. Und als ich abends gehen wollte, wurde es wieder geweckt und zu Hause hatte ich es dann wieder. Ich konnte keine Rund-E-Mail schreiben – und habe mir auch erst einmal mit einer Aufstellung nicht helfen können. Irgendetwas hat mich dann den Film "The Discovery" mit Robert Redford anschauen lassen. Teilweise mit dem Gefühl: "Was mache ich hier?! Ich schaue einen Film und verschwende Zeit ..." – andererseits aber in dem Wissen, dass das hier irgendeinen Sinn hat.

Erstens kann ich diesen Film nur empfehlen! Und zweitens hat dieser Film es ermöglicht, dass ich dann an mein Thema heran kam. Ich konnte mich danach fragen, was denn hinter meinem Ärger steckt und was wäre, wenn ich alle "Schuldzuweisungen" auf das Außen weglassen würde und mich allein auf meinen Schmerz konzentriere, der hinter diesem Ärger steckt.

Und dann kam der ganze Schmerz zum Vorschein und ich habe viele Gefühle fließen lassen dürfen. Über längere Zeit.

Ich habe als Kind miterleben müssen, wie ein geliebtes Geschwister von meinen Eltern streng behandelt wurde. Das hat mir damals in der Seele wehgetan. Da hat es begonnen. Und dieser Schmerz ist ein großer Weltschmerz geworden. Er wurde in mir wieder geweckt, indem ich beobachtete, wie Jacqueline teilweise schmerzvoll mit sich selbst umgeht (immer wieder der Drang, die eigenen Wunde anzufassen, so dass diese nicht heilen kann, höchstwahrscheinlich ohne es zu wollen), wie von manchen PflegerInnen mit Jacqueline umgegangen wird (auch hier sehe ich PflegerInnen, die nicht aus ihrer Haut heraus-können und in ihrer Verzweiflung gegenüber Jacquelines Willen nicht anders handeln können als so), wie die Menschen mit sich selbst umgehen, so dass solche Zustände in Krankenhäusern und besonders Intensivstationen herrschen müssen (auch hier ist immer wieder zu sehen, wie manche Menschen einfach unzuverlässig sind oder sich gegenseitig Vorwürfe machen und dadurch die PatientInnen teilweise nicht mehr im Vordergrund stehen und die wichtige "Heilungshierarchie" durcheinander gerät. Plötzlich müssen die PatientInnen den Problemen der PflegerInnen und ÄrztInnen zur Verfügung stehen – anstatt umgekehrt).

Der Schmerz reicht so weit zurück, dass ich viel darüber weinen musste, wie die Menschen im zweiten Weltkrieg miteinander umgegangen sind und wie viele Menschen Generationen danach immer noch mit der Bewältigung dieser Schicksale zu tun haben.

Heute geht es mir besser – und ich fühle, dass die Energie, die in diesem Ärger-Schmerz gefangen war, nun frei ist und für mehr Tatkraft in meinem Leben zur Verfügung steht.

Jacqueline bringt mich voll an meine Themen, an die ich in den letzten Jahren mit Aufstellungsarbeit nicht herankam. Einfach weil die "Notwendigkeit" fehlte. Jetzt "muss" ich mich damit auseinandersetzen, weil diese Themen plötzlich ganz klar auf den Tisch kommen: erst die Panik, jetzt der Ärger.

Und dadurch, dass ich das in mir selbst weiterentwickle, kann ich gleichzeitig auch besser meinem Umfeld zur Verfügung stehen und Jacqueline (und auch die Menschen, die mit Jacqueline umgehen) besser begleiten – ab jetzt ohne Ärger, stattdessen mit viel Verständnis für die inneren unerlösten Zustände der Menschen, aus denen heraus sie handeln müssen.

Schönen Tag Euch! Olaf

Kommentar 2018

Wenn ich jetzt an die Aufstellung zurückdenke (siehe Seite 164), dann sehe ich eine Parallele: Ich fühlte, dass sich Jacqueline von allen Kontakten zurückzieht und Freiheit braucht. So ähnlich endete auch dieser Besuchstag: Rückzug vom Besuch und am Ende nur noch die Nähe von Olaf wollen. Ich selbst formulierte in der E-Mail eine Grenzsetzung: in Zukunft jeden Besuch mit mir abstimmen und nicht mehr als zwei Personen pro Tag. Die Dynamiken von der Aufstellung und vom Tag waren also ähnlich.

Allerdings stellte sich später heraus, dass der Grund für Jacquelines Unwohlgefühl ein ganz anderer war und mit ihrer offenen Wunde am Kopf zu tun hatte ...

In der Klinik (Montag, 3.4.)

Gestern (Sonntag) habe ich Wasser neben dem Schlauch in den Haaren und auf dem Kissen entdeckt. Das ist möglicherweise aus der kleinen Wunde am Kopf gekommen, wo sie den Schorf abgekratzt hatte. Ich zeigte dem zuständigen Pfleger die offene kleine Wunde am Kopf. Er schaute es sich an und sagte, dass dies kein Problem sei.

Heute hab ich eine klare Energie, über die ich mich total freue! Auf der Autobahn bin ich auf der linken Spur ziemlich schnell gefahren. Und ich habe einen anderen Parkplatz in einer anderen Straße gefunden. Das ist etwas Neues.

Jedes Pflege-Team hat andere Regeln. Die einen sagen, dass ich zum Essen die Intensivstation verlassen muss. Die anderen sagen, dass es kein Problem sei, wenn ich mein Brötchen bei Jacqueline esse. Offensichtlich befolgen die einen klar abgesteckte Regeln, während die anderen toleranter damit umgehen.

Jacqueline brabbelt etwas. Ich verstehe es zwar nicht, habe aber eine Ahnung, was sie sagen möchte. Aus meinem Mitleid heraus sage ich:

„Ich weiß, was du sagen willst."

Sie reagiert genervt und äfft mich nach.

„Ich weiß, was du sagen willst!"

Das trifft. Mir wird bewusst, wie ich sie durch mein Mitleid in eine „kleine, bedürftige Rolle" stecke. Und das passt ihr natürlich nicht. Logisch. Also – ab jetzt: „Normal" mit ihr reden, lieber Olaf!

Ich denke darüber nach und teste mich, wie ich mich fühle, wenn Jacquelines Zustand so bleiben würde. Ich merke, dass ich keine Angst davor habe. Es ist eher das Gefühl da: „abwarten".

Heute Vormittag pult Jacqueline weiter am Kopf. Ich erlebe mich entspannt dabei. Ein bisschen habe ich zwar noch Sorge, wegen der

Wunde am Kopf, weil dort auch Hirnflüssigkeit austritt – aber alle inneren Stimmen sagen, dass es auch dazugehört und ich entspannen darf. Den ÄrztInnen ist dieser Zustand bestimmt bewusst.

Ich habe Mittagspause und Jacqueline ist im CT-Raum. Vorgestern hat sie den Schorf abgepult, gestern hat die Stelle eher nur geblutet und war auch etwas wässrig, heute kommt eindeutig Hirnwasser raus. Ihre Haare sind nass. Bei jeder Anstrengung sehe ich jetzt das Wasser dort herausfließen. Der Hirndruck presst das Hirnwasser aus der Wunde, das dann an ihrem Kopf herunterfließt – in die Haare. Der Pfleger hatte gesagt, das sei nicht schlimm. Vielleicht ist das sogar gut so?!?

Heilung geschieht immer bei der „Erweiterung" von Möglichkeiten, also bei der Sichtweise / Haltung / Erkenntnis: „Alles gehört dazu".

Spannend: Ich male mir auf der einen Seite sorgenvoll aus, dass im CT-Raum die Hirnflüssigkeit einfach permanent ausfließen wird, wenn Jacqueline waagerecht liegt, aber mein Gefühl und die innere Jacqueline-Stimme wollen mich beruhigen.

Der Weg ist „steinig", weil immer andere Heilungshierarchien und Wünsche dazwischen kommen. So ist das Leben – definitiv nicht „reibungslos".

Ich darf noch nicht wieder zu Jacqueline rein. Es werden demnächst ÄrztInnen über sie sprechen. Als ich den Oberarzt anrief, wurde mir von seinem Sekretariat mitgeteilt, dass noch keine CT gelaufen sein soll. Bin mal gespannt, was stimmt. Vielleicht konnte sie tatsächlich nicht waagerecht liegen, weil sonst Hirnwasser ausgetreten wäre – und jetzt überlegen sie vielleicht, was sie mit ihr machen?

Auf jeden Fall hat Jacqueline durch den Impuls den Schorf abzupulen diese Situation unabsichtlich selbst herbeigeführt. Das wird also irgendwie einen Sinn haben.

2018: Das CT wurde von 13.55 Uhr bis 14 Uhr angefertigt.

179

15.30 Uhr

Ja – habe gerade mit dem Tür-Wärter telefoniert. Das mit Jacqueline dauert noch länger. Da ist mit dem Kopf wohl tatsächlich etwas in Bewegung gekommen.

Es wird *meistens* davon ausgegangen, dass Angehörige zu „Unruhe" führen und nicht zu „Ruhe".

Wenn ich auf das große Ganze schaue, bin ich wieder zuversichtlich – aber hier im „Kleinen" sehe ich die vielen kleinen Ungleichgewichte. Und auch *die* gehören zum großen Ganzen dazu.

Sie machen die Bewegung aus!!

Ja – verstehe! ☺

Ich bin wieder bei ihr. Nein, es war ein ganz anderer Grund, warum ich nicht zu Jacqueline durfte: Ein neuer Bettnachbar wurde gebracht und angeschlossen. Aus Datenschutzgründen durfte ich nicht im Raum sein.

Jetzt kümmert sich doch endlich der (junge) Oberarzt um Jacqueline. Ich warte wieder auf dem Flur, während er sich mit Jacqueline beschäftigt und ich aus Datenschutzgründen nicht dabei sein darf. Er hat mir gesagt, dass sie sich die Drainage ein stückweit rausgezogen hat. Sein Tonfall war dabei etwas härter, als ob er ihr eine Schuld daran gibt – und er von seiner eigenen Verantwortung ablenken möchte.

Ich fühle mich entspannt. Keine „Nervosität" gerade.

Sie war eben nach der Untersuchung bei sehr niedrigem Blutdruck (94 / 33) in einem Dämmerzustand – Augen trotzdem leicht offen. Mal sehen, was da jetzt in ihrem Gehirn passiert ist.

Ich bin wieder drinnen. Ein Pfleger teilte mir mit, dass die Drainage schon fast vollständig rausgezogen war. Sie wurde jetzt vollständig herausgenommen. Vielleicht wird sie aber noch einmal neu gelegt. Das bedeutet: Operation.

Jacqueline darf jetzt nichts essen und trinken.

19.11 Uhr (7.11) kam die Info auf die Station, dass Jacqueline nun in den OP-Raum gebracht werden soll. Es ist Luft ins Gehirn gelangt. Und die Drainage soll noch einmal neu gelegt werden.

Jacqueline sagt: „Manche Dinge kann man sich nicht aussuchen."

Als wir vor dem Abschied viel mit unseren Köpfen gekuschelt haben, sagte sie: „Heute gefällst du mir wieder besser."

Das war *der* Tipp für mich, öfter mit ihr zu kuscheln! Und vielleicht war das auch ein Hinweis darauf, dass ich gestern Abend beim Abschied etwas verärgert war und sie das gespürt hat, obwohl ich mich bemüht habe, offen und freundlich zu wirken.

Ich warte jetzt hier im Flur, bis die OP vorbei ist.

Wir haben ca. 45 Minuten auf den Abtransport gewartet. Zuerst war sie sehr nervös. Ich habe paar Mal gesagt, dass alles dazugehört. Das Universum ist bei uns. Allmählich hat sie sich beruhigt – und ich war durch das gelöste Thema von gestern irgendwie schon ruhig.

Gut, dass sie bisher noch nicht verlegt wurde! Ihre „Vigilanz" war heute geringer. Wahrscheinlich wegen der Luft im Gehirn.

Als ich den Assistenzarzt fragte, ob beim Legen einer Drainage Hirnzellen absterben, sagte er, dass sie sozusagen am Hirn vorbeigelegt wurden, zwischen beiden Hälften rein und von dort dann in die „Lücken" / Kammern des Hirns.

Jetzt habe ich mich erinnert: Das ist Quatsch. Er wollte mich nur beruhigen. Auf dem CT-Bild ist eindeutig zu sehen, dass die Drainage geradeaus mitten durch's Hirngewebe führt.

Gegen 21 Uhr kam sie wieder zurück – ohne Beatmung, schlafend. Sie wurde wieder hier an mir vorbeigerollt.

Es soll alles gut gegangen sein – und ich hatte auch ein gutes Gefühl, hab's immer noch.

Ich warte noch, bis ich sie sehen darf. Dann fahre ich.

23.14 Uhr, Rund-E-Mail

Erster Rückschlag? Oder doch der nächste Schritt?

Es gäbe sooo viel zu schreiben. Ich muss mich auf das Wichtigste beschränken – und auch das wird dann wahrscheinlich noch lang ...

Ich fange am einfachsten von hinten an:

Bin eben nach Hause gekommen. Ich habe noch gewartet, bis Jacqueline aus der OP wieder zurückkam. Es ist alles gut gegangen und sie wird auch nicht wieder neu beatmet. Sie musste jetzt noch ein zweites Mal operiert werden, weil sie im Laufe der letzten beiden Tage die Drainage aus ihrem Gehirn immer weiter rausgezogen hatte. Außerdem ist auf irgendeine Weise Luft ins Gehirn gelangt – und die sollte natürlich auch wieder durch die OP rausgeholt werden. Die Luft hat man heute Nachmittag in eine Computertomographie (CT, 3D-Röntgen) festgestellt. Und ich habe heute Mittag beobachten können, dass die wunde Stelle am Kopf, bei der sie den Schorf rausgepult hatte, tatsächlich ein "Loch" war, aus dem Hirnflüssigkeit austrat.

Als Jacqueline die Nachricht bekam, dass sie noch einmal operiert werden solle, wurde sie richtig nervös. Ich nur ein bisschen. Ich glaube, die Lösung meines Ärger-Themas in der letzten Nacht hat mich heute sehr ausgeglichen sein lassen. Und das blieb ich auch kurz vor, während und nach der Operation. Und es ist ja auch alles gut gegangen. Nach einiger Zeit, nach liebevollem Kuscheln, nach dem Drüber-reden, dass alles dazugehört und seinen Sinn haben wird, wurde Jacqueline dann wieder ruhiger. Sie sagte: "Manche Dinge kann man sich nicht aussuchen."

Wir mussten länger warten, bis sie zur OP abgeholt wurde. Es wurde immer wieder hinausgezögert. Irgendwann kam die Schwester rein und sagte: "Jetzt." Dann räumte sie die Verkabelung so um, dass das Bett rollbar wurde – und ging wieder. Der letztendliche "Befehl zum Abmarsch" fehlte aber noch. Wir warteten eine weitere dreiviertel Stunde. Man sagte uns, dass der Oberarzt noch einmal gefragt werden solle. Um 19.12 Uhr kamen dann die Schwester und ein Assistenzarzt in den Raum und holten Jacqueline. Wenn man ein bisschen "trickst", könnte man sagen: Der Anruf auf die Station, dass es nun losgehen soll, kam direkt vorher – 19.11 Uhr – also 7.11 Uhr abends. Da ist sie wieder, die Zahl – mit ein bisschen tricksen ...

Bis überhaupt klar war, was denn mit Jacqueline los ist, ist sehr viel bange Zeit verstrichen, in der ich nicht bei ihr sein durfte, sondern draußen warten musste. Seit dem frühen Nachmittag stand die Frage im Raum, warum sie nicht mehr so gut reagieren würde. Außerdem sei der Blutdruck erschreckend "gering!" (der diastolische Wert lag zwischen 33 und 55 mmHg). Mit mir sprach sie eigentlich noch gut – aber die ÄrztInnen hatten da wohl etwas entdeckt (später sagte man mir, dass das die Luft im Gehirn sei). Und ich hatte ja permanent das Thema mit der Wunde, auf das ich den Pfleger immer wieder angesprochen habe, weil ich den Eindruck hatte, dass immer mehr Hirnwasser dort rauskam und an ihrem Gesicht herunter lief. Der Pfleger schien das alles schon zu wissen und wiegelte immer wieder ab, dass das nicht so schlimm sei – und ich fühlte mich irgendwie nicht wirklich ernst genommen.

Als ich später draußen wartend mich der Energie des Pflegers nicht mehr zur Verfügung stellte, verschwand mein Misstrauen – und meine Ruhe und Geduld kamen wieder. Ich glaube, ich habe ihn auch ziemlich genervt ... (also sein Thema "getriggert").

Später war klar, warum ich so lange draußen warten musste: Es lag gar nicht an Jacqueline, sondern daran, dass ein neuer Bettnachbar gebracht wurde. Und wenn der "eingerichtet" wird, seine Geräte angeschlossen werden und die ÄrztInnen und PflegerInnen über ihn reden, darf kein fremder Angehöriger im Raum sein und zuhören (Datenschutz).

Während ich nachmittags so lange wartete, kam mir ein Satz: "Der Weg ist steinig und schwer, weil immer andere Heilungshierarchien und Wünsche dazwischen kommen. So ist das Leben – definitiv nicht reibungslos."

Ich habe von einem Pfleger erzählt bekommen, dass bei der allerersten Operation, um Jacqueline zu retten, ein kleines Knochenstückchen von der Schädeldecke (in Form eines Dreiecks oder Vierecks) entfernt wird und dann die Haut wieder drübergenäht wird – so dass an der Stelle das Hirn sich ausdehnen kann, wenn es das braucht. Später wird (nehme ich jedenfalls an) dieses Knochenstück wieder eingesetzt.

Ich vermute also, dass sie zum "Abschluss" dann noch einmal operiert wird. Wenn das so korrekt ist, was der Pfleger erzählt hat. Am Donnerstag ist die nächste Gelegenheit, mit dem Oberarzt zu sprechen. Beim letzten Versuch musste ich ja absagen, weil ich krank wurde.

Interessanterweise hat sie an diesem Tag noch nichts gegessen gehabt, als ich ankam. Und aß auch später nichts. Und als sie dann zur OP gebracht wurde, war es letztendlich wichtig, dass der Magen leer ist, falls sie wieder intubiert werden müsste. Passte also mal wieder in gewisser Weise.

Und durch das Lösen meines gestrigen Ärger-Themas konnte ich Jacqueline den ganzen Tag über entspannt und liebevoll durch dieses OP-Wirrwarr begleiten.

Ich glaube, dass schon gestern Luft in ihren Schädel gelangt ist – denn ihr ging es ja nach den Besuchen nicht so gut. Das hing bestimmt damit zusammen. Es würde jedenfalls zu meinem Gefühl passen. Gut, dass für heute dieses CT geplant war – und gut, dass sie doch nicht gestern schon auf die Neurologische Überwachungsstation verlegt wurde. Wieder einmal Glück im Unglück.

Der Kontakt zwischen uns beiden war vor der OP so "klar", dass ich schon fast nicht mehr von einer Jacqueline reden mag, die noch nicht voll bei Bewusstsein ist. Es gibt höchstens durch die Medikamente ein paar Verwirrungs-Nebenwirkungen. Und auch dadurch, dass die rechte Seite immer noch gelähmt ist. Ihr Gedächtnis habe ich heute nicht getestet. Ich habe sie nicht gefragt, ob sie sich noch an gestern erinnern kann ...

Aber ich vermute, dass es nach wie vor schwierig ist, weil es auch schwer für sie ist, "konzentriert" über längere Zeit bei einer Sache zu sein. Das hat aber weniger was mit "Bewusstsein" zu tun. Ihr Bewusstsein ist für mich eigentlich ziemlich klar – inzwischen.

Mein seltsames Gefühl, das ich habe, wenn ich über "Jacquelines Bewusstsein" rede (wie über ein Objekt), bestätigt es mir auch, dass hier für mich zumindest eine Art "Wende" vorhanden ist. Ihre Persönlichkeit ist meinem Gefühl nach wieder voll da – wenn auch etwas anders als vorher – um eine Erfahrung reifer.

Dieser Prozess ging so schrittweise, dass ich eigentlich keinen "Zeitpunkt" festmachen kann. Ich habe nur jetzt einfach dieses Gefühl beim Schreiben über sie.

Soweit das Wichtigste vom heutigen Tage.

Ich habe sie am Ende nach der OP nicht mehr wach erlebt. Und durfte auch nicht mehr rein zu ihr – hätte noch so lange warten müssen (wegen Übergabe einer Schicht an die nächste), dass ich dann entschieden habe, zu fahren. Aber mein Gefühl war gut – ich hatte keine Sorgen.

Bin gespannt, wie es ihr morgen geht und was am Kopf alles wieder befestigt wurde. Soweit ich kurz sehen konnte (als man im Flur ihr Bett an mir vorbeigeschoben hat), hat man auch den Kopf vollständig verbunden oder bedeckt, so dass sie da wohl erst einmal nicht hingreifen kann. Wir werden sehen ...

Gute Nacht! Euer Olaf

Kommentar 2018

Wenn ich gewusst hätte, dass direkt unter der kleinen Wunde am Kopf ein Bohrloch lag, das direkt in Jacquelines Gehirn führte, hätte ich mich mit der Reaktion des Pflegers nicht zufrieden gegeben, sondern hätte mich direkt an den diensthabenden Arzt gewendet. Ich hätte ihm gesagt, dass hier unkontrolliert Hirnflüssigkeit ausläuft, und darauf bestanden, dass man diese Stelle zunäht. Schade, dass man mich nicht so ausführlich informiert hatte. Aber es sollte wohl so sein.

Durch die CT hat man nicht nur festgestellt, dass Luft in ihr Gehirn eingedrungen ist, sondern auch, dass die verbliebene Drainage schon sehr weit herausgezogen war. Das Ende des kleinen Schlauchs lag bereits außerhalb des Schädels noch unter der Haut kurz vor dem Bohrloch. Dies ist auf dem Röntgenbild gut zu erkennen.

Die Handmanschette war ab Sonntag, 14 Uhr ab. Ich habe sie dann bei meinem Weggang wieder dran gemacht – aber offensichtlich haben die Pfleger sie wieder abgemacht, denn in der Dokumentation war die Handmanschette bis zur CT am nächsten Tag nicht mehr verzeichnet. Jacqueline konnte also offensichtlich frei und unbewacht an ihren Schläuchen ziehen. Und die Luft ist wahrscheinlich durch die offene kleine Wunde am Kopf eingedrungen. Das sieht alles stark nach „Behandlungsfehler" aus.

Ich habe eine Woche später die letzte Besucherin gefragt, ob sie eventuell beobachten konnte, dass Jacqueline öfter an den Schläuchen gezogen hat, und ob sie sich erinnert, was kurz vorher passiert war, bevor Jacqueline äußerte, dass es ihr nicht so gut geht. Ich war ja bei den Besuchen nicht anwesend.

Ihre Antwort:

„Also sie hat sich oft durch die Haare gefahren, um ihren Zopf zu richten. Aber ich hatte nicht den Eindruck, als ob sie am Schlauch gezogen hatte. Was kurz davor war, weiß ich nicht mehr so genau. Die Pfleger waren viel zugange, um das Essen vorzubereiten."

Zum Bohrloch: Auf den Röntgenbildern sehen die Bohrlöcher im Kopf rund aus (nicht drei- oder viereckig). Und das herausgebohrte Stück wird nicht mehr eingesetzt. Die Löcher bleiben so im Kopf bestehen.

Ich schrieb: Es wird *meistens* davon ausgegangen, dass Angehörige zu „Unruhe" führen und nicht zu „Ruhe".

Inzwischen habe ich im Internet in einem Vortrag von DGKP Matthias Kranzl („ICP und Ventrikeldrainage") gelesen, dass in der Pflege die Angehörigen in die Kategorie „Herausforderung" einsortiert werden. Meiner Ansicht nach liegt das oft daran, dass von Seiten der PflegerInnen und ÄrztInnen nicht offen genug kommuniziert wird. Und auch daran, dass man nicht offen zu eventuellen Fehlern und deren Folgen steht.

Wenn hier mehr Offenheit gelebt werden würde, könnte ein Angehöriger beruhigter den Prozess beobachten. Er könnte für die PflegerInnen und ÄrztInnen auch als zusätzliche Informationsquelle dienen. Manche Angehörige werden sicherlich mit Überlegungen und Vorschlägen eingreifen wollen – aber nicht alle. Und sollten Angehörige dabei Grenzen überschreiten, könnten PflegerInnen und ÄrztInnen darauf mit klaren, freundlichen Grenzsetzungen reagieren. Bei diesem „normalen Grenzensetzen" sind bisher oft noch Hemmungen und Unsicherheiten vorhanden. Und so will man lieber gleich die Angehörigen außen vor lassen und sie nur über das Allernötigste informieren.

Doch solche Hemmungen, Unsicherheiten und Abwertungen beim Grenzensetzen gegenüber Angehörigen könnten PflegerInnen und ÄrztInnen auch bei sich selbst lösen und Freundlichkeit lernen.

Wenn ich mir mit Abstand diese Entwicklung bei Jacqueline betrachte, dann kann ich auf zwei Weisen darauf schauen:

a) Bis zum Samstag war eine so wundervolle Entwicklung zu erleben – und jetzt wird ihre weitere Entwicklung durch Fehler in der Pflege bezüglich der Kontrolle über die Drainagen gebremst. Denn eigentlich war es die Aufgabe der Pflege, dafür zu sorgen, dass so lange äußerste Vorsicht gegenüber den Schläuchen im Kopf zu gelten hat, bis entweder Jacqueline sich selbst kontrollieren kann oder bis die Schläuche vollständig aus dem Kopf entfernt werden.

b) Dieses Ungleichgewicht, diese Bremse hat einen ganz speziellen Sinn, den wir nicht überschauen können und der zu unserem Weg dazugehört. Es ist ein Teil eines übergeordneten Weges in ein übergeordnetes besseres Gleichgewicht. Dieser Weg führt nicht nur gleichmäßig bergauf, sondern hat auch einige Täler zwischendrin, Herausforderungen, Lernchancen.

17. Tag, Dienstag, 4.4.2017

Ausgearbeitete Notizen aus Ringhefter und Computertagebuch

Morgens im Bett

Dass in unserer Gesellschaft das Fehlermachen mit Schmerz verknüpft ist, genau *das* führt zu diesem Chaos auf dieser Welt!

Und dahinter steckt?

Es fehlt die Schmerzverarbeitung! Hat ein Mensch etwas Schmerzhaftes erlebt, dann verarbeitet er es nicht mehr mit Tränen, wie es noch als Kind auf natürliche Weise geschehen ist. Ohne die Verarbeitung bleibt die Erinnerung an das Erlebnis mit einem ungelösten Schmerzgefühl verbunden und löst Vermeidungsreaktionen aus.

Wir Menschen blenden gelähmte (schockierte) Anteile von uns aus. Dort findet keine Reflexion statt. Und so ist in diesem Bereich auch kein Bewusstsein vorhanden! Das erlebe ich jetzt ganz konkret bei Jacqueline – und ich kann das wundervoll auf alle anderen Menschen (auch auf mich) übertragen.

Wie soll jemand in einem System (Krankenhaus) rundum gesund werden, in dem die Koordination nicht stimmt?

Meine Idee ist, dass sogenannte „Reflektierzellen" eingebaut werden müssten, die die aufgetauchten Probleme bewusst reflektieren, sie lösen und dadurch eine Weiterentwicklung in Gang bringen. Die „Reflektierzellen" sind neben den PflegerInnen und ÄrztInnen weitere Personen, die konkret für die Problemlösungen in der Zusammenarbeit und in der Organisation des Krankenhauses verantwortlich sind. Hat ein Pfleger eine Unstimmigkeit in der Zusammenarbeit mit einem anderen Pfleger oder einem Arzt oder anderem Personal im Krankenhaus oder in der allgemeinen Organisation erlebt, dann berichtet er dies einem „Problemlöser". Dieser spricht mit den betroffenen anderen Personen und verschafft sich ein Gesamtbild. Anschließend schlägt er für alle eine neue Lösung vor, aus der alle dazulernen können. Ist der Lösungsvorschlag nicht ideal, weil einer der Beteiligten sich damit nicht wohl fühlt, wird an einer besseren Lösung gefeilt und ein neuer Vorschlag gemacht. Dies kann man auch noch auf PatientInnen und Angehörige ausweiten. So findet eine permanente Verbesserung im Klinikalltag statt, ein Qualitätswachstum. Allerdings braucht das viel Geduld gegenüber jedem Einzelnen, denn nicht jeder lernt schnell, sondern braucht mehrere Wiederholungen, bis sich das Neue gefestigt hat. Auch dies kann von den Problemlösern begleitet werden.

Große Rund-E-Mail „2. Woche Jacqueline", 9.45 Uhr

Liebe Freunde,

dies ist die dritte große Rund-E-Mail (21.3./27.3./heute), in der ich zusammenfassend über Jacquelines und mein Schicksal berichte.

Damit ich nicht so viel planen muss, was ich wie schreibe, schreibe ich immer frei Schnauze. Deswegen möchte ich bei dem anfangen, was gestern passiert ist.

Der Oberarzt hat festgestellt, dass Luft in Jacquelines Gehirn gelangt ist. Außerdem hat sie durch das permanente Streichen über den Kopf und Fühlen, was da ist, und Dranziehen "aus Versehen" die Drainage ein stückweit aus dem Gehirn gezogen. Für den Arzt ist das aber noch zu früh – und so musste sie gestern Abend zum zweiten Mal (nach der Notfalloperation am 19.3.) operiert werden. Die Operation sei gut ausgegangen, habe ich noch erfahren, bevor ich dann nach Hause gefahren bin. Gesehen habe ich sie auch noch kurz auf dem Weg aus dem OP-Raum in die Intensivstation. Sie sah gut aus – war aber natürlich noch in Narkose. Sie hat keine neue Beatmung bekommen.

Heute werde ich dann sehen, wie es ihr geht – und sofort berichten, falls es schlimmer geworden ist. Ansonsten dürft ihr im nächsten Bericht in einer knappen Woche lesen, was besser geworden ist.

Ich möchte sagen, dass Jacqueline wieder voll ihr Bewusstsein leben darf. Ich kann nicht schreiben, dass sie "bei Bewusstsein" ist, denn was ist schon "Bewusstsein"? Es gibt einige Dinge, die sie ab und zu wieder aus ihrem Bewusstsein verliert. Vorgestern war wieder ein Moment, in dem sie aus dem Bett aufstehen wollte, es aber nicht ging. Sie strengte sich an, doch sie kam nicht hoch. Als ich ihr dann sagte, dass es nicht geht, weil ihre rechte Körperhälfte noch gelähmt ist, reagiert sie mit: "Ach ja." Und lehnte sich wieder zurück.

Der direkte Austausch mit ihr ist also möglich – und es gibt immer mehr Dinge, an die sie sich aus der Vergangenheit wieder erinnern kann.

Aber es ist auch nach wie vor so, dass es einen großen Unterschied zwischen ihrer Eigenwahrnehmung gibt, was sie sagen will – und dem, was sie ausdrückt. Innerlich hört sie sich selbst klar und deutlich, was sie sagen will. Aber der Körper setzt es nicht richtig um, was sie aber auch nicht wahrnimmt. Da fehlt ihr die Feedbackschleife. Sie ist sich in dem Punkt nicht bewusst, dass ihre Lippen sich kaum bewegen und ihre Stimme nur ganz wenig eingesetzt wird. Sie redet nach ihrem Gefühl ganz klar – und merkt dann, dass ihr Umfeld sie gar nicht versteht. Es ist sehr anstrengend für sie, deutlich zu sprechen. Dafür muss sie alle Kraft zusammennehmen.

Und ab und zu ist es so, wenn ich sie frage, was sie gerade gesagt hat, dann fällt es ihr noch schwer, sich wieder daran zu erinnern, was sie gerade sagen wollte. Oft ist sie da aber schon gut in der Erinnerung und wiederholt es dann noch einmal. Nur – wenn ich dann mit meinem Ohr näher an ihren Mund herankomme, um sie besser zu verstehen (weil es so leise ist), dann wird sie noch leiser, weil sie mir ja wahrscheinlich nicht ins Ohr schreien möchte (ihrem Gefühl nach) – und dann verstehe ich sie wieder nicht. Das Problem ist auch, dass die Intensivstation ziemlich laut ist und viele Geräusche bei einer so sensiblen Kommunikation das Verständnis verhindern.

Was seit letzter Woche neu ist:

- Die Drainage (dünner Schlauch zum Ableiten von Hirnflüssigkeit) in der rechten Hirnhälfte wurde vom Oberarzt bereits entfernt. Nur die Drainage in der linken geschädigten Hirnhälfte ist noch wichtig.
- Ich habe das Thema mit der Rehabilitations-Klinik geklärt. Im Austausch mit der Krankenkasse und nach reiflichen Überlegungen ist es nun die Klinik, die hier in B. mit dem Krankenhaus zusammenarbeitet. Diese Klinik hat auch von der Zeitschrift "Focus" die Auszeichnung "einer der Top-Kliniken Deutschlands 2017" erhalten – wobei sie nicht die Allerbeste ist. Besser wäre die Schmiederer-Klinik in Heidelberg gewesen – doch die ist wohl so teuer, dass die Krankenkasse das abgelehnt hat. Hier müssen wir uns der Krankenkasse unterordnen, denn die haben das Recht, aus wirtschaftlichen Gesichtspunkten heraus Grenzen zu ziehen.

Was mich betrifft: Ich habe große Prozesse durchlebt und vieles inzwischen verarbeitet, so dass ich nun mit neuer Energie an Jacquelines Seite stehen kann. Gerade gestern, als ich zu Jacqueline fuhr und dabei immer ein Stück Autobahn fahre, habe ich mich erlebt, wie ich das erste Mal ordentlich Gas gegeben habe. Ich war voller Energie und bin auf der linken Überholspur gebraust. Das erinnerte mich an einen Satz, den eine sehr gute Freundin vor einer Woche geschrieben hat: "Ich habe mich gefragt, ob du dich gefühlt in einem 'Ausnahmezustand' befindest oder ob du wie auf der Autobahn die Spur in ein neues Leben gewechselt hast .... Es fühlt sich mehr wie letzteres an."

Vor einer Woche konnte ich das noch nicht bestätigen – aber seit gestern ist es nun soweit. Wenn nicht wieder ein schlimmer Rückschlag passiert, habe ich die größte Trauerphase hinter mir und bin wieder voll in meiner Kraft – vielleicht sogar in noch mehr Kraft, als ich je hatte. Das habe ich auch gemerkt, als ich gestern Jacqueline mit ruhigen und guten Gefühlen bis zur zweiten OP begleiten konnte. Während der OP hatte ich mal das Gefühl, dass sie gerade leidet. Ich habe mich dann vollständig für diesen Schmerz geöffnet und es sind Tränen geflossen – und dann war es wieder gut.

Auch wenn ich das schon lange weiß, aber hier mache ich noch mehr die Erfahrung: Wenn wir Menschen alle unvermeidbaren Schmerzgefühle vollständig zulassen und fließen lassen können (ohne sie zu verleugnen oder sie zu vermeiden), dann sind wir auch "voll im Fluss", können es verarbeiten und können voller Energie hinterher weitermachen. Wenn wir es nicht machen, besteht die Gefahr, dass wir in bestimmten Vermeidungen stecken bleiben – und das für den Rest unseres Lebens. Das prägt unseren Charakter und unsere Weltsicht und unsere Wertungen ...

Ich denke gerade: Wie viele Menschen befinden sich unbewusst in einem "Schlaganfall", weil sie Schmerzerlebnisse und Schocks nicht verarbeiten, sondern diese Bereiche im Gehirn unentwickelt im Schock belassen? Und dann vergessen sie, dass dieser Bereich ja geschockt ist – so ähnlich, wie Jacqueline ab und zu vergisst, dass ihre eine Körperhälfte gelähmt ist.

Von meiner Philosophie zurück zu Jacqueline und mir.

Wir sind so unendlich dankbar für Eure Spenden! Inzwischen ist es so, dass wir bis einschließlich August unsere aktuelle Existenz mit allen Mieten, die wir monatlich zahlen, decken können, ohne an Arbeit denken zu müssen. Ich bin mir sicher, dass das als "Brücke" in ein neues Leben genügt. Jacqueline hat es auch realisiert, dass wir uns beide die volle Zeit für ihre Genesung (und meine persönliche Weiterentwicklung durch dieses Schicksal) nehmen dürfen. Wir freuen uns sehr!

Die Magensonde ist inzwischen rausgenommen worden und Jacqueline beginnt, selbst zu essen. Dabei stellt sich heraus, dass das Krankenhaus kein "besonderes" Genesungs-Essen bringt, sondern einfach nur Weißbrot, Butter und einige Aufstriche zur Auswahl (in so kleinen Plastikpäckchen). Ich sprach mit einem Pfleger darüber, der auch bestätigte, dass es einfach nur "Krankenhaus-Essen" aus der Kantine gäbe, das nicht sonderlich ausgewählt sei. Er sagte aber auch, dass ich meiner Frau das Essen selbst mitbringen dürfe. Das werde ich dann auch tun, wenn Jacqueline das so möchte. Im Moment isst sie das Nötigste. Sie hat sich die Butter genau angeschaut – hat aber nichts gesagt von wegen "künstliches Jod" (weil sie ja vorher alles ohne Jod gegessen hat). Sie hat sie gegessen. Möglich ist natürlich auch, dass sie sich zurzeit noch nicht daran erinnert. Mein Gefühl passt aber nicht, sie zu fragen und dadurch eventuell eine Erinnerung zu wecken. Das "vermeide" ich noch – ganz klar. Und auch das gehört dazu ...

Aber auf jeden Fall ist von meiner Seite aus nicht zu beobachten, dass sie Herzrhythmus-Störungen durch das Jod hat. Das EKG, das permanent auf dem Bildschirm läuft, zeigt nichts nach dem Essen. Allerdings so wenig, wie sie gerade davon isst, kann ich mir auch nicht vorstellen, dass die Auswirkungen groß sind ...

Ich habe festgestellt, dass einige Leute sich immer noch nicht trauen, zu mir Kontakt aufzunehmen oder mir etwas zu schreiben. Natürlich ist es so, dass ich Zeit für das Schreiben von E-Mails investiere – und je weniger Zeit ich da hineinstecke, umso mehr Zeit habe ich für Jacqueline und/oder mich. Aber wenn ihr ohne Erwartungshaltung schreibt, dass ich antworte – und das vielleicht auch noch in Eurer E-Mail schreibt, dass ich nicht antworten brauche, dann ist alles gut und ihr könnt mir schreiben schreiben schreiben.

Vielleicht könnt Ihr noch darauf achten, dass ich nicht in die "Helferrolle" Euch gegenüber gerate (auch wenn ich das meistens selbst gut wahrnehmen kann und gerne daraus lerne, wenn es mir mal nicht gelingt), sondern dass ich der bleibe, der geholfen bekommt – und dass ich meine Helfer-Energie vollständig für Jacqueline einsetzen darf. Das ist jetzt aber keine "Grenze", sondern nur ein kleiner Hinweis.

Natürlich dürft Ihr auch Fragen stellen – und ich werde versuchen, sie in die nächste Rund-E-Mail mit einzubinden und dort zu beantworten.

Und was das Durchführen von Heilungsritualen aus der Ferne etc. betrifft, sind wir ganz offen, weil wir die Sichtweise haben, dass sich unsere Systeme vor dem, was für uns nicht passt, sowieso schützt ... Mir ist bewusst: Das sind natürlich alles individuelle "Glaubens-Ebenen" und es ist die individuelle Realität, in der wir leben und die uns gut tut. Manches wirkt so, wie wir es wünschen, manches wirkt anders, manches wirkt nicht. Warum also nicht alles ausprobieren und schauen, was hilft? Wir können nur daraus lernen.

Auch wenn Ihr andere Ideen habt, worin ihr uns unterstützen könnt, haben wir keine Grenzen, sondern sind offen.

Die einzige Grenze, die sich jetzt seit Sonntag ergeben hat, ist die Besuchergrenze: Bitte nicht mehr als 2 Personen pro Tag. Deswegen also bitte alle Besuche mit mir absprechen.

Ich glaube, dass die bisherige Genesung von Jacqueline mit allem zusammenhängt, was sie selbst getan hat und was wir alle (inklusive der Intensivstation) für sie getan haben. Ich glaube, dass wir ein riesiges Netzwerk sind und uns gegenseitig allein durch unsere positiven Absichten "positive Energie" schicken. In welchen Feinheiten sich das dann gliedert, kann ich kleines Menschlein nicht übersehen. Ich habe nach wie vor die Haltung: Alles gehört dazu – und auch das Grenzensetzen und Sichschützen.

Jetzt möchte ich Euch zum Abschluss noch einen Gedankengang mitteilen:

Ich habe das Buch von Jill Taylor gelesen "Mit einem Schlag". Sie hat als Neurowissenschaftlerin selbst einen Hirnschlag erlitten und sich sozusagen von innen studiert. Ein Teil ihrer Genesung war, dass sie sich alte Videos von sich selbst anschaute, wie sie noch im gesunden Zustand Vorträge gehalten hat. Auf diese Weise konnte sie einen Teil von sich selbst wieder "herstellen".

Interessanterweise hat Jacqueline in den Monaten vor ihrem Hirnschlag viel Energie in ein Kundalini-Yoga-Video gesteckt, das jetzt auf

Youtube zu finden ist. Das war bisher noch nie so. Selten habe ich sie so engagiert erlebt, etwas herzustellen, das nichts mit dem Beruf (mit Geldverdienen) zu tun hat. Damals habe ich mich gefragt, was da bei ihr dahinter steckt. Obwohl wir finanziell eine Gratwanderung leben, steckt sie viel Zeit in ein Video, mit dem sie später sicherlich kaum Geld verdienen würde. Ich habe das nicht kritisiert, sondern fand es toll, dass sie das macht. Hatte mir halt nur diese Frage gestellt. Und jetzt habe ich die Antwort: Sie kann dieses Video nun wundervoll zur Genesung einsetzen ...

Diese Energie, die sie hatte, könnte man vielleicht auch als ein Teil einer Vorahnung sehen ...

Aus meiner Perspektive passen nun so viele Dinge zusammen, bei denen ich mich vorher gefragt hatte, was mich denn bremst, warum ich dort nicht so viel Energie reinstecke oder warum hier was nicht geht oder warum wir nicht von Karlsruhe nach B. umziehen etc. Wenn ich (wir) all diese Dinge angefangen und umgesetzt hätte, hätte es nun definitiv einen wirklichen "Zusammenbruch von allem" gegeben. Doch das einzige ist, dass ich wahrscheinlich nicht an dem Aladin-Projekt teilnehmen werde – was für mich jetzt kein großes "Drama" wäre. Entweder wir machen es in zwei Jahren noch einmal – oder es wird irgendwann einmal ein neues Projekt geben. Die Vorbereitung auf das Aladin-Projekt hat uns sowieso schon so viel Freude bereitet, dass ich für mich bereits sehr zufrieden bin.

Ob aber meine Teilnahme als Dschinni definitiv nicht stattfindet, ist irgendwie noch nicht ganz klar. Den Dschinni-Bart habe ich mir noch nicht abrasiert – und Martina hat auch noch nicht das Gefühl, nach einem neuen Dschinni zu suchen. Wobei ich mir auf der anderen Seite absolut nicht vorstellen kann, den Mai mit Probenarbeit zu verbringen, während Jacqueline allein in der Reha-Klinik ist. Und ich kann mir auch noch nicht vorstellen, dass sie im Mai schon so weit ist, mit dem Rollstuhl an den Proben teilzunehmen – oder gar schon wieder laufen zu können. Dafür sind die Entwicklungsschritte der letzten zwei Wochen zu langsam... Wir müssen abwarten. Die Entscheidung, ob ich als Dschinni bei dem Aladin-Projekt auftrete, fällt nach meinem Gefühl definitiv in der zweiten April-Hälfte. Ich bin mir sicher, dass Martina im Notfall einen Profi als Ersatz findet.

Ich lerne in der Begleitung von Jacqueline definitiv eine "aktive Fürsorglichkeit", so ähnlich wie ich es gelernt hätte, wenn ich Vater geworden wäre. Dabei merke ich auch, dass Jacqueline ein wundervoller Spiegel ist. Wenn ich z. B. zu unsicher bin, ist es eigentlich schon klar, dass das, was ich gerade tun will, für Jacqueline nicht passt. Tue ich es dann trotzdem, dann mag sie es nicht. Ich muss lernen, geduldig zu warten, bis mein Gefühl zu einer Aktion stimmt. Und ich muss mir auch meine Fragen "Was brauchst du gerade?" abgewöhnen – denn das nervt sie. Wenn sie etwas braucht, wird sie sich melden – oder ich habe eben einen Impuls ohne Unsicherheit und tue es dann einfach – mit Ankündigung („Ich mache jetzt xyz"). Und dann passt es auch.

Nun noch etwas Kurioses zum Schluss:

Ich weiß nicht, warum, aber ich habe in meinem E-Mail-Programm diesen Verteiler hier "C-Jacqueline" genannt. Ich habe absolut keine Ahnung mehr, warum ich ein "C" genommen habe. Der Anlass war ein bisschen, in der Sortierung nach Alphabet diesen Verteiler an einer bestimmten Stelle stehen haben zu wollen. Aber dafür hätte ich auch noch andere Buchstaben nehmen können.

Gestern wurde ich mal wieder auf den Flur gestellt – dieses Mal auf den internen Flur der Intensivstation, weil ich bei einer Besprechung von drei Ärzten an Jacquelines Bett nicht dabei sein durfte. Und dann sah ich es plötzlich. Jacqueline liegt in Bett 17 und dieses Bett ist ein Teil eines Abschnitts mit insgesamt 6 Betten. Die Intensivstation hat – glaube ich – fünf solcher Abschnitte: A, B, C, D, E. Und dieser 6-Betten-Abschnitt mit Jacqueline ist der Abschnitt "C".

Ganz liebe Grüße an Euch alle! Euer Olaf (und Eure Jacqueline!)

Ausgearbeitete Notizen aus Ringhefter und Computertagebuch

Nach dem Abschicken dieser großen Rund-E-Mail mache ich etwas Hausarbeit und anschließend eine Aufstellung.

Irre! Die Aufstellung beginne ich gegen 10.45 Uhr. Am Ende zeichne ich das Ergebnis dieser Aufstellung auf Video auf. Das Video hat „zufällig" die Nummer 17 und ich beende die Aufzeichnung ungeplant um 11.07 Uhr (man kann die Uhrzeit auf der Uhr im Video ablesen). Heute ist Jacqueline den 17. Tag im Krankenhaus!

Körper-Aufstellung

Habe im gesamten Raum die Wäsche weggeräumt, so dass der Raum nun freier und aufgeräumter ist. Jacquelines Fühlfeld liegt direkt auf dem grünen Kissen, das sich über ihrem Matratzenkopf befindet. Das Fühlfeld für Olaf liegt auf dem Fußende. Es gibt eine intensive Verbindung zwischen beiden.

Allgemein-Aufstellung

Jacqueline steht wieder auf der Ecke des Teppichs, schaut vor sich auf die Liege und fühlt sich sehr ausgeglichen und wohl. Ich darf direkt hinter ihr stehen und sie unterstützen, was sich auch sehr gut, kuschelig und liebevoll anfühlt. Es berührt mich sehr.

In der Klinik

Jetzt ist etwas passiert, was ich schade finde: Ich bin hier im Krankenhaus 12.15 Uhr angekommen und mir wurde mitgeteilt, dass Jacqueline gleich verlegt wird und ich momentan nicht reinkönne. Ich sitze jetzt draußen im Flur und schreibe hier. D.h. ich kann sie nicht so fotografieren, wie sie es sich gewünscht hätte. Die „Schuld" gebe ich meiner Energie, dass ich mich heute Morgen „zu lange" mit P. und der Organisation der Empathie-Schule aufgehalten habe. Er hatte mich und meine Vorstellungen nicht wirklich verstanden. Aber „eigentlich" habe ich dabei auch Obst gegessen und war doch mit meiner Zeit beim Abfahren einigermaßen zufrieden. Nö, es ist einfach nur schade, dass ich Jacqueline den Wunsch nicht erfüllen konnte, sie zu fotografieren. Das gehört auch dazu.

Keiner ist schuld daran. Aber dass ich emotional bei P. hänge, zeigt mir wieder, dass ich seinen Schmerz nicht wahrnehmen möchte. Ja – das kann ich noch lernen und das bringt mich auch aus meiner Abwehr: den ungelösten Schmerz, die „Gehirnschocks" der Menschen mitfühlen und allem, was aus ihnen heraus geschieht, zustimmen!

Mit diesem Gedanken fühle ich mich gut.

Ich bin mir übrigens sicher, dass es in jeder Firma genauso abläuft, wie hier im Krankenhaus. Ich habe in diesen ersten zwei Wochen also auch einen sehr guten Einblick in das menschliche Miteinander erhalte, nachdem ich jahrzehntelang freiberuflich unterwegs war und keine Erfahrungen in Unternehmen gesammelt habe. Natürlich gibt es

Unterschiede zwischen den Firmen, aber die Hauptprobleme dürften die gleichen sein: Missverständnisse, Verstecken, Vermeidungen, zu lange Klärungswege, ungeklärte „Abkürzungen" eines Einzelnen, die Pläne anderer durcheinanderbringen, schnelle Heilungshierarchie-Wechsel und konkurrierende Heilungshierarchien ... Vor allem aber: kein Wachstum durch diese Mängel, kaum Lernprozesse durch Fehler, keine Entscheidungen für Klärungen bestehender Regeln oder das Entwickeln neuer Regeln für den Umgang miteinander!

Tja, jetzt sitze ich wieder hier im Flur, wie gestern nach der OP. Seit der OP habe ich insgesamt wieder lange auf dem Flur gesessen – ja, und auch das gehört zu Jacquelines und meinem Prozess dazu. ☺

Ich habe ein Beispiel erlebt und eine Erklärung gefunden, wie in manchen Situationen bei Angehörigen der Eindruck entstehen kann, dass die Patientin „verwirrt" ist: Jacqueline sagt plötzlich etwas über Katzen. Ich kann es absolut nicht einordnen, weil wir darüber gar nicht geredet hatten. Ich frage mich, wie sie jetzt auf Katzen kommt. Da wird mir bewusst, dass gerade der Bettnachbar ein intensives Gespräch mit seiner Besucherin führt, das ich inzwischen komplett ausgeblendet hatte. Ich war mit meiner Konzentration entweder ganz bei Jacqueline oder in Gedanken. Ich frage sie, ob der Bett-Nachbar gerade über Katzen geredet hat. Sie nickte.

Scheinbare Verwirrungen haben immer ihren Zusammenhang. Wir müssen ihn nur entdecken. Kein Gehirn ist wirklich „verwirrt", selbst wenn es geschädigt ist. Es funktioniert in sich selbst immer stimmig. Wir können als Beobachter von außen nur oft die Verknüpfungen nicht wirklich nachvollziehen und geben dem, was wir erleben, dann den Begriff: „Verwirrung". Letztendlich sind wir aber selbst verwirrt darüber, was aus dem anderen herauskommt, und können es nicht zuordnen.

Abends entdeckt (2018 geschrieben)

Ich habe heute am 17. Tag drei Überweisungen von zwei unterschiedlichen Leuten erhalten, die sich beide nicht abgesprochen haben! Die eine hat zwei Mal 117 € überwiesen, die andere hat 117,17 € überwiesen. Ich habe später nachgefragt: Beide wussten nicht und hatten es auch nicht geplant, dass ihr Geld am 17. Tag auf meinem Konto eintrifft.

22.01 Uhr, Rund-E-Mail

Na? Ratet mal ...!

Ja, heute ist der 17. (!) Tag – und wenn Ihr sorgfältig die Berichte gelesen habt, dann wisst Ihr, dass in unserem Schicksal die Zahlen 117 oder 17 oder 711 eine große Rolle spielen. Wenn das also so weitergeht und das Universum uns auch weiterhin immer mal wieder "Zeichen" sendet, dann müsste heute, am 17. Tag, etwas Besonderes passiert sein ...

Heute Morgen bin ich wieder ohne Panik aufgewacht. Das Thema ist definitiv erledigt.

Der Vormittag war gefüllt mit Rund-E-Mail schreiben ("2. Woche Jacqueline"), frühstücken, Essen für den Tag vorbereiten, in der Klinik anrufen (ich könne wieder so gegen Mittag kommen), Aufstellung für Jacqueline fühlen, abwaschen und eine E-Mail für die Empathie-Schule-Nutzung in Karlsruhe schreiben.

Außerdem habe ich im Seminarraum, in dem ich die Aufstellungen für Jacqueline liegen habe, die Wäsche, die dort zwei-drei Tage zum Trocknen hing, wieder aufgeräumt, ein paar Stühle zusammengestellt und etwas mehr Platz gemacht. Effekt war: Der Raum wurde anders, freier, offener.

Dann bin ich losgefahren und war so gegen 12.15 Uhr in der Klinik. Dieses Mal hatte ich auch meinen Fotoapparat dabei, denn Jacqueline hatte gestern den Wunsch geäußert, fotografiert zu werden. Ich war überrascht – stimmte aber zu. Und "zufälligerweise" hatte S. am Sonntag meinen Fotoapparat aus Karlsruhe mitgebracht, weil ich sie darum gebeten hatte. Vorahnung? ...

In der Klinik klingelte ich wie immer an der Eingangstür zur Intensivstation. Durch den Lautsprecher teilte mir die Dame in der Vermittlung mit, dass meine Frau gleich verlegt werden soll, auf die Neurologische Intensivstation (angeblich dem Genesungsgrad nach eine Stufe besser). Ich könne gerade nicht hereingelassen werden. Aber ich könne sie dann ja auf dem Weg dorthin begleiten.

Auf der einen Seite freute ich mich, auf der anderen Seite saß ich jetzt aber auf dem Gang und es war wohl klar, dass ich kein Foto mehr von dem Ort machen könnte, wo sie sechzehn Tage lang gelegen hatte. Ich ging noch einmal zur Tür und klingelte.

Die mir bekannte weibliche Stimme erklang:

„Operative Intensivstation *(und ihr Name)*"

„Ja, hier ist Jacobsen noch einmal. Ich wollte ganz gerne von meiner Frau noch ein Foto in dem Raum machen, in dem sie sich die letzten Tage aufgehalten hat. Meinen Sie nicht, dass das ganz kurz möglich wäre?"

„Also, Herr Jacobsen, ich kann Sie jetzt wirklich nicht reinlassen. Bitte haben Sie Verständnis dafür und warten Sie bitte!"

„O.k., danke schön."

Und so saß ich auf dem Gang, auf dem ich gestern Abend nach der OP auch noch lange gesessen hatte. Und mir wurde bewusst: Seit der OP hatten wir uns schon länger nicht mehr gesehen und ich saß wieder länger auf dem Gang – wie am Abend und in der Nacht ihres (und meines) Schicksals.

Nach 45 Minuten Wartezeit traute ich mich wieder, noch einmal an der Tür zu klingeln. Ich fragte genauer nach, ob meine Frau im Flur an mir vorbeigeschoben werden würde, oder ob ich doch noch einmal herein kommen könne. Weil ein Notfall dazwischen gekommen war, ließ mich die Dame nun herein. Denn Jacqueline konnte noch nicht verlegt werden. Also war es doch möglich, die Fotos zu schießen! Man sollte mit seinen Wünschen nie aufgeben, egal wie intensiv von außen die Grenze gesetzt wird. Es kann sich immer etwas ändern.

Gestern nach der OP war sie am Kopf neu verbunden worden – und sie wirkte zwar etwas schläfrig, fühlte sich aber ganz gut. Gemeinsam warteten wir auf den Zeitpunkt, an dem die Verlegung stattfinden sollte. Dabei beobachteten wir, wie die letzte Pflegerin, die Jacqueline bis 14 Uhr die vollen acht Stunden betreut und gepflegt hatte, bei ihrem Dienstschluss mit Blumen von anderen Pflegerinnen verabschiedet wurde. Auf Nachfrage erzählte sie uns, dass sie nun nach Kroatien zurückgeht, weil sie in Deutschland unglücklich ist.

Ich entdeckte eine Parallele: Jacqueline würde gleich diese Station verlassen und gleichzeitig wurde eine Pflegerin verabschiedet. Zufall?

Es war zwar schon spät, aber da Jacqueline noch nichts gegessen hatte, wurde ihr nun ein Mittagsessen gebracht und ich begann, sie zu füttern. Aber noch während des Fütterns kamen zwei Pfleger rein, packten die restlichen Sachen zusammen und rollten eilig ihr Bett los. Die beiden wirkten gehetzt und hatten kaum Zeit – und so wirkte es, als ob Jacqueline gerade ein Notfall sei und schnell woanders hingebracht werden müsse. In Wirklichkeit ging es ihr gut. Ich schaute auf die Uhr: 14.35 Uhr.

Um 14.35 Uhr begann für uns also eine neue Ära!

Warum betone ich das so?

Vor 16 Tagen begann unser Schicksal. Jacqueline hatte den Schlaganfall am 19.3. gegen 14.25 Uhr. Wenige Minuten später war schon der Krankenwagen da und sie wurde behandelt und dann ins Krankenhaus gefahren – "eilig woanders hin".

Wenn man die Tage 24-Stunden-Weise behandelt (von 14.25 Uhr bis 14.25 Uhr des nächsten Tages = 1 Tag), dann begann heute um 14.25 Uhr der siebzehnte 24-Stunden-Tag von unserem Schicksal.

Also: Nur ganz kurz nach Anbruch dieses 17. Tages begann nun diese neue Ära, indem Jacqueline das erste Mal verlegt und "eilig woanders hin gefahren" wurde.

Ich lief mit dem Tablett des restlichen Mittagessens hinter dem von den Pflegern geschobenen Betts mit Jacqueline hinterher – bis zur Neurologischen Intensivstation. Dort sagte man mir, ich müsse (wieder) vor der Tür warten, bis Jacqueline neu eingerichtet sei. Das Tablett mit dem kalten Essen nahm man mir ab.

In dieser Wartezeit sah ich wieder die Besuchszeiten neben der neuen Eingangstür, die mich in der nächsten Zeit immer wieder hereinlassen würde. Ich hatte gehofft, die Besuchszeiten seien dieses Mal flexibler, doch an der Tür stand 15 – 19 Uhr. Ich war mir sicher, ich musste wieder darum kämpfen, auch außerhalb der Besuchszeiten bei Jacqueline sein zu dürfen. Und irgendwie hatte ich die Befürchtung, diese Station sei noch unfreundlicher als die vorige. Oft hat man ja bei jeder neuen Situation die Sorge, dass das alte Eingespielte verloren geht und das Neue schlimmer wird.

Als ich dann nach einer halben Stunde reinkam, wurde ich herzlich begrüßt. Und gleich erklärte mir die Pflegerin, wann genau die Besuchszeiten seien. ... wusste ich´s doch. Also noch einmal. Ich erzählte geduldig, was wir schon die letzten sechzehn Tage "gewohnt" waren und dass es uns schwer fallen würde, von diesem Rhythmus jetzt loslassen zu müssen. Außerdem tut es Jacqueline sehr gut, wenn ich da bin. Die Pflegerin verstand, erklärte mir aber wiederum auch ihre Position. Letztendlich verblieben wir so, dass sie es erst noch mit ihrem Team besprechen musste.

Als sie dann aber eine Weile beobachten konnte, wie offen wir sind und wie liebevoll Jacqueline und ich miteinander umgehen und wie gut ich mich inzwischen schon mit einigen Dingen auskenne (wie man das Bett verstellt oder Jacqueline im Bett etwas höher rückt), sagte sie irgendwann: "Ach, ich entscheide das jetzt über die Köpfe der anderen hinweg. Kommen Sie einfach morgen gegen 12 Uhr." Ich drückte ihr meine größte Dankbarkeit aus.

Ich fragte Jacqueline, ob sie das auch möchte, dass ich länger da bin. Daraufhin nickte sie – mit entsprechendem Blick. So dass ich berührt in Tränen ausbrach – und sie auch Tränen in den Augen hatte.

Ich glaube, die Pflegerin war ebenso berührt.

Sie hatte eine sehr lebendige Seite, und war auch ein bisschen "tüdelig" – so dass Jacqueline und ich uns immer mal wieder anschauten und lächeln mussten.

Außerdem erlebte ich Jacqueline plötzlich viel lebendiger. Sie schaute sich permanent neugierig im "neuen Raum" um (erinnert euch daran, dass ich heute morgen den Seminarraum auf- und umgeräumt hatte und er wie "neu" wirkte – anders). Es hängt jetzt eine Uhr (mit Zeiger) genau in ihrem Blickfeld, auf dem auch das Datum (digital) zu sehen ist. Das kann sie jetzt wundervoll nutzen, um ihre zeitliche Orientierung wiederzubekommen.

Ihre Sprache war besser zu verstehen. Hier würde ich jetzt endlich mal sagen, dass bezüglich der Sprache ein großer Schritt passiert ist.

Und irgendwie kam sie aus dem Staunen nicht mehr heraus, weil es nicht nur um den neuen Raum ging, sondern sie registrierte offensichtlich viel bewusster, auf welche Weise sie gerade wahrnahm. Im Buch von Jill Taylor („Mit einem Schlag") ist zu lesen: Wenn die linke Hirnhälfte (Analyse) ausfällt, arbeitet nur noch die rechte Hirnhälfte (Intuition, Ganzheitliches Wahrnehmen). Und ich vermute, dass Jacqueline die Halluzinationen ihres Gehirns als auch die besondere

"Wahrnehmung" ihrer rechten Hirnhälfte entdeckte. Irgendwann sagte sie erstaunt zu mir: "Mal bist du die Zeit und mal bin ich die Zeit."

Sie hat gesagt, sie möchte ein „Geschenk" aus meinem Rucksack und hat auf die vordere kleine Tasche am Rucksack gedeutet.

Dort hatte ich tatsächlich einige Tage lang das Geschenk von ihrer Mutter drin aufbewahrt (Öle und einen kleinen Engel) und auf den passenden Zeitpunkt gewartet. Allerdings hatte ich es vor zwei Tagen aus dem Rucksack herausgenommen, so dass ich ihr es jetzt nicht geben konnte. Ich hatte ihr aber nie davon erzählt, dass ich in meinem Rucksack im kleinen Fach ein Geschenk für sie aufbewahre!

Jacqueline lebt eine Welt, die ich niemals werde mit ihr teilen können. Da ist sie jetzt „weiter" als ich. Vielleicht wird sie sich irgendwann einmal wieder daran erinnern können ...

Wir haben heute so viel über die Menschen in unserem neuen Umfeld gemeinsam gelächelt – es war so ein toller Tag. Und sie hat so viel gegessen, wie ich es bisher noch nicht erlebt habe. Ein Super-Appetit. Drei Mahlzeiten heute. Das Abendbrot haben wir gemeinsam eingenommen – das erste Mal. Endlich mal wieder zusammen gegessen. Und sie hat einfach zwei kleine Tomaten von mir genommen (nachdem in den letzten Tagen Erdbeeren und Heidelbeeren von mir verschmäht wurden).

Also – diese Verlegung in ein neues und auf Schlaganfälle spezialisiertes Umfeld (vorher war sie auf der Operativen Intensivstation, wo ALLE Operationen betreut wurden) tut Jacqueline auf jeden Fall unglaublich gut. Und vielleicht hat auch die Operation gestern Abend noch etwas "verbessern" können. Hoffentlich – hoffentlich zieht sie sich nicht wieder die Drainage raus.

Bevor ich heute ging (ich musste dann doch früher gehen als auf der alten Intensivstation), wurde sie wieder etwas "verschlossener" und konnte sich mit Vernunft nicht mehr bremsen, sondern hatte wieder das Bedürfnis, mit ihrer Hand in die Haare zu gehen und alles anzufassen, was ihre Aufmerksamkeit erregte. Wenn man sie davon abhalten wollte, fühlte sie sich gebremst. Jetzt langsam glaube ich, dass das eine Nebenwirkung der Medikamente ist – denn sie hatte kurz vorher ein Schmerzmittel bekommen (sie fühlte Kopfschmerzen im Stirnbereich).

Zudem hat mich die Pflegerin ausdrücklich ermutigt, alles von zuhause mitzubringen, was Jacqueline an etwas erinnert (ihren Kulturbeutel – aber das Köfferchen ist zu groß und zu viel ...). Ich fragte, ob ich auch Musik oder einen Laptop mitbringen dürfe, was sie ausdrücklich erlaubt hat. Ich werde also morgen Duft-Öle, Sachen aus ihrem Kulturköfferchen und meinen Laptop mitnehmen und ihr mal ein paar Musikstücke aus dem Musical vorspielen – und vielleicht auch ihr Video aus dem Internet.

Mal schauen, wozu mich mein Gefühl anregt.

Die Atmosphäre auf dieser Neurologischen Intensivstation ist auf jeden Fall einfühlsamer und irgendwie "offener", empathischer. Das hat sich sofort auf uns beide ausgewirkt.

Und ich bin gespannt, ob ich von dem neuen Team morgen auch tatsächlich um 12 Uhr hereingelassen werde.

Fazit: Dieser 17. Tag war in gewisser Weise eine Mini-Wiederholung von dem, was am 19.3. passiert ist. Jacqueline wurde eilig an einen neuen Ort gebracht. Und ich musste darum kämpfen, so lang wie möglich bei ihr bleiben zu dürfen.

Beides geschah jedoch auf wesentlich angenehmere Weise und auf einer "nächst höheren Ebene".

Es ist also an diesem 17. Tag weiter bergauf gegangen! Nachdem ich erst heute Mittag wieder dachte, dass sich nicht viel getan hat ... (kennen wir ja schon).

Mein Gott, ist das ganze spannend. Ich vermisse das Fernsehen und das Kino in keiner Weise!

Und ich bin so froh, dass bis heute kein gravierend schlimmer Rückfall passiert ist, sondern dass nach kurzen kleinen Tiefs immer wieder große Hochs gefolgt sind!

Es ist alles so unglaublich ...

Schlaft alle gut! Olaf

Bevor ich Jacqueline heute verlassen habe, band ich wie immer ihr Handgelenk am Bettgitter fest. Die Pflegerin war anwesend und ich sagte:

„Bei meiner Frau besteht die Gefahr, dass sie sich mit der Hand am Kopf kratzt oder die Schläuche rauszieht. Deswegen müssen Sie die Hand immer sehr fest binden."

„Oh je, Ihre arme Frau. Lassen Sie doch ein bisschen Spielraum für die Hand. Nicht so fest. Ich binde es dann später fester."

Ich gab nach und ließ ein wenig Spielraum. Dabei prüfte ich, ob sie die Hand bis zum Kopf heben konnte. Das war aber nicht möglich. Der Spielraum betrug ungefähr fünfzehn Zentimeter. Ich verließ mich darauf, dass die Pflegerin später die Hand noch stärker und fester fixieren würde. Während ich das Band an ihrem Handgelenk befestigte, sagte Jacqueline in einem sanften aber bestimmenden Tonfall zu mir:

„Fühl dich mal ein."

Ich war unsicher und wusste nicht, was sie meinte.

„Wo soll ich mich einfühlen? In was?"

„Fühl dich mal ein."

„Willst du eine Aufstellung machen?"

Sie schüttelte den Kopf. Und ich verstand sie einfach nicht. Es kam keine weitere Erklärung von ihr. Nur ihr Blick war etwas traurig. Ich gab ihr einen Kuss und verabschiedete mich ganz vorsichtig.

Erst auf dem Heimweg wurde mir klar, was sie meinte:

„Fühl dich mal ein: Wie würdest du dich fühlen, wenn man deine Hand festbinden würde?"

Weil ich das erst später begriffen hatte, konnte ich nicht erwidern, dass sie sich mal einfühlen könnte, wie es wäre, noch einmal operiert werden zu müssen, wenn sie sich „aus Versehen" die Drainage rauszieht.

Kommentar 2018

In der Rund-E-Mail hatte ich geschrieben: „Hoffentlich – hoffentlich zieht sie sich nicht wieder die Drainage raus."

Als ob das wieder einmal eine Vorahnung war …

18. Tag, Mittwoch, 5.4.2017

Ausgearbeitete Notizen aus Ringhefter und Computertagebuch

Nachts

Ich kann wundervoll „üben", Verständnis für ihre Reaktion auf das Festbinden ihrer Hand zu haben. Und nicht von ihr Verständnis zu *wollen*! Es darf nie darum gehen, dass ich Verständnis von ihr *will*. Sondern in allererster Linie muss *ich* sie verstehen. Ich muss verstehen lernen, was ihr hilft, was für sie das Beste ist. Sie ist die Bedürftigere von uns beiden. Sie steht in der Heilungshierarchie ganz oben!

Und wenn ihr eine Erklärung wirklich weiterhilft, dann ist sie auch gut – aber nicht, damit ich mich besser fühle, wenn sie mich versteht, sondern *sie* muss sich durch die Erklärung besser fühlen!

Ich habe das Gefühl, als ob Jacqueline eine Art „Rücksichtslosen Drang nach Freiheit" hat. Ein Drang nach Freiheit ist nicht falsch. Aber könnte es nicht helfen, wenn man das Rücksichtslose irgendwie verwandelt? Wie wäre es mit einem „Empathischen Drang nach Freiheit"?

9.09 Uhr Video

Ich spreche auf das Video und erkläre die soeben durchgeführte veränderte <u>Körper-Aufstellung</u>:

„Es gibt eine große Veränderung. Ich habe mich irgendwie unwohl gefühlt, das zu tun. Aber es … ich weiß nicht … es wollte einfach so gemacht werden. Ich hatte das grüne große runde Kissen als irgendetwas Heilendes gesehen *(es lag oberhalb des Kopfes von Jacqueline – und bei der letzten Aufstellung gestern lag Jacquelines Fühlfeld genau drauf)*, vielleicht war es das auch, keine Ahnung. Jedenfalls jetzt sollte es weg. Und … Jacqueline hat sich selbst dahin gestellt *(Fühlfeld)*, mit ein bisschen Abstand. Und auch hier die beiden Herzchen sind weg *(es lag auf jeder Gehirnhälfte jeweils ein kleines Herzchen)*. Und stattdessen liegen da jetzt zwei Karten umgedreht *(zwei Karten aus dem Kartenset „Weisheitskarten der Seele" von Colette Baron-Reid)* mit der Rückseite nach oben. Wobei ich noch nicht weiß, was auf den Karten draufsteht. Das werde ich mir heute Abend angucken. Es liegt nur noch ein kleines Herzchen da, das die beiden Karten miteinander verbindet…"

Allgemein-Aufstellung

Jacqueline und Olaf stehen nebeneinander. Jacqueline rechts, Olaf links. Jacqueline schaut geradeaus direkt auf das Whiteboard an der Wand und fühlt sich gut. Sie schaut auf den einen Satz, der dort in grüner Schrift steht: „Alles gehört dazu". Dieser Satz steht seit der allerersten Aufstellung am ersten Tag auf dem Whiteboard. Jacqueline und Olaf kuscheln sich aneinander an und haben sich lieb.

Computertagebuch

Oje, jetzt ist es doch passiert. Sie hat sich gestern Abend die Drainage vollständig aus dem Kopf gezogen. Eben hat mich ein mir noch nicht bekannter Arzt angerufen – um 10.15 Uhr – und mich gefragt, ob es in Ordnung ist, wenn sie die Drainage mit einer Operation wieder einsetzen. Ich habe zugestimmt. Denn das Hirn hat (laut Arzt) immer noch Überdruck und kann sein eigenes Hirnwasser nicht abtransportieren, weil der Abfluss noch „verstopft" ist (ich habe mich nicht vollständig konzentrieren können, als er es mir erklärt hat). Die Flüssigkeit staut sich entsprechend auf. Deshalb sind die Hirnkammern immer noch etwas erweitert.

Normalerweise produziert der Körper 170 ml am Tag Hirnwasser und leitet es auch wieder ab. Darin muss sie unterstützt werden – durch die Drainage. Und man muss es ausleiten, weil noch zu viel Eiweiß durch das Blut im Hirnwasser ist. Wenn das nicht mehr wäre, könnte man es dem Körper wieder zurückführen.

Jetzt ist klar, warum ich heute Morgen bei der Aufstellung das seltsame Gefühl hatte, das grüne Kissen am Kopfende wegnehmen zu müssen und dabei mich eigentlich nicht gut gefühlt habe.

Also … es ist eindeutig, dass ich hier mit den Aufstellungen etwas erspüren kann. Die Parallelen sind so offensichtlich! So allmählich gewinne ich immer mehr Vertrauen. Obwohl ich schon so lange Aufstellungsarbeit mache, habe ich das Phänomen der resonierenden Empfindungen doch immer wieder in Frage gestellt. Nein – dieses In-Frage-Stellen ist auch gut, denn nicht immer interpretiert man das, was man fühlt, richtig. Also will ich es anders sagen: Ich gewinne nicht immer mehr Vertrauen, sondern ich erlebe das Phänomen jetzt noch viel konkreter und deutlicher – durch die räumliche Entfernung zu Jacqueline!

Das bedeutet aber auch, dass ich hier mit den Aufstellungen vielleicht nicht nur „erspüren" sollte, sondern auch konkreter Fragen stellen könnte und unterstützen könnte. Denn wenn ich in die eine Richtung erspüre, kann Jacqueline auch in die andere Richtung spüren, was ich mache! Und vielleicht unterstütze ich auch schon? ...

Da ich nicht weiß, was letztendlich wirklich der optimale Heilungsprozess ist, muss ich das dem Universum überlassen – das bedeutet, ich baue in die Aufstellung eine Art „höhere Weisheit" ein.

Ach, jetzt erinnere ich mich wieder an die Karte, die ich aus meinem eigenen Kartenset zog, kurz bevor der Arzt mich anrief. Ich zog „universelle Verbundenheit".

Nein – stopp mal ... ist das nicht eine Verantwortungsabgabe ans Universum, wenn ich eine höhere Weisheit dazustelle? Nein, *alles* gehört dazu. Ich kann selbst Fragen stellen und forschen und aktiv sein – *UND* das Universum kann als Führung wirken. Nicht „entweder - oder", sondern „sowohl – als auch".

„Die führende universelle Weisheit".

11.38 Uhr Video

<u>Allgemein-Aufstellung</u>

Jacqueline steht nach wie vor an ihrem Platz und schaut mit gutem Gefühl auf die Tafel mit dem Satz „Alles gehört dazu".

Ich selbst habe Hilfe gebraucht und das „weise Universum" als Unterstützung und Führung mit aufgestellt. Damit ich nicht das drängelnde Gefühl habe, ich muss unbedingt eine Lösung finden. Sondern hier gibt es etwas, das uns wirklich führt. Das Universum sagt mir rechtzeitig Bescheid, wann ich gebraucht werde und aktiv werden soll. Und schickt mir rechtzeitig eine gute Idee, wenn ich sie haben soll.

Wenn ich mich in das weise Universum einfühle, dann fühle ich einen großen Überblick über alles.

Für mich habe ich eine weitere Unterstützung direkt hinter mich gestellt – und als ich mich in mich selbst einfühle, diese Unterstützung hinter mir spüre und dabei gleichzeitig vor mir auf das weise Universum schaue, können meine Tränen fließen, ich fühle mich aufgefangen, geborgen und ich kann intensiv diese neue Information über Jacquelines Zustand verarbeiten. Dabei kommt mir der Gedanke, dass Jacquelines Seele jetzt vielleicht an dem Thema „Rücksichtsloser Drang nach Freiheit" arbeitet. Ich weiß es nicht ...

Ich stelle den Rücksichtslosen Drang nach Freiheit dazu und habe das Bedürfnis, ihn direkt vor Jacqueline zu stellen. Jacqueline reagiert (nach meinem Gefühl) darauf mit: „Der muss weg!" Also auch auf diesen Drang reagiert sie mit dem Drang, es beseitigen zu wollen, damit sie sich frei fühlen kann.

Dann stelle ich ein lösendes Element hinter Jacqueline und Jacqueline fühlt sich wieder gut und kann wieder entspannt auf die Tafel schauen mit dem Satz „Alles gehört dazu".

Der Rücksichtslose Drang nach Freiheit will noch eine Weile vor Jacqueline stehen bleiben. Es sei noch wichtig.

12.20 Uhr Video

Ich hatte das Bedürfnis, die Aufstellung noch fortzusetzen. Ich habe hinter den Rücksichtslosen Drang nach Freiheit noch seine Ursache gestellt. Wenn ich mich nun auf Jacqueline stelle und diese Ursache sehe, fühlt es sich so an, als ob Jacqueline etwas verstehen und dadurch besser loslassen kann.

13.30 Uhr Video

Und noch einmal das Bedürfnis, die Aufstellung fortzusetzen und mich einzufühlen. Mein Fühlfeld hatte vorher wegen der eigenen Schmerzverarbeitung einen größeren Abstand zu Jacquelines Fühlfeld eingenommen (ich schaute auf das weise Universum und hatte die Unterstützung hinter mir). Jetzt stelle ich mich auf das Fühlfeld von Jacqueline mit der Frage:

„Welche Botschaft hat Jacqueline für Olaf?"

Jacqueline: „Bitte bleib bei mir. Komm so nah wie möglich zu mir her."

Dann stelle ich mich (mein Fühlfeld) wieder direkt neben sie und anschließend fühlt sie sich geborgen.

Und ich werde so schnell wie möglich zu ihr in die Klinik fahren. Ich vermute, dass sie inzwischen operiert worden ist - weiß ich aber noch nicht. *(2018: Ja, die Operation war 13.20 Uhr zu Ende.)* Ich soll erst gegen 15 Uhr in die Klinik kommen, werde aber probieren, schon etwas früher da zu sein.

In solchen Momenten, wo etwas scheinbar „schief" läuft, sind dann die Gedanken an die vorigen „Zufälle" des Universums unendlich hilfreich – und ich kann denken: Auch dieses Ungleichgewicht ist kein Zufall, sondern aus irgendeinem Grund so gewollt – von oben!

Das ist jetzt die dritte Operation – und dieses Mal bin ich nicht in der Klinik anwesend. Auch das soll so sein.

Durch diese Sache wurde jedenfalls angeregt, dass ich direkten Kontakt zum Arzt hatte, weil er mich angerufen hat. Hier, auf dieser Neurologischen Intensivstation, wird viel direkter Kontakt zu mir gepflegt. Außerdem habe ich nun mitbekommen, dass man in der Klinik schon damit gerechnet hat, dass ich um 12 Uhr komme. Das ist also „etabliert" und ich muss nicht neu kämpfen. Man ruft mich jetzt an, wenn ich *nicht* um 12 Uhr kommen soll.

Und es wurde vom Arzt angeregt, dass nun der Antrag vor Gericht gestellt wird, dass ich als „Betreuer" von Jacqueline eingetragen werde. Dann habe ich auch Zugang zu ihrem Konto und kann für sie alle anderen Dinge regeln. Außerdem darf ich dann alle Gespräche von den ÄrztInnen über Jacqueline mitbekommen. Allerdings dauert das ein paar Wochen, bis das Gericht so etwas ausstellt.

Interessanterweise regeln sich jetzt gerade in der Zeit, in der ich *nicht* zu Jacqueline kann, weitere Dinge: L. aus Karlsruhe hat sich bei mir gemeldet und will sich um den Raum unserer Empathie-Schule in Karlsruhe kümmern.

Ich hatte übrigens heute zwei Mal den Gedanken, in die Aufstellung mit reinzulegen: „Das, was den Hirnflüssigkeitskreislauf heilt" – und beide Male hielt ich das Fühlfeld dafür in der Hand und hatte das starke Gefühl: noch nicht!   … auch interessant …

In der Klinik

Man teilte mir mit, Jacqueline war von 12 – 14 Uhr nicht auf der Station *(2018: Vorbereitung auf die OP, warten, 23 Minuten OP, Nachbereitung, warten, Rücktransport. Laut Patientenakte war sie von 12.10 Uhr bis 14.10 Uhr nicht an den aufzeichnenden Messgeräten der Station angeschlossen).*

Als ich sie nach der Narkose erlebe, ist sie erst noch „weg", dann sind nur die Augen ganz klar und wach – der übrige Körper komplett bewegungslos – auch links. Wobei irgendwann ein bisschen die linke Seite wieder in Bewegung kam. Ich habe das Gefühl: Irgendetwas stimmt nicht.

Blut wird nicht mehr gefördert (durch die Drainagen), aber das Hirnwasser fließt noch. Der Arzt hat mir erklärt, dass es durch Höherstellung des Auffanggeräts langsam ausgeschlichen werden soll. Noch seien die Rezeptoren, die für die Hirnflüssigkeitsableitung stehen, verklebt.

Und – wie gesagt – in der Aufstellung ist das Heilende für den Hirnflüssigkeitskreislauf noch nicht dran gewesen.

Wir erleben gerade ein Durcheinander mit dem jungen Oberarzt, der gegenüber einer Mitpatientin streng wurde. Ich wusste, dass er diese Seite hat. Er war auch mir gegenüber nie wirklich vollständig offen – immer irgendwie auf dem Sprung. Es ist übrigens der gleiche Oberarzt, wie auf der Operativen Intensivstation. Denn er ist der Oberarzt aller neurochirurgischen Patienten auf beiden Stationen. Auch wenn Jacqueline die Station gewechselt hat, wird sie immer noch vom gleichen Oberarzt betreut.

Er erzählt mir, dass sie irgendwo eine Entzündung hat. Es wurden entsprechende Werte in der Hirnflüssigkeit gemessen. Deshalb bekommt sie jetzt Antibiotika. Ich denke sofort: „Die arme Jacqueline. Genau das wollte sie in ihrem bisherigen Leben als Heilpraktikerin immer vermeiden – Antibiotika nehmen zu müssen."

Jedenfalls ist da ihr Körper diesbezüglich noch kaum belastet.

Der Oberarzt spekuliert weiter, dass durch das Rausziehen der Drainage am So/Mo wohl die Luft eingedrungen ist und in dem Moment auch Keime mit eingedrungen sein könnten.

Sie hatte gestern schon etwas Fieber.

Als wir eine Zeit lang allein sind (Bettnachbar ist da, aber durch einen Sichtschutz von uns getrennt), nehme ich ihre linke Hand, die nun schon einige kleine verschlossene und geheilte Wunden (Narben) aufweist. Das sind ehemalige Venenzugänge. Ich halte diese Hand in meinen Händen, streichle sie und weine. Mein Gefühl: „Du hast bis jetzt schon so viel erleiden müssen …"

Wir stehen der Problemdynamik der Klinik nicht zur Verfügung! Wir sind stärker! Wir nutzen diesen Rahmen optimal für Jacquelines Heilungsprozess.

Als ich der inzwischen wacher gewordenen Jacqueline den Vorschlag mache, der Dynamik der Klinik nicht zur Verfügung zu stehen, atmet sie tief durch! Es erleichtert sie!

Das Problem: Sie hat es nach kurzer Zeit wieder vergessen.

Ich muss nach Lösungen suchen, die irgendwie *außerhalb* des Verstandes liegen – denn ihr Verstand vergisst im Moment immer. Vielleicht mache ich deswegen diese Aufstellungen? Aber vielleicht gibt es auch noch andere Lösungen im direkten Kontakt mit ihr …

20.44 Uhr Empathie-Schule, Video

<u>Körper-Aufstellung</u>

Ich drehe nun die Karten um, die ich morgens auf Jacquelines Matratzen-Hirnhälften gelegt habe, und schaue sie mir an.

Karte rechte Hirnhälfte: Nr. 5, Kobold, verkehrt herum

Ein Ausschnitt aus dem Text zur Karte:

„Oft ist es nicht leicht, sich einer fremden Problematik anzunehmen, weil sie auch Auswirkungen auf die eigenen Belange hat. Niemand ist perfekt, aber in diesem Fall bist du besonders in Gefahr, manipuliert zu werden. Dieses Wort ist hier nicht persönlich zu verstehen. Wenn dir die Kobold-Karte auf dem Kopf erscheint, ist sie ein Signal, dich abzugrenzen und innerlich Abstand zu nehmen. […] Liebe dich selbst bedingungslos. Setze Grenzen, und die Kobolde werden einschlummern. Liebe ist die einzige Antwort."

Ja – der Problemdynamik der Klinik nicht weiter zur Verfügung stehen und dafür eine innere Grenze setzen. Mit Liebe. Natürlich! Die LIEBE ist diese andere Lösung – jenseits von Verstand und Erklärungen!

Karte linke Hirnhälfte: Nr. **17** (!), Die Schattenwelt, verkehrt herum

Ein Ausschnitt aus dem Text zur Karte:

„Wenn diese Karte auf dem Kopf erscheint, so ist dies ein Zeichen, dass du dich in emotionalen oder intellektuellen Gefilden ohne echte Substanz aufhältst. [...]

Lebe jeden Tag für sich. Jeder Tag ist ein neuer Anfang voller Wahrheit und Schönheit. Halte dich fern von den Schattenwelten der Vergangenheit und Zukunft – bewahre dich vor der Nostalgie und der Sehnsucht nach Besserem. Erfreue dich an dem, was dir dein Leben heute an Gegenwärtigem bietet."

20.55 Uhr Video

<u>Körper-Aufstellung</u>

Habe das runde grüne Kissen wieder an das Kopfende gestellt. Die Drainage ist wieder da und ich vermute, dass sie für Jacqueline wohl im Moment noch lebensrettend ist.

Unsere beiden Fühlfelder stehen ganz dicht nebeneinander am Kopfende und schauen auf das grüne Kissen und den Matratzenkörper.

Es gibt wieder zwei kleine Herzchen im Kopfbereich, die jeder unten dran ein violettes Söckchen haben. Es soll eine Art Ausleitung von Keimen darstellen, die gestern in der Hirnflüssigkeit gefunden worden sein sollen.

Bauchbereich zwei grüne Kissen mit einer Kerze obendrauf, die nach oben ausleitet.

Am Fußende liegt nun ein dunkles Kissen zusätzlich, das nach unten ausleiten soll.

<u>Allgemein-Aufstellung</u>

Der Rücksichtslose Drang nach Freiheit ist nicht mehr da. Aus der Aufstellung entlassen.

Jacqueline steht an der alten Stelle und kann auf das Whiteboard mit der Schrift „Alles gehört dazu" schauen. Rechts neben ihr der Empathische Drang nach Freiheit, links neben ihr steht Olaf, hinter ihr ein lösendes Element.

21.15 Uhr

Körper-Aufstellung

Wichtige Ergänzung: Ein violettes Tuch lege ich außen um ihren Oberkörper als Schutz herum. Das bedeutet: „Den unguten Dynamiken des Krankenhauses nicht zur Verfügung stehen."

Dieses Element lege ich auch in die Allgemein-Aufstellung, unter das Fühlfeld für Jacqueline, als Schutz-Basis sozusagen.

21.58 Uhr, Rund-E-Mail

Heute war kein guter Tag. Definitiv nicht. Und ist es immer noch nicht.

Der Anruf vom Arzt kam kurz nach 10 Uhr. Man müsse sie noch einmal operieren – ob ich einverstanden sei.

Sie hatte gestern Abend, kurz nachdem ich abgefahren bin, zuerst ihre Medikamente verweigert und dann hat sie versucht aufzustehen. Sie wollte wohl wieder einmal nach Hause. In einem unbeobachteten Moment hat sie es geschafft, trotz einigermaßen festgebundener Hand, den Kopf der Hand so anzunähern, dass sie ihre Drainage schon wieder vollständig rausgezogen hat. Es wurde sofort reagiert und das Loch am Kopf geschlossen. Die Nacht hat sie dann ohne Drainage zugebracht, wurde aber angeblich immer apathischer. Denn der Druck im Kopf erhöhte sich allmählich, weil der Kreislauf der Hirnflüssigkeit (noch) nicht einwandfrei funktioniert und immer mehr Hirnflüssigkeit in den Kopf gelangt, als wieder nach draußen transportiert wird. Das führt letztendlich zu immer höherem Hirndruck und letztendlich zum Tod. Ich hatte also im Grunde keine Wahl, als der erneuten Operation zuzustimmen. Der Arzt sagte, es sei ein kleiner Eingriff, weil eben einfach nur wieder die Drainage neu gelegt werden würde. Er selbst wüsste auch keine Alternative.

Außerdem sagte der Arzt, dass ich *nicht* wie geplant um 12 Uhr kommen könne, weil zu diesem Zeitpunkt wahrscheinlich die Operation stattfinden würde. Am besten erst gegen 15 Uhr.

14.45 Uhr war ich dann in der Klinik und wurde problemlos hereingelassen. Dass ich in Zukunft von 12 – 19 Uhr dort sein darf, ist inzwischen etabliert. Wenigstens eine gute Nachricht.

Als ich in Jacquelines neues Zimmer kam (Bett 6), lag sie da und war noch in Narkose – mit offenem Mund. Sie sah nicht gut aus.

Irgendwann war ich mal kurz draußen – und kam wieder rein. Da hatte sie die Augen weit offen und starrte an die Decke. Die Augen bewegten sich ein bisschen nach rechts und links, aber nicht nach unten oder nach oben. Das Augenblinkern wirkte sehr wach – aber sie bewegte den Körper nicht. Es sah so aus, als ob sie in ihrem Körper gefangen war, aber die Augen strahlten auch kein Leid aus oder so ...

Und ich dachte, dass durch die Zeit zwischen Rausziehen der Drainagen und Operation wieder etwas Negatives im Gehirn passiert sei – ein weiterer Ausfall von Gehirnfunktionen, so dass sie nun auch ihre andere Körperhälfte nicht mehr bewegen kann. Aber zu diesem Gedanken passten die beiden wachen Augen nicht.

Trotzdem war ich in der konzentrierten Beobachtung und versuchte zu verstehen, was gerade mit ihr passiert. Ich wandte mich an den Arzt und erzählte ihm meinen Eindruck. Mit Jacqueline stimmt irgendetwas nicht. Er glaubte mir nicht wirklich. Und um mir zu beweisen, dass sie noch gut reagiert, kniff er ihr in den Fuß (wohl ziemlich grob und schmerzvoll). Jacqueline verzog ihr Gesicht vor Schmerz – aber eher in Zeitlupe. Und der Mund machte eine Bewegung, als wenn sie ganz langsam „aaaauuuu" sagen würde. Für mich war das der Beweis, dass ihre Vigilanz ziemlich schlecht war. Doch der Arzt spielte mir gegenüber eine Gelassenheit vor - nach dem Motto: „Das ist normal". Ich glaubte ihm nicht *(2018: und ich sollte Recht behalten)*.

Letztendlich stellte sich heraus, dass sie über einen längeren Prozess aus der Narkose aufwachen musste. Gegen 18 Uhr war sie etwas fitter – nur dass sie sich wieder an nichts erinnern konnte und auch noch nicht so auf Fragen reagierte wie gestern. Ihre Aussprache war und blieb bis zum Schluss wesentlich schlechter.

Mein heutiges Weggehen (erst um 20.15 Uhr) war geprägt von der Sorge, dass Jacqueline sich wieder die Drainage rausziehen wird. Die Pflegerin und ich haben die Handfessel noch einmal genau geprüft und noch fester gemacht, damit sie noch weniger Spielraum hat.

Was definitiv klar ist: Jacquelines Verstand, der inzwischen öfter da zu sein scheint (gestern viel – heute kaum), kann uns nicht helfen. Wir können ihr nicht erklären, dass sie die Schläuche nicht rausziehen darf. Das hat sie nach kurzer Zeit wieder vergessen. Die Gehirnhälfte, in der Verstand und Vernunft und lineares Denken beherbergt sind, funktioniert zurzeit eben nicht.

Ich versuche hier mit Aufstellungen so gut wie es geht Unterstützung zu geben.

Ich glaube, das ist jetzt die Zeit der großen Veränderung, denn Jacqueline kommt wahrscheinlich damit an ein tiefes Thema – ein Thema, das sie möglicherweise aus ihrer Herkunftsfamilie und den Generationen davor mitgebracht hat. Ich will dem mal den Namen geben: "Rücksichtsloser Drang in die Freiheit". An der Freiheit ist nichts falsch, an dem Drang dorthin auch nicht. Aber möglicherweise kann man was an der Rücksichtslosigkeit ändern, dass man aus dem Ganzen einen "Empathischen Drang in die Freiheit" macht, der die aktuelle Lage im Umfeld mit berücksichtigt.

So dass sie einen Drang zur Freiheit entwickelt, der mit berücksichtigt, dass die Drainagen sie auf ihrem Weg in die Freiheit unterstützen, anstatt sie zu behindern.

Ich habe das jetzt mal in die Aufstellungen heute Abend eingebaut und bin gespannt, ob es eventuell eine Wirkung geben könnte. In der Aufstellung selbst hat es sich gut angefühlt.

Dann kommt noch etwas dazu: Gestern hat der Oberarzt im Blutbild eine Entzündung festgestellt (Leukozyten Normalbereich: zwischen 3,5 und 9,8. Jacqueline hatte gestern den erhöhten Wert von 13,4 und heute 18,2). Vielleicht eine angehende Hirnhautentzündung? Man weiß noch nicht die genaue Art der Keime, die ins Gehirn gelangt sind. Man behandelt Jacqueline aber schon einmal breitgefächert mit drei verschiedenen Antibiotika.

Der Oberarzt sagte mir, dass bei den vorigen Versuchen, die Drainage rauszuziehen (So/Mo), Luft und damit auch Keime eingedrungen sein können.

Ich habe dagegen die Theorie (auf die aber keiner reagiert hat), dass diese eine kleine Wunde, die sich Jacqueline aufgekratzt hatte und aus der meiner Beobachtung nach Hirnwasser gekommen ist, viel zu lange offen war und ebenfalls ein Eingang für Keime gewesen sein könnte. Wenn Flüssigkeit rauskommt, kann auch Luft reinkommen.

Aber das spielt alles keine Rolle. Hauptsache ist, dass reagiert wird, dass sich gekümmert wird, und dass Jacqueline das alles überstehen wird.

Es ist ohne Frage jetzt eine kritische Phase – und ich habe Gedanken, wie:

- Die Wiederholung des Dramas vor 2 1/2 Wochen setzt sich auf einem höheren (besseren) Niveau gerade fort.
- Es gehört alles dazu. Und wenn Jacquelines Organismus so reagiert, wie er reagiert, dann wird das irgendwie seinen Sinn haben und für irgendetwas gut sein.
- Ich tue alles in meiner Macht stehende, um Jacqueline durch das Ganze optimal hindurch zu begleiten.

Was wieder der Hammer ist und was mir inzwischen noch mehr Vertrauen in die Aufstellungen und das "empathische Erspüren" gibt (obwohl ich es ja schon so lange mache – aber diese direkten Zusammenhänge, die ich jetzt erlebe, sind unglaublich verblüffend), war folgende Begebenheit heute Morgen:

Noch bevor der Arzt anrief und noch bevor ich die Information hatte, dass Jacqueline sich die Drainage vollständig rausgezogen hatte, fühlte ich mich wieder in die Matratze (Stellvertreter für Jacquelines Körper) und die parallel dazu liegende Aufstellung ein.

Bei der Matratze hatte ich das erste Mal das Gefühl, das grüne runde Kissen, das ich bisher immer als "Heilungsunterstützung" empfunden habe und das über dem Kopfende lag, wegzunehmen. Es war der Impuls da, es wegzunehmen, und gleichzeitig stand ich dem kritisch gegenüber und dachte mir, ob das so gut sei. Denn ich will Jacqueline mit den Aufstellungen doch helfen und nicht ihr schaden.

An die Stelle des grünen Kissens stellte ich dann das Fühlfeld von Jacqueline und fühlte mich ein. Es kam das Gefühl: "Endlich frei!" Auch bei der parallel ablaufenden Aufstellung stand ich auf ihrem Platz und hatte das Gefühl, mich irgendwie freigeboxt zu haben.

Kurze Zeit später kam der Anruf des Arztes, dass Jacqueline sich gestern Abend die Drainage rausgezogen hatte. Ja, sie hatte sich tatsächlich „freigeboxt".

Ich will in keiner Weise anzweifeln, dass Jacqueline vielleicht auch Recht hat und möglicherweise diese Drainage wirklich nicht mehr braucht. Es könnte sein, dass sie genau erspüren kann, was sie braucht und was nicht. Es könnte auch sein, dass die Ärzte mir da ein bisschen etwas vorgeflunkert haben, als sie sagten, dass es ihr in der Zeit ohne Drainage immer schlechter ging. Keiner weiß es genau – und keiner will verantwortlich dafür sein, wenn Jacqueline doch plötzlich sterben sollte. Daher verstehe ich die Entscheidung der Ärzte vollkommen. Und außerdem wurde ich ja sogar noch gefragt, ob sie noch einmal operiert werden soll. Ich hatte also die Möglichkeit, auch "nein" zu sagen. Aber mein Gefühl war eindeutig: Drainage noch einmal rein. Es gab in meinem Gefühl kein Zweifel. Und selbst wenn Jacqueline letztendlich Recht gehabt hätte und ich ihr nun mit dieser Entscheidung geschadet haben sollte, dann weiß ich immer: Ich kann mich nur nach der Kombination von Verstand und Gefühl entscheiden. Und wenn beides zusammen das gleiche Ergebnis liefert, dann habe ich mich letztendlich nach bestem Wissen und Gewissen entschieden – und dann sollte es auch aus irgendeinem Grund so sein.

Heute Abend stehen zwei Fragen für mich im Raum:

Wird sich Jacqueline bis morgen 12 Uhr wieder die Schläuche rausgezogen haben?

Wie wird sich ihre Entzündung im Gehirn entwickeln?

Schlaft trotzdem schön – mit Vertrauen, dass alles irgendwie dazugehört. Irgendwie hat uns ja das Universum auch immer wieder Zeichen gesendet...   Liebe Grüße von Olaf

Kommentar 2018

Ich erinnere mich, dass der Arzt mir versucht hat zu erklären: Auch wenn man die Hand noch so fest schnallt, kann ein Patient den Kopf so zur Hand bewegen, dass er die Schläuche rausziehen kann. Ich habe ihm nicht geglaubt – aber ich habe ihm geglaubt, dass er seine Pflegerin schützen möchte und dass er versucht hat, mir zu sagen, dass niemand gegen Jacquelines Aktion eine Chance gehabt hätte. Sprich: „Wir sind unschuldig!"

Auch die Pflegerin hat mir versichert, sie habe Jacqueline ganz ganz fest gebunden. Dagegen habe ich ihr am Abend vorher gesagt, sie müsse ihre Hand ganz fest binden, wobei sie aber mit Mitgefühl reagierte und gesagt hat, dass das doch nicht nötig sei. Da würde nichts passieren. Sie würde ihr ein bisschen Spielraum lassen wollen. Ich vertraute ihr, dass sie das Richtige machen würde. Höchstwahrscheinlich hat sie Jacquelines locker angebundene Hand nach meinem Weggehen nicht wirklich fest gemacht.

Während der Arbeit am Buch erforsche ich anhand der Tageskurven in der Patientenakte den gesamten Ablauf noch genauer. Dabei entdecke ich in der Zeile, in der die Ergebnisse der Blutzuckermessungen eingetragen werden, einen fantastischen Wert. Jacqueline hatte eine Stunde – bevor sie sich die Drainage rauszog – einen exakten Blutzuckerwert von **117** mg/dl. Schon wieder diese Zahl! Ich sitze hier und bin vollkommen „geflasht" von dieser Botschaft. Für mich ist eindeutig: Hier teilt uns das Universum noch einmal mit, dass das Herausziehen der Drainagen mit den Folgen zu unserem Schicksal dazugehören.

Befund der CT-Untersuchung von heute Morgen (5.4., 9.05 Uhr):

„Gegenüber der Voruntersuchung vom 3.4. zeigt sich nach kürzlich erfolgter EVD-Entfernung eine geringe Weitenzunahme des supratentoriellen Ventrikelsystems als Zeichen eines progredienten Liquoraufstaus, bisher jedoch kein Nachweis einer transependymalen Liquordiapedese *(bei der Liquordiapedese tritt das Hirnwasser aus seinen Hohlräumen aus – es wird in das Gewebe gedrückt – und das ist bisher Gott sei Dank noch nicht passiert)*. Die äußeren Liquorräume sind supratentoriell verstrichen.

Beidseits frontal kleine Dichteabsenkungen im ehemaligen Drainagen-verlauf, links zunehmende Resorption der Luft frontal, dort winzige Einblutung.

Geringes Abblassen der Stammganglienblutung links mit unverändertem Perifokalödem."

Ich habe mir die CT-Bilder vom Montag (3.4.) und von heute (5.4., 9.05 Uhr) angeschaut und deutlich gesehen, dass die Ausdehnung der Ventrikel heute vor der Operation um einiges größer war. Das bedeutet, dass sich die Ventrikel mit Hirnwasser gefüllt und vergrößert haben, weil das Gehirn das Hirnwasser noch nicht so schnell abbauen kann, wie es „normal" wäre. Ich kann also nachvollziehen, dass der Arzt mir empfohlen hat, einer erneuten Operation für den „Wiedereinbau" einer entlastenden Drainage zuzustimmen. Ob es aber für Jacqueline wirklich lebensgefährlich war ... ich weiß es nicht.

Ausschnitt aus dem OP-Bericht:

Beginn 12.57 Uhr, Ende 13.20 Uhr

„... Eröffnung des alten Hautschnitts. Darstellung der alten Punktionsstelle. Koagulation der Arachnoidea in Zielrichtung und Einbringung des Ventrikelkatheters auf 6 cm Tiefe ab Niveau der Tabula interna in typischer Zielrichtung. Es entleert sich nach einmaliger Punktion prompt leichttrüber Liquor *(Hirnwasser)*, welcher deutlich unter Druck steht. Asservieren von Liquor und Zuschicken in die Mikrobiologie und Labor. Untertunnelung und Ausleitung des Katheters in sichere Entfernung. Sicherung des Katheters an der Haut. Es wird weiter Liquor gefördert. Schichtweiser Wundverschluss ..."

„Die Pupillen sind postoperativ eng und isocor *(isocor = beide Pupillen sind gleich eng / gleich groß)."*

Ziemlich bald sollte sich herausstellen, dass entweder bei der Operation oder gleich danach etwas schief gelaufen ist. Dass Jacqueline so lange zum „Aufwachen aus der Narkose" brauchte, war nicht so normal, wie der Arzt es mir weismachen wollte.

19. Tag, Donnerstag, 6.4.2017

Ausgearbeitete Notizen aus Ringhefter und Computertagebuch

Morgens

Übrigens wurde ihr bei der zweiten Operation ein neuer Zugang auf dem linken Handrücken gelegt *(für Blutentnahme und für das Zuführen von Medikamenten, Infusionen und Wasser)* und nach der dritten Operation noch einmal ein neuer Zugang, dieses Mal am linken Fuß, den sie bewegen kann. Selten nimmt man die betroffene nicht bewegliche Körperseite dafür. Nur wenn es nicht anders geht.

Ich mache eine Aufstellung mit der Frage: Was brauche ich?

Die Antwort war in dem Moment mein zufälliger Blick auf die Uhr: 11.07 Uhr – und mein Blick auf den Satz „Alles gehört dazu."

Es geht um Vertrauen. Ich brauche keine weitere „Technik", mit der ich Jacqueline behandeln muss. Mein Weg geht bewusst über das Gefühl! *Hier*, im Gefühlsbereich, soll ich dazulernen.

In den Aufstellungen habe ich kaum etwas verändert. Nichts, was hier erwähnenswert wäre, glaube ich zumindest.

Ich fahre in die Klinik. Wie jeden Tag ein Stück über die Autobahn. Seit über zwei Wochen schaue ich das erste Mal bei der Autobahnabfahrt auf die Nummer und ich entdecke, dass ich immer die Ausfahrt Nr. 17 herausfahre. Unglaublich!

In der Klinik

Hoher Herzschlag (115 – 120), Temperatur 37,5 Grad, es soll wieder eine CT gemacht werden, weil „sie wenig Hirnwasser fördert", sagt der Arzt.

Momentan ist nichts Besseres an „Entwicklung" wahrnehmbar. Sie wirkt schwächer, kann kaum sprechen, reagiert auf Fragen nicht so stark. Erkennt mich nach wie vor, lächelt leicht …

Es ist wieder etwas mehr Blut im ausgeleiteten Hirnwasser.

Heute Morgen hatte Jacqueline Therapie, als ich ankam. Daher musste ich draußen warten. Sie redet kaum noch. Ich vermute, dass es alles Teil der Entzündung im Gehirn ist.

Was ich mache: Ich halte meine Hand über ihren Kopf und „beame" oder sauge alles raus, was dort nicht hingehört. Oder ich lade die „Teilchen" ein, ins Licht zu gehen. Ab und zu habe ich auch das Gefühl, innerlich total zu schreien, als ob dieser Schmerz notwendig ist, dass sich das Gehirn befreit. Äußerlich kann ich das hier in der Klinik natürlich nicht umsetzen. Auch Jacqueline wäre geschockt ...

Ich visualisiere Licht um ihren Körper. Ihre obere Hälfte wünscht Violett, die untere Grün.

Der Arzt sagt mir und ich notiere: Die linke Hirnkammer ist etwas weiter. Die andere enger. Man muss jetzt nichts machen.

Die geringe Förderung des Hirnwassers läge daran, dass die Ventrikel etwas enger liegen (was auch immer das bedeutet).

Solange sie so wach bleibt, muss man nichts machen. Das Ergebnis aus dem Labor, welche Keime da wirken, kommt evtl. morgen.

Ich habe das Gefühl, dass der Arzt den „Ernst der Lage" in seinen Mitteilungen übergeht. Denn ich sehe: Jacqueline spricht kaum. Ihr Zustand ist wesentlich schlechter!! Sie kann mir keinen Satz nachsprechen. Im Moment schreibe ich es ihrer Entzündung im Gehirn zu. Puls immer noch 115 – 120!

Wenn der Puls wieder normal sein sollte und es ist nichts besser, dann stimmt wirklich etwas nicht.

...

Aber irgendwie habe ich jetzt trotzdem das Gefühl: JETZT packen wir's! Ab jetzt: Ab in die Heilung! (Gerade, wo ich das hier neben Jacqueline sitzend aufschreibe, kommt das erste Mal heute die Sonne zwischen den Wolken raus und scheint ins Zimmer ☺)

16.20 Uhr Ab jetzt geht's bergauf!

Alles besteht aus Wünschen nach Gleichgewicht – und so visualisiere ich entsprechende Wünsche, Ziele, Visionen, so dass die Anteile von Jacqueline gerne dazu ein Gleichgewicht eingehen dürfen. Unsere glückliche Zukunft in allen Facetten.

221

17 Uhr: Ihr Mund beginnt sich wieder zu bewegen ☺

Ich glaube, sie steht auch noch unter Urapidil-Einfluss.

3 ml / h (sonst waren es immer 2 ml/h)

Sie hat immer mehr einen starken Drall nach links (von ihr aus gesehen). Ihre Aufmerksamkeit ist verstärkt nach links gerichtet und so gestaltet sich dann auch ihre Körperposition. Die Aufmerksamkeit nach links wird dadurch begünstigt, dass auf der linken Seite vom Bett die Tür zum Flur ist, durch die man ständig Krankenhauspersonal den Flur entlang gehen sieht. Links befindet sich auch der Schrank, auf dem Medikamente stehen. Das ist alles wesentlich interessanter als die Schutzwand rechts zwischen ihrem Bett und dem Nachbarbett und leider auch dem Fenster, aus dem sie nicht schauen kann.

Ich denke: Schade, jetzt wird die rechte Körperhälfte noch mehr ausgeblendet. Diese Konstellation ist eher ungünstig.

Als es darum geht, dass Jacqueline die Tabletten zusammen mit Joghurt einnehmen soll, haben sowohl die Pflegerin (die uns schon seit Dienstag begleitet) als auch ich das Gefühl, dass bei Jacqueline das Schlucken momentan schlechter funktioniert. Deshalb sollte sie vielleicht lieber keinen Joghurt mit den Tabletten zusammen gefüttert bekommen. Sie könnte sich verschlucken und es könnte in den falschen Hals gelangen. Dies besprechen die Pflegerin und ich laut.

Dann habe ich auf einmal die Idee, dass wir es *doch* ausprobieren können und ihr testweise die Tabletten zusammen mit dem Joghurt reichen. Nach dem Aussprechen dieser Idee schaue ich Jacqueline an und plötzlich habe ich das Gefühl, dass diese Idee von Jacqueline ausging. Ich habe sie nur gespürt und ausgedrückt. Denn Jacqueline schaute leicht genervt, wahrscheinlich weil wir sie mit dem Schlucken so einschätzten, als ob sie etwas nicht könne.

Tatsächlich stellte sich heraus, dass das Joghurtschlucken problemlos möglich war. Die Sprache nach wie vor nicht.

Interessant ist auch: Jacqueline hat heute keinen so starken „Drang" mehr, sich mir gegenüber durchzusetzen. Sie akzeptiert die Grenzen von mir besser. Ich meine damit die Grenzen, die ich setzen muss, wenn sie sich mit ihrer Hand in die Haare fassen will.

Bei ihrem Zustand ist das kein Wunder. Sie ist wesentlich energieloser und schwächer als noch am Dienstag beim Umzug in die neue Station. Aber vielleicht passiert hier auch etwas bezüglich des Rücksichtslosen Drangs in die Freiheit? Hat ihr Unbewusstes dazugelernt? Ich weiß es nicht ...

Die Pflegerin macht sich Über-Sorgen, dass es den Angehörigen nicht gut geht – dementsprechend setzt sie mir mehr Grenzen, als ich es bisher erlebt habe (z. B. ich solle früher nach Hause gehen und mich erholen). Ich muss sie immer wieder davon überzeugen, dass ich diese Überfürsorge nicht benötige. Aber auch das gehört zum gesamten Heilungsprozess dazu!

Auch das gehört zum Heilungsprozess dazu!

Ein Satz, der sich für mich gut anfühlt und mich unterstützt in meinen Gefühlen.

21.54 Uhr, Rund-E-Mail

(2018: Den folgenden Text hatte ich nur entworfen, mich aber nicht getraut, ihn auch abzuschicken:)

Also – ich habe keine Ahnung, wo DIESES Gefühl herkommt. Aber seit 16.20 Uhr habe ich das starke Gefühl, dass alles gut wird. Es ist so eine Art Aufbruchsstimmung. Nach dem Motto: "Ab jetzt geht´s nur noch bergauf."

Ich habe mir länger überlegt, ob ich das überhaupt schreiben soll, weil ... wenn jemand mir und diesem Gefühl vertraut, und hinterher geht es doch schief oder es kommt wieder eine Durststrecke, dann hat mein Gefühl ja unrecht gehabt ...

Ich musste es jetzt aber trotzdem schreiben – mir ist es egal, ob es sich später als wahr oder falsch herausstellt. Das Gefühl ist so stark, dass ich voller Freude und Energie heute von der Klinik nach Hause gefahren bin.

Dabei gibt es eigentlich überhaupt keinen äußeren Anlass dafür.

(2018: Ab hier beginnt die Rund-E-Mail, die ich auch tatsächlich abgeschickt habe.) Jacqueline hat heute die ganze Zeit, während ich da war, einen Puls zwischen 115 und 120 gehabt, mal kurz auch 130. Das ist für mich ein deutliches Zeichen dafür, dass der Körper gerade viel zu verarbeiten hat. Heute Nachmittag in einem gewissen Zeitraum hat sie bis zu 38,5 Grad Fieber gehabt – da hat der Arzt dann eingegriffen und ein Mittel verabreicht, das fiebersenkend wirkt. Ich glaube es war Paracetamol. Als ich gegangen bin, hatte sie nur noch 37,1 Grad. Aber immer noch einen Puls um die 100.

Und sie war heute immer noch nicht so wach und fit, wie am Dienstag, als wir die Station gewechselt hatten (ich schreibe schon "wir" ...).

Sie hat kaum geredet – und es sah so aus, als ob wirklich im Gehirn ein Rückschritt passiert ist, als ob wir anderthalb Wochen zurückspulen müssen. Aber wieder weiß ich nicht, ob das am blutdrucksenkenden Mittel lag, durch das sie beruhigt wurde, oder am Fieber oder an etwas anderem ...

Kurz bevor ich gefahren bin, wurde sie wacher und bewegte wieder linkes Bein und linken Arm aktiver. Aber viel gesprochen hat sie immer noch nicht. Und sie hatte auch vermehrt Schwierigkeiten, den Mund aufzumachen und den Joghurt mit dem Medikamentenpulver löffelweise zu empfangen.

Heute Nachmittag war sie wieder im CT-Raum *(14.28 Uhr)*, weil geprüft werden sollte, ob der Zustand im Gehirn schlimmer geworden ist. Aber danach gab es ein bisschen Entwarnung. Der Arzt sagte mir, solange Jacqueline in ihrem Verhalten nicht plötzlich abschalten sollte, bestehe kein Grund, jetzt irgendetwas zu unternehmen. Die rechte Hirnkammer habe einen normalen Zustand, während die linke Hirnkammer immer noch etwas vergrößert sei (deswegen muss auch noch der Schlauch rein, um diese Hirnkammer zu entlasten und sich heilen zu lassen). Und dass sie zurzeit wenig Hirnwasser fördert, habe eine nicht schlimme Ursache, die ich mir jetzt nicht gemerkt habe.

ABER ... ich habe irgendwann einmal die Leitung genauer angeschaut, die das Hirnwasser fördert. Da gibt es mehrere Zwischenstücke aus Plastik, die Hebel haben, mit denen man den Fluss abstellen kann. Und ein Hebel sah so aus, als ob er nicht ganz offen war – nur so minimal schräg. Ich habe mir erlaubt, ihn gerade zu drehen – und siehe da: Das Hirnwasser begann wieder, in den Auffangmessbehälter zu tropfen.

Natürlich weiß ich nicht, ob dieser Hebel die Ursache war und wann er das letzte Mal bewegt wurde, aber vielleicht habe ich hier "zufällig" zu der Lösung eines Problems beitragen dürfen. Vielleicht war der Hebel aber gar nicht die Ursache ... keine Ahnung. Was genau für ein Keim in Jacquelines Gehirn gelangt ist, wird wahrscheinlich morgen geklärt werden können. Gestern wurde Hirnwasser entnommen und ins Labor geschickt. Ob es wirklich eine Meningitis (Gehirnhautentzündung) ist, steht noch lange nicht fest ...

Ich habe beobachtet, dass das Hirnwasser wieder etwas rötlicher gefärbt ist. Es kommt also wieder etwas mehr Blut. Dabei frage ich mich aber auch, ob es nicht vielleicht auch Blut von der Operation ist (bei der man den Schlauch wieder ins Gehirn gesteckt hat). Die nächsten Tage werden es zeigen.

Ich merke gerade: Aus irgendeinem Grund habe ich jetzt keine Angst mehr, dass sie sich den Schlauch aus dem Gehirn ziehen wird. Das ist natürlich wieder die bange Frage bis morgen. ... aber, wie gesagt, irgendwie ist mein Gefühl jetzt anders *(2018: und ich sollte Recht behalten)*.

Was ich auch schon öfter beobachtet habe: Wenn ich mich an ihre rechte Seite vom Bett stelle und ihren gelähmten Arm oder ihr gelähmtes Bein vorsichtig und langsam bewege, dann scheint sie fast immer in eine Art "Trance" zu geraten. (Fast) Jedes Mal fallen ihre Augen zu oder sind nur halb zu und die Augenlider zittern so ein bisschen. Und danach ist sie ein bisschen wacher – scheint aber plötzlich vieles aus neuen Augen zu betrachten, ist wieder verwundert, dass sie im Krankenhaus liegt, und will aufstehen.

So allmählich entwickle ich die Theorie, dass sich ihr Gehirn neu sortiert, wenn ich ihre rechte Seite bewege. Denn ich muss ihr danach vieles neu erklären – sie schaut die Schläuche in ihrer Hand neu und erforschend an, auch das Blutdruckmessband. Ich beobachte weiter ...

Das funktioniert nicht immer, denn wenn sie besonders wach ist, dann wirkt diese Bewegung anstrengend auf sie und sie möchte es nicht (wahrscheinlich weil es sie wieder in einer Trance bringen würde, wenn sie loslassen und es zulassen würde – und das will sie in dem Moment nicht. Abwehr gegen die Trance = Abwehr gegen die Übung).

Es gibt so wundervolle Momente, die meiner Seele zutiefst gut tun: Einmal hat sie ihren (heute schwerfälligen) linken Arm hochgehoben und mir lange und liebevoll über den Kopf gestreichelt. Dabei wurde mir bewusst, wie sich eine Seite in mir ständig fragt, wie es ihr mit mir geht und ob ich für sie alles richtig mache und ob ich ihr gut tue. Und wenn sie mich so streichelt, dann habe ich die Antwort – und ich bin tief bewegt.

Ich erlebe mich voll auf Jacquelines Heilung konzentriert. Als ob es eine große Mission für mich ist. Ich habe mal am Nachmittag testweise aus dem Fenster geschaut und die Frühlingsbäume betrachtet – aber es gibt keinen Teil in mir, der traurig denkt: "Schade, dass Jacqueline den Frühling im Krankenhaus verbringen muss." Es gibt überhaupt keine traurigen Teile mehr in mir – habe ich gerade den Eindruck. Nur die volle Konzentration auf meine "Lebensaufgabe". Auch die übrige Welt wird mir egaler. Die Nachrichten interessieren mich nicht.

Ich sehe nur noch Heilung, Liebe und Dasein vor mir - und Freude, sobald sich die Gelegenheit dazu bietet.

Zu dem "Rücksichtslosen Drang nach Freiheit", den ich in der letzten E-Mail erwähnte, möchte ich noch etwas nachtragen. Ich hatte es auf Jacquelines Herkunftsfamiliensystem bezogen – aber in Wirklichkeit ist das ein gesellschaftliches Problem. Überall gibt es Schwierigkeiten mit der Empathie. Das erlebe ich auch im Krankenhaus. Dadurch bekomme ich übrigens auch viele neue Anregungen für Seminare für unsere Empathie-Schule. Im Grunde werde ich gerade zusätzlich darin geschult, wie im Krankenhaus die MitarbeiterInnen untereinander und mit den PatientInnen umgehen – und was ihnen an Empathie fehlt. Es finden so viele Projektionen statt. Denn im Grunde kann man mit Jacqueline ganz normal reden – doch einige PflegerInnen reden mit Jacqueline so laut, als ob sie nicht hören könnte, nur weil Jacqueline selbst nicht so laut redet. Oder sie reden mit Jacqueline, als ob sie ein Kind wäre. Aber ich erlebe auch Jacqueline, die sich daran gewöhnt hat und wahrscheinlich innerlich denkt "Was soll´s ... die haben alle keine Ahnung ...". Das lese ich an ihrem Schulterzucken oder Mundwinkelzucken ein bisschen ab, das ich von früher so kenne.

Ich bin davon überzeugt: Das, was ich hier im Krankenhaus erlebe, kann man in sehr vielen Firmen wiederentdecken. Mal sehen, ob ich das später beruflich nutzbringend einsetzen kann.

Was z. B. bei so vielen Fehl-Kommunikationen und Missverständnissen untereinander passiert, ist, dass Jacqueline auf ihrem linken Handrücken bei der zweiten OP ein neuer Venenzugang gelegt wurde. Es wird eine Vene angezapft und dort ein Plastikteil mit Hebel eingesetzt und festgeklebt, so dass die PflegerInnen nur den Hebel umlegen brauchen und schon fließt Blut – oder sie können es umgekehrt als eine Stelle nutzen, an der sie Medikamente ins Blut spritzen. Der Vorteil: Es muss nicht jedes Mal der Körper neu verletzt werden, wenn drei Mal am Tag Blut abgenommen wird.

Also – am Montag wurde in der OP dieser neue Venenzugang angelegt und seitdem nicht benutzt – und heute hat man ihn wieder entfernt, weil man ihn eigentlich gar nicht braucht. Jacqueline ist umsonst auf ihrem Handrücken verletzt worden ...

Aber jetzt, wo ich das hier geschrieben habe, fällt mir wieder ein, dass sie heute vorsorglich *alle* Zugänge entfernt haben, die von der ersten Station mitgebracht wurden, weil man einen Infektionsherd ausschließen wollte. Man hat also alle Zugänge erneuert, weil Jacqueline ja dieses Fieber hat. Ich nehme also alles wieder zurück.

Tja – und so kann man auch selbst durch Missverständnisse oder Vergesslichkeit zu einem verkehrten Urteil gelangen ...

Trotzdem gibt es viele Situationen in der Klinik, wo Jacqueline und ich mitbekommen, wie manche PflegerInnen sich streiten oder sich darüber aufregen, was jetzt schon wieder schief gelaufen ist etc. Menschlichkeit halt – ... und gerade im Krankenhaus sind Fehler manchmal lebensgefährlich ...

Soweit mein heutiger Bericht.

Ganz liebe Grüße – und danke, dass ich Euch schreiben darf. Es ist mir eine große Hilfe, das alles in Worte zu fassen und dabei ein "Publikum" zu haben, dem ich sehr nahe stehe. Das tut mir sehr gut, alles Schritt für Schritt zu verarbeiten.   Euer Olaf

Kommentar 2018

Ich weiß nicht, ob der Arzt mich absichtlich verkehrt informiert hat oder ob er aus Versehen links mit rechts verwechselt hat – oder ob ich seine Aussage nur verkehrt aufgeschrieben habe. Bei mir angekommen und in meinem Gehirn gespeichert war die Information: linke Hirnhälfte etwas geweitet, rechte Hirnhälfte etwas enger. Dieses Bild passt auch dazu, dass eine Drainage momentan in der linken Hirnhälfte liegt.

Als ich mir dann aber einige Monate später die Bilder von der heutigen CT anschaue, sieht ihr Gehirn total „zerknautscht" aus! Besonders die linke Hälfte. Kein Hirnraum mehr zu sehen. Kein Platz mehr für Hirnflüssigkeit. Die linken Ventrikel sind verschlossen. Überdrainage! Und rechts ist geweitet und hat sich ein bisschen in die linke Hirnhälfte verschoben! Kein Wunder, dass Jacqueline sich so verhalten hat, wie ich es beobachtet habe. Jetzt passt alles zusammen. Und eines ist klar: Der Arzt hat mich nicht offen in alles eingeweiht, denn sonst hätte ich damals schon Jacquelines Zustand besser verstanden.

Ich bin jetzt nicht auf diesen Arzt böse, sondern es bestätigt sich mir etwas, was ich damals schon gefühlt hatte: Dieser Arzt hat das Verhaltensmuster, einiges gegenüber den Angehörigen „schön zu reden". So freundlich er auf mich als Angehöriger zugekommen ist und auch den Antrag vor Gericht bezüglich „Betreuung" angeregt hat, so freundlich möchte er bleiben, wenn es um die Vermittlung negativer Informationen geht. Ich stufe sein Muster so ein: Das Gegenüber möglichst nicht verärgern oder verletzen. Und das schließt Täuschungsmanöver mit ein.

Ich erinnere mich an meine Kindheit. Dort habe ich einen Jungen in der Nachbarstraße kennengelernt, der das Verhaltensmuster hatte, viele Dinge besonders „toll" darzustellen, damit er beeindrucken konnte – und letztendlich dazugehören durfte. Oder auch, damit er nicht schlecht dasteht. Denn er hatte strenge Eltern (sein Vater war Polizist) und ich glaube, dass er es ihnen gegenüber nicht leicht hatte, sein Gesicht zu wahren. Das Schönreden oder Lügen wurde zu einem Werkzeug, mit dem er Kontakt herstellen und sich selbst schützen konnte. Ihm blieb nichts anderes übrig. Und so stufe ich auch das Verhalten dieses Arztes ein. Er hat so ein Verhaltensmuster aufgebaut, weil ihm in seinem Leben bisher nichts anderes übrig blieb.

Der Befund der heutigen CT-Untersuchung im Wortlaut:

„Rechtfertigende Indikation: Verlaufskontrolle postoperativ bei Zustand nach erneuter EVD-Anlage gestern und nur geringer Liquorfördermenge.

Befund/Beurteilung:

Voruntersuchung vom 5.4.17 zum Vergleich vorliegend.

Es besteht Zustand nach Neuanlage einer externen EVD über die links frontale Bohrlochtrepanation, die Spitze kommt im linken Seitenventrikelvorderhorn zu liegen, kleiner Lufteinschluss im ipsilateralen Cornu temporale. Hierunter Überdrainage des linken, nun schlitzförmig zur Darstellung kommenden Seitenventrikels, weiterhin deutlicher Aufstau des rechten Seitenventrikels. Keine perihemisphäralen Hygrome / Hämatome.

Zunehmende Abblassung der linksseitigen Stammganglienblutung, perifokales Ödem bis ins Crus cerebri reichend, keine Nachblutung.

Supratentorielles Hirnödem mit verstrichenen apicalen Hirnfurchen.

Konstante Dichteabsenkungen bifrontal im (ehemaligen) Drainagenlager.

Für mich ist es übrigens kein Zufall, dass in der Körper-Aufstellung auf dieser linken Gehirnhälfte die Karte mit der Nummer 17 lag – mit dem Begriff „Die Schattenwelt". Erstens ein Hinweis auf das „Dunkle", Schmerzvolle, und zweitens durch die 17 gleichzeitig wieder der Hinweis vom Universum: Das sollte so geschehen – aus irgendeinem übergeordneten Grund, in den wir kleine Menschen keinen Einblick haben.

20. Tag, Freitag, 7.4.2017

Ausgearbeitete Notizen aus Ringhefter und Computertagebuch

Morgens

Für mich ist es klar: Sie wurde irgendwie durch die dritte Operation zusätzlich geschädigt.

Außerdem: Es sind bald drei Wochen! Und sie ist immer noch gelähmt!

8.20 Uhr Video

Körper-Aufstellung

Habe bei beiden Gehirnhälften weiße Kosmetiktücher dazugelegt. Ansonsten habe ich nicht viel verändert. Aber wenn ich mich einfühle, fühlt sich alles irgendwie „schwer" an. Es kann auch sein, dass das meine Stimmung ist heute Morgen.

Allgemein-Aufstellung

Auch hier habe ich nichts verändert. Und genau wie bei der anderen Aufstellung fühlt sich alles schwerer an.

Ich habe die Idee, noch die „Quelle allen Lebens" dazuzustellen. Ich stelle sie so an den Rand, dass sie von dort aus auf beide Aufstellungen schauen kann. Wenn ich mich in diese Quelle einfühle, fühle ich mich wesentlich besser, weniger schwer. Ich atme durch.

Anschließend gehe ich mit wieder etwas schwererem Gefühl einkaufen.

In der Klinik, 11 Uhr

Anruf vom Arzt – rechte Gehirnkammer ist erweitert. Man muss in die rechte Hirnhälfte doch wieder den Schlauch einsetzen. Das erklärt auch, warum sie gestern nicht so lebendig war, warum sie etwas „zurückgesetzt" wirkte und kaum sprechen konnte. Jetzt sitze ich in der Klinik, warte darauf, hereingelassen zu werden, und will sie bis zur OP begleiten. So gut es geht.

Nachdem ich am Mittwoch den Gedanken hatte, den Problemdynamiken der Klinik nicht zur Verfügung zu stehen, habe ich heute den Gedanken, sich nur den heilenden Dynamiken der Klinik zur Verfügung zu stellen.

Ich stehe den heilenden Dynamiken der Klinik zur Verfügung.

Auf der Rechnung von Saturn stand der Betrag von 117 €.

Als ich in die Station reingekommen bin, war es 11.07 Uhr.

Ich hörte eine Pflegerin sagen: „… von 7 bis 11"

Gegen 11.40 Uhr bin ich rausgeschickt worden – es soll losgehen. Ich sitze auf dem Gang, wo sie möglicherweise vorbeikommt, und schreibe hier ins Tagebuch. Insgesamt habe ich ein gedämpftes Gefühl – seit heute Morgen schon! Eine Form von Energielosigkeit.

Nach meiner Handy-Uhr ist sie hier eben 11.48 Uhr an mir vorbeigerollt worden (Ich habe zu ihr gesagt: „Viel Glück!" – aber das fühlt sich im Nachhinein nicht gut an, denn das impliziert, dass sie auch Pech haben könnte …).

Diese Energielosigkeit hat sich mit dem Gedanken verändert, den heilenden Dynamiken der Klinik zur Verfügung zu stellen. Es geht etwas besser.

Aber sowohl die Zahlen als auch das „Alles gehört dazu" hat irgendwie keine richtige Wirkung mehr. Auch das euphorische Gefühl von gestern ist weg. Was ist stattdessen da?

Eine Art von Resignation, von Loslassen, von „es bringt ja doch alles nichts". So wirkt Jacqueline auch ein bisschen – immer öfter.

Ich denke jetzt, dass es im Moment immer mehr dahin steuert, sich in dieses Schicksal zu „ergeben".

Die „kämpferische" Seite von Jacqueline erlebt eine Bremse nach der anderen. Ich aber auch – naja, und irgendwie sind wir auch verbunden miteinander.

Übrigens: Die Physiotherapeutin, die ich vorhin beobachten durfte, hat Jacqueline wesentlich weniger bewegt, als ich sie immer bewege! Also, da war bisher das, was ich die ganze Zeit stundenlang mit ihr gemacht habe, Gold wert! Die Bewegungen und Massagen ihres rechten Armes und Beines.

Die Physiotherapeutin hat nur ca. 6 Minuten Arm und Bein (rechts) bewegt. Was anders war: Jacqueline sollte mit ihrer linken Hand den rechten Arm noch mit anfassen. Neue Idee!

Sie hat Jacqueline dabei gebeten, die Augen offen zu lassen. Finde ich unstimmig. Wenn sie die Augen zu machen möchte, kann sie dabei besser in Trance gehen. Die Therapeuten denken, dass durch das direkte Zuschauen bei den Bewegungen zusätzlich noch etwas im Gehirn angeregt wird.

Der Arzt hat vorhin versucht, noch etwas Hirnwasser mit seiner Spritze abzuzapfen – da kam aber kaum noch was. Er hat sich ziemlich stark bemüht, noch etwas herauszubekommen. Ich habe das Gefühl, sie ist ziemlich „aufgequollen", innerlich wie äußerlich. Und das innere „Aufgequollensein" verstopft die Schläuche. Aber egal.

Als ich rausging, schaute Jacqueline nach rechts (von sich aus gesehen) statt wie bisher nach links. Und ihre linke „gesunde" (?) Gesichtshälfte schien verschlossener.

Die Frage hier ist jetzt, was zu klären, zu lösen, zu tun ist. Meine innere Stimme antwortet: nur zu „verstehen"!

Ich habe Tränen im Aufenthaltsraum, als ich mich in diese Energielosigkeit fallen lasse.

Die Fehler von Pflegerinnen führen auch zu etwas Positivem, z. B. dass ich aus Versehen früher reingerufen wurde und schon bei Jacqueline sein und konnte, noch während der Arzt ihr versucht hat, Hirnwasser abzunehmen. So konnte ich seine Bemühungen beobachten.

Ich muss beim Weinen daran denken, dass Jacqueline ja auch als Baby so etwas erlebt hat … immer allein im Kinderbettchen.

Habe das Gefühl, dass ich Jacqueline ganz „loslassen" muss. Wenn ihre Seele es so will, dann kann sie jedem „beweisen": „Das, was du tust, hilft mir nicht."

Eigentlich ist jeder Tipp, den ich ihr gebe, ein „Ratschlag", wie ihn Eltern ihren Kindern geben, die sie „erziehen" wollen.

Nein, meine „richtige" Haltung sollte sein:

Jacqueline, du bist die Chefin – und als diese respektiere ich dich! Alles, was von mir kommt, sind _Angebote_.

Und mit dieser Haltung ihr voll und ganz zur Verfügung stehen.

12.44 Uhr

Ich habe eben beobachtet, wie jemand im Fahrstuhl auf den falschen Knopf gedrückt hat und mit dem Bett im 1. OG ausgestiegen ist, wo ein anderes Bett wartete. Die Wartenden waren hocherfreut über den Zufall – die anderen entdeckten erst draußen, dass sie eigentlich ins

UG wollten. Für das 2. Bett war es positiv und unterstützend. Vielleicht „fügen" sich auf diese Weise eben manche Fehler auch zum Positiven?!? - Ja, sie gehören auch dazu ...

Über Jacqueline steht nur das Universum.

Nach den Tränen geht es mir besser.

Ach – und da fällt mir wieder ein: Letztendlich geht es auch nicht darum, die Welt in das einzuteilen, was „gut" und was „schlecht" ist, sondern die allumfassende Haltung: Alles gehört dazu – auch die Wertung.

Und da bin ich wieder ...

Überall wirken die Wünsche nach besseren Gleichgewichten.

Ich kann nicht über Leben und Tod entscheiden. Das liegt definitiv nicht in meiner Macht – und auch in keiner Macht eines anderen Menschen. Höchstens bezogen auf sich selbst – aber auch da frage ich mich, ob das nicht auch mit dem Universum in Verbindung steht, wenn jemand sich umbringt.

Der Gedanke, dass Jacqueline die Chefin ist, ist eigentlich auch nicht meine Aufgabe. Es ist nur meine Aufgabe, innerlich zu denken und zu fühlen:

„Auch das gehört zu deinem Chefsein dazu."

14.11 Uhr uiuiui ... lange Operation ...

Jetzt bekomme ich doch langsam Angst, dass sie es nicht schafft.

Gut, dass ich hiergeblieben bin.

Wenn ich sie innerlich frage, dann sagt sie: „Es geht mir sehr gut. Sogar besser als vorher!" Wir kuscheln. Ist die Operation doch schon vorbei?

14.20 Uhr

OP ist vorbei. Es wurde gerade der nächste Patient in den OP gerollt und der Arzt aus Jacquelines Station kam aus dem Fahrstuhl. Jetzt wird sie geholt (glaube ich).

Der Arzt ist nochmal woanders hingegangen, aber ich habe seitdem trotzdem ein gutes Gefühl. Hab endlich eine Banane gegessen.

15.00 Uhr

Sie kommt immer noch nicht, mir geht´s aber gefühlsmäßig wesentlich besser, bin offener, auch hier zu meinem aktuellen Umfeld (habe einen kurzen Wortwechsel mit einem anderen wartenden Mann gehabt). Spannend!

Bin rumgelaufen, habe einen Notfallplan von diesem Klinikstockwerk gefunden und mir ausgerechnet, dass sie in einem anderen Flur in die Röntgenabteilung geschoben wurde, in der man eine überprüfende CT macht.

Nein … jetzt werde ich wieder unruhig …

15.20 Uhr

Nö, alles gut – habe den Arzt eher „zufällig" getroffen und er hat mir gesagt, dass die OP gut verlaufen ist, sie auch schon gleich wieder im CT-Raum war und die Drainagen gut liegen. Allerdings liegt sie jetzt wieder auf der Operativen Intensivstation – Bett 15 dieses Mal.

So – also auf zur nächsten Runde!

Sie liegt auch wieder so, dass sie einen besseren Fensterblick hat. Wenn sie nach links schaut, hat sie nicht mehr den Tisch mit den Medikamenten vor sich und die Tür mit den vorbeilaufenden Menschen. Das ist besser so.

22.32 Uhr, Rund-E-Mail

Also – bei einem Krimi weiß man wenigstens, dass er gut ausgeht. Und wenn er schlecht ausgeht, dann kann man den Fernseher ausstellen und hat nichts weiter damit zu tun.

Jacqueline jagt mich die Gefühlswelt rauf und runter.

Und dann gibt es parallel dazu immer noch den "inneren Beobachter" in mir, der sich interessiert anschaut, was hier passiert.

Ich habe diese Nacht nicht gut geschlafen, wahrscheinlich wegen der ungesunden Chips und der Schokolade, die ich mir gestern Abend mal wieder "gegönnt" habe. Nie wieder! Und als ich dann morgens aufgestanden bin, ging es mir gar nicht gut. Erst dachte ich, das läge am schlechten Schlaf, aber später war das ungute Gefühl so allumfassend präsent, dass nicht allein der Schlaf die Ursache sein konnte. Ich mochte mich im Seminarraum auch nicht in die Aufstellung einfühlen – hatte richtig "scheu", überhaupt in den Raum zu gehen.

Ich wollte heute Vormittag ein paar Dinge einkaufen, aber es fühlte sich so "lustlos" an. Ohne Frühstück fuhr ich trotzdem los, zu Alnatura, Aldi und dann Saturn.

Ich brauchte Druckerpatronen und wollte Jacqueline einen MP3-Player kaufen, auf den ich ihr dann Musik spielen kann. Spannend: Auf der Quittung von Saturn stand dann der Betrag von 117,91 € – Uhrzeit: 10.07 Uhr). Aber dieses Mal löste die Zahl 117 keine Euphorie in mir aus. Auch der Gedanke an "Alles gehört dazu" änderte meine Gefühle nicht.

Zwanzig nach zehn war ich wieder zu Hause und hatte kurz vor Ankunft einen Anruf aus dem Krankenhaus auf meiner Mobilbox. Ich solle doch bitte zurückrufen.

Der Arzt sagte, man hätte sich die CT-Bilder von gestern noch einmal intensiver angeschaut und diskutiert und sei zu dem Schluss gekommen, dass die Hirnkammer im ursprünglich gesunden rechten Hirn gefährlich weit geworden wäre. Man hat entschieden, sie heute wieder zu operieren (das vierte Mal schon) und in die rechte Hirnhälfte wieder eine Drainage einzusetzen, um den Druck zu entlasten. Man habe Jacqueline schon gefragt und sie habe genickt. Der Arzt sagte, dass es für mich erst Sinn machen würde, so gegen 14 Uhr in die Klinik zu kommen. Dann müsste die OP vorbei sein.

Da war sie also – die Ursache für mein ungutes Gefühl. Ich saß ein paar Minuten am aufgelegten Telefon – dann kam das Gefühl, nachfragen zu wollen, ob ich sie vorher noch sehen könnte. Ich rief erneut an und man erlaubte mir, gegen 11 Uhr zu kommen. Ich packte schnell meine Sachen, brauchte mein Mittagessen aus dem Kühlschrank einfach nur in den Rucksack zu stecken, weil ich es ungewohnter Weise gestern schon vorbereitet hatte (Vorahnung?). Und dann war ich kurz vor 11 Uhr in der Klinik. Ich klingelte an der Tür. Durch die Sprechanlage teilte man mir mit, dass ich noch warten solle. Der Arzt würde noch ein paar Dinge bei Jacqueline regeln/testen wollen (Abnahme von Hirnwasser etc.).

Ein paar Minuten später wurde ich bereits (irrtümlicherweise) hereingeholt. Als ich den Gang in Richtung Jacquelines Zimmer ging, blieb mein Blick wieder an der Uhr hängen – und langsam glaube ich es nicht mehr: 11.07 Uhr

Aber – wie schon gesagt – all diese Zeichen haben mir heute nicht wirklich geholfen. Höchstens meinem Verstand – aber nicht meinem Gefühl.

Während der Arzt noch bei Jacqueline zugange war, sagte die Pflegerin, die mich reingelassen hatte, zu ihm:

"Oh, ich dachte, du wärst schon fertig."

Arzt: "Kein Problem ..."

Ich stellte mich an Jacquelines Fußende – sie konnte mich sehen, lächelte, ich nahm einfach ihre Füße in die Hand und hielt sie, während der Arzt am Kopfende stand und sich bemühte, noch ein paar Tropfen Hirnwasser aus der Drainage zu bekommen – für das Labor. Aber es kam kaum etwas heraus. Er strengte sich richtig an – und dann rutschte ihm auch noch die Spritze aus der Hand, in die er das Hirnwasser hineinsaugen wollte. Sein Verhalten bestätigte mein Gefühl, dass irgendetwas anderes nicht stimmte, was man mir nicht erzählt hatte *(2018: Wenn ich mir heute vorstelle, dass Jacquelines linke Hirnhälfte „ausgequetscht" war und kein Hirnwasser mehr durch total verengte Ventrikel fließen konnte, dann ist das alles logisch).*

Als wir dann noch ein paar Minuten allein sein durften, merkte ich, dass ihre Sprachfähigkeit nach wie vor gebremst war. Außerdem hatte sie weiterhin einen Puls von ungefähr 110. Die Infektion war weiterhin wirksam. Ob sie durch den Hirndruck oder durch die Infektion oder durch die Medikamente gebremst war, vermag ich nicht zu sagen. Alles könnte die Ursache sein – und man weiß dann immer nicht, ob sich in ihrem Verhalten ein Hirnschaden widerspiegelt oder nur Müdigkeit aufgrund der blutdrucksenkenden Mittel.

Dann ging´s in den OP-Saal. Ich wurde rausgeschickt – und man sagte mir, ich könne mich ja gegen 14 Uhr telefonisch melden, wie weit sie ist. Die Empfehlung der Pflegerin: nach Hause zu fahren.

Nein – meine Haltung ist: Solange Jacqueline im OP ist, möchte ich irgendwo in der Klinik warten, bis die OP vorbei ist. Irgendwie möchte ich, dass Jacqueline "spüren" kann, dass ich in der Nähe bin. Ob das eine wirkliche Rolle spielt, weiß ich nicht. Aber ich möchte es wenigstens so. Außerdem beruhigt es auch mich in gewisser Weise, gleich in der Nähe sein zu können, falls was wäre (einzige Ausnahme war bisher die 3. OP, die ich aus der Ferne mitgefühlt habe).

Also blieb ich. Ich hatte keinen Hunger, keinen Durst – habe im Grunde immer dann, wenn Jacqueline operiert wird, genau wie sie keine körperlichen "Umsätze". Sie darf ja auch vorher nichts essen, nichts trinken und bleibt hinterher noch einige Zeit nüchtern. Irgendwie bin ich da in Resonanz zu ihr.

Ich saß auf dem Gang, auf dem sie von der Neurologischen Intensiv-station zum OP-Saal gerollt worden war. Ich konnte also mitbekommen, wann sie wieder zurückkommt. Während einer Operation denke ich immer über die Gesamtsituation nach – auch über mich. Dabei habe ich mich mal gefühlsmäßig einfach in diese Energielosigkeit fallen lassen, die ich seit dem Morgen fühlte – und schon kamen sie, die Tränen. Ich ließ es laufen und es tat gut.

Und dann kamen Gedanken, wie die Erinnerung an die Pflegerin, die mich "zu früh" reingerufen hatte, so dass ich noch mitbekommen konnte, wie der Arzt bei Jacqueline Dinge erledigt. Oder dass ich die Uhrzeit sehen konnte oder dass ich vor der OP noch länger bei Jacqueline sein konnte. Der "Fehler" der Pflegerin hatte also positive Auswirkungen für mich gehabt (und war nicht so schlimm für den Arzt).

Und dann beobachtete ich im Flur sitzend, wie das Bett eines sehr kranken Mannes von zwei Pflegerinnen zum Fahrstuhl gebracht wurde, sie davor standen, in dem Moment der Fahrstuhl aufging und ein anderes Bett herausgeschoben wurde. Die beiden Pflegerinnen freuten sich, dass der Fahrstuhl so schnell da war. "Super! Fliegender Wechsel!" Sie schoben das Bett in den Fahrstuhl und konnten den Mann schnell dorthin bringen, wohin er gebracht werden sollte. Es war anscheinend dringend.

Die anderen beiden Pflegerinnen, die mit dem anderen Bett und einer recht gesund aussehenden Frau aus dem Fahrstuhl gekommen waren und es offensichtlich nicht so eilig hatten, schauten sich um, stellten fest, dass sie im 1. OG gelandet waren, und bemerkten:

„Oh, da ist was falsch gelaufen. Wir wollten ins Untergeschoss."

Ihr Fehler hatte dazu geführt, dass der kranke Mann schneller zu seinem Bestimmungsort gebracht werden konnte.

Mir wurden wieder die guten Seiten von Fehlern bewusst – und so konnte ich leichter in meinen Gedanken die OP von Jacqueline begleiten und konnte alle meine Befürchtungen, dass irgendwelche Fehler beim Operieren gemacht werden, umdrehen in: Vielleicht hat es auch was Gutes?

Denn ich bin mir sicher: Jedes Mal, wenn eine Drainage ins Gehirn gelegt wird, wird Hirngewebe verletzt. Es ist nur die Frage, welches? Und ist es reparabel? Welche Erinnerung oder Fähigkeit wird unwiederbringlich ausgelöscht? Und ist das gut oder schlecht? Es könnte auch gut sein ... oder es wird später gut sein, sich intensiv um eine Wiedergutmachung zu bemühen ... Wir wissen es nicht ...

Inzwischen war es aber bereits 14 Uhr. Sie war 11.50 Uhr an mir in den OP-Saal vorbeigerollt worden. Mein ungutes Gefühl war immer noch nicht weg – und jetzt wurde mir langsam mulmig. So lange war sie noch nie in einer OP gewesen.

Dadurch wurde etwas in mir noch präsenter. Diese Energielosigkeit war auch so etwas wie: "Jetzt habe ich so viel Energie investiert, so viel gemacht und getan und unterstützt – und sie muss wieder operiert werden." So eine Art "Misserfolg" (wobei ich mir ganz sicher bin, dass es kein Misserfolg war – für all diejenigen, die mir nun sofort widersprechen würden. Ja, ich weiß – aber mein Gefühl war eben in dem Moment so, und das war auch gut so ...). Und so musste ich einem ganz bestimmten Gedanken Raum geben – dem Gedanken, Jacqueline vollständig loslassen zu müssen:

Egal, wie intensiv wir Jacqueline alle helfen und sie unterstützen und unbedingt wollen, dass sie wieder gesund wird, und ihr die bestmögliche Heilung wünschen – sie (ihre Seele) ist letztendlich diejenige, die entscheidet, wie es weitergeht. Sie (ihre Seele) ist die "Chefin ihres Lebens". Es gibt nur eine Instanz über ihr: das Universum.

Wir können ihr alles nach bestem Wissen und Gewissen anbieten und ihr für ihren Heilungsprozess zur Verfügung stellen – und sie (ihre Seele) entscheidet als "Chefin", wie sie das alles für sich verwertet. Hier müssen wir alle demütig sein. Jedem Menschen gegenüber.

Und auch, wenn das Universum entscheidet, dass das Leben eines Menschen durch den Fehler eines anderen Menschen endet, können wir das nicht verhindern – wir können uns nur demütig vor jedem Schicksal verneigen.

Ich bin mir bewusst, dass diese Sichtweise nicht von jedem geteilt wird oder dass der eine oder andere es als "geschwollene" Worte empfindet. Mir ist es wichtig, dass es sich für mich stimmig anfühlt. Mir bleibt in so einer Situation nichts mehr anderes übrig, als so zu denken und zu fühlen. Und wenn ich meine Jacqueline und ihre Seele als "Chefin ihres Lebens" respektiere, dann mache ich mich am Ende auch nicht selbst dafür schuldig, wenn ich alles versucht habe, und es letztendlich doch nicht gereicht hat. Dann biete ich ihr meine gesamte Kraft als Geschenk an – und sie darf frei entscheiden, was sie mit diesem Geschenk macht und für welchen Lebenszweck sie es einsetzt.

Und wenn ÄrztInnen oder ChirurgInnen mal offensichtliche "Fehler" machen, dann könnte das auf einer anderen Ebene vielleicht auch einem Wunsch gedient haben, der irgendwo anders wirkt.

Aber – wie gesagt – das ist ein Ursache-Wirkung-Denken, dass bestimmt einige mit mir nicht teilen.

Als es 14.25 Uhr war, kam ein weiteres Bett mit einer Patientin aus der Neurologischen Intensivstation und wurde in den OP gerollt. Außerdem sah ich den Arzt in Richtung OP gehen (Jacqueline wieder abholen?). Und auf einmal wusste ich: Die OP ist vorbei und sie ist gut ausgegangen. In ungefähr einer Viertelstunde müsste Jacqueline wieder diesen Gang zurückgerollt kommen. Mit einem Schlag war mein gesamtes ungutes Gefühl von der ersten Tageshälfte wie weggeblasen. Mir ging es richtig gut. Und als ich innerlich in meiner Fantasie mit Jacqueline sprach, wie es ihr gehen würde, sagte sie: Gut!

Außerdem hatte ich endlich Hunger und aß eine Banane und trank Wasser.

15 Uhr war sie immer noch nicht den Gang entlang gekommen – aber ich fühlte mich trotzdem gut.

15.10 Uhr stand ich auf und wanderte nun selbst langsam den Gang entlang. Da stieß ich auf einen Fluchtwegplan, der an der Wand hing – und schaute mir die Räume in diesem Stockwerk an. Nun bestätigte sich mir etwas, was ich langsam erahnt habe: Sie konnte auch jenseits der Tür, aus der sie hätte kommen müssen, in einem Parallelgang zu einem anderen Fahrstuhl in die Computertomografie gebracht worden sein, für eine CT zur Überprüfung, ob die Drainagen auch richtig liegen.

15.20 Uhr traf ich zufällig den Arzt, der auf dem Rückweg zur Intensivstation war – ohne Jacqueline. Ich fragte ihn, wie es ausgegangen sei. Er informierte mich darüber, dass alles gut gegangen ist, auch das CT sieht gut aus, alles liegt richtig – doch sie ist wieder auf die Operative Intensivstation gebracht worden – jetzt auf Bett 15 (statt 17). Und außerdem kann ich frühestens in einer halben Stunde zu ihr.

Also DESWEGEN war sie den Gang nicht mehr zurückgerollt worden! Die Operative Intensivstation liegt nämlich woanders.

Mein Gefühl war bestätigt worden: alles gut.

Das war jetzt die Gelegenheit, endlich Mittagessen zu gehen. Außerdem erwartete ich eine Besucherin von weit her, der auch noch ein bisschen Zeit benötigte. Anstatt mein Gemüse aus dem Kühlschrank zu essen, entschied ich mich, in der Cafeteria einen Salat zu essen. Später kam auch die Besucherin dazu – und sie hat liebevollerweise meine Rechnung gezahlt. Die Rechnungsnummer war übrigens 171. Wir haben beide gelacht!

Wir sind dann nach oben gegangen, um nach Jacqueline zu schauen, und durften auch nach einer kurzen Wartezeit reingehen.

Das erste, das mir auffiel: Beide Gesichtshälften hingen runter. Und ihre Augen waren stark nass, als ob sie geweint hätte. Es kann aber auch sein, dass sie während der OP angefeuchtet wurden ... ich weiß es nicht.

Sie konnte den Besuch erkennen – war aber ansonsten kaum in der Lage, reden zu können. Nur einmal hat sie ganz deutlich zur Besucherin gesagt: "Scheiße!" – womit sie ihre aktuelle Situation meinte.

Weil man vor der OP die blutdrucksenkenden Mittel weggelassen hat, hatte sie nach der OP einen äußerst hohen Blutdruck (239/95). Man hat versucht, den Blutdruck in den Griff zu bekommen, indem man ihr ein sehr stark wirkendes Medikament gab ("dihydrAL" stand in der digitalen Anzeige, *2018: Dihydralazin*). Es wurde mir mitgeteilt, dass man fast alle Mittel ausgeschöpft habe, Jacquelines Blutdruck in den Griff zu bekommen. Aber nach einiger Zeit hat sie auf das Mittel reagiert und man konnte die Dosis verringern (Dauerfluss). Und irgendwann ganz abstellen.

Sie hat eine Phase gehabt, in der sie total stark gezittert hat, so wie wir es kennen, wenn wir bei einer Grippe hohes Fieber haben und frieren. Ich wusste aus ihrer Vergangenheit, dass sie solche Infekte immer gerne ohne Medikamente durchgestanden hat. Sie war es also gewohnt, so zu zittern, wenn der Körper es wollte. Die Pfleger sind auch gelassen damit umgegangen – und so konnten der Besuch und ich sie dort hindurchbegleiten. Später wurde es dann auch besser.

Anschließend hat sie sehr viel geschlafen – und ich bin um 20 Uhr gegangen (die Besucherin ging gegen 18.30 Uhr). Als sie beim Abschied kurz aufgewacht war, hatte ich den Eindruck, dass ihr die Orientierung fehlte. Sie reagierte jedenfalls kaum auf mich.

Ich hoffe, dass sie sich bis morgen von der OP erholt hat und dass die Infektion besser ist und dass ich dann sehen kann, wie es ihr geht und auf welchem Niveau wir dann mit der Genesung weitermachen werden. Ja – und vielleicht war das auch schon eine Genesung, diese OP. Wie gesagt: Jacquelines Seele sagt mir innerlich, dass es ihr sehr gut ginge – vielleicht stimmt das, vielleicht bilde ich es mir ein ... ich weiß es nicht.

Wichtig ist, dass mir solche inneren Bilder und Gespräche Mut machen. Zumindest kann ich ja nun schon einiges mitfühlen, wie ich immer wieder erlebe – wie z. B. heute, dass es "uns beiden" vor und während der OP gar nicht gut ging.

Und interessant ist, dass heute auch eine E-Mail kam, in der die Frau schrieb: "... Dabei habe ich Jaqueline gesehen umgeben von vielen guten Mächten. Sie haben sich gefreut mich zu sehen, mich mit einem Nicken begrüßt und ein sehr starker Heilungsengel hat mir dann vermittelt, dass ich mir keine Sorgen machen brauche, dass es Jaqueline gerade zwar nicht gut geht, sie aber genug Unterstützung hat und dass sie wieder gesund wird.

Diese Zuversicht hat mich total umgehauen, aber wie gesagt ich habe sie vermittelt bekommen und gespürt und daher bin ich nun zu 100% ohne jeglichen Zweifel davon überzeugt, dass es genau so sein wird. Es geht gar nicht anders, Irrtum ausgeschlossen. :-) "

Ich beobachte weiter, was das Universum mit uns vorhat.

Ganz liebe Grüße an Euch alle! Olaf

Kommentar 2018:

Als ich mich bei der Arbeit an diesem Buch mit diesen Tagen vom 5. bis 7. April 2017 beschäftige, tauchte in mir vor Beginn der Ausarbeitung dieses Tages (7.4.) ein großer Schmerz auf und ich musste in den Armen (dem Arm) von Jacqueline noch einmal heftig darüber weinen, was hier passiert ist. Das zeigt: der Schock über Jacquelines Rückfall nach der 3. Operation saß tief und wirkte bis heute. Kein Wunder, dass genau zu dieser Zeit oft die Zahl 117 aufgetaucht ist und mich auf diesem schmerzvollen Weg unterstützt hat.

Als jetzt die Tränen flossen, wurde mir besonders intensiv bewusst, wie schlimm es ist, wenn man eine Unstimmigkeit erahnt, es aber von außen nicht bestätigt bekommt. Ich hatte permanent das Gefühl: „Hier stimmt etwas nicht!" Aber der Arzt hat mir die Wahrheit (Überdrainage) verschwiegen. Er tat dies wahrscheinlich in guter Absicht, um mich nicht zu beunruhigen. Das hilft aber nicht, weil das Unstimmigkeitsgefühl bestehen bleibt. Das ist so ähnlich wie in der Kindheit: Ein Kind fühlt eine Unstimmigkeit zwischen den Eltern, die Eltern verstecken aber ihre Differenzen vor dem Kind und spielen „heile Welt". Das Kind fühlt aber, das gar nichts „gut" ist. Oder eine Frau spürt, dass ihr Mann fremdgeht und fragt nach. Er verschweigt es aber.

Und so findet das Unstimmigkeitsgefühl im außen keine Bestätigung und kann sich demnach auch nicht in die Schmerzverarbeitung weiterentwickeln. Man bleibt in diesem Unstimmigkeitsgefühl stecken. Würde aber darüber gesprochen, dann könnte man das, was passiert ist, ganz direkt verarbeiten – durch Tränen. Allerdings wenn man nicht mehr gewohnt ist, Schmerzerfahrungen durch Tränen zu verarbeiten, könnte die Wahrheit die Krise zunächst noch vergrößern. Und genau deswegen wird die unangenehme Wahrheit meistens zurückgehalten.

Ich hätte die Wahrheit gebraucht – dann wäre es mir während dieser Tage besser gegangen und ich wäre mehr im „Fluss" gewesen. So aber musste ich durch viele Überlegungen und durch Vertrauen ins Universum den Fluss selbst herstellen – ohne Hilfe der Ärzte.

Ich erinnere mich noch an Folgendes: Als ich Jacqueline nach der Operation das erste Mal wieder sehe, sind beide Mundwinkel total nach unten gezogen. Das muss eine Folge der Operation sein.

Nach einer Weile beginnt sie immer mehr am ganzen Körper zu zittern. Ich erinnere mich, wie ich ihr erzählt habe, dass das Zittern möglicherweise das Abschütteln eines Traumas ist. Ich dachte, dass jetzt vielleicht das Trauma der ersten Operation oder aller Operationen hochkommt und das Zittern für die Verarbeitung ganz wichtig ist. Dabei war es möglicherweise eher ein Fieber-Zittern, das sich später wieder beendete, nachdem sie entsprechende Medikamente bekommen hatte. Allerdings ist in der Patientenakte kein erhöhtes Fieber zu sehen...

Im Folgenden gebe ich einige Textteile aus dem OP-Bericht wieder. Dem Operateur hat derjenige Arzt assistiert, der Dienst hatte, als Jacqueline sich die Drainage am Dienstag herauszog. Es ist der Arzt, mit dem ich seit dem 5.4. die ganze Zeit Kontakt habe und von dem ich das Gefühl habe, dass er fälschlicherweise vieles gegenüber Angehörigen „schön redet". Daher gehe ich davon aus, dass er den folgenden Bericht – besonders die fehlerhaft dargestellte Indikation – irgendwie mit beeinflusst hat. Denn von einer Überdrainage ist hier nicht mehr die Rede – obwohl sie immer noch vorhanden ist, wie die CT-Bilder zeigen. Ob die Ärzte die rechte Drainage wieder gelegt haben, um besser an Hirnflüssigkeit heranzukommen? Für entsprechende Kontrollen?

<u>OP-Bericht</u>

Dauer: 12.58 Uhr bis 13.30 Uhr

<u>Indikation:</u>

Die Patientin zeigte bei Z.n. Stammganglienblutung/Thalamusblutung mit Ventrikeleinbruch einen Anhalt für posthämorragisches Hydrozephalus malresorptivus, welches mittels EVD Anlage behandelt wurde. Im Verlauf wurde die rechte frontal EVD Drainage entfernt. Hiernach erfolgte bei Vigilanzminderung eine cCT Kontrolle, welche einen deutlichen Aufstau des rechten Seitenventrikels *(hier fehlt: und eine Überdrainage des linken Seitenventrikels)* zeigte. Hiernach wurde die Indikation für eine EVD Anlage rechtsfrontal gestellt.

Korrekt ist laut Patientenakte und CT-Bilder:
- rechte Drainage wurde entfernt (29.3.), was keine negativen Auswirkungen auf den rechten Seitenventrikel hatte
- linke Drainage zog Jacqueline fast raus (2./3.4.)
- linke Drainage wurde wieder richtig eingesetzt (3.4.)
- linke Drainage zog Jacqueline vollständig raus (4.4.)
- linke Drainage wurde am 5.4. wieder eingesetzt – dabei und/oder danach Überdrainage links, rechter Seitenventrikel hat sich aufgrund der zusammengezogenen linken Hirnhälfte minimal nach links ausgedehnt (weil Platz war)
- Vigilanzminderung (aufgrund der Überdrainage)
- der Aufstau des rechten Seitenventrikels war bereits vor der 3. OP vorhanden, seitdem aber nicht größer geworden, nur eben die minimale Ausdehnung nach links aufgrund der Überdrainage

<u>Verlauf der OP (Ausschnitt):</u>

[…] Der Ventrikelkatheter in Richtung auf den ispilateralen Epikanthus und den meatus acusticus externus zu bei 5,5 cm ab Duraniveau eingebracht. Es entleert sich klares Liquor. […]

<u>Befund und Beurteilung der anschließenden CT-Bilder (14.50 Uhr):</u>

Vergleich zu einer CT des Schädels vom 6.4.17.

Zwischenzeitlich neu eingebrachte EVD von rechts frontal mit Lage der Drainagenspitze im rechten Seitenventrikelvorhorn. Lufteinschlüsse im Verlauf der Ventrikeldrainage. Im Vergleich zur Voruntersuchung dezent zunehmende Weite des linken Seitenventrikels, der rechte Seitenventrikel konstant deutlich erweitert. Neu abgrenzbarer Blutsedimentationsspiegel im rechten Seitenventrikel. Unverändert einliegende EVD von links frontal.

Unveränderte Darstellung der Stammganglienblutung links mit angrenzendem Perifokalem Ödem, keine Nachblutung. Konstante Auslenkung der Mittellinie nach rechts sowie auch konstantes generalisiertes supratentorielles Hirnödem.

21. Tag, Samstag, 8.4.2017

Ausgearbeitete Notizen aus Ringhefter und Computertagebuch

In einer E-Mail-Nachricht schreibe ich an N.:

„… Dass Jacqueline jetzt diese Rückfälle hat, ist ganz schön heftig …"

10.50 Uhr

Uiuiui … heute ganz was Neues. Ich hatte es gestern schon geahnt, dass man mir neue Grenzen setzt: Heute darf ich erst zu den normalen Besuchszeiten rein ab 16 Uhr. Hatte ein längeres Telefongespräch mit einem Pfleger, der sehr einfühlsam wirkte, aber letztendlich trotzdem darauf beharrt hat.

O.k. – dann soll auch das dazugehören. Ich habe alles versucht. Der Pfleger hat versprochen: Wenn sie irgendwie unruhig wird, würde ich angerufen werden.

Ich weiß, dass das Quatsch ist – denn das ist das Letzte, woran ein Pfleger in dem Moment denkt, wenn sie unruhig wird. Er hat mir gesagt, dass sie momentan ganz ruhig da liegt und es ihr gut geht. Aber ob es ihr gut geht, kann er gar nicht wissen. Und ob das „Ruhig Daliegen" unbedingt immer richtig ist, kann er auch nicht wissen. Denn gerade nach einem Schlaganfall ist es für das Gehirn wichtig, wieder mobilisiert zu werden, damit sich schnell alte Verknüpfungen erholen und sich auch neue Verknüpfungen bilden können.

Und doch, wenn ich mich da jetzt drauf einlasse, dann werde ich innerlich auch etwas ruhiger. Könnte Jacqueline vielleicht auch nutzen. Ich kann in Ruhe alles hier machen, was zu tun ist, was mir einfällt, mir Zeit nehmen und mich in Jacqueline und in die Situation einfühlen – und mich vielleicht auch um meine Themen kümmern ...

Ja – also auch das gehört jetzt dazu.

Irgendwie passen auch meine Gedanken von heute Morgen mit dazu. Ich dachte, dass Jacqueline vielleicht tatsächlich meine „Lebendigkeit" vermisst und sich nicht immer im Kontakt mit mir auf ihre Krankheit konzentrieren will. Sondern auch mal positiv abgelenkt sein möchte. Und vielleicht sieht sie nun „Unterschiede" zwischen uns und will sich am Ende von mir trennen – nein ... das letztere wird nicht passieren, aber solche Gedanken waren eben noch einmal da, dass ich ihr nicht das bieten kann, was sie wirklich bräuchte ...

Aber ist das nicht immer so? Kein einzelner Mensch kann einem anderen Menschen ALLES bieten, was er bräuchte. Deswegen haben wir ja auch Kontakt zu mehreren Menschen und Freunden etc.

Mal schauen, was heute passiert. Also – dann habe ich ab jetzt noch 4 ½ Stunden Zeit ...

Interessant finde ich, dass sie tatsächlich immer weniger das Bedürfnis hat, sich „zu befreien". Irgendwie gibt sie sich immer mehr der Situation hin. Sie scheint da etwas zu lernen, auch wenn sie sich nicht wirklich „erinnern" kann. Da findet ein Lernprozess auf einer anderen Ebene statt ...

Mutti hat angerufen und sich das erste Mal darum gekümmert (oder Sorgen gemacht), ob ich mich auch genügend um mich selbst kümmere.

Jetzt hat N. eine tolle lange Nachricht geschickt:

„Lieber Olaf, [...] Ich weiß wie schlimm es ist, jemanden den man sehr liebt, so sehen zu müssen. Hilflosigkeit und immer am Überlegen, was ich noch machen könnte. Dann wieder Hoffnung und dann der Rückschlag. [...] Du hast mir immer gesagt: Hör auf deine innere Stimme, dein Herz. Das hat mir sehr geholfen, auch jetzt noch. Ich danke dir dafür und ich möchte auch genauso gerne das für dich sein. Ich denke, es wird alles so kommen, wie es für alle am besten ist. Was wir für unseren Seelenplan überlegt haben. Du machst das so toll, alles ! Und es ist schön, dass du mich daran teilhaben lässt. Wenn du Hilfe brauchst, dann melde dich. Alles Liebe N."

Und das geschieht alles gerade heute, wo ich von der Klinik gebremst werde. Die Zeichen deuten auf: Jetzt bist du dran mit deinen Themen. Nimm dir Zeit dafür.

Außerdem habe ich heute auch schon gedacht, dass ich mich gerade schwer in Jacquelines Aufstellung einfühlen kann – und dass ich mich eben um mich mal kümmern müsste ... da steht was an ...

Hammer!! Passt mal wieder alles zusammen, und das so unglaublich eindeutig ...

Und es passt zu meiner gestrigen Erkenntnis: Das Universum und Jacqueline sind die Chefs ihres Lebens. Ich bin da definitiv untergeordnet. Und heute wurde mir mal die Botschaft gegeben: Kümmere dich um dich selbst.

Aber noch etwas: Die Klinik hat jetzt vielleicht den Gedanken, dass meine Tätigkeit bei Jacqueline nicht wirklich was bringt. Es wurde ja nach zwei Wochen noch schlechter ... also schätzen sie meine Anwesenheit als nicht mehr ganz so wichtig ein. So kann ich mir das auch erklären – und kann es aus der Perspektive der Klinik nachvollziehen.

Ich spüre auch, dass es irgendwie etwas Neues bringt – im positiven Sinne, wenn ich heute erst gegen 16 Uhr zu ihr gehe ...

Nachtrag zu gestern: Sie liegt zwar auf Bett 15, aber das Spritzengerät neben ihrem Bett hat einen Aufkleber mit „Bett 11". Und auch die Gerätenummer eines Geräts daneben fing mit den Zahlen 1107 an.

Ich denke jetzt, dass der gestrige Tag mir gezeigt hat, dass ich nicht nur von diesen Zeichen abhängig sein muss (weil ich ja kaum darauf gefühlsmäßig reagiert habe), sondern ich darf meinem eigenen aktuellen Gefühl mehr vertrauen, das sich dann ja nach der Operation gut anfühlte.

12.30 Uhr

Hab mich eben zur Aufstellung gelegt – im Kontakt mit der mir Geborgenheit gebenden „Quelle allen Lebens" und habe viele Tränen ausgeweint, viel verarbeitet, mich befreit. Jetzt geht es mir besser.

Als ich mich bei Jacqueline einfühlen will, habe ich das Gefühl, von etwas gebremst zu werden. Ich interpretiere es so, dass Jacqueline vielleicht gerade nicht möchte, dass ich mich in sie einfühle. Vielleicht macht sie jetzt auch einiges mit sich selbst aus. Möchte erst einmal „allein" zurechtkommen. Vielleicht ist dieses Gefühl aber auch nur die Folge von der Grenzsetzung der Klinik. Oder vielleicht steht beides miteinander in Verbindung. Ich weiß es nicht …

Nachtrag zu vorgestern:

Ich habe kurz vorher, bevor ich wusste, dass es ab nun bergauf gehen wird (siehe auch 6.4.) die Hand über Jacquelines Kopf gehalten und die Teilchen ins Licht eingeladen oder rausgebeamt oder sie auch innerlich ganz laut angeschrien. Als ob solche „lauten" (Schall)wellen zur Auflösung dieser Teilchen führen. Dabei habe ich körperlich auch stark gezittert und war total kraftvoll angespannt.

Danach war irgendwie das Gefühl da, dass es ab nun bergauf geht … und irgendwie habe ich auch jetzt das Gefühl, dass alles, was nun passiert, ein Teil davon ist. Inklusive der Arbeit an mir selbst … - und auch der Operation gestern.

Jetzt, nach den Tränen, kann ich wieder „fühlen", dass diese Krisen gestern ein Teil des Bergauf-Weges waren / sind.

Ein weiteres Thema bei mir: Es gab (gibt) Punkte in Jacquelines Verhaltensmustern, die ich immer „wegtherapieren" wollte, weil ich das Gefühl hatte, dass Jacqueline noch viel mehr Potenzial entfalten könnte. Z. B. diese heftigen Wertungen und Ausschlüsse und die Kämpfe gegen die so unempathische Welt. Ich ahnte, dass sie sich damit selbst verletzt.

Was ich nicht sah, ist, dass sie sich dadurch natürlich auch selbst *schützt*.

Und es ist definitiv nicht meine Aufgabe, Jacqueline da umzuerziehen. Sondern es ist wichtig, sie in allem so anerkennen zu können und selbst keine Abwehrgefühle mehr diesbezüglich zu haben.

Denn ich merke immer noch, dass es da eine Hoffnung in mir gibt, dass am Ende dieses ganzen Prozesses eine wesentlich offenere und liebevollere Jacqueline zum Vorschein kommt. Diese Hoffnung hat noch immer zum Inhalt, die anderen Teile von ihr nicht wirklich anerkennen zu können.

Und wenn ich das hier schreibe, dann kommen auch wieder Gedanken, dass diese Teile von ihr ja „nur" schmerzliche Teile sind. Und wenn ich das wieder denke, dann kann ich diese Teile auch als „Schmerzerfahrungen" und als „Maßnahmen" gegen zukünftigen Schmerz erkennen – und dann kann ich diesen Teilen auch wieder zustimmen.

Den Schmerz der Welt fühlen und ihm zustimmen können – ohne ihn ändern zu wollen. Es geht nur darum, diesem Schmerz durch das Zustimmen einen Rahmen zu geben und ihn dazu einzuladen, sich transformieren zu dürfen. Und genauso kann ich auf Jacqueline schauen. Und auch auf alle anderen Menschen.

… Jetzt werde ich müde …

Später: Im Bett liegend war ich erst etwas entspannt, dann hat aber eine Seite in mir wieder mit den ÄrztInnen und PflegerInnen zu diskutieren begonnen. Diese Energie wird immer stärker.

Ist das vielleicht auch die Energie, unter der Jacqueline leidet?

Fazit dieser Energie: Wenn sich morgen die Grenze wiederholt und ich erst ab 16 Uhr zu meiner Frau darf, werde ich eine E-Mail an die Oberärztin und den Oberarzt schreiben.

Bin gerade wieder in den Seminarraum gegangen und habe plötzlich deutlich das Gefühl gehabt, dass ich irgendwie "ausgeschlossen" werde. Ich fühlte eine Art „Ausschlussgefühl". Und ich habe auch das Gefühl, das geht *nicht* von Jacqueline aus. Hier stimmt irgendetwas nicht …

Außerdem habe ich gerade die E-Mail von J. bekommen, der aus dem Verteiler rausgenommen werden möchte. Auch eine Ausschlussdynamik.

Damit werde ich jetzt mal arbeiten ...

14.40 Uhr, Videos

Ich habe eben in der Aufstellung die „hier wirkende Ausschlussdynamik" aufgestellt. Sie ging tatsächlich von Jacqueline aus, bzw. ich wollte sie auf ihren Kopfbereich legen. Ich habe noch die ÄrztInnen getestet – aber das passte nicht. Dann habe ich diesen Ausschluss von ihr respektiert und mich zurückgezogen (mein Fühlfeld in einen gewissen Abstand zu Jacqueline gestellt). Dann ging es Jacqueline besser. Trotzdem konnte ich die Aufstellung nicht so stehen lassen – und mir fiel ein, dass ja diese Ausschlussdynamik mit Schmerz kombiniert sein könnte. Ich zog den Schmerz aus der Ausschlussdynamik heraus – und zuerst fühlt sich Jacqueline verwirrt, aber allmählich wurde der Kontakt zu mir wieder besser und sie hat mich vermisst. Dann habe ich mich wieder zu ihr gestellt.

Jetzt habe ich das Gefühl, das Thema hat sich gelöst – und ab morgen wird mich die Klinik auch wieder früher reinlassen.

Für mich gilt, mich immer wieder daran zu erinnern: Jeder Ausschluss hat einen Schmerz – entweder beim Ausgeschlossenen oder beim Ausschließenden oder bei beiden. Wenn der Schmerz nicht wäre, würde es sich nicht wie ein Ausschluss anfühlen, sondern wie eine „logische Entscheidung", die sich bezogen auf das entsprechende Ziel gut anfühlt.

Ich habe auch noch einmal ausprobiert, die „Heilung für den Hirnwasserkreislauf" aufzustellen – aber das war zu viel für Jacqueline und hat sich noch nicht gut angefühlt.

Ich glaube, das nächste Thema (oder übernächste) könnte dann sein, wie wir Freude beim Genesungsprozess haben und dabei fröhlich sein können. Dabei ist es meine Aufgabe, ganz tief in mir zu schauen, was mir wirklich Spaß machen würde. Denn das steckt dann am besten an. ... mal schauen ... Hier geht es darum, das Kind in mir wieder zu entdecken ... gemeinsam mit Jacqueline.

Rückblick: Das Wasser in Armen und Beinen (sie werden dicker) ist bewegungsabhängig, aber auch von den Medikamenten abhängig. In der linken Hand wurde es mal ganz schlimm und ich dachte, die Anschwellung der Hand läge an dem Festbinden. Doch am nächsten Tag war es trotz Festbinden besser.

(2018: Ja, die Medikamente haben großen Einfluss darauf, ob der Körper Wasser einlagert.)

21.08 Uhr, Rund-E-Mail

Ihr geht´s besser. Definitiv!

Der Puls lag gestern so zwischen 100 und 110 – und heute nur noch zwischen 80 und 90.

Der Infekt dürfte bald ausgestanden sein. Sie bekommt noch drei Tage Antibiotika – eine Dreifach-Antibiose, weil man den Keim nicht direkt bestimmen konnte (Ergebnis liegt erst morgen oder übermorgen vor).

Sie war heute viel wacher, als ich kam. Hat sich auch viel bewegt.

Was als Mangel geblieben ist, ist die Einschränkung in der Sprache. Sie hat zwar wieder gesprochen, aber wesentlich seltener und weniger intensiv als am Dienstag (den 17. Tag). Außerdem sind auch beide Mundwinkel weiterhin ziemlich weit unten. Das ist seit der letzten OP neu. Ich vermute, dass da wohl ein kleiner Schaden passiert ist. Trotzdem kann sie lächeln – nur wenn sie entspannt, sieht es aus, als ob sie die ganze Zeit beleidigt sei. Ich hoffe, das ändert sich wieder – wie so vieles andere sich hoffentlich wieder ändert.

Als ich heute Morgen in der Klinik anrief, wann ich denn zum frühestmöglichen Zeitpunkt wieder kommen könne, war dieses Mal ein Pfleger am Telefon, der es mit den Besuchszeiten sehr ernst nahm. Er hatte auch entsprechende Anweisungen von seiner Vorgesetzten erhalten, so dass ich dieses Mal nicht früher kommen durfte. Ich konnte erst 16 Uhr zu Jacqueline. Zunächst war das ein kleiner Schock für mich und ich habe alles versucht, den Pfleger doch noch umzustimmen. Doch er blieb auf liebevolle und ausführlich erklärende Weise (obwohl ich alle Gründe schon kannte) seiner Grenze treu.

Und so hatte ich heute mehr Zeit für mich als erwartet. Ich habe das so ausgenutzt, dass ich alles das, was sich in den letzten Tagen innerlich angestaut hatte, nachträglich nun verarbeiten konnte. Das war gut und wichtig. "Emotionaler Hausputz". Und so konnte ich heute Nachmittag mit neuer Energie zu Jacqueline fahren.

Als ich zu ihrem Bett kam, war sie wach, sah mich, lächelte, staunte wieder über ihre bunte Jacke, die ich angezogen hatte (auch wenn sie mir etwas zu klein war). Und sie sagte zu mir: "Heilung geben". Ich fragte noch einmal nach, ob ich ihr Heilung geben solle und ich das richtig verstanden hätte. Sie nickte.

Und so legte ich gleich los mit Reiki, Massagen, gelähmtes Bein und Arm bewegen, Fußreflexzonen etc. Das ganze Programm. Ich war fast alle vier Stunden aktiv, die ich da war. Gestern dagegen habe ich kaum was gemacht – außer ihrer Hand gehalten. Sie war ja auch nach der OP entsprechend k.o.

Daran konnte ich mal wieder ablesen, dass ich im Kontakt mit ihr ziemlich gut erspüren kann (aufgrund meiner eigenen Energie und Impulse), ob ich sie behandeln soll oder ob sie Pausen und Erholung braucht. Heute war ich sehr energievoll und sie genoss gleichzeitig alles.

Da sie in den vier Stunden ungefähr drei Mal die bunte Jacke intensiv begutachtete, die ich von ihr anhatte, vermute ich, dass das ungefähr ihrem Gedächtnisintervall entspricht.

Aber es gibt da noch ein anderes Gedächtnis: Wenn ich ihr eine Grenze setze, weil sie sich mit ihrer Hand nicht oben durch die Haare fahren darf, reagiert sie inzwischen viel schneller und einsichtiger darauf. Sie scheint hier auf einer tieferen Gedächtnisebene allmählich ein Muster gelernt zu haben – auch wenn ich ihr fast jedes Mal erklären muss, warum sie sich dort nicht anfassen darf:

1. Sie könnte sich und ihr Gehirn infizieren, wenn sie mit ihrer Hand die Schlaucheingänge berührt.

2. Sie könnte aus Versehen die Schläuche rausziehen, was in der vergangenen Woche zu insgesamt drei Operationen geführt hat.

Jedes Mal, wenn ich ihr das erkläre, schaut sie erstaunt, aber doch einsichtig.

Der ab und zu aufkeimende Kampf darum, endlich aufstehen zu dürfen oder die Schläuche loszuwerden, schmilzt allmählich dahin – glaube ich zumindest. Ich werde die nächsten Tage weiter beobachten.

Vielleicht war das ja nur ein Zeichen dafür, dass sie noch etwas geschwächt ist, durch die vielen Operationen und durch den immer noch vorhandenen Infekt – und auch dadurch, dass sie in den letzten Tagen nicht so viel gegessen hat.

Aber ich bin zumindest schon mal froh, dass sie wohl so ziemlich "über den Berg" ist – bezüglich Operationen und Infekt.

Was für eine Woche ....   Liebe Grüße von Olaf

Große Rund-E-Mail „3. Woche Jacqueline", 23.26 Uhr

Liebe Freunde,

jetzt ist Jacqueline bereits drei Wochen auf der Intensivstation hier im Krankenhaus B. Gut versorgt von der auf solche Fälle spezialisierten Neurologie. Inzwischen ist meine Illusion vom Anfang aufgelöst. Ich hatte ja noch gehofft, dass sich Fehlfunktionen bei Jacqueline ziemlich schnell wieder auflösen, sobald die "Schwellung" im Gehirn abgeklungen ist. Aber so einfach ist das nicht. Es gibt nur viele kleine und langsame Schritte. Jetzt würde ich sagen: Wir haben noch einen weiten Weg vor uns. Aber wir werden es schaffen – was auch immer für Hürden auf uns zukommen werden.

Sie hat mich letzten Montag darum gebeten, mal ein Foto von ihr zu machen. Ich vermute auch, dass sie es gerne möchte, dass ich es an Euch schicke. Dienstag hatte ich dann die Kamera dabei. Sie hat fröhlich in die Kamera gewinkt – das sage ich, damit Ihr ihren Gesichtsausdruck einstufen könnt *(siehe nächste Seite)*.

Ich lese gerade, dass ich in der letzten E-Mail versprochen habe, sofort zu schreiben, falls es schlimmer geworden ist. Also – nach dieser zweiten Operation von Montag ist es nicht schlimmer geworden. Dienstag war einer der schönsten und lebendigsten Tage. Und das war auch der Tag, an dem sie dann auf die Neurologische Intensivstation verlegt wurde (das Zeichen einer Verbesserung). Dort angekommen hat sie mit offenen Augen und voller Neugierde und Energie die neue Umgebung begutachtet, hat herumgeschaut, konnte auf den

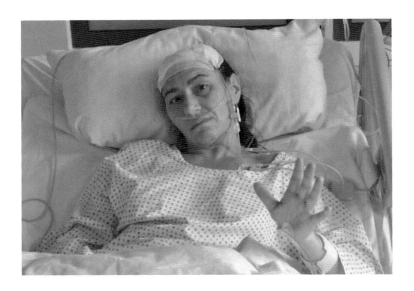

Tisch schauen, auf den die Pfleger verschiedene Medikamente gelagert hatten. Dabei hat sie auf einige Medikamente gedeutet und gesagt: "Das brauch ich nicht, das brauch ich nicht, das brauch ich nicht ...".

Auf dieser neuen Station kannten sie die PflegerInnen noch nicht. Sie beobachteten, wie gut Jacqueline und ich uns verstanden und wie offen Jacqueline schien. Die neue Pflegerin war ein bisschen chaotisch, aber auch klar, wusste, was sie tat, hat uns aber überhäuft mit vielen Erklärungen und übergroßer Fürsorge. Jacqueline und ich haben uns in einem unbeobachteten Moment angeschaut und geschmunzelt über ihre Art.

Da immer noch die Gefahr bestand, dass Jacqueline wieder in einen Zustand rutscht, den ich mit "Ich will hier raus" bezeichnen würde – oder auch "Rücksichtsloser Drang nach Freiheit", hatte sie immer noch für die linke bewegliche Hand eine Fessel. Sie wurde ans Bett gefesselt, damit sie sich mit dieser Hand nicht die Schläuche aus dem Kopf ziehen würde. Ich glaube, der Pflegerin tat es in der Seele weh, Jacqueline wirklich ganz fest zu binden, und ließ ihr ein bisschen Spielraum. Kaum war ich abends gegangen und kaum war Jacqueline mal kurz nicht unter Aufsicht, hatte sie es tatsächlich geschafft, sich die eine Drainage aus dem Kopf zu ziehen.

Ich wurde erst am nächsten Tag (Mittwoch) darüber informiert. Der Arzt rief mich gegen 10 Uhr an, teilt mir mit, man hätte sehr schnell reagiert und das offene Loch sofort zugenäht. Nun wollte man sich mit mir besprechen, ob die Drainage in einer Operation wieder eingesetzt werden sollte. Er stellte mir in Aussicht, dass eigentlich keine Alternative bestehen würde, denn sie könnte sterben, wenn der Druck in ihrem Kopf wieder unkontrolliert ansteigen sollte. Mir blieb nichts anderes übrig als der OP zuzustimmen – aber mein Gefühl wollte es im Grunde genauso.

Und so wurde sie dann zum dritten Mal operiert.

Ich kam dann nachmittags zu ihr und fand sie noch in der Narkose vor. Nebenbei sagte mir die Pflegerin, dass sie Antibiotika bekommen würde. Ich fragte nach und erhielt vom Arzt zunächst die ungenaue Auskunft, dass dies prophylaktisch geschähe. Später bekam ich dann vom Oberarzt eine genauere und korrekte Auskunft. Man hatte im Hirnwasser bereits am Dienstag Keime festgestellt (man hat eine Entzündung festgestellt und daraus auf die Keime geschlossen) und wolle nun einer Infektion vorbeugen.

Diese Keime könnten zusammen mit der Luft ins Gehirn gelangt sein – also wohl auch von Jacqueline selbst ausgelöst, die ja schon vorher an den Drainagen gezogen und sie fast rausbekommen hatte (Montag). Deswegen wurde sie ja am Montag zum zweiten Mal operiert.

Als Jacqueline am Mittwoch langsam aus der Narkose aufwachte, merkte ich, dass sie irgendwie weniger ansprechbar war als zuvor. Entweder war das bereits die einsetzende Infektion – oder irgendetwas anderes ist bei dieser dritten OP schief gelaufen.

Ich schwebte in vielen Ungewissheiten – und ich glaube, die Ärzte auch.

Am nächsten Tag (Donnerstag) wurde Jacqueline wieder in den CT-Raum geschoben. Danach stellte man fest, dass nun die rechte (ursprünglich einigermaßen gesunde Hirnhälfte) angeschwollen war und dort ein gefährlicher Druck entstand. Deswegen sei Jacqueline auch so apathisch drauf ...

Es wurde entschieden, ihr in einer vierten OP am Freitag (gestern) die Drainage für die rechte Hirnhälfte, die schon vor mehreren Tagen herausgenommen worden war (weil eigentlich alles gut zu sein schien), wieder einzusetzen. Dies teilte man mir am Freitag früh mit. Bereits vor dieser Nachricht ging es mir morgens schon ziemlich schlecht. Keine positiven Gedanken halfen. Ich hing in den Seilen – und weiß inzwischen, dass ich intensiv mit Jacqueline mitgefühlt hatte. Inzwischen hatte sie schon hohes Fieber wegen des Infekts – und ihr Puls war am Donnerstag zwischen 115 und 130. Das Herz arbeitete ordentlich, um mit den Keimen fertig zu werden (vermute ich).

Auch gestern war der Puls noch ziemlich hoch (zwischen 100 und 110), während die ÄrztInnen das Fieber mit Paracetamol in den Griff bekommen konnten. Nach der OP war sie ziemlich fertig, hat eine Weile am ganzen Körper gezittert und dann viel geschlafen. Und ich fühlte mich nach der OP deutlich besser und konnte Jacqueline in dieser Phase kraftvoll und zuversichtlich begleiten. Der Arzt hatte mir auch gesagt, dass alles gut verlaufen sei.

Allerdings – als ich Jacqueline nach der OP das erste Mal sah, waren ihre Mundwinkel tiefer. Das war nach den ersten drei OPs nicht so gewesen. Ich vermute, dass bei dieser vierten OP durch das Einsetzen einer Drainage möglicherweise im Gehirn etwas berührt wurde, das dazu führt, dass im entspannten Zustand die Mundwinkel von Jacqueline sehr weit nach unten gezogen sind – noch weiter, als auf dem Foto. Ich hoffe, das lässt sich von den Selbstheilungskräften irgendwann wieder reparieren.

Heute ging es dann das erste Mal bergauf – und irgendwie habe ich das Gefühl, dass nun das Schlimmste überstanden ist. Aber ich warte trotzdem die nächsten Tage ab.

Heute war Jacqueline wacher, energievoller, wollte von mir, dass ich ihr viel Heilung gebe (Reiki, Massagen, Bewegungen der gelähmten Gliedmaße etc.) und ich habe mein Bestes gegeben. Ihr Puls war nur noch zwischen 80 und 90.

Übrigens wurde sie nach der gestrigen OP doch wieder zurück auf die Operative Intensivstation verlegt. Hier sei sie im momentanen Zustand besser aufgehoben. Auch wenn hier noch nicht so viel auf den Schlaganfall eingegangen wird. Auf der Neurologischen Intensivstation ist man spezialisierter darauf – aber das macht nichts, so lange ich da bin und Jacqueline bewegen kann.

Gestern durfte ich auf der Neurologischen Intensivstation vor der OP mal beobachten, wie eine ausgebildete Physiotherapeutin mit Jacqueline umging. Sie machte mit ihr fast genau das gleiche, was ich schon die letzten drei Wochen intuitiv mit Jacqueline gemacht hatte. Also – ganz so falsch lag ich mit meinen Impulsen nicht. Allerdings hat sie es nur sechs Minuten gemacht und ging dann wieder. Da hat Jacqueline von mir mehr bekommen ... und für diejenigen, die denken, dass ich Jacqueline vielleicht überfordere: Sie ist in der Lage, mit ihrer beweglichen Hand jederzeit meine Hand zu nehmen und mich zu bremsen. Das hat sie manchmal gemacht – und dann höre ich auf. Manchmal schläft sie aber bei meinen vorsichtigen Bewegungen ihrer gelähmten Gliedmaße auch ein – oder gerät in eine Art Trance, ich weiß es nicht.

Und nicht zuletzt fühle ich mich in ihrer Nähe die ganze Zeit wie ein "Stellvertreter einer Aufstellung". Ich schaue immer, welche Impulse ich habe und ob dahinter eine Energie oder eine Unsicherheit steckt.

Wenn ich mich unsicher fühle, ob ich etwas tun soll, und ich tue es trotzdem, dann erfahre ich von Jacqueline meistens eine Bremse.

Langsam kann ich mein Unsicherheitsgefühl identifizieren als: "Es passt gerade nicht." (Ich merke gerade, ich hatte das so ähnlich auch schon letzte Woche geschrieben ... macht nix ...).

Was sich in dieser Woche nicht verbessert hat – eher ein bisschen verschlechtert – ist ihr Gedächtnis. Sie kann sich nach ungefähr einer Stunde nicht mehr daran erinnern, was ich ihr vor einer Stunde erzählt habe. Wenn ich sie also von jemandem grüße, dann weiß sie nach einer Stunde nichts mehr davon.

Man kann mit ihr gut kommunizieren. Wenn man sie fragt, ob sie etwas essen will, dann nickt sie oder deutet mit ihrem Mund und Blick ein "ja" an – oder sie schüttelt den Kopf und man kann von ihren Lippen ein "nein" ablesen.

Sie spricht zurzeit schlechter als noch am Dienstag. Ich vermute, dass es durch die ganzen Geschehnisse in dieser Woche so gekommen ist – und ich bin gespannt, ob wir es Schritt für Schritt die nächsten Tage wieder hinbekommen.

Das Universum begleitet uns weiterhin. Es schickt mir immer wieder Zeichen, dass der Weg, der gerade passiert, der "richtige" ist und so geschehen soll. Die Sprache zwischen dem Universum und mir ist – wie schon mal erwähnt – die Zahlen 711 in unterschiedlicher Anordnung: 171, 117, 4711, 17 ...

Gestern – an dem Horror-Freitag, an dem es mir morgens nicht gut ging und dann die Nachricht von der vierten OP kam – war ich morgens kurz bei Saturn einkaufen und hatte den Rechnungsbetrag von 117,91 €. Als ich dann noch vor der OP ausnahmsweise nochmal zu Jacqueline durfte, holte man mich so rein, dass ich im Flur genau an der Uhr vorbeikam, als sie 11:07 Uhr anzeigte. Und nachmittags in der Cafeteria war die Rechnungsnummer die 171. Mir scheint, als ob gerade in den schwierigsten Momenten das Universum mir eine seelische Unterstützung liefert. Schon unglaublich, so etwas zu erleben.

Für mich steht fest:

Das hier ist ein riesiger Einschnitt in unser beider Leben.

Jacqueline hat körperlich mit etwas komplett Neuem fertig zu werden – und ich bin nur noch auf meine liebe Frau und ihren Genesungsprozess konzentriert. Etwas anderes interessiert mich so gut wie nicht mehr.

Ist das schlimm?

Nein – ich leide nicht darunter. Ich habe nicht das Gefühl, dass ich in meinem Leben auf irgendetwas verzichten muss. Ich habe eher das Gefühl, das soll alles so sein – und ich konzentriere mich weiter darauf. Irgendwie habe ich auch das Gefühl, dass ich sehr viel dabei lerne. Und ich bin äußerst dankbar für diese intensive Schulung vom Universum. Auch wenn sie immer wieder sehr schmerzvolle Phasen hat.

Das Jahr 2017 soll ein Jahr der Neuanfänge sein. Das ist es für Jacqueline und mich und auch ihre Kinder und bestimmt weitere Menschen, die mit unserem Schicksal in Verbindung stehen, definitiv.

Ich sende Euch ganz liebe Grüße – bis zur nächsten Woche!

Olaf und Jacqueline

22. Tag, Sonntag, 9.4.2017

Ausgearbeitete Notizen aus Ringhefter und Computertagebuch

Ich wache heute Morgen auf und fühle allmählich eine Klarheit über Jacquelines momentanen Stand und was ich dabei für eine Rolle habe. Zunächst einmal würde ich sagen, dass die mit Blut verklebten Stellen nicht einfach so wieder frei gegeben werden.

Es kommt bei mir die „Aufbruchsstimmung" allmählich durch, die ich am Donnerstag (6.4.) gefühlt habe. Dieses „ab jetzt wird alles besser und es geht nur noch bergauf".

Ich bin vor dem Schlaganfall in meinem Leben stecken geblieben bei der Frage: „Wie vermittle ich den Menschen den Weg zu meinen Erkenntnissen?" Mir fehlte immer eine konkrete Technik. Und die kann ich jetzt im Kontakt mit Jacqueline neu entwickeln.

Später: Das Ausschluss-Thema geht doch noch weiter. Ich habe heute Morgen mit einem starken inneren Drang eine E-Mail an Jacquelines Oberärztin und ihren Oberarzt geschrieben. Hier unten ein Auszug davon. Ich habe mich dabei das erste Mal als Empathie-Trainer und „Bestsellerautor im Bereich Lebenshilfe-Ratgeber" geoutet. Ohne dass ich daran dachte, dass Helga dies mithilfe ihrer Aufstellung bereits vorgeschlagen hatte (siehe Seite 165).

Nachdem ich zuerst darüber geschrieben habe, was aus meiner Sicht bisher passiert ist, bat ich am Schluss um Folgendes:

„[...] Hier nun mein Hauptanliegen an Sie, weshalb ich Ihnen schreibe: Sie sind in der Lage, mit den ÄrztInnen und PflegerInnen die Medikation und Umgangsweise mit meiner Frau zu besprechen. Ich bitte Sie, in diese Besprechung auch noch folgende Anordnung mit aufzunehmen: **Verordnen Sie bitte offiziell meiner Frau das Medikament ‚Ehemann' von 12 – 20 Uhr.** Natürlich mit den folgenden Unterbrechungen, bei denen ich gerne den Raum verlasse:

- medizinische Besprechung / Visite
- Datenschutzrechtliche Gründe
- Privatsphäre des Nachbarbetts
- Sonstige Dinge, die Angehörige nicht miterleben "dürfen".

Wenn es aber darum geht, dass ÄrztInnen und PflegerInnen sich ‚beobachtet' oder ‚gestört' fühlen, wenn ich dabei bin, bitte ich darum, Ihre Mitarbeiter dazu anzuregen, es als Herausforderung zu sehen, trotzdem unter Beobachtung gut zu arbeiten. Denn das sollte jeder können, der auf der Intensivstation arbeitet. Schließlich gibt es auch genug ‚wache' Patienten, die die Arbeit des Teams intensiv beobachten.

Außerdem braucht die ‚Privatsphäre' meiner Frau mir gegenüber nicht geschützt werden (wenn sie z. B. gesäubert wird) – schließlich sind wir verheiratet und kennen uns in- und auswendig und ich kann dabei lernen, wie ich später meine Frau säubern kann (falls das meine Aufgabe werden sollte).

Ich habe inzwischen gelernt, Ihre Mitarbeiter in Ruhe zu lassen, so wenig wie möglich Fragen zu stellen und mich mit dem zufrieden zu geben, was mir freiwillig erzählt wird.

Ich möchte daran erinnern: Wenn meine Frau und ich die Intensivstation verlassen, werden Sie nichts mehr mit uns zu tun haben. Ich habe aber im schlimmsten Fall mein restliches Leben lang mit den Ungleichgewichten meiner Frau zu tun.

Deswegen möchte ich alle Gelegenheiten nutzen, als ‚**Emotions-Experte meiner Frau'** meine Frau emotional als auch körperlich so gut wie möglich, soweit es ihr Zustand erlaubt, zu unterstützen. Wir alle wissen, dass der emotionale Kontakt zu Lebenspartnern sich sehr positiv auf die Genesung auswirken kann und dass bei Hirnschlägen frühe Rehabilitationsmaßnahmen besonders wichtig sind (natürlich unter Berücksichtigung des aktuellen Zustandes). Da meine Frau nur minimal Rehabilitationsmaßnahmen auf der Intensivstation erhält, bin ich derjenige, der sie darin optimal unterstützen kann. **Als diese ‚Fachkraft' bitte ich Sie, mich in Zukunft einzusetzen und es auf eine Weise in ihrer Patientenakte zu erwähnen, dass ich in Zukunft nicht mehr darum kämpfen muss. Bei keinem Team mehr.** Auch nicht in der Neurologischen Intensivstation – und auch nicht in der Reha.

Wenn wirklich Ihr Eindruck sein sollte, dass ich tatsächlich negative Auswirkungen auf den Genesungszustand meiner Frau haben sollte, bitte ich darum, mir das sofort und sehr eindeutig mitzuteilen, damit ich sofort daraus lernen und neue Verhaltensmaßnahmen in meinem

Verhaltenskatalog einrichten kann. Ich bin äußerst kritikfähig und offen für solche Feedbacks und gebe mein Bestes, diesbezüglich mein Verhalten anzupassen.

Herzlichen Dank, dass Sie sich die Zeit genommen haben, diese Nachricht von mir zu lesen.

Mit den freundlichsten Grüßen von Olaf Jacobsen

(2018: Ich weiß nicht, ob dieses Schreiben jemals angekommen ist, denn ich habe nie eine Reaktion darauf erhalten – auch nicht mündlich, und ich habe es auch nicht später in der Patientenakte entdeckt. Aber vielleicht hat es trotzdem zu einem bestimmten Entscheidungsprozess beigetragen, der in den nächsten Tagen zu einer Änderung geführt hat.)

Als ich nach dem Verfassen dieser E-Mail wieder im Krankenhaus angerufen habe, um nachzufragen, ab wann ich zu meiner Frau darf, hat mich tatsächlich der Pfleger wieder auf 16 Uhr verwiesen. Mein Impuls war also richtig, die E-Mail zu schreiben – ich habe es mal wieder vorausgespürt, dass das Thema noch nicht gelöst ist.

Jetzt geht es aber noch eine Stufe weiter. Ich beginne, Eifersuchtsgefühle zu fühlen. Oder besser: die Angst, dass ich nicht mehr der Mittelpunkt für Jacqueline bin. Denn ich habe gestern den Pfleger beobachtet, wie er besonders liebevoll mit Jacqueline umging, was ja auch schön ist. Aber es regt die Fantasie in mir an, dass sie sich eher an die liebevollen Pfleger gewöhnt und mir gegenüber später verschlossen ist, obwohl ich auch liebevoll bin – aber eben nicht immer da sein kann. Die Pfleger sind dichter und länger dran.

Und schon kommt eine innere Stimme: Auch das kann man als Herausforderung sehen und ist lösbar – und ich kann den Schlüssel dafür suchen.

Und es kommt die Erinnerung daran, wie sie mich vor ein paar Tagen liebevoll über den Kopf gestreichelt hat.

Gut – diese Gedanken beruhigen mich. Und jetzt kann ich mich weiter der aktuell vorhandenen „Problemdynamik" in der Aufstellung zuwenden. Es ist immer noch irgendwie das Ausschluss-Thema.

Mal schauen, was mir heute dazu für Gefühle kommen ...

... an der Aufstellung hat sich jetzt nichts Wesentliches verändert. Nur, dass ich mehr in „meiner Mitte" stehe und von dort aus auf Jacqueline ausstrahle.

In der Klinik

Ich bin früher reingekommen, weil ich mir gedacht habe, dass ich es mal wieder wie am Anfang versuche. Schichtwechsel ist gegen 14 Uhr. Das bedeutet, dass ab da ein anderer Pfleger anwesend ist, als der, mit dem ich morgens telefoniert habe. Und wenn ich vor der Tür stehe, werde ich meistens nicht wieder weggeschickt.

So war es dann auch. Gegen 14.45 Uhr hat mich ein freundlicher Pfleger trotzdem hereingelassen.

Sie will die Magensonde raushaben. Ich glaube, sie spürt, dass sie die Magensonde nicht mehr braucht. Nur die PflegerInnen brauchen sie zum bequemen Einfüllen ihre Medikamente. Ein Pfleger hat es mir bestätigt.

Abends, Empathie-Schule

NEIN!!! Ich will nicht, dass Jacquelines inneres Licht allmählich erlöscht! Dass sie vergisst, wie sie früher einmal war. Dass sie ihren Zustand endgültig so annimmt.

Sie fragte mich, als ich ihren Arm bewegte, ob das was bringen würde. Ich erklärte ihr, was es bringen würde. Und sie sah es ein.

Dass sie ihren linken Arm als „von sich isoliert" wahrnimmt, zumindest ab und zu, könnte vielleicht auch die Folge einer unabsichtlichen Suggestion von mir sein? Ich habe ihr manchmal gesagt, dass wir sie „vor ihrem Arm schützen müssen, der immer mal wieder am Kopf anfassen möchte". Diese Aussage könnte eine hypnotische Nachwirkung haben – mit dem Effekt, dass sie ihren Arm als „selbstständig" wahrnimmt.

Ich sollte zumindest mal davon ausgehen, dass meine Aussagen auf diese Weise wirken könnten, und es in Zukunft besonders positiv gestalten – auch wenn ich mir der Wirkung noch nicht bewusst bin.

Durchweg eine positive anregende Kommunikation pflegen!! Das wäre mein nächster Schritt!

21.59 Uhr, Rund-E-Mail

Es ist zwar heute besser als gestern, aber noch keine vollständige Entwarnung. Noch liegt der Puls zwischen 90 und 100. Der Erreger, gegen den sie Fieber entwickelt hat, ist auch noch nicht identifiziert. Es scheinen sich keine Bakterien in der Petrischale zu zeigen. Man weiß also noch nicht genau, woher die Entzündung im Gehirn kommt. Und sobald die PflegerInnen ein fiebersenkendes Mittel geben, geht es Jacqueline auch wieder besser.

Ihre Gesamtkonstellation geht weiter bergauf. Sie hat heute wieder mehr geredet als gestern, war aktiver. Hat sich wohl von den Operationen einigermaßen erholt. Auch wenn es sich schon etwas besser anfühlt, bekommt sie prophylaktisch gegen die Entzündung immer noch die Dreifach-Antibiose, die morgen oder übermorgen dann abgesetzt werden soll.

(Ich denke gerade, ob ihre "Entzündung" nicht eine einfache Abwehr gegen die Drainagen ist? ... aber wenn sie rauskommen und Jacqueline kann das Hirnwasser nicht selbst abarbeiten ... und der Druck erhöht sich und sie stirbt? ... schwere Frage ... bin gespannt, wie es sich lösen wird – ich werde auf jeden Fall mit Aufstellungen das ganze untersuchen und schauen, inwiefern es weiterhelfen kann ...)

Heute wurde ich wieder nicht zu "meiner" üblichen Zeit von 12/13 Uhr hereingelassen. Ich kam dann aufgrund der Freundlichkeit eines bestimmten Pflegers 14.45 Uhr rein und blieb bis 20.15 Uhr – fünfeinhalb Stunden. Für mich gerade noch akzeptabel.

Neben dem Bewegungstraining ihrer Gliedmaßen, Reiki und Massagen haben wir heute Musik gehört. Es war auch wieder eine weitgereiste Besucherin da, die durch ihre Anwesenheit Jacqueline dazu angeregt hat, etwas gesprächiger zu werden. Sie hat die Musik mitgehört (MP3-Player mit zwei Kopfhörern). Ich habe Jacqueline Josh Groban aufgespielt – und bei einem Song hat sie sogar mitgesungen. Mir liefen die Tränen. Dann ist sie beim Musikhören entspannt eingeschlafen, hat den Abschied vom Besuch verpasst und ist kurz vor meinem Aufbruch wieder aufgewacht. Ich habe ihr einen vollständigen Joghurt-Becher füttern können, so dass wohl morgen die Magensonde (die seit der letzten Operation wieder drin ist) rausgenommen werden

263

kann. Sie bemühte sich auch schon immer, an der Nase den Schlauch zu erwischen und rauszuziehen. Ich musste sie immer wieder zurückhalten. Und wir haben noch einmal Gymnastik mit dem gelähmten Bein gemacht.

Dann kam der Pfleger und hat übernommen. Jacqueline und ich haben uns liebevoll verabschiedet.

Heute gab es eine Szene, in der Jacqueline mich fragte, ob sie gerade dort drückt.

Ich habe zuerst nicht verstanden, was sie meinte. Ich beobachtete nur, dass ihre linke Hand sehr stark in ihren linken Oberschenkel kniff. Als ich sie ganz ernst nahm und auch wortwörtlich, begriff ich, dass sie wohl nicht vollständig ihre linke Hand unter ihrer bewussten Kontrolle hatte. Sie wollte wissen, ob ihre linke Hand in ihren Oberschenkel drücken würde. Ich bestätigte ihr, dass ihre Hand dort drückte. Dann sagte sie mehrfach: "Ich muss das wissen! Ich muss das wissen!"

Das machte mir bewusst, warum sie manchmal so erstaunt ihre linke Hand anschaut. Einmal untersucht sie regelmäßig den Blutschlauch, der dort an der linken Hand befestigt ist, durch den der Blutdruck konstant gemessen wird und ihr immer wieder Blut abgenommen wird. Und dann beobachtet sie wohl auch, was ihre linke Hand da gerade macht. Ich bat sie daraufhin, mit ihrer Hand mal meine Hand zu berühren – und sie konnte es nicht. War eher etwas verwirrt und wusste nicht, was sie tun sollte.

Auf der anderen Seite bat ich sie heute Abend beim Abschied, meine Hand einmal zu drücken. Das konnte sie dann umsetzen.

Also ist zur linken Hand nicht immer ein bewusster Kontakt da.

Als ich das der Ärztin erzählte, bestätigte sie, dass dies durchaus möglich sein kann.

Mich erinnert das ein bisschen an meine Kindheit, wenn ich Fieber hatte und auch bestimmte Dinge sah/halluzinierte oder fühlte und dann mit meiner Mutter darüber sprechen wollte, die mich aber nicht verstand. Dabei war mir ganz klar, was ich wollte.

Ziemlich am Anfang meines Besuches musste ich Jacqueline wieder erzählen, was eigentlich mit ihr los ist und dass sie unter anderem auch Beruhigungsmittel bekommt. Darauf hin sagte sie: "Ach deshalb schlafe ich so gut!"

Solche Sätze und so ein Austausch zwischen uns sind sehr selten. Sie ist kaum zu verstehen, es ist wieder mehr "Gebrabbel" als vor den Operationen. Trotzdem besser als gestern.

Ich habe vorhin eine E-Mail gelesen, in der ich gefragt wurde, ob ich meine, dass dieses Krankenhaus ein gutes sei.

Ich habe ein bisschen über diese Frage nachgedacht – und mir kamen dazu folgenden Gedanken:

- Angenommen das Krankenhaus sei kein gutes. Was bleibt mir dann übrig? Eine Verlegung von Jacqueline zu beantragen? Wenn ja, dann in welches Krankenhaus? Wie kann man "testen", welches Krankenhaus das bessere für Jacqueline ist? Und vor allem: Wie kann man diesen Antrag gegenüber der Krankenkasse begründen? Mit welchen medizinischen Fachargumenten lasse ich Jacqueline verlegen? Die Krankenkasse würde so eine Verlegung garantiert nicht zahlen.

- Dann: Angenommen es gäbe ein besseres Krankenhaus, wer gibt uns dann die Sicherheit, dass Jacqueline nicht doch an ein "schwarzes Schaf" gerät, an unqualifiziertes Pflegepersonal oder an gutes Pflegepersonal, das aber aus Versehen Fehler macht? Genauso bezogen auf die ÄrztInnen und ChirurgInnen? Jeder Mensch macht Fehler oder stellt Fehldiagnosen – egal, ob es ein gutes oder schlechtes Krankenhaus ist. Lass es einen perfekten Chirurgen sein, zu dem Jacqueline kommt, der aber gerade durch eine private Situation nicht in bester Stimmung ist und doch durch Unkonzentration einen Fehler macht ...

Ich erlebe in diesem Krankenhaus das breite Spektrum von liebevollen, einfühlsamen und kompetenten PflegerInnen bis hin zu unempathischen ÄrztInnen, die Jacqueline so laut ansprechen, als wäre Jacqueline schwerhörig, und die mit Jacqueline reden, als wäre sie ein kleines Kind, und hin zu ÄrztInnen, die sich mir gegenüber bei ihren medizinischen Erklärungen in Widersprüche verwickeln. Aber es gibt auch gute ÄrztInnen. Es ist ein buntes Gemisch – und Jacqueline bekommt alles ab. Und ich bin mir sicher, dass dies in anderen Krankenhäusern genauso ist.

Es braucht nur ein Krankenhaus mit einem guten Ruf zu sein, wir wechseln dorthin – und in dem Moment wird der Chefarzt entlassen, es kommt ein anderer Chefarzt, der eine chaotische Ausstrahlung hat, und schon geht alles den Bach runter. Wir sind definitiv der Willkür des Universums ausgeliefert. So sehe ich es.

Und wenn ich mal so auf das schaue, was "wir" bisher insgesamt erlebt haben, muss ich schon sagen, dass ich zufrieden bin. Die ÄrztInnen haben nach den CT-Untersuchungen kompetent gehandelt und nach meinem Gefühl jetzt schon zwei Mal Jacquelines Leben gerettet. Einmal direkt nach ihrem Schlaganfall und einmal nach ihrem Rausziehen ihrer Drainagen.

Mag sein, dass dabei Fehler unterlaufen sind, aber – wie gesagt – selbst wenn wir in einem "perfekten" Krankenhaus wären, könnten Fehler nicht perfekt ausgeschlossen werden.

Auf jeden Fall ist dieses Krankenhaus auf neurologische Probleme (Gehirn) spezialisiert. Immer noch besser, als ein "normales" Krankenhaus. Von daher würde ich sagen, wir haben vom Universum hier die besseren Möglichkeiten erhalten, als es in Karlsruhe der Fall gewesen wäre.

Ich möchte noch etwas ganz anderes beschreiben, was mir ziemlich am Anfang kurz nach dem Schlaganfall aufgefallen ist: Wir haben hier in unserem kleinen Zimmer, in dem wir immer gemeinsam übernachtet haben, ein Regal. In ungefähr mittlerer Höhe hatten wir zwei Ballons aus unserer Hochzeitsnacht aufbewahrt (auf unserem Hochzeitsbett hatten Hochzeitsgäste ganz viele kleine Ballons verteilt). Zwei rote Herzchenballons. Seit fast fünf Jahren liegen sie da. Und allmählich haben sie fast ihre Luft verloren – der eine Ballon mehr als der andere. Unten am Regal lehnt Jacquelines Rucksack. Ein paar Tage nach dem Schlaganfall entdeckte ich, dass der Ballon mit weniger Luft (also der etwas kleinere) wohl durch irgendeinen Luftzug aus dem Regal gefallen ist – direkt auf Jacquelines Rucksack. Das war zuvor noch nie passiert.

Heute hatte ich endlich den Impuls, diesen Ballon wieder zurückzulegen, so dass nun beide wieder zusammen im Regal liegen.

Außerdem habe ich heute das erste Mal Jacquelines Laptop geöffnet, um Musik von ihr auf den MP3-Player zu laden. Das hat doch noch einmal ordentlich wehgetan – ihren Laptop zu nehmen und daran zu arbeiten, wie sie es früher immer gemacht hatte.

Ich habe viele Berichte bekommen von Menschen, die mir Mut gemacht haben. Sie haben alle berichtet, dass sie miterleben durften, wie ein Mensch einen Schlaganfall bekommen hat und sich davon wieder vollständig erholt hat. Das hat auch gut getan – doch manchmal überkommt mich der Gedanke: Was ist, wenn Jacqueline nie wieder "vernünftig" denken kann? Wenn ihr Kurzzeitgedächtnis so geschädigt bleibt? ...

Wenn ich dadurch traurig werde, weiß ich: Hier kann ich noch etwas verarbeiten. Und wenn ich es verarbeitet habe, dann ist wieder die Zuversicht da ... die Zuversicht, dass wir irgendeinen Weg finden werden, wie sie ihre Gedächtnisfunktion wieder trainieren kann oder wie wir sie von dem klebenden Blut im Gehirn befreien ... oder dass ihre Selbstheilungskräfte in der Zusammenarbeit mit dem Universum selbst einen Weg finden.

Bei der Recherche nach einer Reha-Klinik bin ich auf die Schmiederer-Kliniken in Heidelberg gestoßen. Die haben das Motto: "Nie aufgeben!" Im Grunde war es für die PatientInnen gedacht. Aber das ist für die Angehörigen genauso wichtig ...

Nein – ich will nie aufgeben! Auch wenn eine neue Situation mal wieder besondere Trauer und Energielosigkeit in mir weckt! Ich weiß immer: Das ist verarbeitbar. **Ich darf nur nie aufgeben, es zu verarbeiten.** Sonst würde ich hängenbleiben ... und das wäre gar nicht gut. Das will ich auch nicht!

Im Moment noch ein bisschen traurig – aber trotzdem auch mit Zuversicht – bin ich gespannt, wie der morgige Tag wird.

Liebe Grüße von Olaf

23. Tag, Montag, 10.4.2017

Ausgearbeitete Notizen aus Ringhefter und Computertagebuch

9.27 Uhr

Ich muss unbedingt eine weitere E-Mail schreiben. Mein Gefühl drängelt mich richtig dazu. Ich habe mir aus dem Internet die E-Mail-Adresse von der obersten Pflegedienstleitung herausgesucht: Herr D.

Sehr geehrter Herr D.,

wenn Sie von dem Inhalt meiner E-Mail hier unten überzeugt sind, schicken Sie diese E-Mail mit einer Empfehlung bitte an die Pflegerische Leitung Team 1 der Operativen Intensivstation Frau G. weiter. Oder an ihren direkten Vorgesetzten.

Sehr geehrte Frau G.,

ich bin Empathie-Trainer und Bestseller-Autor im Bereich "Lebenshilfe-Ratgeber". Meine Frau, Jacqueline Jacobsen, hat einen Hirnschlag in der Nähe des Stammhirns (Grundfunktionen). Sie war vom 19.3. bis zum 4.4. auf der Operativen Intensivstation, vom 4.4. bis 7.4. auf der Neurologischen Intensivstation und liegt jetzt wieder nach der Operation am 7.4. bei Ihnen (Operative Intensivstation Bett 15).

Ich habe aufgrund vieler Spenden von Familie und Freunden die Möglichkeit erhalten, mir die nächsten Monate vollkommen frei zu nehmen und mich nur um meine Frau zu kümmern. Meine Frau und ich haben eine sehr intensive und positive Verbindung.

Nun zeichnet sich ab, dass sich meine Frau noch längere Zeit auf den Intensivstationen aufhalten wird, weil die Drainagen in beiden Hirnhälften immer noch nötig sind. Gleichzeitig besteht immer wieder die Gefahr, dass meine Frau sich die Drainagen aus dem Gehirn ziehen will – und so wird ihre linke Hand fixiert. Die rechte Körperhälfte kann sie sowieso nicht bewegen (gelähmt). Weil sie es geschafft hat, sich diese Drainagen rauszuziehen, weil PflegerInnen mit der Handfixierung nachlässig waren, musste sie in der letzten Woche insgesamt drei Mal zusätzlich operiert werden.

Sie kann kaum reden und hat kein Langzeitgedächtnis.

Sie wissen, dass Schlaganfall-PatientInnen im optimalen Fall möglichst sofort Rehabilitationsmaßnahmen erhalten sollten, damit sich das Gehirn nicht an den geschädigten Zustand zu gewöhnen beginnt und der Patient "aufgibt". Die Intensivstationen sind dafür aber nicht ausgerüstet. Meine Frau bekommt höchstens alle zwei Tage von einer Physiotherapeutin, die sie nicht kennt, maximal 30 Minuten lang Training.

Ich dagegen habe sehr viel Zeit und kann meine Frau ausführlich behandeln, wenn es ihr Zustand zulässt. Ich trainiere sie, solange sie Energie dazu hat. Dies kann ich sieben bis acht Stunden täglich machen – von 12/13 bis 20 Uhr. Natürlich lasse ich sie auch zwischendrin schlafen und ausruhen, wenn es ihr Bedürfnis ist. Ich "überfordere" sie nicht.

Viele Pflegerinnen und Pfleger haben inzwischen feststellen dürfen, dass es meiner Frau besser geht, wenn ich da bin, und dass sie auch lebendiger ist.

Nun gibt es ein Problem für meine Frau und mich – und ich hoffe, dass wir gemeinsam, Sie und ich, dieses Problem lösen können, damit die Zukunft meiner Frau nicht dadurch "verdorben" wird. Es geht um die Besuchszeiten.

Ich weiß, dass die PflegerInnen Ausnahmen machen, wenn jemand nicht zu den üblichen Besuchszeiten kommen kann. Dann erhält man einen Extra-Termin. Ich weiß, dass auch Mütter Ausnahmen erhalten, wenn kleine Kinder auf der Intensivstation liegen.

Nach vielen Diskussionen mit PflegerInnen kenne ich alle Gründe, warum Besuchszeiten existieren. Und ich verstehe sie vollkommen.

Ich habe auch schon mehrfach erfahren dürfen, dass ich nicht störe, wenn ich auch außerhalb der Besuchszeiten komme. Wie gesagt – man hat festgestellt, dass es meiner Frau besser geht, wenn ich da bin. Außerdem kann ich dann ihre fixierte Hand lösen, sie kann sich frei bewegen und ich passe auf, dass sie nicht die Drainagen rauszieht.

Was ich für sehr ungünstig halte, ist, wenn Sie Ihre Pflegerinnen und Pfleger pauschal dazu anhalten, stur auf die Besuchszeiten zu pochen. Dies hat in den letzten beiden Tagen ein Pfleger getan. Er hat darauf verwiesen, dass er von seiner Chefin die Anweisung hat, dass die Besuchszeiten eingehalten werden müssen. Das halte ich für sehr lobenswert bezüglich dieses Pflegers. Er setzt das um, wozu er angehalten wurde. Ich halte es aber allgemein nicht für angemessen auf einer Station, in der es die unterschiedlichsten individuellen und schweren Schicksale gibt.

Was ich empfehle, ist, dass Pflegerinnen und Pfleger je nach individueller Lage und persönlichem Verhalten der Angehörigen entscheiden und Ausnahmen zulassen oder nicht. Mein bisheriger Eindruck ist, dass Ihre Mitarbeiter dies durchaus gut entscheiden können. Gleichzeitig bin ich sehr sehr offen, auch jederzeit aus dem Raum rauszugehen, sobald z. B. im Nachbarbett der Patient gepflegt werden muss, wenn eine Visite durchgeführt wird, wenn die Übergabe stattfindet, wenn ein Pfleger sich bei seiner Arbeit von mir behindert fühlen sollte (was bisher noch nicht vorkam – jedenfalls hat man es mir nicht gesagt) etc. Ich bin verständnisvoll und rücksichtsvoll und nehme jede Anweisung einer Pflegerin / eines Pflegers gerne entgegen. Nur halte ich eben die pauschale Anweisung, sich nach den Besuchszeiten zu richten, für unstimmig und empfehle eine andere Vorgehensweise.

Deshalb bitte ich Sie aus ganzem Herzen darum, mit Ihren PflegerInnen zu reden und bezüglich mir und meiner Frau zu schauen, ob es möglich ist, mich in der Zeit von 12/13 – 20 Uhr mit meiner Frau arbeiten zu lassen (natürlich mit den notwendigen Unterbrechungen zwischendrin).

Meine Frau bekommt von mir folgende Dinge, die die Intensivstation nicht in der Lage ist, anzubieten:
- ihre persönliche Musik (per Kopfhörer)
- Massagen der unbeweglichen Körperteile
- langsame vorsichtige Bewegungen der unbeweglichen Körperteile
- Fußmassagen
- Handauflegen
- Streicheln
- Reden über frühere Erinnerungen, wodurch ihre alten Hirnfunktionen aktiviert bleiben
- zeigen von Fotos

Kürzlich sagte ein Pfleger scherzhaft zu mir: "Ich könnte Sie sehr gut auch noch für einige andere PatientInnen hier auf der Station gebrauchen!"

Wenn Sie aber anders entscheiden und daran festhalten sollten, dass ich nur zu den Besuchszeiten kommen darf, dann müssen meine Frau und ich damit leben – und natürlich auch mit den eventuell lebenslangen Folgen, die sich daraus ergeben.

Mit den herzlichsten Grüßen von Olaf Jacobsen

Computertagebuch

Jetzt wird mir gerade im „Kampf" gegen die PflegerInnen, die mir gegenüber die Besuchszeiten durchdrücken, bewusst, dass es hier für mich nicht um „Argumente" geht. Es geht darum, die Entscheidungen der PflegerInnen auf jeden Fall zu respektieren und mit Empathie nach einer Lösung zu suchen, mit der beide Seiten zufrieden sein können. Es geht darum, den Schmerz der Menschen zu sehen, aus dem heraus sie solche Entscheidungen fällen. Die Kriegs-Trance. Während ich das sehe und respektiere, darf ich gleichzeitig und unabhängig davon an meinen Zielen festhalten. Muss sie also nicht aufgeben. Ich muss mich nicht nach den schmerzlichen Entscheidungen anderer richten.

Es geht darum, diese Menschen ernst zu nehmen. Das kann ich gerade jetzt besonders üben. Eben: einen „Empathischen Drang nach Freiheit" leben.

Das Universum hat mir bewiesen, dass es mir die Türen öffnet, wenn es wirklich „dringend" ist. Die ersten drei Wochen waren wunderbar. Jetzt – nach drei Wochen – spielen sich ein paar Dinge ein, Jacqueline ist auf einem Besserungsweg und das Universum spiegelt mir durch die Grenzen eines Pflegers, dass die Dringlichkeit nicht mehr ganz so hoch ist. Jetzt ist wohl etwas anderes dran ... trotzdem werde ich es weiter probieren, sanft. Ohne Kampf.

Telefonat mit der Klinik. Ich frage, wann ich zu meiner Frau darf. Jetzt hat sogar die Telefonvermittlung schon die „Info" erhalten, dass ich nur noch zu den Besuchszeiten rein darf. Sie hat nicht einmal mehr in der Pflege nachgefragt, wann ich meine Frau besuchen darf, sondern sie hat spontan gesagt, dass sie schon nachgefragt hätte und ich die

Besuchszeiten einhalten muss. In einem bestimmenden und harten Tonfall. Ich bin froh und verstehe nun auch, warum ich den Weg gestern und heute Morgen über die Vorgesetzten gehe – sanft, per E-Mail.

Ja – das ist genau das Ausschlussgefühl, das ich in den letzten Tagen seit der letzten Operation vermehrt fühle. Schon am Freitag (7.4.) hatte ich das geahnt. Ich stand vor der Tür der Operativen Intensivstation (nachdem Jacqueline wieder dorthin verlegt worden war) und wurde zunächst nicht reingelassen, weil Jacqueline noch nicht ganz vorbereitet war. In dem Moment kam mir schon ein Gedanke, dass ich wohl allmählich ausgeschlossen werden würde.

Also – das ist auf jeden Fall ein Thema, mit dem ich mich jetzt intensiver auseinandersetzen darf. Hier fehlt mir noch das „Vertrauen" ins Universum und ich kämpfe gegen das „falsche Verhalten" anderer Menschen.

Der Weg ist, dies zu respektieren – und trotzdem noch alle Wege auszuprobieren, diesen Zustand zu verändern. Und das mache ich gerade über die Vorgesetzten.

Nicht Jacqueline muss „Demut" lernen und den Empathischen Drang nach Freiheit üben, sondern ICH.

Ja – wie ich es am Freitag schon gespürt hatte: Ich muss Jacqueline loslassen und sie den Weg gehen lassen, der für sie bestimmt ist.

Das ist gerade von sehr vielen Tränen begleitet – und ich weiß: Das ist auch gut so, dass ich das jetzt erleben muss und intensiv verarbeiten darf …

Ich habe eine Karte gezogen, mit der Frage, was ich jetzt tun kann.

Im Text steht:

„Hemmungsloser Eigenwille kann dich in Schwierigkeiten bringen. Wenn du diese Karte in umgekehrter Lage erhältst, so ist dies ein Zeichen, dass du irrtümlich glaubst, *dein* Weg sei der einzig mögliche. … Das Göttliche Prinzip hat vielleicht andere Pläne mit dir. Sei gewiss, dass diese besser sein werden als alles, was du dir auszudenken vermagst." (Nr. 32 Das magische Gebet)

Das ist immer wieder der Hammer, wie ich aus einem Kartenset mit 54 Karten genau die Karte herausziehe, die zu meinem Thema passt.

Ich habe den Gedanken, dass sie sich jetzt in einer Lage befindet, in der sie sexuell missbraucht werden kann – und zwar auch noch so, dass sie es genießt. Es könnte nachts ein Pfleger in ihren Raum gehen, die Tür schließen und sie befriedigen. Denn im Nachbarbett liegt eine Koma-Frau, die nichts mitbekommt. Er wäre sozusagen mit Jacqueline allein.

Und wenn das so sein sollte und ich kann es dem Pfleger nicht nachweisen, dann bleibt mir nichts anderes übrig als dem zuzustimmen. Das gehört auch dazu. Meine Angst dabei ist die, dass ich später für den Rest unseres gemeinsamen Lebens von ihr dadurch ausgeschlossen werde und sie sich mit diesem Pfleger verbunden fühlt, weil das in einem Zustand passiert ist, in dem sie nur Zugang zu ihrer rechten, emotionalen Hirnhälfte hat.

Boa … schlimm, diese Gedanken … und dazu dann eben jetzt noch dieser aktuelle Ausschluss vom Pflegeteam.

Ich stelle mal den sexuellen Missbrauch in die Aufstellung und fühl mich ein …

Ja – ich hatte das Bedürfnis, ihn auf Jacquelines Intim-Bereich zu legen. Was das nun heißt, spielt keine Rolle. Es entlastet mich jedenfalls nicht und bringt mich dazu, in mir dafür eine Lösung zu finden.

Und wenn ich sowohl den Pfleger als auch die (Miss-brauchs)Situation als „Teil des Universums" deute, dann wünsche ich dem Pfleger, dass er aus seinem Tun optimal lernen darf – und ich wünsche allgemein, dass durch diese Situation das Beste geschehen möge.

Bitte – liebes Universum: Lass das Beste geschehen!

Nein – besser: Liebes Universum, ich vertraue, dass du das Beste geschehen lässt!

Ja, denn wie soll ich sonst meine „Weltformel" leben und umsetzen, nach der wirklich *jedes* Element den Wunsch nach Gleichgewicht hat und alles einem höheren Gleichgewicht dient?!?

Ich bin aber im Moment gefühlsmäßig immer noch ausgebremst … es fühlt sich nicht gelöst an … da steckt noch ein Thema …

Auf jeden Fall gehört diese jetzige aktuelle Situation zu meinem Gefühl von Donnerstag: „Ab jetzt geht es nur noch bergauf." Diese Situation ist mir vom Universum so präsentiert worden, damit ich diese Themen bearbeite und in ein besseres Gleichgewicht bewege. Ja, logisch – durch die Grenze des Krankenhauses gerate ich in eine Krise. Genau deswegen muss ich sie ja auch erleben. Ich kann (noch) nicht gelassen und voller Vertrauen damit umgehen. Klar, warum ich das hier jetzt erfahren muss/darf und die Chance bekomme, es zu lösen – und sei es durch eine neue überraschende Erfahrung.

22.09 Uhr, Rund-E-Mail

Das Wichtigste:

Jacqueline geht es wieder etwas besser. Der Puls hat sich minimal gebessert. Sie hatte heute keine Fieberschübe mehr.

Wir haben fast drei Stunden lang Musik gehört, während ich wieder ihre gelähmten Gliedmaßen bewegt und ihren Körper durchmassiert habe. Bei den Stücken, die sie kannte, hat sie ein bisschen mitgesungen. Die Stimme klappt aber noch nicht so gut.

Danach hatte ich den Eindruck, dass sie etwas klarer war. Und so eine neue Klarheit beginnt oft damit, dass sie sich wieder bewegen möchte, wieder aufstehen möchte, wieder merkt, dass es nicht geht. Ich erkläre ihr, was passiert ist, und sie reagiert dann mit noch mehr Erstaunen oder Nachdenken – als ob sie das, was ich erzähle, etwas umfassender einsortieren kann.

Was ich dabei vermehrt übe, sind meine Formulierungen. Ich sage z. B. nicht: "Dein rechtes Bein und dein rechter Arm sind gelähmt." Sondern ich sage: "Dein rechtes Bein und dein rechter Arm sind *NOCH* gelähmt und werden sich bald wieder bewegen lassen. Wir müssen nur etwas dafür trainieren. Oder vielleicht passiert es sogar von ganz allein, dass du irgendwann entdeckst, sie wieder bewegen zu können."

Ich versuche also, besonders positiv in Bezug auf die Zukunft zu formulieren. Vielleicht hat es ja auch ein paar Wirkungen für sie und ihr Gehirn. Da wir es ja mit einer Hirnschädigung zu tun haben, weiß man nie, was in diesem Fall negativ oder positiv formulierte Sätze alles "anrichten" können.

Ich hatte heute mal wieder eine ihrer bunten Jäckchen angezogen – und habe sie dann am Schluss gefragt, ob sie das wiedererkennt. Sie schaute mich erstaunt an und fragte mich, warum ich sie überhaupt frage. Ihr Gesicht vermittelte, dass sie die Jacke selbstverständlich wiedererkennt.

Dann habe ich ihr noch einmal erklärt, dass ich ab und zu die Erfahrung mache, dass sie *noch* etwas vergisst. Es werde mit dem Erinnern aber immer besser.

Ich habe heute mit einem neuen Arzt geredet, den ich bisher noch nicht gesehen hatte. Er hat sich in Jacquelines Patientenakte eingearbeitet und mir ein paar Auskünfte gegeben. In solchen Situationen finde ich es immer schade, dass ich mir nicht exakt genau merken kann, was mir der Arzt da jetzt alles gesagt hat. Die Fachbegriffe purzelten etwas durcheinander in meinem Hirn ...

Aber ich finde, das ich mir das Wichtigste merken konnte: Es ist gar nicht klar, dass sie eine Hirnhautentzündung hat. Die Tendenz ist jetzt sogar eher, dass sie keine hat. Man weiß immer noch nicht genau, woran es liegt. Aber zumindest weiß man, dass es im Gehirn die Möglichkeit gibt, dass ein bestimmter Regelkreis "gestört" ist und das Gehirn auf diese Weise Fieber erzeugen kann, obwohl gar kein Fieber nötig ist. Das Gehirn "denkt" aufgrund des gestörten Regelkreises, es müsse Fieber erzeugen ...

Also – es gibt diesbezüglich ein bisschen Entwarnung – und mein Gefühl ist auch etwas ruhiger. Ich glaube, der Arzt sagte, dass sie aufgrund der erhöhten Blutkörperproduktion von einem Infekt ausgegangen waren. Aber da sowohl die roten als auch die weißen Blutkörper in ihrer Anzahl gestiegen sind, deute das weniger auf eine Infektion hin.

Und ich denke jetzt: Vielleicht ist diese erhöhte Produktion von Blutkörperchen auch ein Versuch des Gehirns, sich zu heilen? ... aber wie gesagt, ich weiß nicht, ob ich den Arzt richtig verstanden habe.

Auf jeden Fall ist es auch schön, dass der aktuell diensthabende Pfleger auf meinen Hinweis hin ihr heute die Magensonde herausgezogen hat (ein Schlauch, der durch die Nase über den Rachen in den Magen geführt worden war) – nachdem er es selbst schon seit Tagen angekündigt hat, dass sie demnächst rausgezogen werden sollte. Ich sagte nur:

"Die Magensonde ist nur noch dafür da, dass Sie durch den Schlauch Medikamente einflößen können, oder?"

Zu Hause hatte ich mir noch überlegt, hinzuzufügen, dass dadurch der Zustand meiner Frau "ausgenutzt" werden würde, wenn die Magensonde nur noch aus "Bequemlichkeitsgründen" für die Pfleger drin wäre. Denn Jacqueline brauche sie ja nicht mehr, denn sie kann inzwischen wieder kauen und schlucken. – Doch das brauchte ich nicht mehr zu sagen. Der Pfleger reagierte auch so.

Das Zweitwichtigste:

Ich habe heute Morgen gegen 10.30 Uhr wieder in der Klinik angerufen und nachgefragt, ab wann ich heute frühestens zu meiner Frau könne. Bisher hat mich dann die Frau am Telefon immer zur Station weiterverbunden oder hat dort nachgefragt und mir dann Bescheid gegeben. Dieses Mal hat sie in etwas härterem Tonfall gesagt: "Ich brauche nicht mehr nachzufragen. Ich weiß, dass Sie erst zu den Besuchszeiten kommen dürfen. Wir können halt nicht immer Ausnahmen machen!" (Besuchszeiten: 16 – 19 Uhr, und ich war in den ersten zwei Wochen meistens zwischen 13 und 20 Uhr bei Jacqueline)

Das war also schon der dritte Tag, an dem mir signalisiert wurde: "Herr Jacobsen, jetzt ist aber mal Schluss damit, dass Sie immer außerhalb der Besuchszeiten kommen."

Interessanterweise haben mich schon die Grenzen der letzten beiden Tage (Samstag und Sonntag) so beschäftigt, dass ich gestern eine E-Mail an die Oberärzte schreiben musste – und heute Morgen schon 9.30 Uhr eine E-Mail an die Pflegedienstleitung. Denn gestern hatte ich erfahren, dass gar nicht die OberärztInnen für die Besuchszeiten zuständig sind. Stattdessen laufen die PflegerInneneinteilungen als auch die Regelungen der BesucherInnen über eine andere Stelle: eben über den Pflegedienst. Als also ein Pfleger mir sagte, er würde sich (bezüglich der Einschränkung mir gegenüber auf die Besuchszeiten) an die Anweisungen seiner Chefin halten, dachte ich zuerst, es wäre eine Ärztin, die diese Anweisung gegeben hatte. Deshalb meine E-Mail an die Oberärzte. In Wirklichkeit war seine Chefin aber die Leiterin eines bestimmten Pflegeteams.

Und so habe ich mir heute Morgen die E-Mail-Adresse aus dem Internet geholt und ihrem Vorgesetzten eine E-Mail geschrieben mit der Bitte um Weiterleitung an die Verantwortliche, die mir wohl meine Anwesenheitszeiten kürzen wollte.

Ich war die ganze Zeit in einem Gefühl von "Ausschluss" drin. Und als ich heute Morgen wieder den Hinweis auf die Besuchszeiten erhielt, fühlte ich mich so dermaßen ausgeschlossen und von Jacqueline abgetrennt, dass es mir sehr schlecht ging. Denn drei Stunden bei Jacqueline am Tag – das ist für mich definitiv zu kurz.

Jacqueline merkt das nicht so. Ich komme, egal wann – und sie freut sich. Sie leidet nicht, wenn ich nicht komme. Sie wird dann aber auch nicht so gefördert, wie ich es könnte und tue. Und das für mich schlimme: Es macht den Eindruck, als würde sie sich an die Klinik und an ihren Zustand und auch an den Zustand der gefesselten Hand so gewöhnen, dass sie denkt, es sei "normal". Das merke ich, wenn ich ihre Hand losbinde. Sie reagiert nicht mit: "Endlich ist die Hand wieder frei" – sondern die Hand bleibt noch eine ganze Weile dort liegen, wo sie die ganze Zeit angebunden war. Ich muss dabei an die Studie über die "Erlernte Hilflosigkeit" denken, wo Tiere in einem verschlossenen Käfig gequält werden – und wenn man dann nach einer Weile den Käfig aufmacht, laufen sie trotzdem nicht davon, sondern lassen sich weiter im Käfig quälen. Sie haben es verlernt davonzulaufen. Stattdessen haben sie gelernt, das Leid auszuhalten.

Das möchte ich Jacqueline und ihrem schlechten Langzeitgedächtnis ersparen, indem ich so viel wie möglich Abwechslung in ihren Alltag bringe – und da sind drei Stunden eben zu wenig und haben mich in eine tiefe Krise gestürzt, so dass ich eben diese E-Mail an die Pflegedienstleitung schreiben *musste* – noch bevor ich heute die dritte "Absage" bekam.

Ich hatte nicht das Gefühl, dass meine E-Mail wirklich ernst genommen werden würde – geschweige denn überhaupt gelesen werden würde. Und so versuchte ich im Laufe des Tages (durfte ja erst 16 Uhr zu Jacqueline), das Thema, das hinter diesem Ausschluss steht, zu lösen. Ich machte Aufstellungen für mich, für Jacqueline, fand zwar auch Lösungen und es sind viele Tränen geflossen – aber ich bin trotzdem mit einem sehr unguten Gefühl in die Klinik gefahren, und hatte mich darauf eingestellt, frühestens in zwei Tagen eine Antwort auf meine E-Mail zu bekommen.

Übrigens hatte mir ein Pfleger auch noch indirekt erzählt, dass die Leiterin des Pflegeteams mit den Besuchszeiten ziemlich streng umgehen würde. Dazu noch der strenge Tonfall der Frau am Telefon heute Morgen – das alles hinterließ in mir das Gefühl von "stark ausgegrenzt werden und keine Chance zu haben".

Die Leute zu beschimpfen oder ebenfalls mit strengem Ton dagegen zu wettern, lag mir fern – das hätte auch nichts gebracht.

Durch die Aufstellungen war meine Haltung inzwischen: Wenn diese zeitliche Grenze von der Klinik aufrechterhalten wird, nehme ich es als "Grenze des Universums", die auch dazugehört. Und in der Aufstellung löste ich auch meine Verurteilung gegenüber den Beschäftigten in der Klinik. Ich dachte nicht mehr: "Wie können die nur so unbarmherzig sein?!" – sondern ich sah sie wirklich als Teil des Universums an, das mir hier eine Botschaft schickt. Vielleicht die Botschaft, dass durch diese Situation Jacqueline und ich etwas Neues lernen sollten.

Umso erstaunter war ich, als heute so gegen 16.30 Uhr eine Frau ans Bett von Jacqueline kam und mich freundlich lächelnd begrüßte. Ich sagte:

„Sind Sie die aktuell diensthabende Ärztin?"

"Nein, ich bin Frau G., der Sie heute Morgen eine E-Mail geschrieben haben. Ich würde mich gerne mal mit Ihnen unterhalten."

Dann führte sie mich in einen Raum, in dem wir zu zweit waren, und bot mir einen Stuhl an. Sie fing an zu reden und erklärte mir die ganzen Zusammenhänge innerhalb der Intensivstation. Ich ließ sie reden und hörte verständnisvoll (mit leichtem Stressgefühl) zu. Das meiste kannte ich schon. Ich hatte auch keinen Impuls, hier jetzt mit ihr eine Diskussion anzufangen. Meine Haltung war: Wenn sie sagt, es geht nicht, dann stimme ich dem zu und lebe jetzt damit. Ich habe in der E-Mail alles geschrieben, was ich schreiben konnte.

Sie rechtfertigte sich sogar für die Besuchszeiten und sagte, dass sie nicht von ihr sind. Die Zeiten existierten schon, bevor sie vor vierzehn Jahren hier angefangen hat zu arbeiten.

Nach fünf Minuten erzählte sie dann, dass sie heute Morgen mit den ÄrztInnen geredet hat und auch mit einigen PflegerInnen und sie wären am Überlegen, wie sie mir entgegenkommen könnten. Sie hätten schon überlegt, Jacqueline sogar auf ein Einzelzimmer zu verlegen, damit ich ungestört mir ihr arbeiten könne – aber das könne sie mir nicht garantieren.

... ich dachte, ich hör nicht richtig ... als sie aber immer weiter redete und es eindeutig darauf hinauslief, dass sie das größte Verständnis für Jacqueline und mich hat und uns nicht im Wege stehen wolle, fingen bei mir die Tränen an zu laufen. Mit erstickter Stimme sagte ich ihr, wie tief berührt ich sei. Ich hätte niemals damit gerechnet.

Sie wusste nichts zu sagen – war angesichts meiner Tränen wohl auch ein bisschen verlegen ...

Jedenfalls darf ich morgen wieder vormittags anrufen und fragen, ab wann ich zu Jacqueline darf – und man würde mir dann den frühestmöglichen Zeitpunkt nennen. Also wie ich es in den ersten drei Wochen erleben durfte. Ich war ihr äußerst dankbar.

Den Rest der Zeit mit Jacqueline am heutigen Tag war ich so unendlich glücklich! Jacqueline konnte ich das nicht erklären. Das wäre alles zu komplex gewesen. Außerdem kennt sie ja auch gar nicht mein Leid, in dem ich stecke, wenn ich nicht so lange bei ihr sein darf.

Meine E-Mail hatte eine Wirkung gezeigt, wie ich es nicht für möglich gehalten hatte. Ich hatte mir aber auch von der Klinik inzwischen das schlimmste Bild gemacht ... und das muss ich zurücknehmen und muss sagen: Ich lag falsch!

Natürlich habe ich trotzdem eine strenge Seite der Klinik kennengelernt, die leider Menschen erleben müssen, die nicht solche E-Mails wie ich schreiben können – oder vielleicht hat ihre Öffnung auch damit zu tun, dass ich meinen Beruf in dieser E-Mail "geoutet" habe ... ich weiß es nicht.

Ich bin heute sooooo seelig!

Ich wünsche Euch eine wundervolle Nacht. Möge Jacqueline die nächsten Schritte wachsen und reifen dürfen – mit und ohne meine Begleitung. Jedenfalls habe ich den Eindruck, dass Musik tatsächlich einiges Positive im Gehirn auslöst. Ich werde auf jeden Fall damit weitermachen. Euer Olaf

Abends

Was ich hier noch ergänzen möchte: Der Pfleger E. hat mir erzählt, dass Frau G. ihn sogar heute früh um 11 Uhr *zu Hause (!)* angerufen habe (er hatte keinen Dienst) – so sehr habe sie meine E-Mail beschäftigt. Sie hat gefragt, ob man jemanden (einen Angehörigen) so lange in der Intensivstation behalten könne. Der Pfleger hat die letzten Tage mit uns verbracht und war derjenige, der mich doch etwas länger hat bei Jacqueline sein lassen. Er hat gesagt, dass es Jacqueline auf jeden Fall sehr gut tut, wenn ich da sei. Und hat es befürwortet (so hat er mir gesagt).

Frau G. hat mir noch den Tipp gegeben, bezüglich Ohrhöhrer aufzupassen, weil manche PatientInnen dies als zu laut empfinden. Und sie hat mir noch gesagt, dass ich auf den Blutdruck achten müsse, wobei ich ihr antwortete, dass ich den Bildschirm permanent als Feedback-Schleife nutze und mich auch danach richte.

Abends bekam Jacqueline die übliche Spritze gegen Thrombose. Als ihr ins rechte Bein gestochen wurde, reagierte sie verwirrt, denn es tat sehr weh. Dann hat sie sich seltsamer Weise ans *linke* Bein gefasst, weil es ihr scheinbar dort wehtat. Ich deutete auf ihr rechtes Bein und berührte die Stelle, wo die Spritze gesetzt worden war.

„Schau mal. An *dieser* Stelle wurdest du gepiekst."

„Das verwirrt mich jetzt."

Pfleger E. kommt herein.

„Frau Jacobsen, möchten Sie etwas essen? Einen Joghurt mit Mandarine oder ohne?"

„Das kann ich gerade nicht entscheiden... Olaf soll das entscheiden. Ich bin verwirrt."

Dann habe ich es für sie entschieden, während sie immer noch verwirrt war und das Gesicht ängstlich verzog.

Auf der einen Seite hat mich diese Situation nachdenklich gemacht, weil Jacqueline offensichtlich einen Schmerz von der rechten Körperhälfte auf die linke projiziert hatte. Das scheint noch zu zeigen, dass das Gehirn die rechte Körperhälfte neu wahrnehmen und zuordnen lernen muss.

Auf der anderen Seite war ich erleichtert, dass die Situation mit dem Pfleger E. passiert ist. Denn sie hatte vorher diesen Pfleger oft angelächelt – mehr als mich. Doch in der Verwirrung hat sie dann gesagt, dass ich entscheiden soll. Ich hatte schon die kleine Befürchtung, dass sie ihre Vertrauensperson allmählich wechselt ...

Es gibt einen anderen Pfleger M., der zwar gute Arbeit macht, dabei aber tendenziell lustlos oder auch genervt wirkt. Er löst bei Jacqueline ungute Gefühle aus. Doch Pfleger E. ist offener und klarer – und wird dafür mit einem Lächeln von Jacqueline belohnt.

Wenn die PflegerInnen die Reaktionen von PatientInnen mehr auf sich persönlich beziehen würden, könnten sie dadurch mehr dazulernen (wenn sie es wollen und offen dafür sind). Das erinnert mich an meine Schulzeit. Da gab es Lehrer, auf die die Klasse mit Begeisterung reagiert hat – und Lehrer, die von einigen Schülern einfach nur verarscht wurden, weil sie seltsame Verhaltensmuster hatten. Würden Menschen die Reaktionen anderer Menschen mehr für sich selbst als Feedback einsetzen, hätten wir eine Gesellschaft, die viel schneller reifen und sich in bessere Gleichgewichte bewegen würde.

Das gilt natürlich auch für mich. Selbst wenn Jacquelines Gehirn geschädigt ist – ihre Reaktionen zeigen mir, ob ich gut mit etwas umgehen kann oder nicht so gut. Das war mir früher auch schon bewusst.

24. Tag, Dienstag, 11.4.2017

Ausgearbeitete Notizen aus Ringhefter und Computertagebuch

Bei mir fließen heute sehr viele Tränen.

Erst durch die Musik, die ich für Jacqueline auf den MP3-Player spiele (Josh Groban) und die mich zutiefst berührt. Denn ich habe sie das letzte Mal gehört, als Jacqueline noch gesund war. Außerdem haben wir einen Song selbst aufgeführt (Sie – Gesang, Ich – Klavier).

Dann musste ich auch bei der Aufstellung viel weinen, die ich vorhin durchgeführt habe. Das hat mir geholfen, weitere Schmerzen bezüglich unseres aktuellen Schicksals zu verarbeiten.

In der Aufstellung, die ich um 11.17 Uhr beendet habe, ist nichts passiert, was erwähnenswert wäre.

Alles Weitere ist in der folgenden Rund-E-Mail zu finden:

21.06 Uhr, Rund-E-Mail

Heute hat es wieder wie "normal" geklappt mit meiner Besuchszeit. Ich rief vormittags in der Klinik an, hatte die Dame von gestern in der Leitung und dieses Mal war sie wieder so freundlich wie früher und teilte mir mit, dass ich ab 12.30 Uhr kommen könne. Vorher würden von Jacqueline neue CT-Bilder zur Kontrolle gemacht.

Ich war also von 12.30 Uhr bis 20 Uhr bei Jacqueline – ohne Probleme.

Ich bin so froh, dass dies nun weiterhin möglich ist.

Ich habe ihr das Mittagessen reichen dürfen – und auch das Abendbrot. Sie hat nicht sehr viel gegessen, was mich ein bisschen beunruhigt ... aber das ist die typische Sorge eines Sorgenden, dass er sich wünscht, dass der Kranke doch bitte ordentlich essen soll und auch bald wieder gesund werden möge. Da muss ich mich immer wieder ein bisschen bremsen und Vertrauen darin haben, dass Jacqueline ihren Appetit selbst fühlt. Es gab auch schon Tage, da hat sie herzhafter zugegriffen.

Sie ist also immer noch ein bisschen "matter" im Vergleich zum genialen 17. Tag (4.4.), aber dieses Mal auch wieder ein bisschen besser drauf als gestern.

Sie bekommt immer noch die Dreifach-Antibiose. Und heute Morgen habe ich mir das erste Mal gedacht, dass das Fieber, der schnellere Puls und auch die Appetitlosigkeit eine Nebenwirkung des Antibiotikums sein könnte – und gar nicht eine Auswirkung eines Erregers. Denn das Fieber und den schnellen Puls bekam sie erst einen Tag, nachdem mit der Antibiose begonnen wurde *(2018: Die Entzündungswerte im Blut begannen aber tatsächlich schon vor der Behandlung)*.

Sie sah heute viel besser aus als gestern – im Gesicht.

Nach dem Mittag habe ich ihr dann wieder die angenehm geformten Ohrstöpsel eingesteckt – und wir haben gemeinsam Josh Groban gehört (habe einen Adapter, durch den man Ohrhörer für zwei Personen in den MP3-Player stecken kann). Dabei ist sie allmählich tief eingeschlafen und ich habe vorsichtig und sanft ihre gelähmten Gliedmaßen passend zur Musik bewegt.

Ich glaube immer noch, nachdem ich beobachtet habe, wie sie nach einiger Zeit ganz allmählich aus der tiefen Musik-Trance wieder aufgewacht ist, dass die Musik eine ganz besondere Wirkung hat. Welche Wirkung das ist, kann ich (noch) nicht genau benennen – aber es scheint so, als ob Jacqueline danach wie aus einer anderen Welt ganz allmählich wieder auftaucht.

Sie wurde kurz vor 16 Uhr wach. Als ob sie gespürt hat, dass gleich Besuch kommt. Denn gegen 16 Uhr kam eine Besucherin, eine langjährige Freundin aus Baden-Württemberg, über die sich Jacqueline sehr gefreut hat.

Also: insgesamt eine leichte Verbesserung zu gestern.

Mehr kann ich im Moment nicht schreiben, vielleicht auch, weil ich selbst mich nicht ganz frei fühle. Es gibt zwei Seiten. Die eine Seite ist erst einmal glücklich und entspannt, dass der übliche Besuchsrhythmus wieder möglich ist. Die andere Seite möchte energievoll nun etwas Neues anpacken, hat aber irgendwie noch keine wirkliche Energie dafür. Die Aufbruchsstimmung für den nächsten Schritt fehlt momentan noch. Es liegt irgendein deckelndes Gefühl in mir da drüber. Vielleicht bin ich in Resonanz zum Antibiotikum, das Jacqueline bekommt?

Mal sehen, was ich da heute Abend oder morgen früh noch für mich herausfinden und vielleicht auch weiterentwickeln kann.

Es grüßt Euch herzlich   Olaf

Als die Freundin schon einige Zeit da war, kam überraschend ein weiterer Besucher. Ein Teilnehmer S. unserer früheren Workshops. Da wir nun zu dritt im Raum waren, musste einer nach draußen gehen. Die Freundin erklärte sich dazu bereit und machte draußen eine „Pause", denn S. wollte nur kurz vorbeischauen. Jacqueline ist in seiner Gegenwart kurz aufgeblüht und hat ihm viel erzählen wollen. S. reagierte in seiner Art immer mit einem nickenden „mmmh" – als wenn er zuhört und versteht. Er sagt nicht, dass er sie eigentlich gar nicht versteht. Und so fing sie erst an zu sprudeln. Dadurch wurde mir bewusst, dass das Feedback, ich würde Jacqueline nicht verstehen, letztendlich dazu führt, dass sie weniger redet, anstatt dass sie deutlicher redet.

S. sagte mitfühlend: „Du möchtest so viel mitteilen!"

Jacqueline fühlte sich verstanden, nickte und sprudelte weiter – mit einer Art Leidensdruck und leidvoller Mine – das war fast die ganze Zeit während S. Anwesenheit so. Irgendwann hat sie dann aber mitbekommen, dass S. genauso wenig versteht wie wir. Er konnte ihre Fragen nicht beantworten. Und dann hat sie wieder nachgelassen im Redefluss und hat enttäuscht aufgegeben.

Sie wirkte während seiner Anwesenheit die ganze Zeit etwas angestrengter. Zwar aktiver, aber nicht auf freie und erlöste weise, sondern eher wie als „Kraftakt".

Manchmal vergleiche ich mit mir. Ich sehe, was andere in Jacqueline auslösen, und erkenne, dass ich das alles nicht in ihr auslösen kann. Und dann tut es mir in der Seele weh.

Aber eigentlich ist das ja auch gut so, denn sonst würde sie sich permanent bei mir anstrengen. Nein – ich bin ein guter Ruhepol für sie.

21.30 Uhr

Irgendetwas deckelt heute noch mein Gefühl. Ich habe daraufhin in meiner inneren Vorstellung das NeuroSonanz-Modell angeschaut und wieder „Mit-Spieler + Schmerz" gesehen.

Das bedeutet: Es ist das Thema, den Fehlern und Unfähigkeiten anderer Menschen zur Verfügung stehen zu *müssen* und dadurch „warten" zu müssen und nicht sein eigenes Potenzial voll entfalten zu können.

Dann kam sofort der Gedanke in mir: Die Zeit des Wartens auf andere Weise genial nutzen.

Das ist wie im Gefängnis. Solange man sich beklagt, dass man eingesperrt ist, ist eine Energielosigkeit da. Sobald man aber die Warte-Situation für sich sofort nutzt und z. B. etwas trainiert, was man gerade trainieren kann und wo man nicht gebremst wird, dann ist die Energie wieder da.

Das ist tatsächlich das Schwierige: Auf der Gefühlsebene das aktuelle Bremsgefühl und die Impulslosigkeit auf ein bestimmtes Thema bezogen so akzeptieren und den „richtigen Zeitpunkt" abwarten. In der Zwischenzeit sich erlauben, etwas anderes zu tun.

Das gibt mir gerade die Energie, mich nun doch um die E-Mails zu kümmern, die heute hereingekommen sind. Eben hatte ich noch keine Energie dazu. Ich bleibe dabei offen, von dem Bereich, der im Moment das Abwarten braucht, unterbrochen zu werden, wenn es weitergeht und der nächste Impuls kommt.

Es bleibt also folgende Rangfolge:

1. Ich warte
2. Ich tue so lange etwas anderes, stehe aber sofort zur Verfügung, wenn sich bei 1. was tut.

Kommentar 2018

Wenn ich mir die CT-Bilder von heute anschaue, dann fühle ich dabei deutlich eine Erleichterung. Denn rückblickend sehe ich nun, wie der rechte Seitenventrikel „normal" aussieht. Und mir wird bewusst, wie vergrößert er tatsächlich die letzten Tage und Wochen war. Ich hatte es ein bisschen „heruntergespielt". Und ich nehme meine Vermutung wieder zurück, dass die Ärzte die rechte Drainage wieder hineingesteckt haben, um in Wirklichkeit Hirnwasser entnehmen zu können, weil die linke Drainage kein Hirnwasser mehr hergibt. Das war definitiv eine Unterstellung aus einem unverarbeiteten Schmerz heraus. Das sehe ich jetzt.

Diese Veränderung passt dazu, dass nach der vierten Operation ziemlich viel Hirnwasser aus der rechten Hirnhälfte gefördert und aufgefangen wurde. Das wurde jetzt im Laufe der Tage etwas weniger. Aus der linken Hirnhälfte kommt weiterhin kaum Hirnwasser heraus.

Hier ein Ausschnitt aus dem Befund für die CT-Bilder von heute:

„Zum Vergleich liegt eine Voruntersuchung vom 7.4.2017 vor.

[…] Deutliche Abnahme der Weite des rechten Seitenventrikels, der linke Seitenventrikel zeigt eine weitere dezente Weitenzunahme *(ist aber immer noch wesentlich zerknautschter als rechts!)*, das Temporalhorn erscheint gering balloniert. Zunehmendes Abblassen der bekannten Thalamusblutung, weiterhin Perifokalödem, die lokal begrenzte Mittellinienverlagerung gering rückläufig. Darüber hinaus keine relevante Befundänderung im Verlauf."

Keine Luft mehr im Gehirn zu sehen.

25. Tag, Mittwoch, 12.4.2017

Ausgearbeitete Notizen aus Ringhefter und Computertagebuch

Morgens

Ich führe ein inneres Gespräch mit Jacqueline. Das Ergebnis:

Ich darf ganz viel tun und muss mich nicht bremsen. Ich soll jede Grenze, jeden Widerstand, jedes Nein von ihr „nutzen"! Als eine „Form" mit der ich umgehen kann! Nicht in dem Sinne, sie zu etwas zu überreden, was sie nicht möchte. Sondern in dem Sinne, das Nein aufzugreifen, zu integrieren und *mit* dem Nein bei etwas Neuem weiterzumachen, was sich für Jacqueline dann gut anfühlt.

Nicht nach einem Nein aufhören, sondern weitersuchen, an welcher Stelle ein Ja kommt.

Wenn ich auf eine Form (eine Grenze, ein Nein) stoße, muss ich entweder mein Ziel neu formulieren oder über die höhere, integrierende Ebene gehen.

Und ich habe noch eine weitere wichtige Erkenntnis und ein starkes Gefühl für mich:

Das machen, was mich selbst fasziniert und begeistert! Was sich „genial" anfühlt. DAS ist der Maßstab für unseren Weg!!!

Und auch für unsere Verbindung!!!

Und natürlich muss es sich auch für Jacqueline genial anfühlen – und wenn nicht, greift die Erkenntnis von oben mit dem „Nein".

10.08 Uhr

Körper-Aufstellung

Neues Element: Das, was optimal hilft, die Schadstoffe aus dem Gehirn auszuleiten.

Das ist mit voller Begeisterung auch von Jacqueline aufgenommen worden. Es fühlt sich total gut an. Und kurz danach wurde Jacqueline müde (= ich begann, mich auf ihrem Fühlfeld müde zu fühlen). Müdigkeit = Verarbeitung und Abtransport der Schadstoffe beginnt.

Allgemein-Aufstellung

Ich stelle hinter mich das Element, das mich unterstützt, das „Geniale" zu finden. Das fühlt sich sehr motivierend an und ich spüre viel positive Energie. „Freude und Spaß" fühlen sich für Jacqueline noch zu anstrengend an.

In der Klinik

Ihr rechtes Auge geht beim Aufwachen als erstes auf. Bevor das linke Auge aufgeht. Außerdem schließt das rechte Auge nicht immer vollständig. Das ist mir vor den Operationen noch nicht aufgefallen. Es muss also eine Folge der dritten oder vierten Operation sein.

Nachdem ich heute angekommen bin, ist sie zunächst noch apathisch, später aber wieder aktiver. Sie hat etwas besser gegessen, hat mehr Appetit.

21.26 Uhr, Rund-E-Mail

Ein guter Tag?

Kurz zu mir:

Zunächst einmal habe ich heute Vormittag die Aufstellung für Jacqueline weiter gefühlt und hatte deutlich mehr Änderungsimpulse als die letzten Tage. Außerdem habe ich ein Element dazugestellt mit dem Namen "Das, was optimal unterstützt, die Schadstoffe im Hirn abzutransportieren". In der Aufstellung hat sich das Element sehr gut angefühlt und auch die Wirkung auf Jacqueline fühlte sich in der Aufstellung gut an.

Dann habe ich für mich noch ein wichtiges Element gefunden, das mich wieder voll in meine Energie gebracht hat (gestern Abend war es ja nicht so gut). Ich habe mich wieder erinnert, in welcher Forscherenergie und Begeisterungsenergie ich stecke, wenn ich an einem Buch arbeite oder wenn ich in Aufstellungsveranstaltungen einen Zusammenhang genau erforsche, um möglichst "geniale" Erkenntnisse gewinnen zu können. Und zu diesem Gefühl bekomme ich hier in dieser Situation mit Jacqueline nun wieder Zugang: Ich habe Energie, den Zustand von Jacqueline mit meinen Mitteln möglichst so zu erforschen, dass ich Jacqueline optimale Unterstützung bieten kann.

Tatsächlich kam dann heute eine E-Mail von einem Teilnehmer, in der er mich auf einen Artikel im Internet hinwies, der mich in meinem Impuls bestätigt, Jacqueline während meinen Bewegungen ihrer gelähmten Seite in "Trance" oder "Schlaf" zu lassen. Die Bobath-Methode sagt zwar, dass das Bewusstsein / die Aufmerksamkeit der PatientInnen während der Bewegungen auf die gelähmte Seite gerichtet bleiben soll, und so hat die Physiotherapeutin auch immer wieder darauf gepocht, dass Jacqueline die Bewegungen mit offenen Augen beobachten soll. Ich hatte ja aber das Gefühl, dass es seinen Sinn hat, dass Jacqueline dabei zu schlafen beginnt. Und so werde ich sie in Zukunft auch weiterhin nicht davon abhalten ...

Forscher haben herausgefunden, dass das Reinigungssystem des Gehirns vor allem im Schlaf aktiv wird. Beim Schlaf vergrößert sich der Platz zwischen den Nervenzellen, so dass die Gehirnflüssigkeit wesentlich besser die Schadstoffe ausspülen kann.

Den ganzen Artikel könnt ihr hier lesen:

http://www.spektrum.de/news/gehirn-reinigt-sich-im-schlaf/1210651

Falls Ihr wichtige neue und aktuelle Infos über das Hirn im Internet findet: Bitte überhäuft mich mit Hinweisen und Links. Ich habe selbst kaum die Zeit dazu, konkret im Internet zu suchen!

Zu Jacqueline:

Als ich heute um 13 Uhr in die Klinik kam, sagte man mir, Jacqueline sei von Bett 15 auf Bett 4 verlegt worden.

Ich ging zu Bett 4 und dachte mir schon dabei, dass das wohl der Wechsel in ein Einzelzimmer sei, der mir von der Pflegedienstleitung angedeutet wurde (siehe E-Mail über den 23. Tag).

Vor der Tür angekommen sagte man mir, ich müsse Mundschutz, einen Schutzkittel und Gummihandschuhe anziehen. Ich dachte, ich hör nicht richtig. Habe mehrfach nachgefragt – und dann kam ein Arzt dazu und erzählte mir, dass man vor sechs (!) Tagen auf der anderen Station einen Abstrich von ihrem Po gemacht habe – und das Ergebnis (das erst heute bekannt wurde!) war, dass sie einen Krankenhaus-Keim entwickelt habe. Deswegen soll sie nun auf ein Einzelzimmer, damit dieser Keim sich nicht weiter ausbreitet. Als Vorsichtsmaßnahme. ... ach du meine Güte ... und so ein Keim soll auch noch mehrere Tage anhalten. Es könnte also sein, dass sie jetzt wohl eine Woche in diesem Einzelzimmer liegen "muss".

Der Arzt erzählte mir weiter, dass sie die Antibiose insgesamt über einen Zeitraum von vierzehn Tagen erhalten soll – also jetzt noch eine Woche. Und dass es Gott sei Dank keine Entzündung im Hirn gibt. Warum aber die Leukozyten als auch die Erythrozyten erhöht sind, kann man sich immer noch nicht erklären. Aber ihre Wunden am Kopf haben eine Infektion. Und auch deshalb würde man sie lieber in ein Einzelzimmer unter Quarantäne stecken.

Erst einmal fühlte ich mich ziemlich unwohl mit diesen neuen Informationen. Ich ging verkleidet in das Zimmer und Jacqueline war am Schlafen. Jetzt hatte ich eine neue Sicht auf ihren Schlaf und freute mich, dass ihr Gehirn gerade wieder Platz macht, um Schadstoffe abzutransportieren.

Nach einer Stunde hatte ich mich an Kittel, Mundschutz und auch an die Gummihandschuhe gewöhnt. Die Gummihandschuhe scheinen wohl aus einem Material zu sein, das Feuchtigkeit von drinnen nach draußen lässt. Ich habe jedenfalls am Ende des Tages fast das Gefühl gehabt, gar keine Gummihandschuhe mehr zu tragen. Und nach dem Ausziehen waren meine Hände auch in keiner Weise feucht. ... echt toll, was es heutzutage für Material gibt ... Auch Jacqueline hatte kein Problem mit diesen Gummihandschuhen.

Als sie wach wurde, war sie gleich ein bisschen aktiver. Ich fütterte ihr wieder das Mittagessen, und sie hat dieses Mal auch mehr gegessen – hatte mehr Appetit.

Heftig für mich: Sie stopft beim Essen den Mund immer so voll. Ich habe Angst, dass sie das nicht zerkaut bekommt oder sich verschluckt oder etwas anderes schief läuft (die PflegerInnen auch, wenn sie das zu sehen bekommen). Aber sie schafft es immer wieder und beweist: „Siehst du? Geht doch!"

Einige Zeit nach dem Mittag habe ich dann wieder angefangen, ihre gelähmte Seite zu bewegen – angefangen bei dem rechten Arm. Und prompt schlief sie wieder ein. Dieses Mal hatte ich eine unglaubliche Energie und Freude und Hoffnung, dass genau jetzt das Gehirn durch meine Bewegungen stimuliert wird und gleichzeitig sehr viel Schadstoffe abtransportiert. Ich sah auf einmal noch viel mehr Sinn in dem, was ich gerade tat. Und das führte dazu, dass ich mindestens 90 Minuten lang Jacquelines Körperhälfte sanft durchbewegte, während sie tief und fest schlief.

In der nächsten Wachphase war sie wieder noch lebendiger als gestern. Also – an ihrem Verhalten konnte ich ablesen, dass es bergauf geht.

Zwischendurch habe ich mir überlegt, ob das mit den Keimen vielleicht nur ein "Trick" sei, Jacqueline "offiziell" auf ein Einzelzimmer verlegen zu können, ohne dass Pfleger Fragen darüber stellen, warum Jacqueline hier eine Sonderbehandlung bekommt. Vielleicht wollte die Pflegedienstleitung mir einen Gefallen tun – hat es aber nur auf diese Weise umsetzen können. Wenn das aber nicht so hintenherum geplant war, dann war es ja mal wieder riesiger Zufall, dass mir am Montag ein Einzelzimmer für Jacqueline angeboten wurde – und dies dann am Mittwoch sogar tatsächlich nötig war.

Es war auch ein riesiger Zufall, dass der Bescheid über den Keim (für den ja 7 Tage vorher der Abstrich gemacht wurde) so lange brauchte, um letztendlich von der einen Station auf die andere Station zu gelangen und dann den ÄrztInnen zur Kenntnis gebracht wurde. Hier sagte ein Pfleger, dass er das auch nicht verstünde – und es sich nur so erklären könne, dass eben hier so einiges Chaos herrscht und nicht immer alles zuverlässig ablaufen kann. Denn auf einer Notfallstation kommen auch immer wieder Notfälle vor, für die man alles andere liegen lassen muss, um ein Menschenleben zu retten. Und hinterher vergisst man, welchen Arbeitsschritt man gerade unterbrochen hatte.

Ich finde es total verständlich ...

Jedenfalls passte jetzt dieser Ablauf wunderbar in unseren Prozess hinein. Das Thema mit den Besuchszeiten hatte sich in Ruhe über zwei Tage aufbauen und dann am Montag klären können. Und nun kommt das nächste Thema. Eins nach dem anderen.

Sie hat zwar eine Infektion am Kopf und (möglicherweise) Keime am Hintern, ist aber wesentlich fideler, spricht auch noch besser als gestern (aber immer noch meistens unverständlich), ihr Puls ist noch etwas besser – und sie hat jetzt ein Zimmer, in dem wir ungestört sind. Denn als ich heute bei ihr war, hat dann auch eine Pflegerin die Tür zu gemacht – und wir hatten STILLE!!! (Vorher viel Lärm durch die Pflege des Bettnachbarn – und auch Hustengeräusche vom Bettnachbarn – und viele Computerpieptöne und Warnsignale, die auch vom Flur kamen – und Gespräche von Pflegern auf dem Flur etc.).

In dieser Stille im Einzelzimmer konnte Jacqueline nun gesund und tief schlafen, während ich in aller Ruhe meinen Heilungsimpulsen für ihren Körper nachgegangen bin.

Trotz der Keime und der Infektion habe ich das Gefühl, es geht bergauf.

Naja – und kurz bevor ich gegangen bin, hat ihre linke Hand mal wieder aufgeräumt und oben am Kopf die Pflaster abgemacht – in einem minimalen kurzen Moment, in dem ich mich auf etwas anderes konzentriert hatte. Der Pfleger war auch gerade anwesend – und wir hatten es beide nicht gemerkt.

Gott sei Dank waren es nur die Pflaster (die nur leicht auf den Haaren lagen und kaum richtig auf den Haaren kleben können) – und nicht die Drainagen.

Bei der Gelegenheit konnte ich aber auch einen Blick unter diese Pflaster werfen und ich habe gesehen, dass die Chirurgen ganze Arbeit geleistet haben und die Drainagen noch viel stärker am Kopf festgenäht haben, wie noch vor einer Woche. Sie wollten auch Jacqueline nicht noch einmal operieren müssen ...

Ich habe also ihre Hand beim Gehen wieder festgeschnallt mit der liebevollen Bitte an sie, dass sie doch ihren Heilungsprozess am Kopf nicht stören möge.

Inzwischen habe ich auch den Eindruck, dass sie allmählich ruhiger wird diesbezüglich – nicht mehr so verzweifelt wie noch vor einer Woche. Den Umstand der Fesselung lässt sie jetzt leichter über sich ergehen – auch die Tatsache, sich nicht an den Kopf fassen zu dürfen. Da passiert wohl ein Lernprozess – während sie in anderen Dingen lebendiger wird und auch wieder mehr Appetit zeigt.

Liebe Grüße an Euch alle Olaf

Später

Und wieder mal ein Moment, in dem ich denke: In welchem Film bin ich eigentlich gerade? Passiert das hier gerade wirklich? Und es gibt wirklich kein Zurück mehr?

Nein – es gibt kein Zurück mehr … Es gibt nur ein „immer weiter".

Also – mit der Erkenntnis über die Wichtigkeit des Schlafens und mit den Körperbewegungen und Massagen habe ich nun schon mal etwas gefunden, das Jacqueline helfen könnte. Wie geht es weiter?

23 Uhr

Ich will wieder die Heilung des Hirnwasserkreislaufs in die Aufstellung stellen, fühle aber eine innere Stimme: „Nein, Olaf, es ist mein Schicksal, das es so ist, wie es ist."

Ja, das zeigt mir: Ich kann für Jacquelines Schicksal kein Ziel haben! Ich kann ihrem Schicksal nur dienen, so gut es geht und mit all meinen genialen Erkenntnissen und Ideen, die mir noch kommen werden …

Kommentar 2018:

Erst als ich ein paar Tage später gezielt nachgefragt habe, welchen Keim Jacqueline eigentlich hat, hat mir ein Pfleger zögerlich den Namen genannt: 3 MRGN.

Es ist doch immer wieder zu merken, wie mit Informationen vorsichtig umgegangen wird. Entweder weil man sich bewusst ist, den Datenschutz zu verletzen, wenn man mich über etwas informiert. Oder weil man befürchtet, dass ich mit den Informationen nicht gut umgehen kann und dadurch für die PflegerInnen und ÄrztInnen mehr Probleme entstehen (weil ich aus Sorge mehr Nachfrage oder Änderungsvorschläge mache etc.).

Was den Datenschutz betrifft: Eigentlich habe ich nicht das „Recht"
– selbst als Ehemann nicht –, diese Informationen über Jacqueline zu
erhalten, wenn ich keine Vorsorgevollmacht vorweisen kann.

Interessant ist für mich im Nachhinein die Patientenakte in dem Zusammenhang mit dem Keim. Denn auf den Tageskurven ab dem 7.4.
steht oben ganz groß: „Cave: 3 MRGN (Perianal seit 6.4.)"

Wenn dies damals schon genauso im Computer gestanden hätte,
dann hätte man mir nicht erzählt, dass dieser Befund erst am 12.4.
„gefunden" wurde. Jacqueline wäre schon gleich nach der Operation
am 7.4. isoliert worden – und nicht erst ab heute.

Fazit: Man hat nachträglich Einträge in der elektronischen Patientenakte vorgenommen. Ich vermute: Als man sie heute isoliert hat, hat
man die Tageskurven nachträglich mit diesem Cave-Hinweis ab 7.4.
ergänzt. Aber dass Sie erst ab 12.4. (nachts, 4.45 Uhr) wirklich isoliert
wurde, ist als Information in der Patientenakte nachvollziehbar geblieben. Zumindest wurde es ab diesem Zeitpunkt eingetragen und ich
habe sie heute das erste Mal in der Isolation erlebt.

Der Wortlaut des Befundes vom 6.4.:

„Material: Perianalabstrich
Ergebnis der aeroben Kultur: Ganz vereinzelt Escherichia coli-
multiresistent
Resistenztyp: 3MRGN"

Heute denke ich, dass so ein Ergebnis mit der Beschreibung „ganz
vereinzelt" nach kurzer Zeit noch einmal neu überprüft werden sollte,
denn es könnte auch das Ergebnis einer Verunreinigung im Labor
sein. Jedenfalls waren alle weiteren Abstriche in den folgenden Wochen im Ergebnis negativ. Der Keim wurde nicht noch einmal bei
Jacqueline nachgewiesen. Das war der einzige positive Befund.

26. Tag, Donnerstag, 13.4.2017

Ausgearbeitete Notizen aus Ringhefter und Computertagebuch

Heute Morgen fällt mir ein, dass wir in diesem Jahr noch nicht darüber nachgedacht hatten, was wir an unserem fünften Hochzeitstag (2. Juni) tun wollen. Wir hatten noch nicht einmal darüber geredet. Die Jahre davor wussten wir immer schon ein halbes Jahr vorher, dass wir etwas machen wollten. Zufall? Oder haben wir gemeinsam unsere Situation vorausgeahnt?

Ein Nachtrag zu gestern: Als sie mir beim Abendbrot etwas sagen wollte, hat sie lange nach einem Begriff gesucht – und ihn letztendlich nicht gefunden. Sie hatte gerade den Joghurtbecher in der Hand, wollte ihn auf den Tisch stellen, aber hielt mitten in der Bewegung inne und suchte nach dem Begriff. Diese Position behielt sie sehr lange bei – länger als gewöhnlich. Was da wohl in ihrem Kopf vorgeht? Wirklich eine Suche? Oder eine Such-Trance? Oder zeigt sich hier ungeschminkt, wie unser Gehirn sucht? Wie langsam? Denn manchmal fällt uns ja ein Name, nach dem wir gesucht hatten, erst am nächsten Tag wieder ein. Manchmal denke ich in solchen Situationen, dass Jacquelines Gehirn an einen Punkt stößt, wo der Gedankenstrom nicht so wie früher „normal" fließen kann. Das Gehirn stößt an eine Änderung und muss / will sich an dieser Stelle neu orientieren – und das braucht seine Zeit.

Immer, wenn ich daran denke, dass „jedes Element den Wunsch nach Gleichgewicht hat" (meine „Weltformel" aus dem Jahr 1996), sehe ich lauter fröhliche Teilchen in Jacquelines Kopf umherschwirren, die voller Freude gemeinsam Heilungsarbeit vollbringen.

ab **11.55 Uhr**

Körper-Aufstellung

Habe Jacquelines Seele dazugestellt. Sie schaut auf die ÄrztInnen. Zu den ÄrztInnen habe ich ein Element gestellt: „Das, was die ÄrztInnen optimal für Jacquelines Heilungsprozess öffnet" – für den Fall, dass es bei ihnen eine Einschränkung geben sollte.

Als ich mich auf die Weisheit des Universums stelle, mich einfühle und von dort auf die Körperaufstellung schaue, habe ich das Gefühl: „Das ist jetzt alles zu viel. Wegräumen und neu sortieren!"

In der Rolle von Jacqueline fühle ich momentan kaum Bezug zum Körper, sondern schaue nur auf das wundervolle, farbige, runde Bild an der Wand mir gegenüber.

(Zusatz später: Bevor es um die Neusortierung ging, konnte ich von dem Bisherigen vor lauter „Sorge" nicht richtig loslassen. Das zeigt mir, dass es da einen Anteil in mir gibt, der lieber an dem bisher Bewährten festhält anstatt sich mit Mut auf Neues zu stürzen. Interessant. Ich habe dann aber loslassen können und die Veränderungen vorgenommen.)

Ich sortiere alles um Jacquelines Körper neu. Es kommen ein paar Kissen weg und ich habe das Bedürfnis, mehr Symmetrie herzustellen.

Fühle ich mich in Jacqueline ein, dann kann ich mit dieser neuen Ordnung wieder sehr gut meinen Körper anschauen und gleichzeitig auch das schöne Bild betrachten. Hinter mir steht meine Seele.

Als Seele habe ich den Überblick über alles – und ich achte gleichzeitig auf die ÄrztInnen.

20.50 Uhr

Gleich bei meiner Ankunft noch vor der Zimmertür teilte mir eine junge Pflegerin mit, dass Jacqueline noch kein Mittag gegessen hat. Man habe auf mich gewartet, damit ich sie füttern kann. Für die PflegerInnen ist das eine Erleichterung, denn so langsam, wie Jacqueline isst, dauert es eine Stunde oder länger. Die kann man als Pflegerin kaum aufwenden, man hat viel zu viel anderes zu tun.

Ich zog mir den grünen Kittel an, die Handschuhe und den Mundschutz, begrüßte so verkleidet Jacqueline, die mich trotzdem erkannte, und setzte mich erst einmal zu ihr, damit sie sich daran gewöhnen kann, dass ich wieder da bin und dass ihre Hand wieder frei ist.

Später, als Jacqueline dann Hunger hatte, ging ich zur Tür und fragte die junge Pflegerin, die auf dem Flur am Computer saß, ob sie Jacqueline etwas aufrechter hinsetzen könnte, damit ich sie füttern kann. Denn wenn sie halb liegt, ist das mit dem Schlucken schwierig.

Ohne Probleme stellte die Pflegerin das Bett etwas höher, ging aus dem Raum und ich konnte beginnen.

Nach kurzer Zeit stürmte eine ältere Pflegerin herein, der ich bisher noch nicht begegnet war und die mich noch nicht kannte. Sie schimpfte laut:

„Herr Jacobsen, so geht das aber nicht! Sie können doch nicht einfach das Bett verstellen!"

Offensichtlich war sie sehr wütend auf mich.

„Ich habe Ihre Frau den ganzen Vormittag stabil und bei konstanten Werten gehalten – und Sie machen alles kaputt!"

Ihre Vorwürfe nahmen kein Ende und ich entschied, diese Rolle anzunehmen und ihr mitzuteilen, dass es mir leid tut. Ich hatte kein Bedürfnis, ihr zu erklären, dass das Bett von einer ihrer Kolleginnen verstellt worden war. Und ich fragte auch nicht nach, was denn so schlimm daran sei. Diese Information kam dann schon bald von selbst aus ihr heraus. Sie deutete auf den Monitor:

„Ich will doch nicht, dass Ihre Frau einen Unterdruck im Gehirn hat!"

Ich musste lächeln, was sie aber nicht mitbekam. Nun war ich schon so lange auf der Intensivstation, dass ich wusste, dass Jacqueline keinen Unterdruck im Gehirn hat, wenn auf dem Monitor der Hirndruck einen Minuswert anzeigt („- 3"). Die Hirndruckmessung ist nicht einfach. Immer wenn Jacquelines Kopf höher oder niedriger gestellt wird, verändert sich das Höhenverhältnis in der gesamten Messapparatur und man muss wieder einen „Nullabgleich" durchführen, um korrekte Werte zu erhalten. So kann es schon mal vorkommen, dass das Gerät Minuswerte anzeigt, wenn es falsch eingestellt ist – z. B. nachdem Jacqueline aufrechter hingesetzt wurde. Das hat aber nichts mit einem „Unterdruck" im Gehirn zu tun. Es sind nur falsche Messzahlen. Entweder wollte die Pflegerin mir absichtlich einen Schreck einjagen oder sie wusste es tatsächlich nicht besser.

Ich nahm sie aber in ihrem Gefühl ernst, verhielt mich demütig, habe ihre Vorwürfe angenommen und entschuldigte mich ganz brav. Ich war frei, mich auch anders zu verhalten. Aber ich hielt es nicht für angemessen, mich mit PflegerInnen zu streiten. Meine Konzentration auf Jacqueline war mir wichtiger. Und dann kam von der Pflegerin:

„Gerade Sie sind einer, der sich immer wieder beschwert. Da sollten Sie auch selbst aufpassen, dass Sie nichts falsch machen!"

Ich war baff, denn wir waren uns doch noch gar nicht begegnet … wieso war ich einer, der sich beschwert?!?

„Wieso denken Sie von mir, dass ich mich permanent beschwere?"

„Das erzählt man sich hier auf der Station."

Erstens merkte ich sofort ihre Generalisierung und das verzerrte Bild, dass „man" es sich hier erzählen würde. Schon allein daran konnte etwas nicht stimmen. Sie sagte nicht, dass ihr das von einer bestimmten Person erzählt worden war.

Und zweitens dachte ich sofort an meine E-Mail an die Pflegeteamleitung, an meinen Wunsch, länger bei meiner Frau sein zu dürfen. Wenn man so etwas herumerzählt – wie beim Spiel „Stille Post", dann kann es schon vorkommen, dass mich jemand, der generell Angst vor Kritik hat, mich dann auch als „Kritiker" zu beschreiben beginnt.

Es ist immer wieder faszinierend, was durch Projektionen alles so geschehen kann. Und mir ist klar: Aus dieser Nummer kommen wir bis zum Ende unseres Lebens nicht heraus. Es gibt immer projizierende Menschen um uns herum. Es geht gar nicht anders. Denn unser Gehirn erschafft in sich selbst eine innere Realität und versucht diese, so gut wie möglich der äußeren Realität anzupassen. Wem das optimal gelingt, der scheint eine klare Sicht auf die Welt zu haben.

Viele Menschen verzerren aber ihre Realität durch schmerzvolle Erfahrungen, die sie nicht verarbeitet haben. Und wenn wir etwas nicht verarbeitet haben, dann gibt es in uns eine permanente Angst, dass es sich irgendwann wiederholt – und wir „scannen" unser Umfeld mit der unbewussten Frage: „Wo gibt es Anzeichen, die darauf hindeuten, dass sich mein Trauma wiederholt? Wo muss ich mich rechtzeitig schützen?"

So kann es passieren, dass ein Mensch, der selbstsicher und klar seine Wünsche äußert, von anderen Menschen als Kritiker eingestuft und gemieden wird. Diese anderen Menschen haben früher als Kind strenge und bestrafende Erwachsene erleben müssen. In dieser Zeit hat sich folgendes in ihrem Gehirn miteinander verknüpft: „klares selbstsicheres Auftreten" mit „Strafe". Wenn also ein Mensch klar und selbstsicher auftritt und man hat diese Verknüpfung im Gehirn, dann kann man sich nicht vorstellen, dass der klare und selbstsichere Mensch offen für andere Möglichkeiten ist und freundlich nachgeben kann. Das ist genau wie bei Fehlern. In unserer Gesellschaft sind „Fehler" mit „schmerzhaften Folgen" oder sogar mit „Strafe" verknüpft – und selten mit „erfolgreiches und begeistertes Lernen".

Interessant bei der ganzen Szene mit der Pflegerin war, dass Jacqueline offensichtlich gelassen blieb – oder höchstens ein bisschen erstaunt war, was denn mit dieser schimpfenden Frau los war. Sie reagierte aber nicht gestresst oder ähnliches.

Schimpfend ging die Pflegerin aus dem Raum und ich sagte noch einmal, dass es mir leid täte, diesen Fehler gemacht zu haben. Sie wurde aber nicht weich, sondern blieb hart. Ein weiterer Beweis für mich, dass sie in einem eigenen Thema drinsteckte und aus ihrem Ärger nicht selbst herauskam, es vielleicht auch nicht wollte – unabhängig davon, wie einsichtig ich mich verhielt. Und so nahm ich ihr Verhalten nicht persönlich und hatte kein Problem damit. Ich rechnete damit, dass sie sich vielleicht irgendwann draußen gegenüber der jungen Pflegerin darüber aufregen würde, dass ich das Bett verstellt hätte. Dann würde diese Pflegerin erzählen, dass ich das gar nicht war, sondern dass sie das Bett verstellt habe. Und vielleicht würde dann irgendwann die ältere Pflegerin zu mir reinkommen und mir mitteilen, dass es ihr leid tut.

Ob es sich so entwickelt hat, weiß ich nicht. Entschuldigt hat sie sich nicht, aber sie wurde im Laufe des Tages immer freundlicher zu mir. Auch in den nächsten Tagen hat sie sich nie wieder so streng mir gegenüber verhalten. Es blieb eine einmalige Sache – was noch mehr darauf hindeutet, dass sie sich ein falsches Bild von mir gemacht hatte, bevor sie mich allmählich kennengelernt hat.

Manchmal kommen von Jacqueline interessante Impulse. Sie hat einen runden weichen Schaumstoffstöpsel in einem Nasenloch. Dieser Stöpsel befindet sich am Ende eines dünnen Schlauchs und sorgt dafür, dass dieser Schlauch zuverlässig Sauerstoff in ihre Nase strömen lässt. Ich fütterte ihr gerade das Mittagessen, da rutschte dieser Stöpsel aus der Nase. Jacqueline ergreift ihn, steckt ihn sich in den Mund und beginnt zu kauen, noch bevor ich sie davon abhalten kann.

„Halt – der gehört in die Nase!"

Jacqueline hält inne und lässt sich von mir den Stöpsel aus dem Mund nehmen. Es war einfach, denn ich musste ja nur an dem Schlauch ziehen.

Nachdem ich ihn sauber gemacht (gewaschen) hatte, konnten wir ihn wieder in die Nase stecken und mit dem Mittagessen fortfahren. Für mich zeigt sich hier ein „normales" Phänomen des Gehirns. Wenn das Gehirn auf eine Sache konzentriert ist, dann sortiert es alles andere dort ein. Wir kennen das aus unserer Traumwelt. Sind wir gerade mittendrin in einem bestimmten Traum und unser Wecker klingelt, dann baut unser Gehirn dieses Geräusch erst einmal in den Traum ein und wir wundern uns im Traum über dieses Geräusch. Oder unsere Blase drückt und wir suchen im Traum nach einer Toilette, können uns dort aber nicht erleichtern – bis wir dann aufwachen und merken, dass wir ja wirklich auf's Klo müssen. In der Hypnose kennt man es auch, dass ein Klient, der in seine Kindheit zurückversetzt wird, den Hypnotiseur dort einbaut und ihn z. B. für einen guten Freund hält.

Jacquelines Konzentration auf das Essen hat dazu geführt, dass sie automatisch den Stöpsel in den Mund gesteckt hat – anstatt wieder zurück in die Nase.

21.36 Uhr, Rund-E-Mail

Heute war sie gleich bei meiner Ankunft schon wacher und aktiver. Allerdings war dann auch über den Nachmittag verteilt der Blutdruck höher als gestern.

Ich glaube also, dass man ihr gestern vermehrt Blutdrucksenker am Vormittag gegeben hatte, so dass sie nachmittags müder war – und heute weniger.

So war sie dann auch während meiner Bewegungsübungen ihrer gelähmten Körperteile heute die ganze Zeit wach – und ich konnte im Vergleich zu gestern öfter muskuläre Widerstände spüren. Sie war dabei in Gedanken oder hat ihren linken Arm oder linkes Bein bewegt, wir haben Musik von einem CD-Player des Krankenhauses gehört, sie hat teilweise mitgesummt – so gut es in ihrem Zustand ging (leise und die Töne nur angedeutet – manchmal auch den Text singend). Und die gelähmten Körperteile haben nicht mehr alle Bewegungen von mir zugelassen ...

Ich habe im Internet gelesen, dass man gelähmte Körperteile nicht gegen Widerstände in der Muskulatur bewegen soll und dass diese Widerstände ein Zeichen für "Spastiken" seien – aber das, was da als leichter Widerstand von Jacquelines Körperteilen kam, war definitiv keine „Spastik", weil es sich auch immer wieder leicht veränderte. Natürlich habe ich diese Widerstände nicht überwunden, sondern bin immer nur leicht dagegen und habe dabei erlebt, dass sich der Punkt änderte, an dem der Widerstand begann. Teilweise abhängig davon, was Jacqueline mit ihrer anderen Körperhälfte machte.

Dies hatte ich vor dem Rückfall mit den drei Operationen auch schon einmal gespürt – und da glaube ich, dass das Gehirn sich tatsächlich zumindest momentan auf der unbewussten Ebene den Kontakt zu den Muskeln der gelähmten Seite wieder zurückerobert.

Aber noch kann man da keine Prognose geben.

Also – nach dem heutigen Tag würde ich sagen, sie hat den Zustand erreicht, den wir vor den drei Operationen am 17. Tag schon mal hatten.

Dabei habe ich selbst noch etwas Wichtiges erkannt:

Zuerst saß ich nach meiner Ankunft (gegen 13 Uhr) eine Weile neben ihr am Bett und hab uns einfach wieder dran gewöhnen lassen, dass ich wieder da bin und dass ihre rechte bewegliche Hand von der Fessel nun wieder befreit ist. Ein bisschen habe ich ihr was erzählt – und sie hat ohne große Änderungen ab und zu darauf reagiert, aber so, dass ich es nicht verstehen konnte. Die Lippen bewegen sich leicht, ihre Augen sind dabei wach – aber verstehen tue ich nicht, was sie mir mitteilen möchte.

Dann habe ich ein bisschen entspannt und dabei innerlich nachgedacht und nachgefühlt. Meine innere Frage war, was ich ihr für einen Ansporn anbieten könnte, mehr das deutlichere Sprechen zu trainieren. Mein Eindruck ist schon, dass sie sich nach diesen 3 1/2 Wochen an einige Zustände gewöhnt hat – und ich habe ein bisschen Angst, dass sie sich darin "bequem" einrichtet, weil jedes Training für sie anstrengend ist.

Nach einiger Zeit bin ich auf die Idee gekommen, ihr ganz offen und transparent zu erzählen, was ich gerade denke und wonach ich gerade suche und dass ich mich so darüber freuen würde, wenn wir endlich wieder so miteinander reden könnten, dass wir uns verstehen. Denn ich wüsste zu gerne, was sie mir alles erzählen möchte.

Danach machte ich die Erfahrung, dass sie sehr verständnisvoll reagierte und sie wie von selbst und auch gerne etwas mehr bemüht war, deutlicher zu sprechen. Es hat nicht lange vorgehalten und es war auch nicht viel deutlicher – aber mir hat es für meine Erkenntnis genügt:

Nicht hintenherum überlegen, wie ich Jacqueline zu einem Ziel bringen könnte – sondern ganz klar und transparent formulieren, worüber ich mich freuen würde, und auch die Frage auf den Tisch legen, wie man das vielleicht erreichen könnte – und diese Frage offen lassen. Also „Augenhöhe" und „Transparenz".

Dann reagiert sie genauso offen und transparent.

Das war mir eine Lehre.

Und egal, ob ich Jacqueline verstehe oder nicht, ich werde jetzt jeden Wunsch und jeden Schritt, den ich mir wünsche und an dem ich grüble, mit ihr ganz offen kommunizieren.

Im Laufe des Tages gab es ein paar weitere Situationen, in denen ich das gleich üben konnte und in der Reaktion eine bisschen offenere und verständnisvolle Jacqueline erleben durfte.

Sie hat heute mehr gegessen als gestern.

Und mein Eindruck ist, dass sie sich kaum noch gegen ihren Zustand und gegen ihre Situation wehrt. Ich glaube, sie hat sich jetzt auf der tiefsten Ebene mit ihrem Zustand und mit dem Zustand der Klinik in gewisser Weise "arrangiert". Kaum noch ein: "Ich will hier weg." Sie kooperiert viel mehr.

Sie nimmt tapfer ihre bittere Medizin, lässt sich von mir bremsen, wenn ich sie dabei erwische, wie sie die EKG-Messkleber auf ihrer Brust nebenbei ab pult, oder wenn ich ihre Hand festhalte, weil sie sich spontan an den Kopf fassen möchte, um die heilenden und juckenden Wunden zu kratzen.

Faszinierend war für mich auch, das erste Mal direkt bewusst mitzuerleben, wie sie in einer Phase besonders hohen Blutdruck hatte (so um die 200), der sich einfach nicht mehr beruhigen lassen wollte, obwohl ich nichts machte, einfach nur da saß. Aber Jacqueline war innerlich aktiv und hat gedacht, versucht, etwas auszudrücken, vor sich hingeredet etc.

Dann kam ein Arzt rein und hat ihr in den Zugang, der am Fuß gelegt worden war (um dort Infusionen und Medikamente einfließen lassen zu können), ein wenig Flüssigkeit reingespritzt – und innerhalb weniger Sekunden hat sich der Blutdruck auf 170 gesenkt. Spannend – diese direkte Wirkung. Ich glaube, so wurde vor 26 Tagen Jacqueline von den Sanitätern gerettet, indem sie den Blutdruck gemessen haben und ihr dann ein blutdrucksenkendes Mittel gegeben haben (weiß ich aber nicht). *(2018: Nein, nicht von den Sanitätern, sondern später im ersten Krankenhaus, nachdem klar war, dass sie eine Blutung im Gehirn hatte – und kein Gerinsel.)*

Am Ende habe ich mich verabschiedet, wir haben unsere Köpfe aneinandergelegt – ich habe sie durch meinen Mundschutz hindurch geküsst. Sie hat mich direkt auf die Wange geküsst. Ich sage: "Ich hab dich lieb" – und sie reagiert leise flüsternd mit: "Ich dich auch."

Wir haben uns heute viel schweigend in die Augen geschaut und angelächelt – und bei dem Song "Pie Jesu" (aus Requiem von Andrew Lloyd Webber) fühlte ich noch einmal schmerzlich, in was für einer Situation wir stecken – und gleichzeitig, wie glücklich wir beide miteinander sind und wie lieb wir uns haben – und es sind bei mir die Tränen geflossen. Dass dabei die (neue) Pflegerin reinkam, hat mich nicht gestört.

Heute Abend auf dem Heimweg habe ich noch einmal gedacht: Nach 26 Tagen kann ich nun ungefähr den Entwicklungsprozess abschätzen, weil er – abgesehen von der Woche mit den drei Operationen – eine gewisse Konstante aufweist. Ich weiß, DASS sich etwas zum Besseren entwickelt, ich weiß aber auch, dass es nicht innerhalb weniger Tage geht. Also – einen großen "Quantensprung" nach oben kann ich mir momentan nicht vorstellen, bei der Säuberungs- und Aufbau-Arbeit, die ihr Gehirn noch zu leisten hat. Aber dass es sich immer weiter verbessern wird, kann ich mir gut vorstellen – inklusive Beendigung der Lähmung. Trotzdem ... ich bin auch für Wunder offen.

Ich habe mir ("zufälligerweise") kurz vor Jacquelines Schlaganfall einen Zettel an meinen Computer geklebt:

"Träume müssen immer größer sein als die derzeitige Aussicht, sie zu verwirklichen." (Ellen Johnson Sirleaf, Präsidentin von Liberia)

Ich werde meine Träume sehr groß halten – und wir werden sehen.

Ich wünsche Euch eine wundervolle Nacht! Olaf

27. Tag, Karfreitag, 14.4.2017

Ausgearbeitete Notizen aus Ringhefter und Computertagebuch

Morgens

Ich habe heute Nacht „zufällig" um 1:17 Uhr auf die Uhr geschaut und heute Morgen noch einmal um 7:17 Uhr.

Heute Morgen war irgendwie tief in meinem Gefühl ein Friede. Ich fühle mich emotional viel ruhiger! Habe kein „Herzklopfen" mehr. Total „gelassen".

Ich habe auch gut und viel geschlafen – und viel geträumt, z. B. von Jacqueline, dass sie ins Bad gekommen ist, leicht humpelnd, und ich sagte: „Mensch, du kannst ja wieder laufen!" Darauf lächelte sie.

Also – dadurch, dass ich ihr Musik mitbringe und sie abspiele, kommt sie dazu, mitzusingen und mit einer Hand zu dirigieren etc. Das meine ich mit „aktiver Fürsorge" und den Dingen, die ich tun kann. Sie also anzuregen, etwas zu tun, was ihr Freude macht.

Jetzt muss ich das nur noch auf die Probleme übertragen,

- sich Dinge vom Kurzzeitgedächtnis ins Langzeitgedächtnis einprägen zu wollen
- ihre Situation zu realisieren (gehört aber auch zu obigem)
- die Sprache deutlich zu nutzen.

Ein weiteres Problem, das – glaube ich – im Grunde die Probleme von oben widerspiegelt: Ihre Augen driften ab. Sie muss ihre Aufmerksamkeit konzentrieren, um etwas fokussieren zu können. Besonders nach einer Schlafphase, wenn sie wieder wach wird. Zuerst schaut sie mich an, dann rutschen ihre Augen ganz langsam seitwärts. Als wenn das Gehirn in dem Moment nur noch innerlich beschäftigt ist und kein Kontakt mehr zur Außenwelt besteht. Denn das Auge fixiert nichts und bleibt nicht an bestimmten Punkten hängen und bewegt sich nicht ruckig – sondern ganz gleichmäßig fließend. Kein Mensch kann sein Auge gleichmäßig fließend rutschen lassen, wenn er bewusst etwas anschaut. Also muss in diesen Momenten der Kontakt zwischen Gehirn und Auge unterbrochen sein.

Und dass die Augen nach rechts rutschen (von ihr aus gesehen), erklärt, warum sie im entspannten Zustand auch sehr weit rechts positioniert sind. Hat sie die Augen geschlossen und macht sie sie das erste Mal auf, dann sehe ich, dass die Augen zunächst ganz weit rechts stehen und dann erst mich anschauen. Die rechte Position ist eine Art „Gleichgewicht". Da wollen sie hin …

In der Klinik

Sie hat gelächelt, als ich heute angekommen bin. Die Tür steht offen und sie sieht mich schon, wenn ich draußen den grünen Kittel, die Handschuhe und den Mundschutz anziehe.

Inzwischen ist es mit den PflegerInnen so abgesprochen, dass ich derjenige bin, der ihr das Mittagessen füttert. Sie lassen es draußen stehen, bis ich komme und es mit reinnehme.

Ich beobachte, dass in ihrer rechten Mundhälfte oft Reste bleiben. Sie hat das Gefühl, dass der Mund leer ist. Und wenn ich sie darauf aufmerksam mache, kann sie mit ihrer Zunge erfühlen, dass da noch etwas ist. Offensichtlich ist sie in dem Bereich taub. Ich beobachte auch, dass der Mund in der rechten Ecke (von ihr aus gesehen) nicht immer vollständig schließt. Der Muskel dort wird wohl vom Gehirn noch nicht wieder vollständig angesteuert.

Später haben wir beide zusammen die „Mondnacht" von Schumann mit der Sängerin auf der CD mitgesummt.

Abends, Empathie-Schule

Ich sehe das erste Mal nach fast vier Wochen wieder Nachrichten – ohne Jacqueline. Ein seltsames Gefühl ...

21.43 Uhr, Rund-E-Mail

Es gibt bei Jacqueline Dinge, die verändern sich zum Positiven, und es gibt Dinge, die scheinen zurzeit gleich zu bleiben. Vielleicht verändern sie sich innerlich und die Veränderung wird dann irgendwann einmal später sichtbar – oder ich / wir müssen uns etwas überlegen, hier eine Veränderung bei Jacqueline anregen zu können.

Ich könnte mir auch vorstellen, dass sich manche Dinge nicht verändern, weil vielleicht die wirkliche *Notwendigkeit* dazu fehlt.

Solange Jacqueline z. B. diese Drainagen im Kopf hat, muss sie im Krankenhausbett liegen. Die Notwendigkeit, dann laufen zu können, ist noch nicht wirklich gegeben. Wieso also sich darauf konzentrieren, die Beweglichkeit des Arms und des Beins wiederzuerlangen?

So denke ich gerade.

Mit der Notwendigkeit können also später auch gewisse Veränderungen einhergehen, die im Moment noch nicht zu beobachten sind.

Was besser geworden ist:

- Puls und Temperatur sind weiter runter.

- Sie ist heute vor dem Abendbrot noch aktiver geworden, als ich eine CD mit einer Sopranistin und mit bekannten Arien abspielte und den CD-Player lauter stellte (wir konnten ja die Tür zu machen und hatten das Zimmer für uns). Da hat sie nach ihren Möglichkeiten mitgesungen (undeutlich sprechend – hauptsächlich mitsummend) und mit ihrer beweglichen Hand die Musik mitdirigert – und hatte sichtlich Spaß dabei. Die fröhliche Jacqueline ist also erhalten geblieben. Und auch die liebevolle Jacqueline. Ich habe sogar den Eindruck, dass sie irgendwie noch liebevoller geworden ist. Mit jedem Besuch, der kommt, geht sie vertrauensvoll und sehr liebevoll um. Heute auch wieder. Es war ein Besucher da, den wir aus früheren Aufstellungszeiten in Karlsruhe kennen. Sie haben sich die Hände gehalten – und Jacquelines Daumen hat die Hand des Besuchers liebevoll gestreichelt.

- Außerdem habe ich den Eindruck, dass sie friedlicher geworden ist. Ich kam heute gegen 12.45 Uhr an und da war ihre Hand bereits losgebunden. Die diensthabende Pflegerin hat gesagt, Jacqueline sei am Vormittag so friedlich gewesen, dass sie problemlos die Hand losmachen konnte. Sie hat sich mit der Hand nur ab und zu im Gesicht gekratzt. Und wenn ich ihr abends vor dem Gehen erkläre, warum ich ihre Hand wieder festbinden muss, dann hat sie größtes Verständnis. Keine Abwehr mehr. Kein Satz mehr wie: "Fühl dich mal ein. Wie würdest du dich fühlen?" So einen Satz hat sie mal gesagt, vor ca. anderthalb Wochen. Und ich verstand erst nicht, was sie meinte. Denn sie sagte es nicht vorwurfsvoll, sondern vollkommen normal. Später fiel mir ein, dass sie gemeint haben könnte: "Wie würdest du dich fühlen, wenn deine Hand festgebunden wird?"

Diese Zeiten sind irgendwie vorbei. Etwas in ihr hat nachgegeben – und dabei ist sie sehr friedlich und verständnisvoll geworden. Keine Resignation oder ähnliches. Kein Ärger.

Auch ich bin heute Morgen sehr friedlich aufgewacht – das erste Mal sooo friedlich! Ich habe wesentlich länger als die bisherigen sechs Stunden geschlafen.

Die ersten Tage direkt nach dem Schlaganfall hatte ich ja jeden Morgen eine Panik – bis ich das Thema nach ca. anderthalb Wochen klären konnte. Dann blieb nur noch ein Aufwachen mit leichtem Herzklopfen und dem Gefühl, keine Zeit verschwenden zu dürfen, um möglichst schnell zu Jacqueline zu kommen.

Und heute Morgen war ich gelassen und friedlich. Irgendwie in Frieden mit der Situation, wie sie jetzt ist. Und nun schauen wir, was wir aus dieser Situation im besten Fall machen können.

Was zurzeit (scheinbar) so bleibt:

- Die Lähmung ihrer rechten Seite.
- Die Sprachschwierigkeiten.
- Die Schwierigkeit, Inhalte aus dem Kurzzeitgedächtnis ins Langzeitgedächtnis zu übertragen.
- Das Abdriften der Augen nach rechts (von ihr aus gesehen), wenn sie sich nicht konzentriert, wie z. B. direkt nach dem Aufwachen, wenn sie noch "wie in Trance" ist.

Heute hat sie wieder viel geschlafen. Es wurden ihr zu viel blutdrucksenkende Mittel gegeben, so dass dann am Ende wieder gegen den niedrigen Blutdruck etwas getan werden musste. Deswegen hatte sie es am Anfang schwer, mit offenen Augen zu realisieren, dass gerade neuer Besuch da war. Erst nach einer Weile wurde sie dann etwas lebendiger ...

Die PflegerInnen, die ja permanent wechseln, gehen unterschiedlich an das Thema Blutdruck heran. Einige handeln strickt nach Vorschrift, dann kommt es vor, dass zu viel blutdrucksenkende Mittel gegeben werden und Jacqueline "stürzt" in den Keller. Dann sind diejenigen überrascht und müssen nun dagegen steuern. Andere PflegerInnen handeln nach eigenem Gefühl und lassen mal das eine oder andere Mittel weg – und dann kann es schon mal vorkommen, dass Jacquelines Blutdruck nach oben schießt und dann Sofortmaßnahmen ergriffen werden müssen. Es ist nicht leicht, das Gleichgewicht zu finden ...

Am liebsten würde ich die Dosierung übernehmen – aber dann müsste ich sie 24 Stunden beobachten und ihren Rhythmus intensiv kennen. Es ist wirklich schwer ...

Abends bekommt Jacqueline immer eine Spritze gegen Thrombose ins Bein. Da dies jeden Tag passiert, hat sie inzwischen 26 (!) entsprechende Spritzen erhalten ... puhh ...

Am Anfang war es nicht so "schlimm", weil das rechte Bein ja auch noch taub war. Da hat sie nichts gefühlt. Jetzt fühlt sie aber wieder. Und manchmal kommt es vor, dass ein Pfleger eine Spritze genau wieder in den Bereich reinpiekst, der durch die letzte oder vorletzte Spritze noch einen leicht blauen Fleck hat. Dann tut es ihr besonders weh ...

Heute haben wir Karfreitag. Dazu noch ein Gedanke: Vor ein paar Tagen habe ich an Jacquelines Händen und Füßen die kleinen Einstichstellen (Wunden) gesehen, die dadurch passiert sind, dass man Venenzugänge gelegt hat – und sie später wieder entfernt hat, weil man sie dann nicht mehr brauchte oder weil man die Seite gewechselt hat und einen anderen Venenzugang gelegt hat. Dabei dachte ich heute doch tatsächlich an Jesus, der auch an allen vier Extremitäten (wesentlich größere) Wunden hatte. Und wie friedlich inzwischen

Jacqueline ihr Schicksal erträgt ... es ist bald schon ein Wunder. Keine Depression, keine Resignation, sondern Freude am Summen und Dirigieren bei Sopranarien ...

Ich werde mal schauen, ob ich morgen früh einen Strauß Osterblumen finde, den ich ihr dann ins Zimmer stelle.

Eine gute Nacht wünscht Euch Olaf

28. Tag, Samstag, 15.4.2017

Ausgearbeitete Notizen aus Ringhefter und Computertagebuch

Morgens

Gestern bin ich wieder einem neuen Pfleger begegnet, den ich noch nicht kannte und der auch Jacqueline noch nicht kannte. Als er im Computer die lange Liste sah, sagte er spontan erstaunt: „Sie bekommt aber *viele* Medikamente!"

Auf meine Nachfrage, wie denn der Keim heißt, den Jacqueline hat, sagte er nach einem kurzen Zögern: „3 MRGN"

Ich versuchte mir das einzuprägen, um dann zu Hause im Internet danach zu suchen und zu lesen, was das für ein Keim ist. Jetzt weiß ich: Es ist ein multiresistenter Krankenhauskeim.

Nach dem Essen hat sie regelmäßig Schluckauf, 5 Mal, selten 6 Mal, dann ist es vorbei *(2018: Das passierte in diesen Tagen so regelmäßig und zuverlässig, dass ich angefangen habe, ihr nach dem 5. Mal zu sagen: „So, und jetzt ist es vorbei!" – und dann kam wirklich nichts mehr und sie hat sich gewundert.)*

Heute ist mir klar geworden, dass die Dschinni-Rolle in dem Musical eine viel zu große Verantwortung und stressige Last für mich bedeuten würde. Das mit Jacqueline enthält bereits Stress genug, weil ja immer wieder Ungleichgewichte auftreten, wie jetzt z. B. der Keim.

Ich werde direkt nach Ostern alles endgültig absagen.

Ich suche gerade nach weiteren Songs für Jacqueline. Dabei höre ich den Song „Ich gehör nur mir" aus dem Musical „Elisabeth" – und ich muss heftig weinen und an meine Jacqueline denken ...

Ja – es ist ganz deutlich: Jacqueline braucht nicht zu trauern, denn es gibt Gehirnbereiche, die sind verloren, und die hat sie dann ja auch nicht mehr für Erinnerungen. Deswegen „weiß" sie gar nicht, was sie verloren hat. Ich aber sehe den Unterschied und weiß, was mir nun fehlt, und das muss ich verabschieden, betrauern. Es gibt Jacqueline-Anteile, die definitiv „tot" sind. Aber ich weiß auch nicht, ob ich das behaupten kann ... das kann man nur wissen, wenn sie „wiederherge-stellt" ist. Dann sehen wir, was anders ist und was gleich geblieben ist.

Jedenfalls gibt es im Moment immer wieder Gefühle, die hoch kommen, wo ich das Gefühl habe, eine bestimmte Situation mit Jac-queline nie wieder so erleben zu können, wie es vorher war. Vielleicht wird es anders – besser – aber trotzdem ist der emotionale Abschied vom Alten jetzt erst einmal dran. Dann kann ich vielleicht auch offener für das eventuell Neue sein.

In der Klinik

Ich schreibe mir in der Klinik vom Computer ab: Es heißt exakt „Stammganglienblutung" und „3 MRGN Perianal"

Ihr Rücken ist o.k., sie hat bisher keine Liegewunden. Die rechte Hand und der rechte Arm sind dick. Da sammelt sich Wasser drin.

Hirnflüssigkeit wird links kaum noch gefördert und rechts ist kaum noch Blut in der Hirnflüssigkeit.

Ich habe mich heute Vormittag wieder in die geschädigten Bereiche ihres Gehirns eingefühlt und konnte etwas besser atmen.

20.30 Uhr

Seit vorgestern fühle ich mich regelmäßig in den geschädigten Bereich des Gehirns ein, der es momentan am nötigsten hat. Dabei fühle ich mich immer wie tot – aber auch total atemlos. Ich kann kaum lange einfühlen und *muss* dann atmen. Das kombiniere ich dann immer. Ich stelle mir vor, dass mein Drang als Olaf, atmen zu müssen, sich viel-leicht auf den Bereich in Jacquelines Gehirn überträgt. Als ob dieser Bereich langsam wieder anfängt zu atmen.

Heute hat sie das erste Mal bewusst ihren Muskel des rechten Arms beeinflusst. Er war angespannt – und ich sagte, sie soll mal locker lassen. Und dann wurde die Spannung weniger – sie hat locker gelassen!!!

21.11 Uhr, Rund-E-Mail

Jaaaaaaaaaa !!!!!!!!!!!! Dieses Mal war es ganz eindeutig!!! Absolut kein Zweifel!!!

Kurz bevor ich heute gegangen bin, habe ich ihren rechten Arm nehmen wollen (weiß nicht mehr, warum), der aber ganz fest an den Körper gepresst war. Dabei war das doch ihre gelähmte Seite. Ich sagte: "Wow! Du hältst ja deinen Arm ganz schön fest!" – Sie lachte und sagte: "Ja."

... und ihr "Ja" fühlte sich so an, als ob das für sie nichts Besonderes war.

Ich sagte: "Lass mal locker" – und der Arm entspannte sich!!!

Eine direkte Wiederholung von diesem Vorgang (Anspannen – Entspannen) hat nicht sofort geklappt – und beim nächsten Versuch nur ein bisschen. Also willentlich geht es noch nicht auf Anhieb – aber auf jeden Fall bekommt ihr Gehirn wieder allmählich Zugang zur gelähmten Körperseite!!

Ich glaube, das wird morgen mein glücklichstes Osterfest, das ich jemals erlebt habe!

Natürlich weiß ich auch, dass wir immer noch nicht über den Berg sind. Trotzdem – dieser Fortschritt ist ein Grund zum Feiern!! Und ich werde jeden nächsten Schritt genauso feiern!! Und wenn es wieder Rückschritte geben sollte, dann gibt es eben welche ... Das spielt aber jetzt erst einmal keine Rolle!

Außerdem war sie heute Abend ab ca. 18 Uhr so witzig drauf wie noch nie. Hat total viel Quatsch gemacht – und dabei aber immer noch nicht richtig begriffen, was mit ihr los ist. Sie hat gesagt: "Das will mir nicht in den Kopf."

Und sie hat deutlicher gesprochen als jemals zuvor. Ich kann gerade nur noch meinen Eindruck vermitteln – nicht mehr die Inhalte, was für Sätze ich verstanden habe. Da komme ich gerade in meinem Gedächtnis nicht heran.

Allerdings war das alles erst am Ende meines Besuches.

Als ich heute um 13 Uhr ankam, schien alles zunächst unverändert. Ich habe den PflegerInnen wieder abgenommen, Jacqueline zu füttern – habe ihr also Mittag gereicht, und sie hat es dieses Mal fast komplett aufgegessen. Auch zum Abendbrot hat sie jetzt anderthalb Scheiben statt eine Scheibe gegessen.

Dazwischen war sie wieder sehr müde – und ich habe sie wieder im Schlaf bewegt und massiert, ihre (hoffentlich bald nicht mehr) gelähmte Seite.

Dann habe ich heute Morgen eine neue CD gebrannt – mit Musikstücken von ihrem Laptop, von denen ich wusste, dass sie sie definitiv gut kannte und alle mitsingen könnte, wenn sie wollte. Die haben wir dann gehört, als sie ausgeschlafen hatte – und sie hat fast alles mitgesummt.

Es gibt bestimmt noch einiges zu berichten, was heute Nachmittag passiert ist, aber da habe ich irgendwie nach dieser großen Überraschung heute Abend keinen Zugang mehr in meinem Gedächtnis. Macht aber auch nichts ...

Die anderen Dinge, die noch wichtig sind, schreibe ich in der Rund-E-Mail an den großen Verteiler, die ihr ja auch noch heute oder morgen bekommt. – Erst einmal schicke ich diese hier ab.

Liebste und fröhlichste Grüße! Euer Olaf

Große Rund-E-Mail „4. Woche Jacqueline", 23.02 Uhr

Liebe Freunde,

morgen ist Jacqueline genau vier Wochen in der Klinik auf der Intensivstation. Ich weiß jetzt den Fachbegriff: Sie hat eine Stammganglienblutung.

Ich bin so froh, dass ihr von der "Schulmedizin" das Leben gerettet wurde. Und ich fühle mich definitiv außerstande beurteilen zu können, ob jetzt "Pfusch" an Jacqueline betrieben wird oder nicht (z. B. durch zu viel Antibiotika). Ich bin davon überzeugt, dass jeder einzelne Mensch sein Bestes gibt – und dass nicht die Entscheidungen Einzelner eine Rolle spielen, sondern letztendlich das Ganze. Und zum Ganzen gehört Jacqueline natürlich auch dazu – viel mehr: Sie steht

311

ganz oben an der Spitze der Heilungshierarchie, denn es geht hier um *ihre* Gesundheit. Und alle, die sich um sie bemühen (auch Ihr alle), die für sie beten und Rituale machen und Fernheilung geben und Medizin verordnen, stehen im Grunde Jacqueline und ihrer Heilung "zur Verfügung". Deswegen glaube ich, dass hier eine "riesige Aufstellungsdynamik" für Jacqueline geschieht, die wiederum auf sie zurückwirkt.

Nachdem am Freitag vor einer Woche die vierte Operation gewesen ist, hat seitdem bis heute keine weitere Operation mehr stattgefunden – und Jacqueline konnte sich von Tag zu Tag Schritt für Schritt von allem ein bisschen erholen.

In der letzten großen Rund-E-Mail schrieb ich, dass ich das Gefühl hätte, dass nun das Schlimmste überstanden wäre. Bis heute hat sich dieses Gefühl bestätigt. Es geht seitdem permanent bergauf. Allerdings immer nur kleine Schritte und ganz langsam.

Als sie am Freitag nach der Operation wieder zurück auf die Operative Intensivstation kam, hatte ich das Gefühl, als ob diese Station seitdem "gegen mich" war. Denn ich hatte es ja die ganze Zeit vorher so hinbekommen, immer außerhalb der Besuchszeiten (16 – 19 Uhr) von ca. 13 bis ca. 20.30 Uhr bei Jacqueline sein zu dürfen. Und nun hatte ich das Gefühl, dass diese Zeit wohl vorbei sein würde. Es fühlte sich so an, als ob ich für die Operationen von Jacqueline die Verantwortung zugeschoben bekomme.

Am Freitag zeigte sich noch nichts. Als ich aber am Samstag wieder in der Klinik anrief und wie gewohnt nachfragen wollte, ab wann ich denn frühestens zu Jacqueline könne, verwies man mich auf die Besuchszeiten. Trotz vieler Erklärungen von meiner Seite blieb der Pfleger am anderen Ende der Leitung stur. Das war auch am nächsten Tag so – und bevor ich mich dann am Montag ein drittes Mal auf die Besuchszeiten beschränken ließ, schrieb ich morgens eine E-Mail an die Pflegedienstleitung (die Vorgesetzte der PflegerInnen, die zunächst darauf gepocht hatte, man möge mich auf die Besuchszeiten beschränken). Diese E-Mail ist mir wohl sehr geglückt, denn im Laufe meiner Besuchszeit am Montag (ich war wieder auf 16 Uhr "verbannt" worden), bat sie mich dann zum Gespräch in ihr Büro. Nachdem sie mir erst lange erklärt hatte, wofür die Besuchszeiten waren, kam sie dann darauf, dass sie mit den ÄrztInnen und PflegerInnen gesprochen habe und man überlegt habe, wie man mir entgegenkommen könne.

Sie zeigte sich sehr offen – und teilte mir sogar mit, dass Jacqueline vielleicht sogar ein Einzelzimmer bekommen würde, so dass ich in Ruhe dort mit ihr arbeiten dürfe, ohne PatientInnen und Angehörige im Nebenbett zu stören. Sie konnte mir aber nicht versprechen, dass dies wirklich auch praktisch umgesetzt wird.

Ich war wirklich baff. Meine E-Mail hatte tatsächlich Wirkung gezeigt – und zwar so, dass ich wieder zu meinen gewohnten Zeiten bei Jacqueline sein konnte.

Und am Mittwoch passierte es dann: Ich kam mittags in die Klinik und an der Tür sagte man mir gleich, dass sie in ein anderes Zimmer verlegt worden sei. Sie läge jetzt auf Bett 4 (vorher 15). Als ich den Flur entlang zu ihrem Bett ging, freute ich mich, dass es tatsächlich mit dem Einzelzimmer geklappt hatte. Die Pflegerin, die mich empfing, sagte dann, dass ich Gummihandschuhe, einen Kittel und einen Mundschutz anziehen müsse.   -   Hä?

Ich fragte nach – und wollte es erst nicht glauben. Aber die Pflegerin bestand darauf. Außerdem stand auch an Jacquelines Tür ein Warnschild, dass für dieses Zimmer besondere Hygiene-Maßnahmen ergriffen werden müssen. "Zufälligerweise" kam gerade ein Arzt vorbei, der in alles eingeweiht war, und der erklärte mir dann, dass man vor ungefähr einer Woche auf der anderen Station einen Abstrich von Jacqueline genommen hätte (Analbereich). Das Ergebnis dieses Abstrichs sei aber erst vor ein paar Stunden auf dieser Station eingetroffen (was sich keiner erklären könne). Und laut dieses Ergebnisses hätte Jacqueline sich einen Krankenhauskeim eingefangen.

Seit gestern weiß ich, dass dieser Keim "3-MRGN" heißt und Perianal nachgewiesen wurde (also im Analbereich außen), worauf man aber schließt, dass sie ihn wohl auch im Darm hat.

Zuerst habe ich gedacht, dass das wohl ein "Trick" der Pflegedienstleitung sei, um Jacqueline in ein Einzelzimmer zu bekommen. Aber inzwischen glaube ich wirklich, dass das ernst war/ist.

"Normale, nicht kranke" Menschen kommen mit diesem Erreger klar. Sie müssen dadurch nicht krank werden. Aber kranke Menschen mit Wunden oder mit Antibiotika-Behandlung in Krankenhäusern können im schlimmsten Fall sogar daran sterben – wenn viele ungünstige Umstände zusammenwirken.

313

Aber ich glaube nicht, dass Jacqueline diesen schlimmsten Fall erleiden muss. Mein Gefühl passt dazu nicht.

Gestern war auch ein "Engel" rechtzeitig zu Besuch gekommen (ein guter Freund aus dem Karlsruher Bereich) und hat mir den Vorschlag gemacht, Manuka-Honig zu verwenden. Manuka-Honig kann multiresistente Keime erfolgreich bekämpfen. Und so bin ich froher Hoffnung, dass wir diesen Keim mit Manuka-Honig in den Griff bekommen werden. Ich selbst habe heute bereits damit angefangen – denn seit meiner zweitägigen Krankheit habe ich immer ein leichtes Unwohlgefühl in der Magengegend und weicheren Stuhlgang als gewohnt.

Im Moment warte ich noch auf die Erlaubnis der ÄrztInnen, Jacqueline den Manuka-Honig zu verabreichen (z. B. in den grünen Tee zu mischen).

Seit Mittwoch bin ich also täglich mit Mundschutz, Gummihandschuhen (die irgendwie atmungsaktiv sind) und Kittel von ca. 13 – 20 Uhr bei Jacqueline. Aber wir haben ein Einzelzimmer, bei dem man die Tür zu machen kann – und wir haben "Stille"!

Apropos "Stille": Seit dem Wochenende höre ich mit Jacqueline täglich ein bisschen Musik. Einerseits hatte ich selbst schon den Gedanken, irgendwie und irgendwann einmal Musik mit ins Spiel zu bringen, andererseits hat eine gute Bekannte mich in diesem Gedanken unterstützt, indem sie erzählt hat, dass sie irgendwo einmal gelesen hätte, dass Musik bei Schlaganfällen positive Wirkungen entfalten kann. Das war dann der ausschlaggebende Impuls, damit dann auch gleich anzufangen.

Die Stücke, die Jacqueline kennt, summt sie auch schon ansatzweise mit – nicht immer ganz sicher, aber eben so, wie sie es stimmlich und von der Konzentration her hinbekommt.

Inzwischen ist übrigens klar, dass sie keine Hirnhautentzündung hat – und auch keinen Erreger im Gehirn. Man weiß immer noch nicht, warum die Leukozyten und die Erythrozyten (weiße und rote Blutkörperchen) im Gehirn gleichermaßen erhöht sind, und beobachtet weiter. Die Dreifach-Antibiose soll sie noch bis nächste Woche bekommen.

Sie hat eben nur diesen multiresistenten Keim und leichte Infektionen an den Wunden am Kopf (von den Operationen und Schläuchen, die immer noch in beide Gehirnhälften führen, um einen eventuell höheren Druck ableiten zu können). Aber eben nicht im Kopf. Gott sei Dank.

Inzwischen ist ihr Fieber wieder weg und der Puls hatte heute normale Werte (ist schrittweise in den letzten Tagen runtergegangen).

Inzwischen isst sie gut. Der Appetit ist wieder da.

Nur der Übergang von Kurzzeitgedächtnis ins Langzeitgedächtnis klappt noch nicht. Es ist immer noch so, dass die Antwort schwer fällt, wenn ich sie frage: Wer war gestern zu Besuch?

Aber ich könnte mir vorstellen: Wenn ihr Gehirn wieder vollständig funktioniert, wird sie sich möglicherweise rückwirkend an alles erinnern können. Zumindest besteht die Möglichkeit, dass die Dinge vom Kurzzeitgedächtnis erst einmal nur ins Unterbewusstsein verschwinden und erst später wieder zugänglich sind. Aber vielleicht auch nicht. Wer weiß ...

Auch mit den Augen ist da etwas seltsam. Wenn sie "nach innen" schaut, sich also mit offenen Augen nicht auf das Äußere konzentriert, dann gleiten ihre Augen nach links ab (von ihr aus gesehen nach rechts). Auch wenn sie ihre Augen schließt oder schläft und der Pfleger ein Auge mit seinen Fingern öffnet, um mit der Lampe reinzuleuchten und den Reflex der Augen zu beobachten, dann sieht man, dass ihre Augen links (von ihr aus gesehen rechts) liegen.

Wenn jemand von Euch weiß, wie man das deuten könnte, wäre ich froh. Denn daraus könnte man vielleicht therapeutische Hilfen für Jacqueline entwickeln (aber vielleicht braucht man das auch nicht – siehe ganz unten, das erste große Erfolgserlebnis ...).

Nun möchte ich noch einmal kurz etwas über mich schreiben:

Es gibt wenige Leute, die sich erlauben, mir nach meinen Rund-E-Mails Tipps zu schicken. Ich habe das Gefühl, dass sich viele diesbezüglich zurückhalten und sich nicht anmaßen wollen, mir zu schreiben, was ich tun könnte oder was ich verbessern oder berücksichtigen könnte – oder wo ich vielleicht auch vorsichtiger sein sollte.

Ich möchte Euch einmal beschreiben, wie ich inzwischen mit Tipps umgehe: Ich lese sie, nehme sie ernst und schaue dann, was sich in mir daraus entwickelt.

Es gibt sogar viele Dinge, die ich mir bereits schon überlegt habe, die ich auch weiß, aber die ich irgendwie noch nicht umsetze. Und wenn mir dann jemand genau das schreibt, was ich schon weiß, kann es sein, dass das dann der letzte Impuls war, der mich aktiv werden lässt (wie z. B. das mit der Musik).

Ich möchte Euch ermutigen: Überhäuft mich mit Feedbacks, mit Korrekturen, mit Verbesserungsvorschlägen, mit Ideen! Ich brauche das, ich wünsche das! Ich kann es als eine Art "Checkliste" für mich nutzen und immer noch mal schauen: Mache ich das? Will ich das so? Wie fühlt es sich im Kontakt mit Jacqueline an? Könnte es Jacqueline helfen? Wie wäre es, es mal auszuprobieren? Und so weiter ...

Ich werde bei niemandem denken oder fühlen, dass ich hier bevormundet werde, sondern ich nutze alles, was kommt, konstruktiv. Und natürlich bin ich auch erwachsen und kann frei wählen, etwas auch nicht zu tun, was nicht zu meinem Gefühl passt oder was mich letztendlich nicht aktiv werden lässt.

Also: Wenn Ihr das Bedürfnis habt, dann schreibt mir gerne. Ihr dürft nur nicht erwarten, dass ich Euch allen antworte. Das Lesen geht wesentlich schneller als das Schreiben.

Meine einfache Gleichung lautet: Ich vertraue, dass alles irgendwie "von oben" geführt und begleitet ist, dass alles dazugehört, auch Eure Impulse, auch meine Impulse. Und wenn ich in einer Situation verzweifle oder eine Abwehr entwickle, dann kann ich das als Spiegel nutzen und mich fragen, wo ich etwas emotional noch nicht verarbeitet habe. Daran kann ich wachsen – und auch das sollte dann so sein.

Das Beste möchte ich Euch jetzt zum Schluss nicht vorenthalten. Es ist ganz neu:

Sie hat heute das erste Mal bewusst in ihrem gelähmten Arm eine Muskelspannung, die ich bemerkt hatte, entspannen können. Ich wollte ihren rechten Arm bewegen, doch der war fest an den Körper gepresst. Daraufhin sagte ich zu ihr: "Wow! Du hältst ja deinen Arm ganz schön fest!" – Sie lachte und sagte: "Ja."

... und ihr "Ja" fühlte sich so an, als ob das für sie nichts Besonderes war.

Ich sagte: "Lass mal locker" – und der Arm entspannte sich!!!

Eine direkte Wiederholung von diesem Vorgang (Anspannen – Entspannen) hat nicht sofort geklappt – und beim nächsten Versuch nur ein bisschen. Also willentlich geht es noch nicht auf Anhieb – aber auf jeden Fall bekommt ihr Gehirn wieder allmählich Zugang zur gelähmten Körperseite!! Und das an Ostern!

DIE AUFERSTEHUNG HAT BEGONNEN!!

Und sie spricht auch schon ab und zu etwas deutlicher.

Ich glaube, das wird morgen mein glücklichstes Osterfest, das ich jemals erlebt habe!

Osterblumen darf ich Jacqueline morgen leider nicht ins Zimmer stellen – der Raum muss möglichst steril bleiben – und Pflanzen auf der Intensivstation sind sowieso nicht erlaubt ...

Aber ich werde mal bunte Ostereier mitbringen, die sie dann auch essen darf.

Ich wünsche Euch ein wundervolles Osterfest.   Euer Olaf

Kommentar 2018

Die Aufstellungen habe ich bisher täglich weitergeführt und das Ergebnis regelmäßig auf Video aufgenommen. Wenn ich sie hier im Buch an manchen Tagen nicht erwähnt habe, dann ist nichts Bedeutendes in der Aufstellung passiert. Was aber immer gepasst hat, war die Grundstimmung: So, wie ich mich grundsätzlich in einer Aufstellung gefühlt habe, habe ich mich dann auch später bei Jacqueline in der Klinik gefühlt.

Bis heute bin ich mir unsicher, ob die Sache mit dem Keim eine „Hintertür" war, um Jacqueline und mir ein Einzelzimmer zu schenken, obwohl Jacqueline „nur" gesetzlich krankenversichert ist. Normalerweise bekommen nur die Privatversicherten ein Einzelzimmer. Man könnte es tatsächlich so sehen, dass der Befund vom 6.4. irgendwie beeinflusst wurde. Man könnte es aber auch als eine göttliche Fügung sehen, dass es am 6.4. tatsächlich diesen Befund gab, man ihn nicht wirklich ernst genommen hat (es gab ja nur ganz vereinzelt Keime) und man später, als es um die Frage mit dem Einzelzimmer ging, den Befund genutzt hat und sie in ein Einzelzimmer zur Isolation verlegt hat.

Auf jeden Fall aber war es ein Geschenk, dass wir in diesem Einzelzimmer bis zum Schluss bleiben durften, obwohl alle weiteren Befunde wieder negativ waren und kein 3MRGN mehr nachzuweisen war (was mir keiner erzählt hat – es ist nur der Patientenakte zu entnehmen). Dies war auf der einen Seite positiv, weil wir ungestört sein und arbeiten konnten (auch wenn der Mundschutz und die Handschuhe lästig waren). Auf der anderen Seite hatte das auch schmerzhafte Folgen, die sich erst nach dem Verlassen der Intensivstation offenbarten …

29. Tag, Ostersonntag, 16.4.2017

Ausgearbeitete Notizen aus Ringhefter und Computertagebuch

Eine gute Bekannte hat mir heute per E-Mail das Ergebnis einer Einfühlung in Jacqueline per Aufstellung mitgeteilt. Darin kam eine Art „Trotzgefühl" vor, dass Jacqueline alles selbst entscheidet – auch über Leben und Tod.

Ja – das ist auf jeden Fall auch die Grundhaltung, die ich ihr gegenüber haben sollte: Sie ist die Chefin.

Gestern beim Füttern des Abendbrots ist es auch wieder zum Vorschein gekommen. Sie steckt ein Brot halb in den Mund, beißt drauf und lässt es so stecken. Ich will es ihr rausnehmen – und sie dreht den Kopf weg. Eine Weile hält sie das Brot so – und anschließend steckt sie es entweder ganz rein oder sie nimmt es sich selbst raus.

Die Grundhaltung lautet: „Du bist immer der Chef und entscheidest auf dich bezogen immer über alles!"

Und ich stehe nur anbietend zur Verfügung. Entweder nimmt sie mein Angebot – oder sie lässt es.

318

Einmal musste ich ihr vor ca. drei Tagen laut eine Grenze setzen. Ich hatte den Impuls, sie dabei zu „erziehen", per Worte den Arm selbst wieder runterzunehmen, mit dem sie sich gerade wieder am Kopf kratzen wollte. Widerwillig nahm sie den Arm runter – und steckte mir anschließend die Zunge raus. Ein Ritual, mit dem sie ihr Gesicht wiedererlangt hat. Und ich wurde mir bewusst, was ich da gerade getan hatte. Diese Zurechtweisung von mir war für sie entwürdigend. Logisch.

Ich möchte sie nicht entwürdigen – und ich hoffe, das war mir eine Lehre, so dass ich das nicht noch einmal mache.

Nur wenn ich sie vollständig respektiere, kann ich sie erreichen. **Sie ist die Chefin und entscheidet alles!!**

Und wenn für mich etwas unstimmig ist (wie z. B. mit der Hand am Kopf kratzen), dann kann ich es ihr liebevoll mitteilen, es ihr anbieten oder im Notfall freundlich die Hand festhalten.

… und Jacqueline bestimmt selbst, ob sie es anerkennen will, dass andere Menschen auch Selbstbestimmer sind und z. B. bestimmen, nicht als Selbstbestimmer zu wirken.

Übrigens: Vor ca. zwei Wochen konnte sie sich noch nicht daran erinnern, dass sie vor ihrem Schlaganfall im Internet Fitness-Videos angeschaut und das Training mitgemacht hat. Gestern konnte sie es wieder – zumindest hat sie es mit ein bisschen Nachdenken bestätigt. Sie hatte die Aufschrift „Fitness Bender" auf meinem Sweat-Shirt gelesen, wir haben darüber gesprochen und ich habe sie gefragt, ob sie sich an ihr Training von früher erinnert.

In der Klinik

Ich selbst nehme auch den (teuren!) Manuka-Honig und habe schon nach einem Tag festeren Stuhl und bessere Gefühle im Magen.

Nachträglich noch zu gestern: Als wir den Song „Ich gehör nur mir" angehört haben, ist sie in Trance gegangen. Ich vermute, dass der Song ein bestimmtes Erinnerungsnetzwerk angeregt hat und sie dadurch müde wurde, damit ihr Gehirn neu sortieren und aufräumen kann.

Die Pflegerin hat mir erzählt, dass Jacqueline heute gut gefrühstückt hat, 2 Scheiben und ein Ei. Das hartgekochte Ei hat Jacqueline mit einem Mal vollständig in den Mund gesteckt. Die Pflegerin hatte erst Panik, hat dann aber mitbekommen, dass Jacqueline das Ei wunderbar zerkaut hat und problemlos Stück für Stück runterschlucken konnte.

Dann hat sie gut Mittag gegessen (alles weg) und wurde danach sofort wieder schläfrig. Das passiert öfter nach dem Mittagessen, als ob die Stunde (oder auch anderthalb Stunden) Beschäftigung mit dem Essen anstrengend ist – oder vielleicht braucht der Körper auch seine ganze Aufmerksamkeit zum Verdauen.

Als ich einmal aus dem Raum ging, um außerhalb der Intensivstation auf die Toilette zu gehen, sagte eine (neue) Pflegerin zu mir:

„Sie sollten mal an sich denken und auch größere Pausen machen und sich erholen. Nehmen Sie sich mal einen Tag frei!"

Ich spürte sofort, dass hier ein Tipp von einer Person kommt, die mich überhaupt nicht kennt. Und vor allem: Sie gibt mir einen Tipp, ohne mich vorher gefragt zu haben, ob ich Probleme hätte.

„Danke für Ihren Tipp, aber ich brauche keine Pausen."

„Doch, ich verspreche es Ihnen: Wenn Sie sich nicht um sich kümmern, werden Sie bald in ein großes Loch fallen. Das kommt unweigerlich!"

Was für eine negative Suggestion! Dabei wollte sie sich mir gegenüber nur fürsorglich verhalten. Ich merkte, dass sie sich in ihrem fürsorglichen und etwas dominanten Verhaltensmuster nicht bewusst machte, was sie da gerade tat und wie sie sich anmaßend über mich stellte.

„Alles klar – ich danke Ihnen für Ihren Tipp!"

Ich wusste, dass meine „Erholung" in der Nähe von Jacqueline passiert – und nicht alleine zu Hause getrennt von ihr. Außerdem war mir klar, dass meine regelmäßigen Tränen (mein „Tränen-Yoga") eine wundervolle Verarbeitung sind und ich dadurch in kein „Loch" fallen werde. Diese Frau hatte absolut keine Ahnung …

21.50 Uhr, Rund-E-Mail

Über Jacqueline

Ich habe ihr heute Bio-Ostereier mitgebracht. Eins davon hat sie zum Abendbrot gegessen.

Außerdem habe ich ihr zwei DinA4-Zettel gemalt mit "FROHE OS-TERN – von Olaf" – bunt, mit Herzchen, und so an die Wand gehängt, dass sie sie vom Bett aus gut sehen kann. Jetzt, wo sie das Einzelzimmer hat, geht es gut, ihr Zettel so hinzuhängen, dass sie sie immer wieder lesen kann. Das hat sie dann auch im Laufe des Tages immer wieder gemacht (mit einem Auge, während sie das andere Auge zukneift) – und jedes Mal hat sie erneut gelächelt.

Als ich gegen 13 Uhr kam, sagte die Pflegerin, dass Jacqueline sehr gut gefrühstückt hat und auch den ganzen Vormittag wesentlich lebendiger war als gestern.

Bei mir wurde sie aber wieder schläfrig, nachdem sie die Medikamente genommen und das Mittagessen vollständig aufgegessen hatte.

Bei den Pflegern ist gegen 14 Uhr Schichtwechsel. Die nächste Pflegerin sagte mir dann am späten Nachmittag, dass sie mit dem Arzt gesprochen habe und das Medikament, das für ihre Nachmittagsschläfrigkeit verantwortlich sei, ab morgen abgesetzt werde. In dieser Schläfrigkeit sackt ihr Blutdruck so weit runter, dass die Pfleger dann dagegen steuern müssen. Entweder mit mehr Wasserinfusion oder mit "Beine höher" oder mit einem Medikament.

Gegen Abend wurde sie wieder etwas wacher. Sie war heute insgesamt etwas gelassener als gestern.

Und ich habe ihr heute Abend das erste Mal Manuka-Honig in den Tee getan. Mal sehen, wie es ihr damit geht. Und wenn sie keine allergische Reaktion darauf entwickelt, kann ich Schritt für Schritt die Dosis erhöhen (eine Allergie dagegen könnte das einzige Hemmnis sein, ansonsten hat dieser Honig keine "Nebenwirkungen").

Ich habe dann noch mal den gelähmten Arm getestet. Er war gegen Abend wieder angespannter, als am schläfrigen Nachmittag, als ich sie wieder im Schlaf sanft durchbewegt habe. Auf den Hinweis, ihren Arm locker zu lassen, gab es eine minimale Entspannung. Aber sie hatte sichtlich Schwierigkeiten, dies "bewusst" durchzuführen.

Die Sprache war heute wesentlich inaktiver. Gegen Abend kam etwas mehr.

Und ich habe nachmittags bei einem kurzen Versuch festgestellt, dass sie es schwer hat, mit ihren Augen meiner Hand zu folgen. Als ich das dann aber abends noch einmal probiert habe, ging es wesentlich besser. Einige Defizite haben also definitiv mit den Wirkungen der Medikamente zu tun.

Wo ihre Augen auf jeden Fall Schwierigkeiten haben, ist bei der Augenbewegung nach unten. Die geht nicht. Sie kann nur rechts, links und hoch gucken. Nicht runter. Dazu muss sie dann ihren Kopf tiefer nehmen.

Mir wurde heute von der zweiten Pflegerin erzählt, dass die ÄrztInnen jetzt allmählich planen, Jacqueline von den Hirn-Schläuchen Schritt für Schritt zu entwöhnen, so dass sie dann vielleicht in ein paar Tagen rausgenommen werden können.

Beim Mitsummen der Lieder war sie heute ein wenig treffsicherer als gestern – hat also mehr Töne sauber getroffen.

Kurz: Es geht also weiterhin bergauf – nur halt sehr langsam, in kleinen minimalen Schritten, wenn man ganz genau beobachtet. Und das tue ich – täglich.

Über mich

Das Heftigste kam für mich heute am Schluss. Nach dem Abendbrot war noch etwas Zeit, bis dann gegen 20 Uhr die Pflegerin reinkommen würde, um die Abendmedikamente fertig zu machen und Jacqueline neu zu lagern. Zu diesem Zeitpunkt gehe ich meistens. So hat es sich jetzt eingependelt.

Aber bis dahin war noch Zeit. Ich entschied nach Gefühl, noch eine CD (Josh Groban) reinzulegen. Wir hörten gemeinsam und summten gemeinsam und dann hatte ich den Impuls, ihr noch einmal zum Schluss Reiki (= Handauflegen) für die geschädigte Hirnseite zu geben. Ich saß neben ihrem Bett an ihrer linken Seite (von ihr aus gesehen). Mit meiner linken Hand hielt ich ihre Linke – und mit meiner rechten Hand hielt ich sozusagen ihren Kopf an der Seite – an ihrer linken Seite. Sie lehnte ihren Kopf gegen meine Hand und gab sich der Berührung hin. So lauschten wir gemeinsam der Musik. Sie schloss ihre Augen, ich die meinen. Und irgendwie driftete ich in meinem Kopf ab – sank tiefer – und dann kamen Gedanken darüber, dass alles irgendwie von "oben" (ich sage ja immer gerne: "vom Universum") vorherbestimmt ist. Es kam der Gedanke, dass alles, was jetzt in Jacquelines Gehirn heilt und was für immer zerstört ist, auf jeden Fall unsere Zukunft bestimmen wird, unser Handeln, unsere Entscheidungen, unsere Gefühle – und damit auch unser Umfeld, mit dem wir in Kontakt stehen. Mir wurde bewusst, dass die kleinste Heilung und die kleinste Zerstörung in Jacquelines Gehirn eine enorm große Auswirkung auf alles Weitere haben wird. Ich fühlte mich in dem Moment absolut demütig und spürte, wie "groß" das ist, was hier gerade bei Jacqueline passiert. Und während ich das hier aufschreibe, kann ich es auch auf alle Menschen übertragen. Jede kleinste Änderung im Gehirn eines Menschen hat Auswirkungen auf sein Reden, sein Handeln, sein Entscheiden und damit auch auf sein Umfeld und auf die Welt insgesamt. HIER wird mir gerade der "Schmetterlingseffekt" der Chaos-Theorie besonders bewusst. Möglich, dass mich die Berührung von Jacqueline zu diesen Gedanken angeregt hat – oder dass ich sie vielleicht auch von ihr erhalten habe ...

In diesen tiefen Gedanken eingetaucht mit tief berührender Musik von Josh Groban öffnete ich unwillkürlich meine Augen und blickte genau in Jacquelines Augen, die mich gerade ansahen – für einen kurzen Moment, bevor sie wieder die Augen schloss. Dieser Moment hat mich absolut tief erwischt. Tief berührt. Doch das merkte ich erst später. Zunächst freute ich mich einfach nur, dass sie mich angeschaut hatte. Ich schaute noch ein paar Mal, um zu sehen, ob sie die Augen noch einmal aufmachte – aber sie blieben geschlossen. Und ich merkte, wie unglaublich warm meine Hand auf ihrer Wange geworden war. Es war, als ob sehr viel Energie floss. Sehr viel.

Dann kam die Pflegerin rein – wir öffneten unsere Augen, beendeten das Reiki. Ich verabschiedete mich – und mir tat es in der Seele weh, jetzt Jacquelines Augen zu sehen. Die letzten drei Tage habe ich immer das Gefühl, als ob sie vom Abschied unangenehm überrascht ist. Sie schaut so, als ob ich für immer gehen würde – oder als ob sie gerade nicht versteht, warum ich gehen muss. Vielleicht ist es aber auch ein Spiegel für mich, dass es mir immer sehr schwer fällt, mich von ihr zu verabschieden. Am liebsten wäre ich 24 Stunden bei ihr.

Dann ging ich noch auf die Besuchertoilette im Krankenhaus – und da brach es dann aus mir heraus. Ich fing heftigst an zu schluchzen – und wusste erst nicht genau, warum. Zuerst dachte ich, es war dieser Abschied. Doch dann – beim Weinen – wurde mir allmählich klar, wie tief mich diese letzten Minuten Entspannung mit Jacqueline berührt – ja tief tief in meinem Herzen "getroffen" haben. Diese tiefe Berührung im Reiki und in diesem Augenkontakt und auch in diesen Gedanken, wie alles vorherbestimmt oder vom Universum begleitet ist.

Dieser Tränenausbruch wollte einfach nicht aufhören und ging bestimmt 30 Minuten.

Dann fuhr ich nach Hause – und hier hat es sich dann noch einmal fortgesetzt, weil ich wieder ihren Rucksack sah, ihren Koffer, ihre Sachen – die zum großen Teil immer noch so liegen, wie sie sie verlassen hat.

Die tiefe Berührung dieses Momentes koppelte sich auch noch einmal an einen tiefen Abschiedsschmerz von der Jacqueline, die sie früher war.

Eine neue Welle der Verarbeitung dieser großen Veränderung in unserem Leben ...

Bis morgen. Euer Olaf

30. Tag, Ostermontag, 17.4.2017

Ausgearbeitete Notizen aus Ringhefter und Computertagebuch

8.15 Uhr

Ich habe heute davon geträumt, dass ich einen Ring von vier Mädchenhändlern aufdecke und den vier Männern ihr Potenzial zeige und sie zu einer „vernünftigen" Arbeit bringe. Sie finden tatsächlich etwas, wo sie gemeinsam arbeiten können und viel Spaß daran haben.

Ich bekomme manchmal E-Mails von Leuten, die die Angewohnheit haben, genau zu „wissen", was das Richtige ist. Sie stellen Behauptungen auf und stellen sich dadurch „über" mich. Wenn es Menschen sind, die ich nicht kenne, ist so etwas kein Problem. Wenn es aber

Menschen sind, die ich kenne, mit denen ich Kontakt habe und die mir sogar ein bisschen am Herzen liegen, dann habe ich Schwierigkeiten damit. Da komme ich nur damit zurecht, indem ich meine auftauchende Abwehr als „Resonanz" zu ihrem Schmerz und zu ihrer Grenzüberschreitung sehe, als Resonanz zu ihrer Kriegs-Trance. Ich nehme sie ernst und habe Mitgefühl – und Trauer!

Meine Trauer hat im Moment aber auch noch andere Ursachen. Erst einmal ist heute der erste richtige Regentag seit dem Schlaganfall. Und dann weiß ich mit Jacqueline nicht weiter … - und das muss daran liegen, dass mein Schmerz von gestern Abend noch nicht vollständig verarbeitet ist.

Mir kommt in dieser Stimmung eine Idee für einen Buchtitel:

„Der halbe Tod"

Zu gestern: Ich habe ihr gestern mal wieder erzählt, dass sie sich am Kopf nicht anfassen darf. Sie sei schon drei Mal operiert worden, weil sie sich da oben angefasst hat. Das letzte Mal habe ich ihr das vor zwei Tagen erzählt. Jetzt hat sie wieder ganz erstaunt geguckt. Das war sehr neu für sie. Also – nach zwei Tagen ist eine Information definitiv wieder weg.

Irgendwie habe ich kaum Energie, mich um das Gedächtnis zu kümmern … ich habe immer das Gefühl, dass es noch nicht dran ist, hier etwas zu trainieren … kenne ich ja. Erst wenn etwas wirklich dran ist, werde ich umfassend aktiv – so kenne ich mich.

Gegen 11 Uhr habe ich mich wieder in die geschädigten Bereiche von Jacquelines Gehirn eingefühlt. Erst war ich wieder schlapp, atemlos. Dann nahm ich ein gelbes Kissen dazu – als Heilung. Das hat sich etwas besser angefühlt – und ich begann zu weinen. Ob es meine Tränen waren oder die Tränen des geschädigten Gehirnbereichs spielt keine Rolle. Es wurde etwas verarbeitet. Anschließend lag ich mit geschlossenen Augen eine Weile da – machte die Augen auf und schaute geradewegs auf ein Bild an der Wand mit einer hellen Lichtquelle in der Mitte. In dem Moment schien auch draußen die Sonne.

Ich glaube, dieses Einfühlen in den geschädigten Bereich kann eine große Wirkung entfalten. Jedenfalls zieht es mich immer wieder dahin, es so oft wie möglich zu machen. Vormittags mindestens zwei Mal. Einmal noch im Bett liegend und einmal im Seminarraum.

In der Klinik

Ich wende einen Trick an, um Jacquelines Augen indirekt zu trainieren: Beim Essen bewege ich den Löffel/die Gabel vor ihrem Gesicht ein wenig hin und her. Sie verfolgt den Löffel mit den Augen und identifiziert es noch nicht als „Trick" von mir. Denn sonst würde sie nicht mehr mitmachen. Oder ich laufe im Raum hin und her und sie folgt mir mit den Augen.

Abends, Empathie-Schule, 20.18 Uhr

Es ist so unglaublich. Als ich heute aus dem Krankenhaus rausgegangen bin, bin ich in der Abenddämmerung und bei kühlem Wind auf eine Baumreihe zugegangen. Die Blätter sind schon fast alle ausgereift. Der Wind hat in diese Bäume gepustet und sie bewegt – und es hat mich an meine Jugend erinnert, in der ich so melancholisch war. Und auf einmal war das Gefühl ganz klar, dass ich damals schon so melancholisch war, weil ich vorausgespürt habe, was für ein Schicksal auf mich zukommen würde. Es fand gerade eine ganz direkte Verbindung zwischen diesen beiden Zeiten statt – damals und heute.

Wenn ich als Gedankenexperiment denke, dass alles vorherbestimmt ist und dass ich dieses Schicksal zusammen mit Jacqueline teilen sollte (vom Universum so vorgesehen), dann passt alles, was ich in meinem bisherigen Leben erlebt habe, vollkommen in dieses Bild hinein. Jetzt ergibt wirklich alles einen Sinn. Es erklärt,

- warum wir gerade *so* viele Menschen in unserem „Verteiler" haben, die uns etwas gespendet haben, dass wir finanziell jetzt sehr gut über die Runden kommen.

- warum ich mich so oft von Partnerinnen getrennt habe und die Abschiede emotional verarbeitet habe, bis ich mich ohne Probleme trennen konnte. Bis ich eine Beziehung eingehen konnte, in der mich meine Frau verlässt und ich weiß, dass ich das verarbeiten kann.

- warum ich immer die Welt retten wollte. Und in dem dritten Drittel meines bisherigen Lebens kam immer mehr der Gedanke dazu, dass es nicht meine Aufgabe ist, die gesamte Welt zu retten, sondern vielleicht nur ein einzelnes Menschenleben – die Welt eines einzelnen Menschen.

- warum ich nicht so riesig erfolgreich geworden bin und nie Energie dazu hatte, mir etwas Großes aufzubauen. Denn das wäre jetzt alles zusammengebrochen. So musste nun nichts zusammenbrechen.

- warum ich so viel an mir selbst gearbeitet habe und das alles jetzt verwenden kann – inklusive tränenreiche Verarbeitungsprozesse und Aufstellungsarbeit.

- warum ich auch so viel an mir gearbeitet habe bezüglich Umgang mit anderen Menschen. Ich kann jetzt mit ÄrztInnen und PflegerInnen ganz klar umgehen, wenn es wirklich nötig ist.

- warum ich im Jahr 2009 während einer Autofahrt Richtung Norden zum Universum sagen konnte: „Ich habe das Gefühl, jetzt alles erreicht zu haben, was ich erreichen wollte. Liebes Universum – jetzt kannst du mich einsetzen für das, was du für notwendig hältst." Danach kamen Jacqueline und ich uns wieder näher – und haben dann auch geheiratet.

- warum ich 2009 nach B. gezogen bin – ich habe dort schon einmal die Umgebung erkundet und etwas aufgebaut, das uns jetzt weiterhilft. Denn in Karlsruhe wäre Jacqueline garantiert niemals so schnell und so gut versorgt worden.

- warum ich den Seminarraum in B. gefunden und gemietet habe und von hier aus nur zehn Minuten Fahrtzeit zu Jacqueline benötige.

- warum ich mich schon von Anfang an als Kind in der Schule allein gefühlt habe. Jetzt bin ich genauso allein – und kann auf diese Weise alles meistern. Ich habe dieses Alleinsein gelernt.

- warum ich damals, als ich meinen Bruder in Berlin besucht habe und wir beide zu Besuch bei einer blinden Behinderten waren, die so toll und fröhlich Klavier gespielt hat, so heftigst in Tränen ausgebrochen bin. Jetzt ist Jacqueline auch behindert und gleichzeitig immer wieder fröhlich. Habe ich damals unser Schicksal / meine Zukunft schon vorausgespürt?

- warum ich mit Jacqueline zusammen bereit war, ein eventuell behindertes Kind großzuziehen. Das Thema „Behinderung" hatte in unser beider Gefühl Raum.

22.09 Uhr, Rund-E-Mail

Ja, heute ist der 17.4.2017 – aber es ist nichts so gravierend Neues passiert, wie am 17. Tag in der Klinik. Heute haben wir den 30. Tag.

Ich habe heute gedacht: "Wow, was für eine Energie ich habe. Ich gehe seit 30 Tagen in diese Klinik (mit zwei Tagen Ausnahme), habe immer wieder Energie dafür, niemals Lustlosigkeit, ich muss mich nie dazu überwinden, sondern es ist mein Wille, meine Aufgabe, meine Energie. So kann ich mir vorstellen, wie es Eltern geht, die sich 24 Stunden um ihr geliebtes Kind kümmern – und das jahrelang!"

Gestern hat eine Pflegerin betont, ich müsse doch auch mal Pause machen und mich erholen. Ich müsse mich auch um mich selbst kümmern, sonst käme irgendwann das große "Loch". Und ich denke heute: Dadurch, dass ich regelmäßig für 7 – 8 Stunden täglich zu Jacqueline gehe, **kümmere ich mich um mich!** Bei Jacqueline fühle ich mich wohl, fühle mich glücklich, bin bei ihr, darf in ihrer Nähe sein.

Alles andere, dieses "Alleinsein" oder dieses "Sich um sich selbst kümmern" – das brauche ich nicht mehr. Das ist seit dem Jahr 2010 ad acta gelegt (mein freies Jahr, in dem ich alles das hätte tun können, was ich schon immer tun wollte – und ich habe es nicht getan). Anderen Menschen mag es so gehen, dass sie immer noch für sich "Pausen" und „Abstand" brauchen. Diese anderen Menschen werden mich nicht nachvollziehen können. Im intensiven Kontakt mit Jacqueline finde ich meine Erholung. Ich kümmere mich um mich, indem ich mein Leben einfach lebe.

Das ist genauso, wie ich seit Jahren sage, dass ich immer das Gefühl habe, permanent im Urlaub zu sein – auch während meiner Arbeit, die ich tue. Weil ich sie gerne mache.

Aber jetzt endlich mal zu Jacqueline: Der Aufwärtstrend setzt sich fort. Jetzt stellt sich für mich nicht mehr die Frage, wie ich durch Bewegungen ihrer Körperteile ihr Gehirn erreiche, sondern es stellt sich die neue Frage, wie ich bei ihrem nun nicht mehr so gelähmten Arm und

Bein mit den Muskelanspannungen umgehe. Spontan habe ich es heute so gemacht, dass ich leicht gegen die Anspannung im Arm angewippt und Jacqueline dabei gefragt habe, ob sie das spüren kann und was sie dabei fühlt. Dabei habe ich ihr erklärt, dass ihr Unbewusstes bereits den Arm bewegt, sie es nur noch nicht bewusst steuern kann. Und dass diese unbewusste Steuerung allmählich ins Bewusstsein zurückkehren wird. Ich habe ihr noch ein paar mehr Zusammenhänge erklärt – und dann sagte sie: "Ach so!" – und machte den Eindruck, als ob sie auf einmal etwas begriffen hat.

Doch nicht zu früh freuen. Das zeigt nur, dass meine Erklärungen für diesen Moment ihr eine Erkenntnis gegeben haben – die dann einige Zeit später wieder vergessen sein wird. Morgen werde ich es ihr neu erklären.

Es ist höchst spannend, dass sich gegen 18.30 Uhr täglich das gleiche Ritual abspielt: Sie wird lebendiger, will aufstehen, versucht es, es klappt nicht – und ich erkläre ihr, dass sie einen Schlaganfall hat und noch nicht aufstehen kann. Dann wird ihr linker Arm aktiver, sie reibt sich die Nase, die Augen, immer wieder, und will sich dann oben in die Haare greifen. Auch wenn ich ihr ausführlichst erkläre, warum das nicht gut ist, macht sie es Minuten später noch einmal. Liebevoll nehme ich immer wieder ihre Hand und führe sie sanft vom Kopf weg. Minuten später das gleiche. Und irgendwann hat sie es dann wieder begriffen.

Jeden Abend genau das.

Auf der anderen Seite habe ich das Gefühl, dass sich in diesen vier Wochen in ihrem unbewussten Gedächtnis bestimmte Dinge eingeprägt haben und sie "normal" geworden sind. Z. B. das Einnehmen von Medizin, das sie immer "brav" durchführt. Ganz zu Anfang hatte sie sich ja noch dagegen gewehrt, den Kopf weggedreht.

Oder wenn ihre Hand abends wieder festgebunden wird. Das lässt sie jetzt mit sich machen – ohne Probleme.

Also – in einem Bereich ihres Gehirns funktioniert die Musterbildung nicht, im anderen Teil des Gehirns funktioniert sie irgendwie. Anders formuliert: Einerseits kann sie sich nichts richtig merken, andererseits zeigt aber ihr Verhalten, dass sie dazulernt.

Heute Mittag blieb wie angekündigt das entsprechende blutdrucksenkende Medikament weg – und so war Jacqueline fast die ganze Zeit wach und wir hatten permanent Kontakt miteinander. Wir haben viel geschwiegen, uns immer wieder in die Augen geschaut und die Stille genossen, ein paar Dinge habe ich ihr von mir erzählt, ein paar Dinge habe ich ihr über sie erzählt (möglichst positiv auf die Zukunft formuliert, z. B. dass sie heute noch besser isst als gestern und dass das bestimmt an ihren Selbstheilungskräften liegt, die ordentlich arbeiten und dafür sorgen, dass es auch in Zukunft alles immer besser und heiler wird). Gemeinsam Musik gehört, mitgesummt, jetzt kamen auch schon einige Textzeilen aus Jacquelines Mund. Und ich habe ihre rechte Körperhälfte bewegt, während sie sich auf ihre linke Körperhälfte konzentriert hat und mit ihrem anderen Arm rumgemacht hat (ihn angeschaut, gedreht, die Decke zurechtgezupft etc.). Irgendwie zwei Welten – aber doch eine gemeinsame Welt, auf der unbewussten Ebene.

Immer, wenn sie mit ihrer linken Körperhälfte besondere Anstrengungen gemacht hat (z. B. das Bein anders hingelegt), habe ich muskuläre Anspannungen im rechten Arm bzw. rechten Bein gespürt. Sie beginnt immer mehr, wieder beide Körperhälften zu bewegen – wobei sie sich der Bewegungen auf der gelähmten Seite noch nicht bewusst ist, wenn ich sie nicht darauf anspreche. Und wenn ich sie frage, ob sie ihre Muskeln spüren kann, braucht es immer ein bisschen, bis sie da vielleicht etwas registriert ... und sich dann aber wieder auf die funktionierende Körperhälfte konzentriert.

Das Gehirn ist wirklich ein Wunderwerk – wie alles perfekt zusammenspielt, wenn nichts darin geschädigt ist. Wir "Gesunden" können wirklich froh sein darüber, wie sich in uns alles wundervoll gegenseitig ergänzt.

Heute habe ich ihr zwei Löffel Manuka-Honig gegen den Krankenhauskeim gegeben (mittags und abends je einen). Sie scheint ihn gut nehmen zu können. Morgen werde ich es dann auf drei Löffel erhöhen – so, wie ich ihn auch bei mir einsetze. Mir ging es schon gleich einen Tag nach der Manuka-Honig-Einnahme besser und ich fühle mich gesünder.

Übrigens dauert das Essen mit Jacqueline mittags so gegen anderthalb Stunden und abends so ca. eine Stunde. Sie nimmt sich sehr viel Zeit mit Kauen – und zwischendrin auch an anderes denken, während der Mundinhalt unzerkaut voll bleibt, und irgendwann kaut sie dann mal weiter.

Ich lasse ihr da auch die Zeit. Und manchmal nimmt sie den Löffel oder die Gabel oder das Brot selbst in die Hand – meistens mache ich das, weil sie es nicht will oder weil es schon mal dazu kommt, dass sie den Löffel in die Hand nimmt, ihn anschaut – und dann irgendwie in Gedanken wegdriftet, während die Hand mit dem Löffel einfach in der Luft so stehen bleibt.

Am Nachmittag hatten wir eine ähnliche Reiki-Stellung, wie ich sie gestern beschrieben habe. Dabei habe ich mich innerlich in Gedanken darüber gefreut, dass jetzt durch dieses Reiki vielleicht weitere Dinge in ihrem Gehirn heilen dürfen – so wie es das Universum und Jacqueline wollen.

Mein eigener "Wille", Jacqueline unbedingt gesund bekommen zu wollen, ist eigentlich schon gleich in dem Moment "gebrochen" worden, als ich Jacqueline das erste Mal nach ihrem Schlaganfall noch in der anderen Klinik vor dem Transport in die jetzige Klinik kurz gesehen habe – und wir einen kurzen Augenkontakt hatten, bevor sie vollständig ins künstliche Koma gebracht wurde. Sie wusste in dem Moment, dass ich jetzt da bin – und bei ihr bin. Die Zeit auf dem Gang, während Jacqueline im Raum behandelt wurde, verbrachte ich mit Martina. Ich lief hin und her und sagte: Ich könne es jetzt nur noch dem Universum und Jacqueline selbst überlassen. Ich selbst könne nichts tun – als nur hoffen.

Und das ist bis heute meine innere Haltung. Ich kann nur Jacqueline und dem göttlichen Willen dienen – und das, was ich tue, tue ich einfach, weil ich den tiefen inneren Impuls dazu habe. Ich folge meinen Gefühlen und mache das, was mir kommt – ohne zu wissen, was es bringt und ob es falsch oder richtig ist. Ich kann auch nicht wissen, was das Ziel von Jacqueline und ihrer Seele ist. Deswegen kann ich auch nicht wissen, was von mir falsch und was richtig bezogen auf dieses Ziel ist. Ich kann immer nur anbieten, meinen Impulsen folgen, mir Gedanken machen, Aktionen planen – und dann vertrauen, dass das für Jacqueline "Richtige" passieren wird.

Meine Wünsche, Jacquelines Gehirnteile so gut wie möglich zu retten, passieren immer auf dieser Basis, auf der ich weiß: Ich habe letztendlich keine Macht. Ich kann nur versuchen – ich kann nur anbieten – und ich wünsche für alle das Allerbeste.

Ich möchte zum Schluss noch etwas über mich schreiben: Als ich aus dem Krankenhaus ging und in der Abenddämmerung den kühlen Wind in den frischen Frühlingsblättern der Bäume spielen sah und das Rauschen dazu hörte, erinnerte ich mich an meine Jugend in Norddeutschland, in der ich oft melancholische Gefühle hatte. Und irgendwie passten auf einmal diese Gefühle von damals zu meiner aktuellen Situation. Es fühlte sich auf einmal so an, als ob ich damals als Jugendlicher schon "vorausfühlte", was mir später in meinem Leben einmal begegnen wird.

Und wenn ich den Gedanken, dass alles irgendwie "vorherbestimmt" ist oder dass Gott Pläne mit uns hat, einmal testweise vollkommen zulasse und aus diesem Blickwinkel heraus mein bisheriges Leben rückwirkend betrachte, dann kann ich mir auf einmal so viele Dinge erklären, die ich mir damals nicht erklären konnte. Ich wusste damals nicht, warum mein Leben so verläuft, wie es verläuft.

Wenn es wirklich Jacquelines und mein Lebensplan war, dass wir gemeinsam diese Schlaganfallsituation erleben "sollen", wenn wirklich unsere Seelen sich dazu verabredet haben, dies gemeinsam zu erfahren – Jacqueline als diejenige, die ihr Gehirn von innen neu erfährt, und ich als derjenige, der das Gehirn eines anderen Menschen von außen neu erfährt, dann kann ich mein bisheriges Leben jetzt verblüffend stimmig erklären.

Ich habe in meinen fünf Partnerschaften vor Jacqueline wahrscheinlich unbewusst "geübt", mich von anderen Menschen trennen zu können und dies emotional zu verarbeiten. Bis ich mir sicher war, dass ich Trennungen gut verarbeiten kann. Dann habe ich Jacqueline kennengelernt. Und ich konnte endlich heiraten, weil ich mir sicher war, es verarbeiten zu können, wenn der geliebte Mensch sich von mir trennen sollte, oder wenn er sterben sollte (an Schlaganfall hatte ich damals nicht gedacht). Ich hatte keine Angst mehr davor, Verlustschmerzen zu verarbeiten – und so konnte ich endlich „Ja" zu einem Menschen sagen, den ich aus ganzem Herzen liebe.

Jetzt ist ein kleiner Teil von Jacquelines Gehirn gestorben – ich kann meine Schmerzen verarbeiten, rutsche in keine Depression oder permanente Verzweiflung, sondern habe von Anfang an Kraft, Jacqueline in dieser neuen Form zu begleiten.

Ich kann mir nun erklären, warum ich früher immer das Gefühl hatte, die "Welt" mithilfe meiner Sichtweisen retten zu wollen. Deswegen habe ich so viele Bücher geschrieben. Irgendwann kam zu diesem Gefühl dann in den letzten Jahren der Gedanke dazu, dass es in meinem Leben vielleicht nicht darum geht, die "gesamte Welt" zu retten, sondern die "einzelne Welt" eines einzelnen Menschen. Ja – und das passiert gerade. Nicht als "Retter", sondern als Unterstützer für Jacqueline.

Und es erklärt mir auch, warum ich bisher nicht so riesig erfolgreich geworden bin (so, wie ich es mir „eigentlich" gewünscht hätte). Denn hätte ich als Autor besonders großen Erfolg gehabt und mir sehr viel "aufgebaut" (siehe Veit Lindau), dann wäre das jetzt alles zusammengebrochen.

Das, was jetzt aber in Wirklichkeit zusammengebrochen ist, hält sich in Grenzen. Das ist aus meiner Perspektive nicht sehr viel – beruflich gesehen. Nur in dem Leben mit Jacqueline muss ich mich natürlich von allem verabschieden, was in dieser Form nie wieder möglich sein wird.

Es erklärt mir auch, warum ich menschlich so an mir gearbeitet habe, dass ich nun klar und empathisch mit anderen Menschen umgehen kann. Das hilft mir enorm, mit ÄrztInnen und PflegerInnen klar, empathisch und gelassen umzugehen, wenn es nötig sein sollte (wie meine E-Mail an die Pflegedienstleitung vom Montag vor einer Woche gezeigt hat) – ohne Scheu und ohne Ärger.

Ach – und es gibt noch sooo viele weitere Dinge, die mir nun rückblickend sinnvoll erscheinen. Z. B. auch meine Erfahrung als Neunjähriger, als mein älterer Bruder an Krebs erkrankte und daran starb. Krank zu Hause, Rollstuhl, Krankenhaus. Ich kenne das alles schon aus meiner Kindheit.

Aber weitere Details meines Lebens möchte ich hier jetzt nicht noch weiter ausbreiten. Ich möchte Euch nur sagen, dass mir heute wieder einmal besonders deutlich geworden ist, dass Jacquelines Schlaganfall nicht mein Leben zerstört hat, sondern dass ich umgekehrt das Gefühl habe, dass mich mein Leben genau darauf vorbereitet hat. Alles, was ich bisher erlebt habe oder nicht erleben sollte – obwohl ich es mir sehr gewünscht hätte –, hat nun rückblickend seinen vollständigen Sinn. Jetzt passen alle Puzzle-Teile zusammen. Für mich äußerst verblüffend – am 17.4.17!

Einen wundervollen Osterausklang wünsche ich Euch! Olaf

Fortsetzung folgt ...

Vorschau Teil 2 „Das trifft sich gut"

Das Schicksal von Jacqueline und Olaf geht weiter. Es steht die Entscheidung an, ob Jacqueline für den Rest ihres Lebens einen Shunt tragen muss (einen Schlauch, der unter die Haut gelegt wird und die angestaute Hirnflüssigkeit in den Bauchraum ableitet). Außerdem bekommt ein Nachtpfleger die Chance, Jacquelines Hilflosigkeit auszunutzen. Es stellt sich die Frage, ob er diese Chance genutzt hat. Dabei wird Jacqueline erneut krank – mit hohem Fieber. Olaf muss sich mit einer Entscheidung eines Arztes auseinandersetzen und Jacqueline vor dieser Entscheidungen schützen. Außerdem muss Olaf das erste Mal erfahren, dass Jacqueline ihn nicht neben ihrem Bett stehen haben möchte, sondern lieber jemand anderen. In der Bewältigung dieser Erlebnisse erhält Olaf weitere hilfreiche Erkenntnisse über sich selbst und über das Leben. Jacqueline entwickelt sich weiter – mit einigen Überraschungen, die weitere Schlüsse auf die menschliche Gehirnentwicklung zulassen. Später gelingt es ihr, die ersten unverarbeiteten Schmerzerlebnisse zu verarbeiten, die Stress und hohen Blutdruck ausgelöst hatten. Solche Lösungen waren vor dem Schlaganfall nicht möglich, so dass sie jetzt sagen kann: Das trifft sich gut ...

Erklärungen der Autorin und des Autors

Jacqueline:

Die in diesem Buch veröffentlichten Daten und Inhalte meiner Patientenakte stelle ich selbst zur Verfügung. Auch wenn ich in den ersten zwei Monaten nach meinem Schlaganfall aufgrund meines beeinträchtigten Gedächtnisses und Bewusstseins keine klaren Entscheidungen fällen konnte und mich an diese Zeit auch heute noch nicht erinnern kann, bin ich heute wieder voll bewusst und habe diese Veröffentlichung mit angeregt. Ich habe entschieden, welche Beschreibungen und Informationen über mich Olaf auf welche Weise aufschreibt und wir sie letztendlich veröffentlichen und welche nicht.

Olaf:

Die Erfahrungen, von denen ich hier berichte, habe ich tatsächlich genau so erlebt. Ich habe keine „unglaublichen Zufälle" erfunden, sondern es hat sich so ereignet, wie beschrieben.

Die Arztbefunde haben wir anonymisiert wiedergegeben und verletzen daher keine Datenschutzrechte als auch keine Persönlichkeitsrechte Dritter. Weil die Befunde keine geistige Schöpfung einer Urheberin / eines Urhebers darstellen, in der deren / dessen Persönlichkeit zum Ausdruck kommt, greift bei den Befund-Texten kein Urheberrecht.

Über die Autorin und den Autor

Jacqueline Jacobsen (geb. 1968) hat zwei Kinder aus erster Ehe und ist Heilpraktikerin und Organisatorin für Freie Systemische Aufstellungen. Sie hat es geliebt, als Körpertherapeutin (hnc) zu arbeiten und mithilfe des Freien Aufstellens Menschen in ihren Prozessen zu begleiten.

Am 19.3.2017 hatte sie den Schlaganfall und bringt seitdem ihr Inneres in eine neue Ordnung. Alles, was ihr vorher Stress gemacht hatte, kann sie nun bearbeiten und verarbeiten. Das war vor dem Schlaganfall bei bestimmten Themen nicht möglich. Im Schmerz festgesteckt hat sie damals gefühlt, dass es nur wichtig sei, die „Wut rauszulassen", anstatt den Schmerz dahinter zu verarbeiten. Und jetzt braucht sie nur noch an das entsprechende Thema hinter einem Stressgefühl zu denken – und schon fließen die verarbeitenden, stresslösenden Tränen. Sie empfindet es als großen Gewinn, denn sie erlebt, dass ihr Herz immer weiter wird.

Infos & Kontakt unter **www.wajarri.de**

Olaf Jacobsen (geb. 1967) begann mit 23 Jahren, sich selbstständig von emotionalen Blockaden zu befreien. Dadurch wurden ihm psychische Zusammenhänge in seinem Umfeld immer bewusster. Sein Menschenbild und sein Weltbild erweiterten sich permanent. Alle seine Bücher bilden einen gesamten Wachstumsprozess ab und laden die Leser ein, innerlich mitzuwachsen.

2003 begründete er die Freien Systemischen Aufstellungen, mit deren Hilfe Menschen ihre Potenziale befreien können. Er hat es sich zur Lebensaufgabe gemacht, Empathie zu leben, Empathie zu vermitteln und sie in allen Bereichen unserer Gesellschaft als höchstes Gut des Menschen bewusst und nutzbar zu machen. Der Aufbau der Empathie-Schule NeuroSonanz ist seine gegenwärtige Tätigkeit.

Infos & Kontakt unter **www.olafjacobsen.com**

Wenn Sie Ihre persönliche Wirklichkeit erweitern wollen: weitere Bücher von Jacqueline und Olaf Jacobsen

Leseproben und Bestellungen unter www.olaf-jacobsen-verlag.de:

So, jetzt ist aber genug! Die Geburt einer Weltformel (Olaf, 1996, aktualisierte Neuauflage 2014)

Bewegungen in neue Gleichgewichte. Bewegende Sichtweisen für unseren Alltag (Olaf, 2000, aktualisierte Neuauflage 2014)

Die Vollkommenheit des Universums. (Das) Nichts ist All-ein, Alles ist in Resonanz (Olaf, 2001, aktualisierte Neuauflage 2014)

Das freie Aufstellen - Gruppendynamik als Spiegel der Seele. Eine Einführung in eine freie Form der Systemischen Aufstellungen (Olaf, 2003, aktualisierte Neuauflage 2013)

Ich stehe nicht mehr zur Verfügung. Wie Sie sich von belastenden Gefühlen befreien und Beziehungen völlig neu erleben (Olaf, 2007)

Ich stehe nicht mehr zur Verfügung – Die Essenz (CD). Wie Sie sich von belastenden Gefühlen befreien und Beziehungen völlig neu erleben, Hörbuch (Olaf, 2009)

Ich stehe nicht mehr zur Verfügung – Die Folgen. Mit Kritik ausgeglichen und liebevoll umgehen (Olaf, 2010)

Ich stelle selbst auf. Wie Sie Ihre Selbstheilungskräfte durch Freies Aufstellen aktivieren (Olaf, 2011, aktualisierte Neuauflage 2012)

Das fühlt sich richtig gut an! Gefühle erforschen, Klarheit gewinnen und den Alltag befreit leben (Olaf, 2012)

Impulskarten für Freie Systemische Aufstellungen. Wenn Sie in Ihrer Aufstellung nicht mehr weiter wissen (Olaf, 2012)

Der lebendige Spiegel im Menschen. In Resonanz lernen – lösen – leben – lieben (Jacqueline & Olaf, 2014)

Meine Eltern sind schuld! Was unsere Eltern falsch gemacht haben und immer noch falsch machen (Olaf, 2014)

Die Kriegs-Trance Warum wir fast alle betroffen sind und wie wir daraus aufwachen (Olaf, 2015)

Hilfe! Ich stehe *unbewusst* zur Verfügung Unbewusste Beeinflussungen aufdecken – für ein unabhängiges Leben (Olaf, 2016)

Das trifft sich gut Ein Schlaganfall, seine dramatischen Folgen und wie er zum wundervollen Geschenk wurde (Jacqueline & Olaf, 2018)

Wie aufrichtiges Mitgefühl
Schmerz schmelzen lässt

Neurobiologe Prof. Dr. Gerald Hüther im Austausch mit Olaf Jacobsen:

„Ihr Buch ist wirklich ausgezeichnet. Allerdings verrät der Titel nicht, was für ein Schatz sich dahinter verbirgt: eine sehr saubere und überzeugende Beschreibung unseres gegenwärtigen Zustandes und unserer vorherrschenden Beziehungskultur und eine konstruktive Beschreibung eines - und wie ich denke einzigen - Ausweges."

Olaf Jacobsen vertritt die These, dass unsere Zivilisation seit Jahrtausenden unter einer bestimmten Krankheit leidet. Er nennt diese Krankheit „Kriegs-Trance". Eine Kriegs-Trance entsteht, wenn ein Soldat im Krieg sein Mitgefühl für sein Gegenüber abstellt, um den anderen erschießen zu können. Auf unsere Gesellschaft übertragen: Bevor ein Mensch einen anderen Menschen verletzt, hat er unbewusst sein Mitgefühl abgestellt. Dadurch befindet er sich in einer Kriegs-Trance, aus der er handelt. Dieser Trance-Zustand wird von Generation zu Generation durch Erziehung weitergegeben und durch Unwissenheit aufrechterhalten ...

Olaf Jacobsen
Die Kriegs-Trance
252 Seiten, Broschur
ISBN 978-3-936116-05-2
Bestellungen beim Olaf Jacobsen Verlag:
bestellung@in-resonanz.net
Leseprobe: www.olaf-jacobsen-verlag.de

Sich gegenseitig helfen,

um alten Stress aufzulösen

Viele Beziehungen zerbrechen über kurz oder lang. Auch Jacqueline und Olaf haben sich nach fünf anstrengenden Jahren getrennt. Zwei Jahre später beobachteten sie, dass sie sich wieder näher kommen – fast automatisch. Es folgte die Hochzeit. Heute sagen sie begeistert: „Die Annäherung hört einfach nicht auf! Unsere Ehe wird immer liebevoller, offener, herzlicher, kuscheliger und freier!"

In ihrem Buch schildern sie mit ergreifenden Beispielen, wie man allein oder zu zweit Spiegel-Methoden anwenden kann, um sich im Leben immer harmonischer und stimmiger zu fühlen.

„Unsere Hemmungen und Minderwertigkeitsgefühle verschwinden allmählich. Verletzliche Reaktionen auf Kritik und Ablehnung werden weniger. Wir erleben mehr Selbstvertrauen, Offenheit, innere Stärke und einen klaren Überblick. In unseren Gefühlen entfalten sich sowohl fundamentale Selbstliebe als auch eine tiefe empathische Liebe zum Anderen."

Jacqueline Jacobsen, Olaf Jacobsen
Der lebendige Spiegel
320 Seiten, Broschur
ISBN 978-3-936116-04-5
Bestellungen beim Olaf Jacobsen Verlag:
bestellung@in-resonanz.net
Leseprobe: www.olaf-jacobsen-verlag.de